행복한 인생을 위한 진로성공작전 3·6·9
명리진로학습코칭

행복한 인생을 위한 진로성공작전 3·6·9

명리진로학습코칭

김기승 · 노선희 지음

다산글방

책을 내며

 4차 산업혁명시대를 맞아 세계의 모든 시스템이 급변하고 있다. 선진국일수록 이러한 혁명적인 변화를 주도하기 위해 유망업종의 연구개발에 박차를 가하고 있다. 특히 이러한 현실에서 인재발굴과 인재양성이 한 국가의 명운을 좌우하는 만큼, 조기교육과정에서부터 개인의 재능을 발현시키고 영재를 발굴하여 경쟁력 있는 국가의 인재를 확보해야 하는 것이다. 우리나라는 약 70%가 대학진학을 하는 세계 최고의 고학력 스펙을 자랑하고 있다. 그러나 이러한 고학력의 이면에는 개인의 재능이나 적성이 고려되지 않고, 일단 성적에 맞춰 대학에 가고 보자는 식이다. 그러니 대졸 취업자의 절반 이상이 전공과 무관하게 취업을 하고 있는 실정이다. 또한 불필요한 고학력은 결국 청년 실업률을 높이게 된다. 그리고 결국 결혼을 기피하게 되며, 저출산으로 이어지는 원인이 되는 것이다.

 이 책을 내게 된 주목적은 사주명리학의 최대 강점인 선천성을 파악하는 것으로부터 최소한 개인의 타고난 재능방향을 참고한 진로선택을 할 수 있도록 하는 데 있다. 즉 보다 진보한 사주명리의 과학적 활용을 통하여 개인의 행복한 미래를 열고, 나아가 국가의 인재를 발굴하는 데 기여할 수 있다.

 간략하게 언급하자면 출생 당시 인간의 뇌는 30%만 성장한 채로 태어나게 되며 3세까지 무려 70%까지 성장하게 된다. 그 과정에서 사주를 참고하여 타고난 재능이 발현되도록 조기교육을 시킬 수 있다는 것이다. 그리고 6세에 형성되는 지각능력과

9세에 형성되는 창의력을 모두 자신의 타고난 선천성이 숨겨져 있는 사주를 참고하여 타고난 재능이 확실하게 사회적 능력이 될 수 있도록 학습시키고 체험시켜야 한다는 것이다.

필자의 연구에 의하면 재능은 누구나 가지고 태어나지만 그 재능에는 수준이 있었다. 그러나 높은 재능수준이라도 그것을 계발하지 않으면 소용이 없고, 재능수준이 비록 낮아도 그 재능을 잘 발전시킨 사람은 최소한 한 분야에서 안정적인 경제활동을 하게 된다는 것은 매우 중요하다. 이러한 개인의 재능수준을 조기부터 관리하고 계발시켜줄 수 있는 재료가 바로 사주명리학이라는 것에 감사할 따름이다.

조금 다른 각도로 보자면, 현대 사회는 대부분의 사업 분야가 IT와 결합하여 모바일 형태로 사업이 전개되고 있는데, 명리학의 특성상 명리 관련 사업과 IT와의 결합 수준은 단순히 몇 개의 앱들이 만들어지고, 유료 상담을 위한 연결 정도의 수준에서 답보하고 있는 상황이다. 사회적 인식에 따른 대규모 수요 창출에 대한 가능성이 별로 없고, 여전히 경쟁력 없는 소규모 상담실 운영이 대부분의 사업모델인 현 시점에서, 또 사주명리를 공부하는 인구(석·박사 포함)가 기하급수적으로 늘어나 이미 소비자와의 수요공급이 불균형이 되어있는 현실에서, 사주명리의 방향은 어디로 향해야 할지를 깊이 고민해야 할 때다.

그럼에도 불구하고 누군가에 의해서는 분명히 4차 산업혁명시대의 수준 높은 소비자 욕구를 충족시킬 수 있는 뉴 패러다임의 과학명리(신지식)의 스탠스를 갖추고 진로직업상담, 학습코칭, 심리상담, 온오프라인 상담, 유통, 문화, 관광, 작명, 교육, 출간, 자격증 제도 등 프랜차이즈를 포괄하는 플랫폼이 등장할 것을 예견해 본다. 만일 이러한 플랫폼을 주도하는 팀이 있다면 이는 베이비부머 등의 사회 현상과 맞물리는 시대적 상황과 결합하여 기존의 소규모 상담실을 운영하는 사업모델과는 비교도 안 될 정도의 파급력으로 급속히 명리 시장을 재편할 가능성이 크다.

그러므로 미래사회는 경쟁력 있는 명리상담 능력을 갖추는 것이 필수라고 생각한다. 그것도 지식사회의 수준 높은 소비자들의 관심을 이끌 수 있는 파격적인 경쟁력이면 더욱 좋다. 이 책은 그러한 일환으로 그동안 연구되었던 명리진로직업상담 내용을 바탕으로 하고 사주명리와 일맥상통함을 가진 인간의 진화심리와 개인의 뇌 발달을 활용하는 〈진로성공작전 3·6·9〉를 획기적으로 제시하였다.

이를 학습한다면, 누구나 자신의 타고난 재능이 계발되도록 사주를 통한 사주심리분석, 선천지능, 재능코드, 학습코칭, 위험감수수준, 직업체질 등의 결과를 분석할 수 있다. 그리고 내담자에게 자신의 재능수준을 향상시키고 성공가능성이 높은 진로를 선택할 수 있도록 도와주는 미래형 명리상담이 가능할 것이다.

명리학은 앞으로 무한확장해 나가야 한다. 즉 사주명리학의 본질적인 음양오행 상생상극과 이에 따른 십성의 시스템은 변할 수 없다는 전제하에서, 현 과학사회와 지식을 이해하고 해석하며 정보를 제공하는 상담이 가능하도록 확장해야 한다. 또한 초 복잡성 사회에서 겪어야 하는 인간의 심리적 문제와 정서적 안녕의 문제에 대한 상담이 획기적으로 이루어질 수 있는 사주심리분석과 상담기법 등이 확장되어야 한다. 왜냐하면 사주는 인간의 본성을 객관적으로 이해할 수 있기 때문이다.

이 책이 그러한 과학명리적인 확정성 패러다임의 기반이 되길 바라는 마음이다.

2019년 2월

김기승 · 노선희

차례

PART 1　재능의 싹을 키우자 ··· 013

1. 재능수준 · 15
2. 진로문제 현황 · 25
3. 이끌려가는 진로, 찾아가는 진로 · 35

PART 2　진로성공작전 3·6·9 ··· 059

1. 진로성공을 위해 뇌를 알자 · 61
2. 진로성공작전 3·6·9 · 67
3. 성공과 실패는 종이 한 장! · 84

PART 3　숨겨진 재능을 찾아주는 사주명리 ···················· 093

1. 반짝 재능에 속는다 · 95
2. 성격심리에 따른 명리교육 · 109
3. 교육학과 사주명리학의 융합 · 117
4. 명리진로상담의 가능성과 한계 · 128

행복한 인생을 위한 진로성공작전 3·6·9 **명리진로학습코칭**

PART 4
적성검사의 이해와 차별성 · 133

1. 적성검사의 비교 및 필요성 · 135
2. 선천적성검사의 활용성 · 144
3. 선천직업체질유형 · 161
4. 선천 직업체질에 따른 업무수행기능 · 168
5. 개별 직무적합도 검사 · 174
6. 성공가능성에 따른 직업 추천 · 182

PART 5
진로탄력성과 위험감수수준 · 187

1. 진로탄력성(career resilience) · 189
2. 위험감수수준(risk-taking level) · 202

PART 6
십성의 지식과 직업적성 · 213

1. 십성의 직업 목표 · 215
2. 십성의 본능과 성정 · 218
3. 십성과 직업적성 · 231

차례

PART 7 명리십성의 심리분석 · 251

1. 비견의 심리 사례분석 · 255
2. 겁재의 심리 사례분석 · 258
3. 식신의 심리 사례분석 · 261
4. 상관의 심리 사례분석 · 264
5. 편재의 심리 사례분석 · 267
6. 정재의 심리 사례분석 · 270
7. 편관의 심리 사례분석 · 273
8. 정관의 심리 사례분석 · 276
9. 편인의 심리 사례분석 · 279
10. 정인의 심리 사례분석 · 282

PART 8 사주직업코스분석 · 285

1. 인비식 코스(과정 중시형) · 289
2. 식상생재(결과 중시형) · 297
3. 관인상생(목표 지향형) · 305
4. 재생관(결과 지향형) · 313

PART 9 재능 찾기 프로젝트 · 321

1. 단계별 프로젝트 세우기 · 323
2. 지능별 진로의 다양성 · 333
3. 지능별 재능 찾기 프로젝트 · 340

행복한 인생을 위한 진로성공작전 3·6·9 **명리진로학습코칭**

PART 10 명리학습코칭 · 361

  1. 지능별 학습 코칭과 똑똑한 학습전략 · 363
  2. 십성별 양육방법 · 387

PART 11 진학진로상담 집중분석 · 415

  1. 대상별 집중상담 · 417
  2. 대학생의 진로결정 · 440
  3. 개별상담 · 450
  4. 집단상담(group therapy) · 465

PART 12 명리진로사례 탐구 · 483

  1. 명리진로사례 비교탐구 · 485
  2. 개인진로사례탐구 · 501

PART **1**

재능의 싹을
키우자

1. 재능수준
2. 진로문제 현황
3. 이끌려가는 진로, 찾아가는 진로

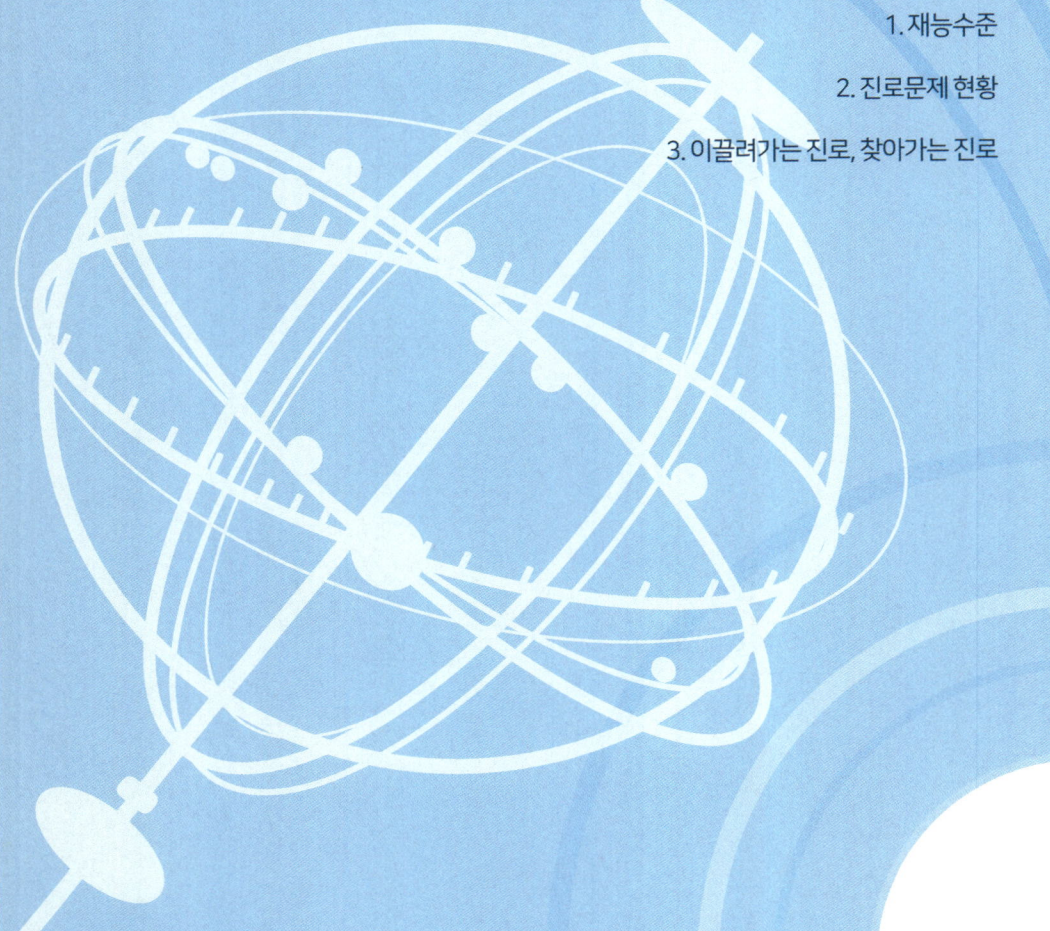

1. 재능수준

1) 선천적 재능의 이해

개인이 타고나는 재능이 있다. 이와 같은 재능이란 후천적으로 어느 일을 선택한 후 훈련이나 다른 노력을 통하여 그 맡은 일에 대한 기능적인 능률을 상승시키는 것을 말하는 것은 아니다. 즉 자신이 선천적으로 타고나는 재주와 능력을 일컬어 '재능이'라고 하는 것이다.

학창시절 똑같은 조건에서 유독 그림을 잘 그리거나 악기를 잘 다루거나 또는 운동을 잘하거나 특이한 몸짓, 언어, 춤 등 남다르게 잘하는 것을 가지고 있는 친구들이 많았다. 하지만 그런 친구들보다는 공부를 잘하는 아이가 칭찬을 받고 모범생으로 인정되었다. 하지만 현시대는 재능이 중요한 시대가 되었다. 무엇이든 한 가지만 잘하면 속칭 밥 먹고 사는 데 문제가 전혀 없는 것이다. 어떤 이유도 없이 잘하는 한 가지가 있다면 그것이 바로 자신의 타고난 선천적 재능이라고 볼 수 있다.

자신의 타고난 재능을 찾아 발전시킬 경우 어느 한 분야에서 인정받는 전문가가 될 가능성이 매우 높다. 다시 말해서 공부로 성공이 보장되는 것이 아니기 때문에 입시지옥을 거쳐 대학진학에 목숨을 걸 필요가 없다는 것이다.

그렇다면 타고난 재능을 어떻게 찾을 수 있을까? 현대과학으로도 밝혀낼 수 없는 타고난 재능을 조기에 찾는 것, 그것이 가장 중요한 숙제다. 최대한 조기에 찾아서 발전시켜야 그 재능의 수준이 높아질 수 있고, 재능의 수준이 높아질수록 성공할 가능성이 크기 때문이다.

2) 재능수준의 이해

전술하였듯이 타고난 선천적 재능이 있더라도 그 재능의 수준이 높거나 또는 재능의 수준을 높여야 성공가능성이 높다. 그렇기에 개인의 재능 수준이 평범하거나 낮을수록 동일한 재능군에서는 경쟁력 또한 낮을 수밖에 없게 된다.

그러므로 아이들의 재능 수준을 높여주는 것은 개인의 성공은 물론이고 곧 국가경쟁력에도 기여하게 된다. 중요한 것은 그 타고난 선천적 재능을 조기에 찾을수록 재능의 수준을 더 높이 끌어올릴 수 있다는 데 있다.

선천재능의 방향을 조기에 찾을 수 있는 방법은 후에 소개하기로 하고, 여기서는 우선 재능에도 수준이 있다는 것을 설명하고자 한다.

'재능'이란 재주와 능력을 아울러 이르는 말이다. 이러한 재능은 개개인별로 수도 없이 많은 분야에서 나타나게 된다. 그러므로 재능은 삶을 살아가는 동안 경제적 활동이 될 수 있는 모든 학습, 전공, 행동, 행위 등이 직업으로 귀결되는 경우가 대부분이고 이는 남과 차별화된 능력임을 나타내는 것이다.

예컨대, 그림을 잘 그리는 아이가 10명이 있다. 그 10명의 그림 그리는 수준은 모두 다르다. 어떤 아이는 자신이 할 수 있는 것 중에 가장 잘하는 것이 그림 그리기이지만 다른 사람들의 평균 수준밖에 안 될 수도 있다. 또 어떤 아이는 같은 노력을 했음에도 월등히 잘 그려서 전국대회에서 1등을 하기도 한다. 모두가 1등을 할 수는 없는 것이다. 또한 그 수준이 더욱 높은 사람은 유명한 화가가 될 수 있을 것이다. 그러나 다소 수준이 떨어진다고 해도 미술지식을 전달하는 미술선생님은 될 수 있다. 자기기준으로 가장 잘하는 것이 미술이나 전체 평균밖에 되지 않는 사람도 재능수준을 높이는 정도에 따라 미술관의 큐레이터나 또는 관련업체근무 및 미술도구를 판매하는 등 미술관련 분야에 종사할 수 있는 것이다.

3) 재능수준의 판단

개인이 선천적으로 가지고 있는 재능과 그 재능수준을 판단할 수 있는 방법은 무엇일까? 알 수만 있다면 한 사람의 진로를 활짝 열어줄 열쇠가 될 것이다. 하지만 개인의 몸속에 감춰진 재능을 그것이 드러나기 전에 알아내기란 수수께끼와 같은 일이다. 그리고 그것을 정확하게 판단할 수 있기란 더욱 어렵다. 그럴더라도 불가능한 일이 아니다. 고정관념을 탈피하여 생각을 바꾸고 관심을 갖는다면 가능하다.

필자의 경험으로 현재까지 타고난 재능방향을 알 수 있는 방법으로는 단언컨대 개인의 출생연월일시로 구성되는 사주가 최선이며 최고다. 그리고 양육, 교육하는 과정에서 부모나 교사 등이 아이의 관찰을 통해서 발견해 줄 수 있다. 또한 성장하는 과정에서 스스로의 경험과 실험에 의해 자연스럽게 드러나는 경우가 있다.

주관적인 견해임을 전제하에 타고난 재능방향과 재능수준을 판단할 수 있는 과정을 살펴보면 다음과 같다.

① 사주로 판단할 수 있는 재능 수준

1차적인 재능수준 : 예컨대 대상의 사주가 식신이 발달했을 경우 식상생재가 잘 되어 있는지, 인수가 발달되어 조합을 이루는지 등등 식신과 다른 십성의 교집합을 통하여 재능의 방향과 수준을 판단할 수 있다. 만약 일간이 식신을 잘 활용할 수 있는 조건이면 재능방향과 재능수준은 높은 것이다.

2차적인 재능의 수준 : 예컨대 사주에서 자기 재능을 활용하는 식신이 발달한 사주가 생명과학에 종사한다면 재능수준은 상(上)이 될 수 있다. 그러나 수직적인 틀에 얽매이는 업무를 하고 있다면 재능수준은 하(下)가 될 것이다. 또한 재성이 발달한 사주가 전공이 이공계이거나 개발업무라면 재능수준은 상(上)이 된다. 그러나 인문학을 전공하거나 작가가 된다면 재능수준은 하(下)가 될 수밖에 없다.

이와 같이 사주로 판단할 수 있는 재능의 방향과 수준을 참고하여 응용할 수 있어야 한다.

② 관찰하여 발견하는 재능과 수준

아이가 성장하는 과정에서 부모가 아이의 언어나 몸동작, 선호하는 놀이 등 행동 특징과 관심 포인트를 잘 관찰하여 반복적이거나 잘하는 것을 발견하는 것이다. 아이의 특정 행동이 비록 부모에게 못 마땅할지라도 관찰하여 기억해 둔다면 아이의 재능방향과 재능수준을 가늠해 볼 수 있다.

그리고 아이의 특징이 학과적성이나 진로에 장점이 될 수 있는 특기가 될 수 있도록 도와주는 것이 중요하다. 예컨대 아이는 방 벽에 늘 낙서하기를 좋아하는데 부모는 아이에게 안 된다고, 방에 낙서하면 나쁜 것이라고 통제하고 혼내는 경우가 있다고 가정해 보자. 그런 경우 아이는 타고난 천재적인 예술가로서의 재능을 상실하게 된다. 만약 부모가 관심을 갖고 벽에 도화지를 붙여주고 마음대로 낙서를 하게 한다면 그 아이는 천재적인 미술가가 될 수도 있다는 것을 생각하지 않을 수 없다.

③ 스스로 드러나는 재능수준

성장하는 과정에서 여러 가지 학습과정을 거치며 잘하는 재능이 드러나는 경우가 있다. 그리고 인생을 살아가는 과정에서 뒤늦게 경험하게 된 무엇을 잘하는 경우도 흔하게 볼 수 있다. 이는 언제까지나 자신의 타고난 재능이 발현될 기회가 없다가 40대나 50대, 아니면 더 늦게라도 그 재능이 발현될 수 있는 환경과 일을 만나는 경우다.

자신의 타고난 재능이 일찍 드러나는 경우는 재능의 수준이 높은데 일찍 경험하게 될 때이다. 그리고 선천적인 재능의 수준이 낮을수록 쉽게 드러나지 않게 되며 더욱 낮은 수준의 재능이 그 재능방향의 일을 경험하지 못한다면 더더욱 그렇다. 그러니 재능수준이 낮을 경우 조기에 경험을 해야만 재능의 수준을 발전시킬 수 있는 기회를 얻게 된다는 점도 기억해야 한다.

4) 재능수준의 척도와 성공가능성

현재 선천적성평가원에서 개발하여 특허를 취득한 '선천적성검사AAT' 외에는 영유아기부터 아이들의 타고난 선천재능의 방향을 측정할 수 있는 도구는 찾아보기 어렵다. 그 부분은 이 책의 다음 장에서 구체적으로 설명될 것이다.

먼저 타고난 선천재능의 방향을 찾았다는 가정하에서 재능의 수준에 따른 열정과 몰입도의 상관관계적인 활용 포인트를 이해해야 한다. 왜냐면 재주와 능력을 아우르는 것이 재능이므로, 현대사회에서는 재주가 있어도 열정과 몰입력의 차이에 따라서 사회적 능력과 성과는 다르게 나타날 수 있기 때문이다.

① 재능수준이 높아도 열정과 몰입이 낮으면, '머리는 좋은데, 하면 참 잘하는데 통 하려 들지 않는다'는 말을 듣게 된다.
② 재능수준이 낮은데 열정과 몰입도가 높으면 잘하는 것은 없으나 노력하여 작게라도 이루는 사람이 된다.
③ 재능수준도 높고 열정과 몰입도도 같이 높으면 재능에 대한 두각을 보이고 명성을 얻거나 사회에 공헌할 수 있다.

결과적으로 재능의 수준을 높이는 것은 물론이고 그에 따라 열정과 몰입이 동반상승해야 자신의 선천적 재능이 작동되어 성공확률이 높아지게 된다.

<재능수준 체크포인트>[1]

	재능수준	열정	몰입
상	3	3	3
중	2	2	2
하	1	1	1

위 재능수준체크포인트를 기준으로 재능수준, 열정수준, 몰입수준을 교차 배열하여 분석하면 아래와 같은 결과를 예견하게 된다.

---

[1] 재능수준 체크포인트는 필자가 타고난 선천재능과 사회능력을 연구하는 과정에서 새롭게 착안해낸 도구이다. 또한 주관적인 것임을 밝힌다.

(1) 재능수준이 높을 경우

3+1+1 = 재능 수준은 높으나 열정과 몰입이 낮으면 잘하는 것이 있는데 의욕도 보이지 않고 집중도 못하는 것이다.(열정수준, 몰입수준 관리 필요)

3+2+1 = 재능 수준은 높으나 열정은 보통, 몰입이 낮으니 잘하는 것이 있고 의욕은 보이나 집중하지 못하는 것이다. (열정수준, 몰입수준 관리 필요)

3+3+1 = 재능수준은 높고 열정도 높으니 한 분야에서 돋보일 수 있으나 몰입하지 못하여 최종적으로 성공하기 어렵다.(몰입수준 관리 필요)

3+1+2 = 재능 수준은 높으나 열정은 낮고 몰입이 보통이니 평소 의욕은 없으나 간헐적으로 재능을 활용하게 된다. (열정수준, 몰입수준 관리 필요)

3+2+2 = 재능 수준이 높고 열정과 몰입이 보통이니 재능을 적당히 활용하게 된다. 다만 치열한 경쟁에서는 몰입의 문제가 요구된다. (열정수준, 몰입수준 관리 필요)

3+3+2 = 재능수준이 높고 열정도 높으며 몰입도 낮지 않으니 한 분야에서 충분히 두각을 보일 수 있다. (몰입수준 관리 필요)

3+1+3 = 재능 수준은 높으나 열정은 낮고 몰입이 높다. 의욕과 드러냄은 없으나 재능을 충분히 활용하게 된다. (열정수준 관리 필요)

3+2+3 = 재능 수준이 높고 열정이 보통이며 몰입이 높으니 재능을 사회화시켜 활용하고 성공가능성이 높다. (열정수준 관리 필요)

3+3+3 = 재능수준이 높고 열정과 몰입도가 높으니 한 분야에서 최고의 능력을 보이고 사회에서 인정받게 된다.

(2) 재능수준이 보통일 경우

2+1+1 = 재능 수준은 평범하고 열정과 몰입이 낮으면 모든 면에 두각을 보이기 어렵다. 절대적 모든 수준을 높여야 한다. (재능수준, 열정수준, 몰입수준 관리 필요)

2+2+1 = 재능 수준과 열정이 평범한데 몰입이 낮으면 모든 면에 두각을 보이는 것이 없다. 집중하지 못하는 것이다. (재능수준, 열정수준, 몰입수준 관리 필요)

2+3+1 = 재능수준은 보통이나 열정이 높으니 한 분야에서 가능성은 있으나 몰입하지 못하여 성공하기 어렵다. (재능수준, 몰입수준 관리 필요)

2+1+2 = 재능 수준은 평범하며 열정은 낮고 몰입이 보통이니 재능을 활용하여 나가기 힘들다. (재능수준, 열정수준, 몰입수준 관리 필요)

2+2+2 = 재능 수준이 보통이며 열정과 몰입이 보통이니 재능을 적당히 활용하게 된다. 지극히 평범한 정도다. (재능수준, 열정수준, 몰입수준 관리 필요)

2+3+2 = 재능수준이 보통, 열정이 높으며 몰입도 낮지 않으니 한 분야에서 충분히 역할이 가능하다. (재능수준, 몰입수준 관리 필요)

2+1+3 = 재능 수준은 보통이며 열정은 낮고 몰입도가 높다. 의욕적이지는 않으나 주어진 일을 수행한다. (재능수준, 열정수준 관리 필요)

2+2+3 = 재능 수준과 열정이 보통이며 몰입이 높으니 재능을 사회화시켜 나가고 집중하여 성공가능성이 높다. (재능수준, 열정수준 관리 필요)

2+3+3 = 재능수준이 보통이나 열정과 몰입도가 높으니 한 분야에서 상당한 능력을 보이고 사회에서 인정받게 된다. (재능수준 관리 필요)

(3) 재능수준이 낮은 경우

1+1+1 = 재능 수준과 열정 및 몰입수준이 최하이다. 모든 면에 돋보이기 어렵다. 절대적 모든 수준을 높여야 한다. (재능수준, 열정수준, 몰입수준 관리 필요)

1+2+1 = 재능 수준이 낮고 열정이 평범한데 몰입이 낮으면 재능이 없는데 집중하지 못하는 것이다. (재능수준, 열정수준, 몰입수준 관리 필요)

1+3+1 = 재능수준이 낮고 열정은 높으나 몰입도가 낮으니 의욕만 앞서고 능력을 보이기 어렵다. 성공하기 어렵다. (재능수준, 몰입수준 관리 필요)

1+1+2 = 재능 수준과 열정은 낮고 몰입이 보통이니 재능이 없고 의욕도 낮은 것이며 몰입하는 일의 효과가 없다. (재능수준, 열정수준, 몰입수준 관리 필요)

1+2+2 = 재능 수준이 낮고 열정과 몰입이 보통이니 자신에게 주어진 일만 하게 된다. 평범한 정도 이하다. (재능수준, 열정수준, 몰입수준 관리 필요)

1+3+2 = 재능수준이 낮고, 열정이 높으며 몰입도 낮지 않으니 한 분야에서 주어진 일은 충분히 수행한다. (재능수준, 몰입수준 관리 필요)

1+1+3 = 재능 수준과 열정은 낮고 몰입도가 높으니 의욕적이지는 않으나 주어진 일만은 집중해서 수행한다. (재능수준, 열정수준 관리 필요)

1+2+3 = 재능 수준이 낮고 열정이 보통이며 몰입이 높으니 주어진 일을 매우 능동적으로 수행할 수 있다. (재능수준, 열정수준 관리 필요)

1+3+3 = 재능수준이 낮으나 열정과 몰입도가 높으니 주어진 분야에서 나름대로의 능력을 보여줄 수 있다. (재능수준 관리 필요)

위 결과 예견과 같이 누구나 조기에 재능수준을 관리하고 수준을 높여주는 것은 한 사람의 미래에 있어 매우 중요하지 않을 수 없다.

2. 진로문제 현황

1) 진로란 무엇인가

지금의 기성세대인 부모는 자신의 적성은 생각할 기회조차 갖지 못했지만 어떤 희생을 치르더라도 자녀만큼은 최고로 키우려는 열망이 자녀 교육에 맹목성을 부여한다. 마지막 노후자금마저 자녀양육에 탈탈 털어 넣고 자신의 행복은 자의반 타의반으로 포기하는 것이다. 이처럼 '부모'라는 존재는 전 인생을 걸고 자식에게 헌신한다. 그러나 미처 준비하지 못한 노후대책은 아이들에게 족쇄가 되어 부메랑처럼 돌아온다. 자신의 의도와 상관없이 자녀의 짐이 되어버리는 것이 현실, 이 모습이 현 대한민국 부모의 현주소다.

자녀에게 자신의 삶을 건 부모는 사회적 성공을 거둔 자녀가 노후를 책임지는 혜택을 과연 누릴 수 있을까?

여기에 대한 답은 긍정보다는 부정적인 결과가 더 많다. 자녀가 무사히 취업에 성공한다 해도 그 자신의 가정을 가지게 되면 부모를 챙길 수 있는 여유가 전혀 없기 때문이다. 그래서 그들의 희생에 대한 보답은 부모 역할을 제대로 해냈다는 점에서 스스로 위안을 삼아야 한다. 지금의 사회여건이나 현실은 부모까지 책임질 수 있도록 준비되어 있지 않다. 어렵게 들어간 대학은 다시 취업의 전쟁터로 포지션만 바뀔 뿐

여전히 그들은 보다 안정된 사회인이 되기 위해 발버둥을 치게 되고 그 절실함은 현실에서 진기한 풍경을 연출시킨다.

그 한 예가 공무원 시험이다. 공무원 지원자의 수는 해마다 가파른 상승세로 9급 공무원 경쟁률이 최고치를 경신했다는 기사는 늘 사회면을 장식한다. 20만 명이 넘는 청년들이 입시경쟁 이상의 심리적 부담을 안고 오로지 '공무원 시험 합격'을 인생목표로 삼았다. 그들 중 일부는 자신이 '공무원'에 적합하지 않음을 이미 알고 있다. 또한 공무원이 된다고 해서 하나같이 즐겁게 일하고 행복할 것이라고 착각하지도 않는다.

단지 먼저 사회인이 된 선배들이 말하는 안정된 직장, 그래서 흔히들 이야기하는 '철밥통'이란 것이 메리트(merit)이기에 도전하는 것이다. 청년들이 고시원에서 젊음을 불태우도록 한 것도, 수십 만 명의 청년들로 하여금 그들의 적성과 재능이 모두 '공무원'이라는 착각에 빠지게끔 만든 것도 모두 기성세대의 잣대에서 시작되었다 해도 틀리지 않을 것이다.

여기서 우리는 진로와 적성에 대한 생각을 깊이 해봐야 한다.

- 진로란 무엇인가?
- 나는 누구이며 무엇을 하며 살 것인가?
- 어떻게 주어진 삶을 살아갈 것인가?

삶의 꼬리표처럼 일생 동안 인간을 고뇌하게 만드는 것은 자신의 진로에 대한 끊임없는 정체성이다. 당연히 진로는 눈에 보이지 않는다. 적성이, 재능이 무엇인지 직접 확인할 수도 없다. 이러한 사실은 이미 누구나 알고 있고, 알면서도 어쩔 수 없이 안고 가야 하는 불안감이다. '미래(未來)'라는 단어만으로 주눅이 들고 위축이 된다.

진로와 직업은 삶의 모든 선택 문제가 포함되는 만큼 그에 대한 해석은 다양하게 표현되고 있다. 직업은 한마디로 인간이 성숙한 사회인이 되는 첫 시작이다. 인간이 어떤 직업과 진로를 선택했느냐에 따라 각자의 능력 발휘 기회를 비롯하여, 인간관계, 개인의 사회경제적 지위, 가치관과 태도, 정신 및 신체적 건강, 가족관계, 거주지 등 생활의 모든 측면에 걸쳐 영향을 받게 된다. 개인의 생활양식을 결정하고 궁극적으로 한 개인의 인생을 좌우하게 되는 것이다.[2] 그렇기에 인간들은 자신의 인생을 좌우할 타고난 적성과 진로에 대한 해답을 갈구한다.

이러한 난제들을 해결하기 위해 인간은 인문학, 심리학, 생물학, 사회학, 교육학 등등 모든 지식을 총동원하여 융합을 시도하고, 여기에 인공지능의 기계까지 이용, 인간인 자신을 분석하고자 시간과 노력을 아끼지 않았다. 결과적으로 인간들은 기계가 마치 만능인 것 같은 맹목적인 신념까지 갖게 되었다.

자신의 타고난 재능도 기계라면 찾아줄 것이며, 이로 인해 성공의 발판 역시 먼저 올라설 수 있다는 기대감을 품게 된다. 비합리적인 논리를 바탕으로 우리의 적성과 지능, 진로를 알기 위해 기계에 의존하며 각종 적성검사까지 병행한다. 그러나 결과는 이미 정해져 있다.

기계의 힘이나 적성검사가 아니어도 부모가 조기에 적성을 찾아낸 행운아들도 있지만, 수억의 교육비를 투자하고도 제대로 진로를 찾아가지 못하는 부모와 자녀가 있다. 여기서 적성을 찾기 위한 시간과 금전적 투자대비, 그 대답을 확실하게 얻지 못하는 원인에 대해 현재의 적성검사의 한계를 생각해볼 필요가 있다.

그 해답은 앞서 밝혔듯이 재능수준을 파악하고 대처하는 것이며, 결과적으로 경제적·시간적으로 매우 효과적이면서 절약된 삶을 계획하여 자신의 진로를 보다 안정적으로 선택할 수 있다.

---

[2] 김기승(2014), 「대학생의 명리직업선천성과 진로탄력성, 진로결정수준의 구조적 관계」, 경기대학교 대학원 박사학위논문, p. 1.

2) 전공과 진로의 관계

대학 취업자 셋 중 한 명 "전공과 무관한 일에 종사"

OECD사무총장 앙헬구리아는 한국 노동시장의 이중구조를 지적하면서 '대한민국 차세대 생산 혁명의 동력'에 대한 보고서를 전달한 바 있다. 한국에서는 기량과 자격이 탄탄하다고 해서 반드시 양질의 일자리를 얻는 것은 아니라고 밝히며 2011년부터 현재까지 지속된 한국 경제의 저성장 기조를 국민의 디지털화를 통한 해결점으로 제시하기도 했다.

한국직업능력개발원도 매년 '대졸 청년의 전공일치 취업 실태 분석' 보고서[3]를 발표하고 그 변동에 따라 대응하기 위해 취업률에 주시한다. 구체적으로 대졸 취업자의 27.4%는 자신의 전공과 맞지 않는 일자리에 취업하고 있으며 전공불일치자의 취업이 거의 절반수준인 49.8%를 차지하고 있다. 전문대보다 4년제 대졸자의 전공일치 취업률이 높고, 같은 4년제 대학이라도 대학 서열에 따라 그 역시 차이를 보여준다. 전공불일치율에 있어서는 인문·사회 계열이 가장 높게 나타났다. 그 원인은 취업의 벽이 높아질수록 가장 불리한 인문 계열 졸업자가 자신의 전공을 살리고 싶어도 포기하고 전공과 가깝거나 무관한 곳으로 '하향 취업'을 선택하기 때문이다. 이러한 결정은 연쇄반응을 불러와 결국 평균 연봉 격차를 발생시키고 열심히 일하고도 정당한 대우를 받지 못하는 사회적 풍토로 이어진다.

그 세부원인으로 문과 출신 인력은 과잉공급현상을 보이고 공학 계열 전공 인력은 부족한 노동시장의 상황이 반영되어 연봉격차가 날 수밖에 없다는 전문가들의 분석

---

3) 채창균(2016), 「대졸 청년의 전공일치 취업 실태 분석」, 한국직업능력개발원, 제91호.

이 있기도 했다. 한마디로 4년제 대졸과 전문대졸 모두 전공일치 취업자의 임금 수준이 전공불일치 취업자보다 높다는 것으로 적성의 중요성을 다시 한 번 보여준다.

또한, 앞으로 10년 안에 인문·사회 계열 전공 인력은 초과 공급되는 반면에 공학 계열 전공 인력은 오히려 부족할 것으로 예상된다는 고용노동부의 발표 역시 전문가들의 분석과 그 맥락을 함께 하고 있다.

국제성인역량조사[4] 자료에 따르면 24개 회원국 중에서 한국 근로자는 63%가 직무와 잘 어울리지 않는 것으로 나타났다. 성인의 역량(competencies)은 국가의 교육 및 훈련정책, 평생학습, 노동시장 정책 분야의 주된 정책 목표인데, 성인의 역량을 충분히 개발하고 효과적으로 활용하는 것은 국가 경제성장과 사회통합, 국제경쟁력 향상에 매우 중요한 과제로 인식된다(임언 외, 2013; 류기락 외, 2014;).

한국은 이같이 중요한 성인의 역량마저 전공 불일치 비율과 함께 특히 높았으며 이에 반해 오스트레일리아는 전공과 학력에서 거의 일치한다며 OECD는 이 점을 들어 대학 과정에서 전공자들이 쏟아 붓는 시간적·금전적 투자의 손실이 클 것이라고 하였다. 더 나아가 기업의 생산성 및 조직 혁신에도 영향을 미칠 수 있다고 봤다. 따라서 한국이 디지털 변혁을 이루기 위해 올바른 기량을 갖추려면 사회 진출 전초전인 교육 시스템부터 손봐야 한다[5]고 분석한 것이다.

누구나 취업에 대한 희망을 마음에 담지만
　　　현실화시키는 것이 결코 쉬운 것이 아니다.

---

4) OECD 연구결과보고서 (2013년 10월), 『국제 성인 역량 조사 결과(PIAAC, Programme for the International Assessment of Adult Competencies)』, 가입국가의 성인을 대상으로 각국의 국민들의 능력을 비교해 볼 수 있는 조사.

5) 파이낸셜뉴스, 2017년 10월 27일 연재기사 중에서 [OECD의 충고] ①OECD, 한국에 '옐로 카드' 내밀다.

'취업전쟁'이라는 험한 길을 뚫고 취업에 성공한 사회초년생이라면 이직(移職)은 꿈에도 생각하지 않을 것이다. 그러나 대졸 취업자 중 첫 직장에 취업한 후 2년 안에 퇴사하는 비율이 75.4%로 높다[6]는 예상 밖의 결과가 나왔다. 1년 내에 그만두는 경우는 절반수준이며 1~2년 미만은 28.1%로 나타났다고 한다.

그렇다면 왜 첫 직장에 2년 이상 있지 못하고 다른 곳으로 이직을 하는 것일까?

▶ 전공과 업무내용 불일치
▶ 직업적성/흥미 불일치
▶ 임금 등 근로조건 불만
▶ 낮은 소득

이와 같은 순서로 전공 불일치의 사회초년생들은 결국 이직을 선택할 수밖에 없는 것이다. 대학을 졸업하고 다행스럽게 취업에 성공한 대학 졸업자의 경우와 달리, 취업 실패는 결혼포기로 이어져 'N포 세대'를 양산하고 있는 현실에서 취업을 그토록 열망하면서도 1~2년 만에 스스로 직장을 뛰쳐나오게 만드는 원인에 대한 분석과 그 대책이 시급하다.

조기퇴직의 원인을 먼저 살펴보자.

첫 번째, 전공불일치로 인한 임금 차액이다.
자신의 전공과 전혀 무관한 분야에 취업하는 경우가 늘어나면서 이에 따른 임금에

---
[6] '대졸자 직업이동 경로조사 3차년도 추적조사'

서도 비전공자의 임금이 낮은 것7)으로 조사되었다. 이 결과는 '학력 과잉', '기술 과잉', '전공 불일치'가 평균 임금을 낮추는 것으로 추정되고, 이들 세 변수가 복합적으로 임금에 가장 큰 영향을 미친 미스매치 요인을 분석한 결과, '전공 불일치'가 가장 크게 작용하는 것으로 나타났다.

두 번째, 근로여건 불만족으로 인한 보수와 근로시간이다.

근무시간 외 야근을 해야 하고 주말도 없이 달려보지만 보수는 만족스럽지가 않다. 개인적 사생활의 여유가 없다.

세 번째, 개인 가족적 이유(건강, 육아, 결혼 등)이다.

이러한 점을 살펴보더라도 진로적성이 사회활동에 미치는 영향과 그 중요도를 알 수 있다. 전공과 관련해서 업무나 직업적성 및 흥미 불일치의 원인을 제공하는 요인 중에 대학설립제도에서 그 원인을 찾을 수 있다. 대학 인구가 늘어남에 따라 정책이 신고제로 바뀌면서 대학들이 우후죽순으로 생겼다. 대학의 수가 늘어난 만큼 대학에도 서열이 생기고 좋은 대학이라고 인정받는 대학입학을 위해 학생들은 3수, 4수, 최대 7, 8수를 불사한다. 의대, 공대, 법대 등 사회적으로 인정받은 과만 희망하다 보니 결국은 이런 사태가 벌어졌으며 해를 거듭할수록 그 수는 누적된다. 이로 인해 발생하는 부작용의 심화는 고스란히 학생들과 취업 제일선에 있는 젊은 세대들에게 돌아간다.

---

7) 한국고용정보원의 '청년층 노동시장의 미스매치(부조화)와 직장이동' 연구 보고서(2017.7.12.)에 따르면 전공 불일치 청년 취업자들은 그렇지 않은 취업자들에 비해 평균 9.8% 낮은 임금을 받고 있는 것으로 나타났다. 이 연구는 고용정보원의 2~9차(2008~2015년) 청년 패널조사 자료를 이용해 청년층 노동시장에서 발생하는 미스매치 현상과 규모 및 추이·영향 등을 분석했다. 조사 대상은 2007년 당시 만 15~29세였던 청년 취업자들이다.

우리는 교육을 국민의 의무이자 권리라고 생각한다. 자연히 학교교육은 공교육이라는 인식이 퍼졌다. 그러나 이러한 풍토는 사실 얼마 되지 않았다. 불과 1~2세기 전만 해도 공교육, 특히 여성에 대한 교육은 상상도 못할 일이었고 남성이라고 해도 극히 일부, 소수 계층에게만 허용된 특권 중에 특권이었다. 그러던 교육이 이제는 의무교육이 되고 무상교육으로까지, 정말 짧은 시간에 급격히 변하고 있다.

사회의 변화 속도가 빨라지는 만큼 교육의 필요성 또한 증대되고 학창시절뿐만 아니라 이제는 생애 전반으로 확대하는 분위기 속에 평생 교육이 제도화 되고 있는 현실이다.

결과적으로 누구나 의무로, 권리로 이루어진 마구잡이식 대학진학률은 OECD 회원국 중 늘 1위의 자리를 지키지만 그 원인을 살펴보면 마냥 기뻐할 일만 아니다. 우리사회의 과도한 학력중시 풍토 때문으로 학력과 학벌은 단순한 경제생활의 수단을 뛰어넘어 인간을 서열화시키는 하나의 기준이 되어버린 현실에 씁쓸해진다.

학벌의 서열화, 연봉의 서열화, 대기업과 중소기업으로 서열화, 여성에게는 미모의 서열화 등등 철두철미한 서열분류가 이미 관습화되고 세습화되어 그 뿌리를 잘라내기 힘든 상황에까지 몰려있다. 이처럼 진정한 진로의 의미는 퇴색되어 학문추구의 목적보다는 대학을 나와야만 사회생활에 불이익을 덜 겪게 되고, 서열에서 밀리지 않을 것이라는 인식으로 변질되었다.

대학진학에 모든 입시생들이 몰렸고 높은 대학진학률의 부작용으로 인해 상아탑은 그 가치가 추락했다. 남들이 가는 대학 나도 가려 하니 적성과 상관없이 성적에 의존해야 하는 악순환이 반복된 것이다. 이러한 현실은 스스로 전공을 선택하기보다는 합격이 보장되는 학과에 줄을 서도록 아이들의 등을 떠밀었고, 이 사태는 대한민국에 살고 있는 국민이라면 모두 체감하는 일이다.

대학진학률이 최고라면 소득 역시 최고가 되어야 마땅하나 결과는 예상과 한참 동떨어져 있었다. 진학률에 있어서는 미국보다 앞서 있지만 소득 면에서는 미국에 뒤처진 결과를 보여준다. 결론적으로 대학 교육이 부(富)로 직결되는 것은 아니라는 점이다. 현 노동시장에서 근로환경은 나쁘지만 대학 졸업장을 가진 사람들보다 더 많은 연봉을 받는 사람들이 있다는 점도 생각해 볼 문제이다. 물론 우리나라는 아직까지 분명 불평등이 존재한다. 오히려 이런 사회 풍토가 적성보다는 수입 면을 더 계산하도록 유도하고 있다.

직업 선택 시 고려 요인에도 수입을 먼저 생각한다는 응답과 적성을 우선시한다는 응답의 차이가 극히 미묘하다. 아직까지는 적성이 우위에 있지만 해마다 수입에 대한 우선순위가 증가하는 반면, 적성·흥미 위주의 직업 선택은 감소하고 있다. 간발의 차이로 1위가 적성과 흥미지만 곧 역전되기 쉽다. 중·고등학생은 적성·흥미를 선택했고, 대학생은 수입을 가장 중요하게 생각한다는 결과 보고서도 있었다.[8] 이 결과는 직업 선호도를 바꾸고 본인이 원하고자 하는 직장이 아니라 조건과 환경이 우선이 되도록 만든다. 근무환경이 좋으면서 안정적이고 급여는 높은 곳을 선택하는 것이다.

이러한 결과는 기성세대가 만들어 놓은 사회 환경이 가장 큰 요인이다. 우리들의 자녀들이 스스로 자신의 진로를 선택하지 못하도록 만들고 성적이나 부모, 사회에서 기대하는 방향으로 끌려가는 선택을 하게 만든다. 이처럼 타의에 의해 끌려가는 진로의 결말을 우리는 쉽게 예상할 수 있다.

본인의 삶이지만 행복하지 않다고 느낄 것이다. 스스로 삶을 주도하지 못하고 늘

---

8) 통계청(2018), 여성가족부 [2018 청소년 통계].

주변의 눈치를 보느라 힘들다. 마음 한구석으로 밀어 넣어놓은 적성이 고개를 내밀 때마다 '여기는 내 자리가 아닌가봐', ' 저쪽으로 갈 걸', ' 왜 나만 이렇게 살아야 하지' 라며 스스로 자책하게 된다.

 필자는 많은 대학생들을 직접 만나 인터뷰를 하였고, 그들이 겪었던 그리고 앞으로도 계속될 진로에 대한 고민을 물었다. 연구에 참여해준 대학생들 중 일부는 스스로 대학과 전공을 선택한 경우도 있었지만, 부모나 주변의 환경에 의해 원하지 않는 대학을 선택한 후 전과나 자퇴 등을 고민 중인 학생들 또한 상당수였다.
 자신의 재능을 생각해 볼 겨를도 없이 무조건 졸업 후 취업에 유리한 학과를 권유받았고, 부모님의 결정에 따라 별 고민 없이 대학생이 되었던 학생들은 자율적인 대학생활에 적응하기 위한 노력이 필요했고, 마음에 갈등을 겪고 있었다. 그리고 많은 대학생들이 전과나 휴학 후 재수를 심각하게 고려하고 있었다.
 대학생들을 이런 환경에서 벗어나게 해주려면 오직 대학을 가기 위한 진학이 목적이 된 악순환의 고리에서 벗어나야 한다. 그렇게 '이끌려 가는 진로'는 거부해야 한다는 인식의 변화가 절대적으로 필요한 시기이다.

3. 이끌려가는 진로, 찾아가는 진로

'이끌려가는 진로'란?

자신의 흥미와 적성을 고려하지 않는 채 목표를 설정한다.
또한 오직 성적에 맞춘 전공을 선택하거나
부모와 주변의 권유로 진로를 결정하게 되는 것 등을 말한다.

'찾아가는 진로'란?

자신의 흥미와 적성을 고려하여 진로를 유연하게 설정한다.
또한 성적보다는 흥미 있는 전공을 선택하고,
부모와 주변 사람들의 의견을 참고하되
자신의 소질과 재능, 능력을 시험해가면서
잘할 수 있는 일을 찾아가는 것을 말한다.

1) 이끌려가는 진로

(1) 타인에 의한 학과 선택 (남)

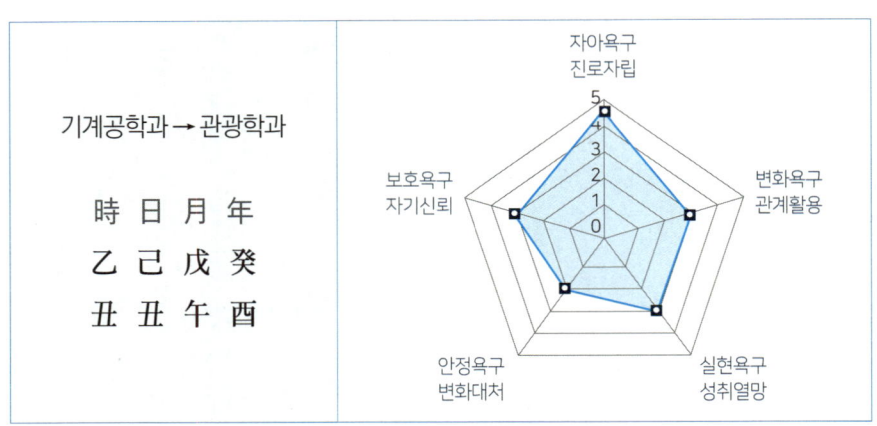

위 사주는 월 편인격에 전체적으로 비겁이 강한 것이 특징이다. 관성으로 비겁을 제화시켜야하나 관성이 약하므로 식상으로 비겁을 설기하는 것이 좋다.

비겁의 자기에너지를 식상(out put)으로 활동하는 것이 포인트다.

AAT선천적성검사 결과

- 직업유형 – 자유형 / 자기 주도적 역할이 강하다!
- 사회적 욕구 – 자아욕구
- 진로탄력성 – 진로자립

재능수준판단결과

사회교육인문계열 〈下〉, 공학의학자연계열 〈中〉, 예체능계열 〈上〉 순으로 기계공학을 전공하기에는 예체능계열보다 재능수준이 낮다. 전공 적성 부적응원인을 살펴보면 월지 편인과 겁재가 추출하여 비겁이 왕하다. 연간에 癸水 편재가 있으나 월간의 戊土와 합하여 편재의 기능이 취약하다. 이는 수리능력을 활용하는 재성의 기능이 묶이게 되니 이공계가 재능이 될 수 없고 또한 적성에 맞지 않는 것이다.

위 사주의 주인공은 자기에너지를 활용하는 열정과 몰입도가 높으니 관광학과로의 전과는 타고난 재능을 발휘할 수 있다.

명리진로상담

위 사주는 수직적인 구조에 얽매이는 것을 싫어하는 자유형의 구조를 가지고 있다. 그리고 비겁이 강한 중에 재성이 취약하여 이공계 적성은 취약하다.

사주 주인공은 삼촌의 권유로 공과대학 기계공학과에 진학하였다. 처음 도입되는 입학사정제의 혜택이 있고, 취업에 유리하다는 것이 이유였다. 그러나 기계공학에 전혀 흥미를 느끼지 못하여 진로갈등에 빠지게 된 대학생이다.

여행을 좋아한다는 본인의 취미를 참고로, 자기에너지를 활용하는 모험가스타일의 선천적성을 적용한 '전문 여행 가이드'를 추천하였다. 내담자는 2017년에 관광학과로 진로를 변경했다. 전과한 이후 학과전공에 대한 만족도가 매우 높다고 하였다.

(2) '재능 수준'을 무시한 편입 시험 (여)

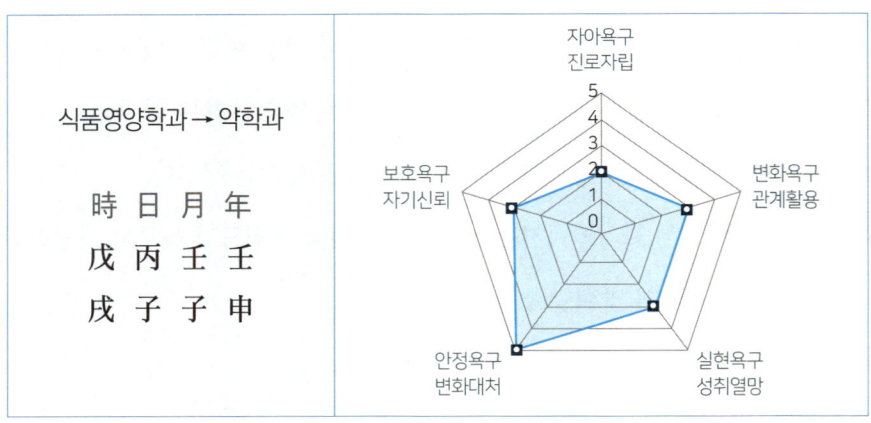

위 사주는 子月생으로 전체적으로 편관이 강한 것이 특징이다. 강한 편관 칠살은 식신으로 제살하는 것이 좋다.

관성의 강한 서열본능과 식신 연구력을 재능으로 활용하는 것이 포인트다.

AAT선천적성검사 결과

- 직업유형 – 직장형 / 외적인 환경(조직 및 단체)이 중요하다!
- 사회적 욕구 – 안정욕구
- 진로탄력성 – 변화대처

재능수준판단결과

사회교육인문계열 〈上〉, 공학의학자연계열 〈中〉, 예체능계열 〈下〉의 순으로 의학계열의 재능수준은 평범하다. 오히려 사회교육인문계열이 높게 나타났다. 편관에 인수가 없는 구조는 일간에게 많은 노력을 요구한다. 강한 칠살을 제살하느라 식신의 용도가 변질되었다. 지지 申金편재는 천간으로 투간한 칠살을 생하고 월지 子水정관까지 합하여 설기가 심하다. 이러한 편재의 기능이 취약해짐으로 결과를 취하기 어렵다. 또한 신약한 일간에게 인수부재는 합격이라는 결과가 쉽게 주어지지 않는다.

명리진로상담

위 사주는 편관칠살이 강하여 수직구조로 직장형다. 정치가스타일의 선천적성결과는 공무원이나 식약청 같은 공공기관 취업이 적성에 맞는 걸로 나타났다.

사주 주인공은 부모님을 비롯하여 친척 대부분이 의사와 약국을 경영하고 있는 환경에서 성장하여 자신도 약대로 가기 위해 먼저 식품영양학과로 진학 하였다. 하여 PT시험에 연이어 도전을 하였다. 2017년 4번째 도전에 실패하고 나서야 학과 변경보다는 졸업 후 식약청 취업에 도전하기로 하였다. 즉 사주의 적성에 맞는 직장생활을 선택하고자 생각을 바꾼 것은 다행이라고 본다.

(3) '재능 수준'을 고려하지 않은 진로선택 (여)

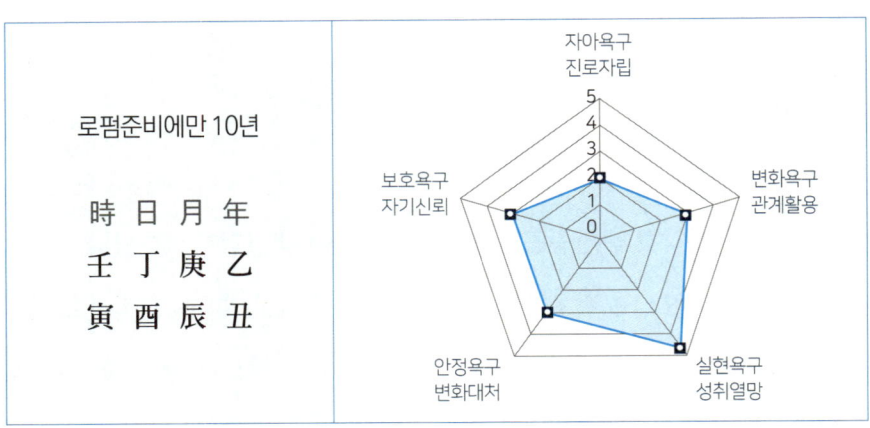

 위 사주는 월지 상관에 전체적으로 재성이 강한 것이 특징이다. 상관생재에서 재생관으로 이어지는 구조이다. 관에 대한 집착이 강하게 나타난다. 아쉬운 것은 인수가 투출하지 못하여 관을 수용하는데 부족함이 있다. 재성의 치밀함과 수리계산능력을 활용하는 것이 포인트다.

AAT선천적성검사 결과

- 직업유형 – 사업형 / 현실적 계산이 강하다!
- 사회적 욕구 – 실현욕구
- 진로탄력성 – 성취열망

재능수준판단결과

사회교육인문계열 〈中〉, 공학의학자연계열 〈上〉, 예체능계열 〈下〉의 결과, 사업가 기질이 매우 강하다. 계산적이며 현실적으로 가치를 따지므로 인문계열보다 이공계가 적성에 더 적합하다. 신약한 일간이 辰酉合, 酉丑合을 이룬 재를 감당하기 어렵다. 이 사주 구조의 단점은 丁火일간이 사주 내 비겁이 없고 연월일지에 통근하지 못해 근기가 약한 것이다. 비겁의 결함은 열정과 몰입이 약한 결과를 초래한다.

명리진로상담

위 사주는 일간을 중심으로 식신생재와 재생관의 혼합유형이다. 천간으로 투간된 乙木은 재성과 합하여 인수를 압박한다. 적성검사 결과는 회계사나 금융업 등 전문직을 추천직업군으로 나타내고 있다.

사주 주인공은 부모님의 강력한 권유로 법학과에 진학했다. 결과에 대한 성취열망이 강한 내담자는 자신의 적성과 상관없이 최선을 다했고 성적도 좋았다. 그러나 늘 같은 과목에서 1~3점이 부족해 번번이 실패했다.

여러 번의 실패를 겪은 후라 이번 적성검사결과를 참고로 자신의 진로에 대해 진지하게 생각해보는 기회를 갖겠다고 하였다.

잘하는 것과 좋아하는 것은 분명 그 결과 면에서도 다르다. 공부를 잘한다고 성적 따라 부모님의 기대치에 부응하기 위해 자신의 적성과 무관한 진로결정을 내리고 그 길을 쫓아간다면 이처럼 뒤늦게 진로를 변경하거나 선택한 길에서 자신이 원하는 결과를 이끌어 내기에 어려움이 따른다.

이런 안타까운 사례들을 보면서 타고난 적성의 중요성을 더욱 인정하게 되는 것인지도 모른다. 부모가 의사이니 자녀가 의사가 되거나, 부모가 검사라고 자신도 검사가 되는 것이 당연하다고 생각한다면 큰 오산이다. 태어날 때 부여되는 사주가 다르고 적성이 다르고 가야할 길이 다른 것처럼 부모가 간 길이 반드시 나의 길이 될 수 있는 것은 아니다.

위 사례자들은 남들보다 늦게 자신들의 적성에 맞는 학과를 선택했기에 그 가치를 인정하고 소중하게 여기게 된 경우이다. 자신에게 부여된 적성을 파악한 후 따라가는 길은 정신적으로도 편안함을 준다는 것은 기본 진리이다. 좋아하는 것을 하기에 더 잘할 수 있다는 자신감은 그 어떤 것으로도 살 수 없다. 그 결과는 보지 않아도 알 수 있다. 이처럼 시간과 노력이 허사가 되는 '**끌려가는 진로선택**'은 정말 하지 말아야 한다.

2) 찾아가는 진로!

(1) 진로 찾기

누구나 적성은 조기에 발견해야 유리하다고 쉽게 말한다. 한때 조기학습이나 조기적성파악에 대한 열풍이 한반도 전역을 강타했었다. 적성을 조기에 발견하면 그만큼 시간적 여유와 노력할 시간이 있어 성공에 가까이 갈 수 있다고 본 것이다. 그런데 그 어떤 기계를 사용해도 알아 낼 수 없는 것이 바로 잠재되어 있는 나의 재능이라는 것이 문제이다. 나에게 적합한 진로는 무엇이며 어떻게 적성을 알아볼 수 있을까?

> "그것은 바로 보이지 않는 것을 볼 수 있는 사주에 있다.
> 동양의 명리는 인류가 만든 최초의 과학 작품이다"

앞이 보이지 않으니 이끌려갈 수밖에 없다. 이와 같은 수동적 진로에서 벗어날 수 있는 방법은 바로 사주의 선천적성이다. 이는 취업자의 전공불일치의 비율을 낮출 수 있는 해답이기도 하다. 타고난 선천적성을 찾아냄과 동시에 그 재능의 수준을 높이기 위한 노력이 뒤따라야 한다.

오래전부터 '진로 찾기'는 여러 갈래로 나뉘어져 있는 미로처럼 인간들에게 그 길을 쉽게 내어 주지 않았다. 어떤 사람은 진로를 영영 찾아가지 못한다. 어떤 사람은 살다보니 자신에게 꼭 맞는 진로선택의 행운이 주어진 경우도 있다. 그리고 그야말로 예기치 못한 곳에서 재능이 발현된다.

우연히 이루어지는 진로!
정말 우연히 이루어지는 진로가 있을까?

미국 스탠포드대학의 존 크롬볼츠교수는 '계획된 우연(planned happenstance)'이라는 사회학습이론[9]을 내세우며 한 개인이 사회와의 상호작용을 통해 무엇을 학습했는가에 따라 진로가 선택된다는 이론을 내세웠다. 그에 의하면 '진로는 우연히 결정된다'는 것으로 개인의 삶에서 만나게 되는 우연한 사건들이 긍정적인 효과로 개인의 진로에 연결된다고 하였다.

즉 동양의 '진인사대천명(盡人事待天命)'처럼 진로를 결정함에 있어 전혀 예기치 못한 상황에 놓이거나 사람과의 인연을 통해 진로가 마치 우연처럼 결정된다는 것이다. 또한 성공한 사람들 역시 주어진 환경에 정말 열심히 했더니 성공이 따라왔다며 무려 80% 이상이 우연한 진로결정이라 하였고 나머지는 자신들의 플랜대로 성공했다는 주장을 한다.

그러나 이 모든 우연적 사건들이 누구에게나 긍정적 효과로 연결되는 건 아니다.

---

9) Krumboltz의 사회학습이론(Social Learning Theory)진로상담에 있어 학습의 변인을 강조한 이론으로 진로선택에 미치는 요인들에 대한 이론으로 사회학습이론의 상호결정론을 진로의사결정에 적용하여 내담자의 진로의사결정을 돕는 것을 목표로 하는 진로상담에서 학습에 영향을 미치는 다양한 환경적 요인에 대해 설명하고 있다.

개인이 가지고 있는 태도나 마음 자세에 따라 그 효과는 달라질 수 있다. 이런 이유로 이 조사가 표본이 되지는 않겠지만 자신에게 꼭 맞는 진로를 찾는 것이 그만큼 어렵다는 것을 반증하는 내용이기도 하다.

우연히 주어지는 진로 찾기에 성공했다면 다행이나 마냥 우연을 기다리다 시기를 놓칠 수도 있다. 과연 어떤 방법을 사용해야 그 기회를 놓치지 않을까.

과거에는 가문에 의한 진로 결정이 많았고 현재도 비일비재(非一非再)하다. 부모가 이어온 가업을 개인의 의사와는 상관없이 물려받아야 하는 경우가 있고 개인보다는 가정을, 가문을, 사회가 원하는 진로를 선택하길 강요받던 시대도 있었다.

학자집안에서는 공부를 강요받아 입신양명(立身揚名)해야 했고, 장사꾼의 집안에서는 늘 손익 계산을 잘해서 재산을 불릴 것을 강요받았다. 그래서 학생을 가르치는 교육자의 꿈을 포기하고 사업을 하는 이도 있었다. 공부에 취미가 없음에도 불구하고 책상 앞에 앉아서 책과 씨름을 해야만 했던 사람들도 있었다.

물론 온고지신(溫故知新)이라 했으니 옛것을 모두 고리타분한 것으로 치부하여 버리자는 의미는 아니다. 발전은 항상 과거를 바탕으로 한다는 것은 진리다. 과거를 밑거름으로 삼아 현대과학문명사회에서는 보다 현명하고 합리적인 선택을 해야 한다.

나에게 꼭 맞는 길은 있어도 틀린 길은 없다.

꼭 가야할 길이라면 어떤 길을 선택하더라도 언젠가는 그 길을 찾아가게 되어 있다. 필요 없다고 후회할 길이라도 나중에는 다 필요했던 길이었을 수도 있는 것처럼 모든 길마다 이유가 있고 의미가 있을 것이다. 어떤 결정이든 본인의 생각이 가장 중요하며 본인의 선택에 의해 발생되는 모든 일의 결과와 경험들은 그들을 이끌고나갈 가장 소중한 스승이기도 하다.

(2) 찾아가는 진로의 사례분석

① 진로 찾기에 성공한 가수 싸이[10]

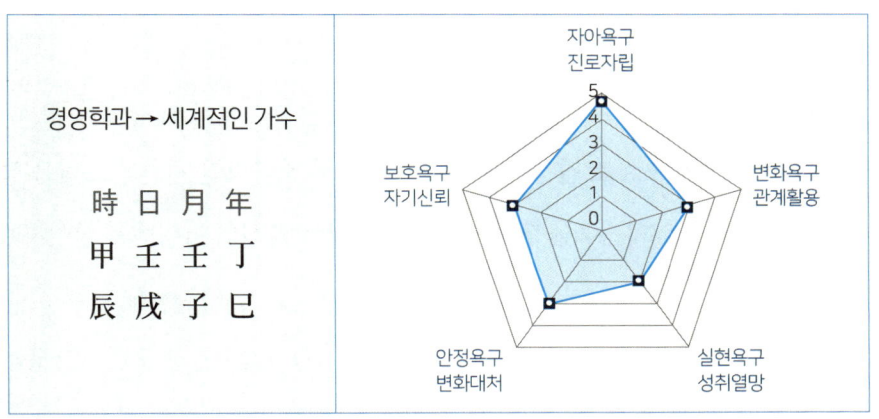

위 사주는 월 겁재격에 비견이 투출하였다. 甲木식신이 투출하여 왕한 비겁을 설기하게 되어 좋다. 체력을 소모하면서 심리적 안정감을 느낄 수 있다.

비겁의 자기에너지를 식상의 out put을 재능으로 활용하는 것이 포인트다.

AAT선천적성검사 결과

- 직업유형 – 사업형
- 업무수행기능 – 리더기능

---

10) 김기승(2013), 『격국용신정해』, 다산글방, p. 346. 사례참고.

• 개별학과적성 – 예체능계열

재능수준판단결과

사회교육인문계열 〈下〉, 공학의학자연계열 〈中〉, 예체능계열 〈上〉으로 경영학계열의 재능수준은 보통이다. 월지 子水에서 천간으로 壬水비견이 투간해 비겁의 경쟁구도 속에서 능력발휘를 잘해낸다. 직접 결과를 창출하려는 마인드가 강한 만큼 자기믿음과 집중력이 강하다.[11] 경영학보다 예체능의 자유로움이 적성에 더 부합된다.

진로성공분석

이 사주는 자신이 스스로 결정하고 추진하는 일에 적극적인 개인의 노력을 통한 사업형의 구조이다. 리더기능을 활용한 조직 구성으로 자신의 아이템을 실현시키는 일을 선호한다.[12]

사주 주인공은 가업을 잇기 위해 유학을 떠나 국제경영학과를 전공했지만 중퇴를 하고 버클리 음악대학으로 재입학한다. 그러나 학업을 잇지 못하고 귀국을 하여 가수로서의 꿈을 이루었다.

선천적성결과는 예체능계열이 가장 높게 나타난다. 타고난 신체에너지를 활용한 역동적인 춤과 노래의 행위예술로 전 세계인들을 흥분시켰다.

이처럼 타고난 재능과 열정, 여기에 몰입 이 세 가지가 모두 〈上〉일 때 사회적 성공 확률이 높음을 보여준다.

---

11) 김기승(2010), 『놀라운 선천지능』, 창해, pp. 310-317.
12) 김기승(2009), 『명리직업상담론』, 창해, p. 130.

② 故 스티브 잡스(Steve Jobs)의 진로탐색

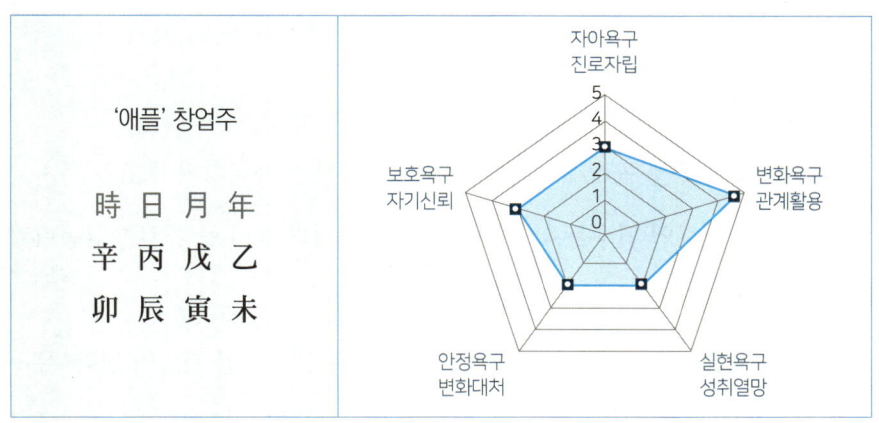

위 사주는 寅月 생으로 득령하였고 지지가 인수국을 이루어 신강하다. 신강한 일간은 식상으로 설기하여 중화를 이루어야 한다.

인비식 구조로써 식상과 재성의 연구와 창조개발본능을 적극 활용하는 것이 포인트다.

AAT선천적성검사 결과

- 직업유형 – 자유형
- 업무수행기능 – 전문기능
- 개별학과적성 – 사회·교육·인문계열

재능수준판단결과

사회교육인문계열〈上〉, 공학의학자연계열〈下〉, 예체능계열〈中〉으로 사회교육인문계열이 가장 적합하다. 사주에 식상만 창의성을 주는 것은 아니다. 편인도 심미적이며 예술적 창의력이 우수하다. 이러한 창의성의 마무리는 관(官)의 메모리기능이며 이 사주에서 辰土 속의 癸水가 메모리 역할을 한다.

진로성공분석

위 사주는 수직적인 구조에 얽매이는 것을 싫어하는 자유형의 구조를 가지고 있다. 그리고 강점지능인 인수를 활용하여 방대한 데이터 정리 등 자료수집능력과 기록능력이 탁월하다.

식상은 기술이자 창의력이며 여기에 인수가 함께 있어 고급 기술이 된다. 유독 IT 직종 관련에서 잡스를 비롯하여 마크 주커버그[13], 샤오미의 레이쥔[14], 그 외에 소셜 미디어 댄 빌저리안[15] 등의 인재가 많다.

편인 성향[16]은 독특하고 기발한 생각의 아이콘이다. 20대에 '애플'을 창업했으며 10년 후 세계적인 기업으로 성장시킨다.

---

13) Mark Elliot Zuckerberg(1984), 페이스북 최고경영자, 2002년 하버드대학교에 입학했다. 2004년부터 하버드 대생을 대상으로 페이스북 서비스를 시작했는데, 서비스 개시 2주 만에 전체 학생의 절반이 가입했다. 저커버그의 룸메이트인 더스틴 모스코비츠와 크리스 휴스가 그를 도와 기능들을 추가했고, 미국 전역의 다른 학교 학생들로 대상이 확대되면서 페이스북은 순식간에 유명세를 탔다.

14) Lei Jun , 雷軍(1969), 2014년경부터 떠오르고 있는 중국의 전자제품 제조업체로, 스마트폰 부터 다양한 생태계 제품까지 저렴한 가격에 온, 오프라인 마케팅을 펼치며 인도 내수 시장 1위, 중국 내수 시장 3-4위를 차지한 기업의 창업주.

15) Dan Bilzerian(1980), 미국의 포커 겜블러 선수, 인터넷 포크사이트 운영.

16) 김기승(2003), 『명리학정론』, 창해, p. 164.

③ 자신의 적성을 뒤늦게 발견, 진로변경에 성공한 일반 내담자 (여)

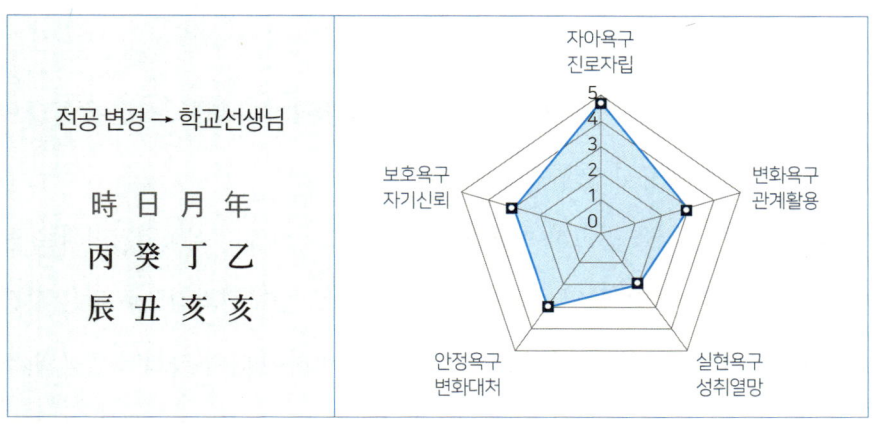

위 사주는 월 겁재격에 전체적으로 비겁이 강한 것이 특징이다. 일시지에 관성이 천간으로 투출하지 않아 연간의 식신으로 설기함이 기쁘다.

왕성한 비겁의 기운을 식상으로 설기하여 재능으로 활용하는 것이 특징이다.

AAT선천적성검사 결과

- 직업유형 – 사업형
- 업무수행기능 – 리더기능
- 개별학과적성 – 예체능계열

재능수준판단결과

사회교육인문계열 〈下〉, 공학의학자연계열 〈中〉, 예체능계열 〈上〉으로 천간의 乙木식신은 강한 비겁의 생을 받아 자기 주관적 활동이 강하다. 乙木식신이 亥 중 甲木에 뿌리를 두고 지지 辰, 亥, 亥까지 통근하여 관을 쓰고자 하는 사회적 욕구가 강하다. 이에 추구하는 목표와 결과가 합일점을 이룬다.

진로성공분석

위 사주는 비겁강으로 관을 활용하거나 식상을 활용해야 한다. 식신이 천간으로 투출하여 재능으로 활용하기에 더 좋다.

이러한 자신의 적성을 참고하여 처음 선택한 경호학과에서 식품영양학과로 전과를 하였다. 재능과 열정과 몰입 수준이 모두 〈上〉으로 높아 결과적으로 짧은 시간에 진로변경을 결정하게 된 것이다. 이처럼 재능수준 여하에 따라 사회적 성공의 척도를 가늠할 수 있는데 재능수준을 판단하는 세 가지 요소가 모두 〈上〉이라면 성공하는데 어려움이 없는 것이다.

결국 대학졸업과 함께 식신을 재능으로 활용하는 영양교사 임용고시에 합격하여 영양교사가 되었다. 현재 영양교사로 근무하며 직업만족도가 매우 높다.

우리의 삶에 있어 인생 전환기회가 과연 몇 번이나 주어질까?

흔히 터닝포인트의 중요성을 알지만 그 기회를 모두가 차지하는 것은 아니다. 기존의 삶에서 균형을 깨뜨리거나 변화를 추구하는 것이 말처럼 쉽지 않기에 전환점의 기회를 놓치는 것이다. 위 사례자들은 자기가 원하는 것과 변화의 시점을 잘 판단하고 이를 성취하기 위한 열정과 노력을 통해 결과를 이끌어낸 경우이다.

- 가수 싸이는 공부를 못해서 음악으로 도피한 것이 아니라 남들이 부러워하는 경영학과를 갔지만, 정말 중요한 것은 꿈과 열정을 담아 자신을 던질 수 있는 일

이어야만 했고 그 길을 걸어갈 수 있는 용기를 가진 것이다.

- 스티브 잡스의 경우 대학에서의 공부는 자신의 노력과 시간을 투자할 만큼 가치가 없다는 판단 하에 과감하게 자퇴를 한다. 그렇지만 자신이 필요성을 느낀 분야는 최선을 다해 공부를 했고, 이게 바로 '애플'의 밑거름이 되었다고 한다.

- 선생님이 된 사례자의 경우는 자신의 타고난 적성이 운동선수나 체력을 활용해서 타인의 안전을 경호하는 것이 아니라 타인의 건강한 정신과 육체를 책임지는 영양교사로서의 적성이 강함을 인식하고 그 길을 찾아가는 노력을 한 것이다.

지식이나 대학은 잘난 척을 하기 위한 도구가 아니다. 그래서 공부 자체가 나의 타고난 적성과 진로와 매칭이 잘 되어야 원하는 결과를 얻을 수 있다.

애플사의 창립자이면서도 경영일선에서 쫓겨나 NeXT사를 세우고 Pixar를 인수하는 등 실패와 성공의 반복 속에서도 포기하지 않고 도전을 했던 잡스처럼 자신을 찾아가는 노력이 필요한 것이다.

우리는 살면서 많은 길을 만나게 된다. 그 길 앞에는 '선택'이라는 조건이 주어지고 어느 쪽이든 결정해야만 한다. 그럴 때마다 스스로 질문하고 원하는 곳으로 가라고 조언해주고 싶다. 선택이 틀리지 않으면 좋고 틀리다 해도 자신이 선택한 길이기에 후회가 없기 때문이다. 늘 선택의 기로에 놓이게 되는 현대인에게 직업은 그야말로 자신의 의지가 반영된 선택이어야 하며 그 선택을 위해 또 선택해야 한다. 이러한 직업 선택에 있어 현명한 인간은 진로와 적성을 분리하지 않고 진로적성을 연계시켜 개인의 인지적 특성이나 직업에서 요구되는 능력, 활동성, 성격, 가치, 직업선호도 등도 분석전문가의 도움을 받기도 한다.

찾아가는 진로!

내가 좋아서 선택한 진로!

그 진로 선택이 성공적인 예를 살펴보면 명리학에서 내세우는 출생과 동시에 타고난 천성과 적성이 얼마나 중요한 지 알 수 있다. 사소한 행복이 진리임을 말하듯 적성대로 살아가는 이들은 순리에 따르면서 느끼는 삶의 만족지수가 분명 높게 나타날 것이다.

가정환경도 좋고 경영대나 법대를 진학하는 등 가진 스펙이 아무리 훌륭해도 그 모든 것을 포기하도록 만드는 것은 그들이 가진 타고난 적성이며 그 재능을 현실에서 실현하도록 하는 것이 바로 열정과 몰입이다.

(3) 찾아가는 진로의 중요성

"하나의 행복의 문이 닫히면 다른 문이 열린다.
 그러나 가끔 우리는 그 닫힌 문만 너무 오래 보기 때문에
 우리를 위해 열려 있는 다른 문을 보지 못한다."

'헬렌 켈러'가 한 말처럼 진로가 딱 하나는 아니다. 우리에게는 단 한 번이 아닌, 여러 번에 걸쳐 결정의 기회가 주어진다. 그래서 수많은 시행착오 속에서 진정한 자신의 적성과 진로를 찾아가는 것을 멈출 수 없다. 우리에게는 객관적으로 자신을 바라볼 자세가 필요하며 이러한 노력이 자신의 적성을 찾아내도록 해줄 것이다. 좋아하고 잘하는 것을 찾아내고 그 길을 갈 때 힘든 일이 있어도 참고 인내하게 된다. 안

타까운 것은 교육현장에서 자신의 결정이 온전히 반영되어 진로를 결정할 수 있는 환경조성이 여전히 미비하다는 점이다. 그동안 수많은 종류의 교육정책이 발표되고 시행되었으며 효과가 있는 제도도 있었지만 오히려 역효과가 난 제도도 많았다. 그럼에도 포기할 수 없는 것이 교육정책이기에 실패에 좌절하지 않고 새로운 방법을 모색해왔다.

프랑스도 우리의 교육현실과 비슷하다. 진학에 있어 학생 자신의 의사가 반영되는 경우가 낮아 이를 개선하고자 노력하였고, 최근에는 자기검열[17]을 방지하는 제도를 실시하고 있다. 이 제도는 사회적 조건에 따라 결정주의를 철폐하고 학생들이 본인의 진로를 선택할 수 있도록 한다는 데 의미가 있다. 기술대학(IUT), 그랑제꼴준비반(CPGE), 고등기술섹션(STS) 등이 먼저 실시하였고 프로방스정치대학, 경영계열 고등교육 기관인 EDHEC, EM Normandie, ESC Troyes 등이 뒤를 이어 시작했다. 이 제도의 목적은 고등학교 3학년 학생들이 스스로 진로를 결정할 수 있도록 유도하는 것이다.[18]

이와 같이 교육의 중요성을 알기에 전 세계 모든 국가가 진로정책에 고심을 하고 제도를 바꾼다. 우리나라의 진로정책 역시 롤러코스터와 같다. 진로지도에 있어서 문제점을 인식하고 공공기관과 민간이 함께 진로교육 활성화를 위한 협약식[19]까지 맺었다. 초·중·고 학생들이 스스로 진로개발 역량을 갖춘 인재로 성장할 수 있도록 지원하고자 하는 것이다.

---

17) 진학 관련 자기검열제도(사회, 경제적 계층이나 학부모의 교육 수준 등 학생을 둘러싼 여러 환경을 고려해 학생이 우수한 능력이 있음에도 불구하고 스스로 유수의 고등교육 기관으로 진학하는 것을 미리 포기하거나 소극적으로 생각하는 것을 의미로 2014년 프랑스에서 실시)
18) 한국교육개발원 발표(2015).
19) 대한민국 교육부의 청소년 진로교육 제도(2018. 6. 21)

교육부 이상으로 학부모들에게 있어 자녀의 진로 결정은 가장 절실하고 절박한 문제일 것이다. 앞으로 인간의 일자리 중에서 510만 개 이상이 사라질 것이라는 전망이 나왔다.[20] 그렇지 않아도 취업전쟁이다, 입시 지옥이다 하면서 자녀를 가진 학부모들의 마음이 좌불안석인데 이러한 정보의 홍수가 미치는 영향은 심각하다.

여기서 크게 두 가지 양상으로 진로문제를 바라보는 시각이 갈라진다.
먼저 진로는 무조건 빨리 정해야 유리하다는 것이다. 조기교육을 주장하는 전문가들은 과거 학부모 세대가 대학을 진학한 후 혹은 사회에 진출하고서야 자신의 진로를 결정하는 것이 다반사였고 여기에 대학 입시 성적에 자신의 진로를 꿰어 맞췄기 때문에 진정한 진로가 아니었다는 것이다. 그렇기에 자신이 좋아하는 것과 잘하는 것을 구분하고 무엇을 할지 결정해야 하는 시기가 빠르면 빠를수록 좋다는 주장이다. 진로결정이 빠르면 결정된 진로에 따라 맞춤식 진로전략을 세우기 용이하고 진로에 도움이 되는 프로그램을 구성함으로서 시간과 노력을 절약할 수 있다는 점을 강조한다.

미래학자 엘빈 토플러(Alvin Toffler)[21]는 미래 경제의 중요한 특징을 스피드, 개인맞춤형 생산, 초복잡성, 경계 붕괴를 들었다. 그중 스피드야말로 미래 경제의 중요 요인으로 뽑았다. 자신의 길을 갈 수 있도록 해주는 가장 최선의 방법은 아이의 선천적성을 빨리 발견하는 것이며 적성을 일찍 발견하고 선천적성이 발휘될 수 있는 환경도

---

20) 다보스포럼(Davos Forum) -1971년 창설된 국제민간회의. 저명한 기업인이나 학자, 정치가, 저널리스트 등이 모여 세계 경제에 대하여 논의하고 연구하는 단체로 매년 1~2월에 스위스 다보스에서 열린다.
21) 엘빈 토플러(Alvin Toffler),1929년 뉴욕에서 태어나 뉴욕 대학을 졸업한 뒤 모교를 비롯하여 5개 대학에서 명예박사학위를 받았다.1957년 이후로는 줄곧 저널리즘의 세계에서 활약하고 있으며, 959년에서 1961년까지는 《포춘》지의 부편집장을 지내기도 했다. 주요 저서로는 《부의 미래》, 《미래의 충격》, 《제3의 물결》, 《에코스파즘》 등이 있다.

하루빨리 만들어줘야 한다고 조기 진로 교육의 중요성을 말하고 있다.[22]

다른 시각에서는 조기에 진로를 결정한다면 자신을 파악하고 선택할 폭이 좁아지고 직접 체험할 기회가 박탈됨으로 인해 진정한 자신의 적성을 찾기 어렵다고 주장한다. 또한 부모님과 선생님의 선택이 주입될 소지가 매우 높다. 따라서 빠른 진로결정을 요구하지 말고 자녀들이 스스로 꿈을 찾거나 진로를 찾아갈 것이라는 믿음으로 마음에 여유를 가지고 기다려주는 태도가 필요하다는 것이다. 즉 안식년 같은 개념과 비슷하다. 외국에서는 고3 이후 바로 대학으로 진학하지 않고 1년 정도의 자기 탐색기간을 가짐으로서 진로에 대한 충분한 시간적 배려를 해주는 제도이다.

어느 쪽이든 틀리거나 잘못된 것은 아니다. 단지 생각이 다를 뿐이다.

인생전반에 걸쳐 한 번의 진로가 영원한 진로가 아닌 것이 되어버린 현대에서 진로 결정 시기가 모든 사람들에게 똑같을 수는 없는 것이다. 진로 선택 시 시간과 비용, 현실적인 상황 등의 조건들로 인해 그 선택은 다를 수도 있고 현실과 타협할 수도 있다. 그래서 우리는 단지 생각이 다를 뿐임을 인정하고 진로를 결정하는 시기가 빠르고 늦음의 타임의 문제가 아니라 얼마나 자신을 위해 스스로 진로를 탐색했는가에 대해 우선순위를 두어야 한다. 거기엔 조건이 따른다.

첫째, 진로선택에 있어 주체는 아이 본인임을 부모는 반드시 인지해야 한다.

아니 인정해야 한다. 자녀의 진로에 깊숙이 개입하고자 하는 부모님들은 완급조절을 잘 해야 하는데 부모의 손길이 절실한 아이도 있지만 오히려 한 발짝 뒤로 물러

---
22) 김기승(2010), 『놀라운 선천지능』, 창해. p. 33.

서서 지켜봐 주어야 하는 아이도 있기 때문이다.

　진로선택에 있어 완급조절을 잘 하려면 부모는 양치기가 되어야 하며 이때 '방목'의 중요도가 발생한다. 들판에서 자유롭게 풀을 뜯는 양이나 염소가 더 건강하게 자라듯 한 발자국 떨어져 자녀를 관찰하는 객관적 시각이 요구된다. 물론 방목장의 울타리를 벗어나 위험에 처할 경우는 도와주어야 하겠지만 방목장 안에서는 마음껏 자유롭게 다니게 할 필요가 있고 이때 필요한 것이 자녀에 대한 건강한 믿음이다.

　일명 '방목'으로 성공한 예를 보면 '악동 뮤지션'의 교육방법을 들 수 있다. 악동뮤지션의 부모는 자녀를 내버려두고 놀 시간을 많이 주었더니 자신들이 좋아하는 분야에만 미쳐 있더라고 하였다.

　두 아이는 몽골에서 홈스쿨링을 했다. 학교에 갈 경제적인 여유가 없어 홈스쿨링을 한 것이지 처음부터 작정하고 한 것이 아니다. 여기에 선교사인 부모는 한국 부모님들처럼 자식에 대해 많은 시간을 투자할 수 없는 환경이었다. 오히려 그 점이 미안해 그 부모는 '언스쿨링'이었다고 했다.

　그러나 이러한 환경이 악동뮤지션에게 창의력을 마음껏 펼칠 수 있는 기회의 장이 되었으니 참 아이러니하다. 놀이가 음악이었고 음악이 놀이가 되어 잠재된 적성을 발현시켜 줄 수 있는 기회가 된 것이다.

　물론 이건 행복론적인 결론이다. 현실적으로 우리는 아이들에게 한 분야에 미칠 충분한 시간을 줄 수 있을까? 시간적 여유를 주지 않는 것은 교육적 환경으로 학교뿐만 아니라 가정도 마찬가지이다.

　그 반대급부도 생각해 봐야 한다. 부모의 관심이 절대적으로 필요한 아이에게는 부모의 교육적 밑받침 부족으로 더 나쁜 결과가 나타났을 수도 있다.

　홈스쿨링으로 성공한 자녀교육이 있다 해서 여기에 또 휩쓸린 부모도 있을 것이다. 그러나 누구나 홈스쿨링으로 성공의 단상 위에 올라서지는 않는다는 점 역시 잊지 말아야 한다.

"방치했더니 천재가 되었다?"

이 말은 정말 위험한 표현일 것이다. 그러나 우리는 여기서 분명 짚고 넘어갈 필요는 있다. 자신을 탐구할 충분한 시간적 여유, 마음껏 자신을 탐색하고 성찰하며 자신의 재능과 진로를 찾아갈 수 있었던 환경, 이것이 오늘날의 악동뮤지션을 있게 한 가장 큰 원인이며 그들에게 주어진 행운이다.

두 번째, 짚고 넘어갈 조건은 조기에 이루어지는 적성검사이다.
타임의 문제에 대한 엇갈린 시각을 보이는 가운데에서도 반드시 타고난 적성은 파악해야 한다는 부분에서는 일치한다. 충분한 경험을 쌓기 위해서는 느리게 가는 진로도 필요하고 시간과 노력을 절약하고 타고난 적성을 조기에 찾음으로써 성공으로 가는 시간을 줄이려는 노력 역시 필요하다.

여기에 명리학적인 요소를 첨가, 출생 시 부여된 개인의 적성과 진로정보가 주어진다면 금상첨화(錦上添花)의 진로지도가 완성될 것이라 본다.

명리를 활용한 조기 적성검사의 장점은 개인별 맞춤형 진로정보제공이 가능한 점이다. 타고난 재능이 부족하면 이 점을 관리해줄 수 있다.

열정이 부족하면 동기부여를 코칭한다.

몰입수준이 낮으면 이 점을 상승시키기 위해 세심함을 기울이면 그 효과는 분명 있다.

아이들에게 진로를 탐구할 시간을 벌어줄 수 있으며 그들에게 공부만이 먹고살 길이라는 강박 관념을 심어주지 않을 수 있다.

그만큼 부모의 관심과 도움을 받을지언정 '스스로 찾아가는 진로'가 가능한 것이다.

이처럼 효율적이면서 'AAT선천적성검사'를 제대로 활용할 수 있는 방법으로 '진로 성공작전 3·6·9'가 있다.

PART **2**

진로성공작전 3·6·9

1. 진로성공을 위해 뇌를 알자
2. 진로성공작전 3·6·9
3. 성공과 실패는 종이 한 장!

1. 진로성공을 위해 뇌를 알자

진로는 태어나는 순간부터 시작된다는 사실!
46초의 기적! 그리고 뇌

지구상에 존재하는 모든 생명체 중에서 인간의 뇌(腦)만큼 경이로운 것은 없을 것이다. 뇌는 몸무게의 2% 정도라고 한다. 그러나 1,000억 개의 신경세포와 1,000조 개의 신경세포 접합부로 이루어져 무한한 데이터를 저장하거나 창조해내는 능력을 발휘하는데, 그 한계치를 가늠하기 어렵다. 완벽한 백과사전의 수백 배에 달한다는 무궁무진한 인간의 뇌에 대해 우리는 끊임없는 경이로움을 가질 수밖에 없는 것이다. 현시대는 물론 미래로 갈수록 자신의 뇌를 어떻게 활용하고 계발하느냐에 따라 사회적 능력의 가치가 달라질 것이다.

1) 인간의 뇌 발달 단계의 이해

인간은 동물들과 달리 어머니 뱃속에서 10달을 보내지만 출생 시에는 약 30%만 성장해서 나오는 것이 뇌이다. 만물(萬物)의 영장(令狀)이라 불리는 인간이 아이러니하게도 출생 당시는 스스로 생명을 유지해가기 어려울 만큼 매우 열악한 뇌 발달과 신체조건으로 불완전하게 세상 밖으로 나온다. 그러나 인간의 지배를 받는 모든 동물들은 출생 당시에 이미 뇌가 70% 성장한 상태이므로 곧바로 걷고 뛸 수 있으며 본능적으로 삶을 유지할 수 있는 조건으로 태어난다. 이는 동물세계의 잡아먹고 먹히는 먹이사슬과정의 생존방식을 위한 것으로 이해할 수 있으며 70% 성장한 뇌로 인해서 가능한 일이다.

인간은 출생한 후 세 살이 되어야 뇌가 70%까지 성장하게 되는데, 그 기간 동안 아이는 무수히 많은 것을 보고 들으며 배우고 익히게 된다. 이 과정에서 형성된 것들은 평생을 좌우하게 되는 것으로 "세살버릇 여든까지 간다"는 옛 속담이 그것을 말해주고 있다. 그리고 뇌는 약 13세까지 더욱 확장되며 성장하는 과정을 거쳐 세상의 수많은 정보를 담고 활용하는 능력을 키우며 형성된다. 그렇기에 인간이 만물의 영장이 될 수 있었다.

즉, 동물들은 이미 뇌가 많이 성장해서 나오기에 먹이를 구하거나 천적을 피하는 방법 등의 단순한 생존방식에 관하여 뇌가 조금 더 진화할 수 있을 것이다. 그렇지만 인간은 뇌가 30% 정도만 성장해서 나오기에 성장하는 과정에서 많은 능력을 키울 수 있게 되며 성장 후에도 상상할 수 없는 활용이 가능하게 될 것이다.

출생부터 뇌 역시 인간과 함께 성장하지만 인간은 위대한 뇌를 겨우 10% 정도 사용한다고 한다. 물론 일부는 20%까지 활용하는 인간이 있다고 하나 그건 극히 소수에게 해당되는 것으로 인간이 자신의 뇌를 더 많이 사용하게 된다면 그 결과는 상상을 초월하게 될 것이다.

사람	당나귀
출생 후 5일	출생 후 5일
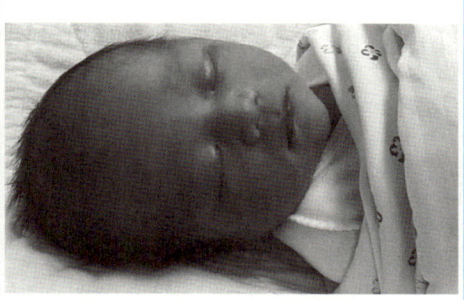	
출생 후 3세	출생 후 3년

아기는 출생 당시 엄마 젖을 먹거나 잠을 잔다. 그리고 차츰 주위 환경에 적응한다. 3세가 되면, 자신의 의사표현을 하고, 자동차나 블록 등의 장난감을 분해 조립한다. 또 아동 영화를 감상하게 된다. 즉 3세가 되는 동안 엄청난 뇌의 발달과 활용이 이루어진다.	망아지는 출생 후 바로 걷고, 어미 주변을 뛰어다닌다. 동시에 환경에 적응한다. 3년이 지나면 사람을 태우고 다니거나 짐을 실은 마차를 끌고 다니거나 한다. 이미 성장이 끝난 상태이다. 즉 뇌의 발달이 후천적으로 이루어지는 것이 크지 않다.

발명왕 에디슨[23]은 '1% of inspiration and 99% of perspiration' 란 말로 뇌의 위대함을 말하였고 현재, 천재임을 누구나 인정하는 아인슈타인 역시 자신의 뇌를 100% 중 단 10%밖에 사용하지 못했다고 말하였다.

천재라 불리는 과학자들이 자신의 뇌를 겨우 이 정도만 활용했다고 하면 일반인들은 일평생 살아가면서 과연 얼마나 자신의 뇌를 활용할 수 있을까? 물론, 일생 살아가면서 자신의 몸을 활용하는 직업에 종사한다면 뇌 사용량은 현저히 줄어들 것이며, 반대로 끊임없이 학문에 증진하거나 연구하는 것이 직업인 사람은 그 활용도가 보다 높은 수치를 보일 것이다.

뇌를 소재로 개봉했던 영화가 있다 뤽 베송의 〈루시〉[24]란 영화로 인간의 뇌를 100% 활용할 수 있다는 전제를 깔고 화려한 액션보다는 진지한 인간의 뇌에 대한 연구같이 한 편의 논문을 영상으로 보는 느낌을 주었다. 인간의 평균 뇌 사용량은 일반적으로 10% 이내이며 신체를 완벽하게 통제하는 데에는 24%, 모든 상황을 인간이 통제하고 제어할 수 있는 데는 40%의 뇌를 사용한다. 60% 이상은 타인의 행동을 컨트롤 할 수 있다. 약물로 100% 뇌를 사용하게 된 주인공은 원초적인 인간성을 깨닫게 되고 인간이라는 삶의 영역을 벗어나 시공간을 초월하는 전지전능한 신적인 존재가 된다는 내용이었다.

윌리엄 제임스 박사는 'Most, of us do not meet, out Mental potential.' 라며 사람들 대부분이 자신의 잠재력을 발현하지 못한다고 했다.[25] 이처럼 인간이 뇌를

---

23) Thomas Alva Edidon(1847), 미국의 발명가로 세계에서 가장 많은 발명을 남긴 사람으로 1,093개의 미국 특허가 등록되어 있다.
24) Luc Besson (1959), 인간의 뇌를 주제로 한 영화fh 스탈렛 요한슨이 주인공역.
25) William James(1982), 미국의 철학자이자 심리학자로 프래그머티즘 철학을 확립시켰다.

제대로 활용하지 못한다는 인식이 널리 확산되어 오해를 불러일으키기도 하는데 사실 인간은 겨우 2%의 뇌를 매일 사용하기 위해 신체에너지는 20% 정도 사용한다고 한다. 이제 현대는 학문적으로 뇌를 이해하고 뇌 활용도를 높이고자 한다. 물론 영화 '루시'처럼 뇌를 정말 100% 사용할 수 있다면 좋겠지만 아직까지는 비현실적인 가상의 세계에서만 다루어지고 있다.

그렇다면 인간의 뇌와 진로성공은 어떤 관계가 있을까? 진로가 성공하기 위해서는 뇌를 활용해야 한다. 동물처럼 70%의 뇌 성장으로 출생한 것이 아니기에 오히려 출생 이후 더 큰 발전을 가져올 수 있는 것이 인간의 뇌이다. 그야말로 무궁무진한 잠재력을 가진 것이다.

2) 뇌와 진로성공작전

상자가 있다. 30만 채워져 있으니 나머지 70이라는 공간을 각 개인이 원하는 대로 채울 수 있는 기회가 주어진 것이다. 기회를 활용하기에 따라 그 상자 속의 내용물은 달라질 것이고 그 쓰임새 역시 제각기 다를 것이라는 상상.

그 상상을 현실로 만들기 위해 출생과 동시에 〈진로성공작전 3·6·9〉가 시작되어야 한다. 아이가 출생함으로써 부모가 된 그들 역시 인생에서 부모 역할이 처음인지라 어려움을 겪게 된다. 자신의 아이가 무엇을 좋아하는지, 앞으로 수학을 잘할 것인지, 미술에 재능이 있을지, 운동선수로 성공할지 알 수 없다. 이러한 초보부모에게 선천적성검사를 통해 재능수준을 알려주고 그 대처방법으로 각 나이별 맞춤 양육방법과 교육방법, 놀이방법과 자녀와의 대화법 등등 〈진로성공작전 3·6·9〉를 통해 다음과 같이 제시할 수 있다.

진로성공작전	3세 뇌 지능 70% 형성		– 뇌는 3세가 되어야 70%까지 발달된다. – 선천적성검사를 통해 재능수준을 파악한다. – 3세까지 부모에게 자녀 양육방법, 놀이방법 제시.
	6세 지각능력 형성		– 지적 호기심이 왕성해지는 시기이다. – 부모에게 자녀의 지적능력관찰 및 발달에 도움이 될 수 있도록 양육 코칭과 교육방법을 제시한다.
	9세 창의력 형성		– 뇌 발달이 최고조에 달하며 창의력이 형성되는 시기이다. – 자녀의 창의력을 향상시킬 방법과 재능수준 활용법을 제시한다.

2. 진로성공작전 3·6·9

1) 출생 후 3년이 평생을 좌우한다

1,095일!
시간으로 26,280시간!

아이의 뇌가 완벽한 성숙을 거치지 않고 출생됨으로 인해 생후 1,095일 동안의 부모의 관심과 피부접촉은 무한한 가능성을 더 높여준다. 1억 개의 뉴런을 갖고 태어나는 아기에게 있어 세상에서 접하게 되는 모든 경험은 뇌 발달에 있어 중요한 역할을 하며 부모와의 애착관계(愛着關係)가 잘 이루어질수록 더 많은 영향을 받는다. 따라서 아이양육에 절대적인 영향을 미치는 부모는 3세가 될 때까지 아이들에게 어떤 환경을 제공할 것인지 무엇을 중점으로 교육할 것인지 전체가 아닌 한 인간으로서 아이에게 무엇이 필요한지 고민하고 알려고 하는 노력이 필요하다. 특히 뇌가 가장 많이 발달하는 3세까지 절대 놓쳐서는 안 되는, 그래서 부모가 반드시 지켜야 할 일은 다음과 같다.

(1) 아이를 관찰하고 기록하라

'세 살 버릇 여든까지 간다'는 속담처럼 3세까지 주어지는 환경에 대한 중요성은 아무리 강조해도 부족하다. 겨우 3세 아이가 무엇을 알까 생각했다면 명백한 오산이다. 아이와 눈높이를 맞추고 천천히 살펴야 한다. 무엇을 할 때 얼굴에 웃음이 번지는지, 어떤 놀이를 할 때 목소리가 커지는지 지켜보며 관찰하는 노력을 해야 한다.

'돌잡이' 풍속이 있다. 돈, 연필, 실, 장난감 등등 여러 가지 중에 무엇을 잡을지 아이의 결정에 주목하고 환호하거나 아쉬워하는 부모.

돌밖에 안된 아이가 무엇을 선택 하였든 그것을 인정하고 존중해 줘야 한다. 그리고 기억하여야 한다.

아주 사소한 것일지라도 의미를 부여하듯이 그 마음 변치 않고 아이의 행동을 유심히 살펴보다 보면 아이의 재능을 파악하는 데 도움이 된다.

매순간순간을 소중히 여기고 살핀 내용을 기록으로 남긴다면 분명 부모로서 자녀의 재능을 읽을 수 있을 것이다.

(2) 사람들 앞에서 훈계하거나 창피를 주지 마라

주변에서 가끔 아이를 혼내는 부모를 볼 때가 있다. 장난감을 사달라고 울거나 과자봉지를 들고 떼쓰는 아이와 실랑이를 하던 부모는 결국 사주는 것으로 결정하거나 혹은 큰소리로 야단을 침으로써 아이의 고집을 꺾어버린다.

3이라는 숫자의 나이는 자기 고집이 올라오는 시기이기도 하다. 자신의 생각을 표현하는 방법이 미숙할 뿐 분명한 의사표현이다. 그러나 모든 것이 받아들여지는 것이 아니며 하지 말라는 부모님의 말에도 고집을 부리면,

"쟨 누굴 닮아 저리 고집이 센지… 쯧쯧쯧"
"넌 대체 왜 그러니?"
"넌 커서 뭐가 되려고 그러니?"

이렇게 부지불식간에 아이를 혼내거나 창피를 주지만 부모는 미처 그 점을 깨닫지 못한다.

이제 겨우 3살 어린이에게 어른과 똑같은 수준의 행동을 요구하고 바라는 것 자체가 무리라는 점이다.

부모가 아이가 느끼는 감정에 대한 배려 없이 사람들 앞에서 야단을 치면 아이도 마음에 상처를 입는다.

자존심이 상하며 그 기억은 오래도록 트라우마로 남게 된다.

성인이 되었어도 자신의 의사를 밝히지 못하는 샌님으로 만들 수 있는 것이다.

사소한 부모의 말 한마디가 상처가 되고 비교자체만으로도 아이의 자존감을 낮춘다. 곧 자신감의 상실로 이어지는 것이다.

(3) 선천적으로 타고난 지능을 찾아라

자녀교육에 대한 부담감이 커진 만큼 자녀를 대신해 부모 나름의 완벽한 플랜을 만든다. 자녀가 하고 싶은 것보다 자녀가 해야 할 일을 먼저 생각할 수밖에 없게 된 것은 경쟁사회에서 살아남을 수 있는 강한 자녀로 만들려고 하는 부모의 욕심이 투

영되었기 때문이다. 결과적으로 아이의 가능성과 자신만의 꿈을 가질 기회를 박탈하게 된다.

이러한 획일적이고 구성주의적 교육에서 벗어나 무궁무진한 가능성을 가진 아이의 잠재된 재능을 파악하고 살려주려는 노력이 우선되어야 한다.

전체가 아닌 하나의 개인만이 가질 수 있는 독특한 성격과 적성을 이해하고 타고난 지능을 찾아 올바른 양질의 교육이 아이에게 제공되어야 한다.

그러기위해서 선천적성검사를 활용해야 하는 것이다.

(4) 모든 의사결정은 충분히 상의하고 아이가 결정하게 하라

과거 우리나라의 역사에서 왕가의 자손들이나 양반들 자제는 태어나는 순간, '유모' 손에서 양육되는 환경이었다. 이 점을 들어 학자들 중에는 사도세자의 기이한 행동이 애정결핍이라는 주장도 하고 있다. 또 사도세자의 죽음은 영조의 교육태도에 기인한다고 보기도 한다.

역대 왕 중에서 가장 장수한 왕으로도 손꼽히는 영조는 왕좌에 있으면서 수시로 사도세자에게 왕위계승 운운하며 괴팍한 행동을 일삼고 사도세자가 결정을 내리는 부분은 늘 반대의견을 내세워 묵살하였다. 분명 '네가 알아서 하라' 고 하면서 일일이 간섭했던 영조, 그러한 부모의 일관성 없는 행동은 결국 자녀에게는 통제와 억압으로 다가간다. 그 결과 정서적인 불안과 분노조절 장애로 사람을 죽이는 기이한 행동을 일삼게 되고 아버지의 손에 죽임을 당하는 불행한 결과를 초래한다.

결코 간과해서는 안 되는 중요한 것은,
자녀의 의사결정을 무시하는 부모의 행위이다.

이 시기의 아이는 70%의 뇌가 발달하면서 언어가 발달되고 자신의 의사를 표현하고자 한다.

사주 구조에서 비겁이 강하거나 표현지능이 강한 아이인 경우는 유달리 '내가, 내가 할 거야.' 라는 말로 자신의 의사를 분명히 하고자 한다. 이럴 때 초보부모가 가장 범하기 쉬운 실수가 아이가 어리다고 아이의 말에 귀 기울이지 않는 것이다.

나이와 상관없이 자녀를 분명한 하나의 인격체로 인식하고 의사를 존중해야 한다.

천천히 기다려주는 배려가 있어야 한다.

충분히 아이의 말을 경청하려는 부모의 태도는 아이에게 부모의 사랑과 믿음을 심어주며 자기 결정권을 갖도록 한다.

(5) 선천적성을 참고하여 놀이와 가족소풍을 가라

0세부터 선천적성검사를 통한 올바른 진로적성검사결과를 제공받아 아이에게 필요한 양육환경을 조성해주는 것 역시 부모가 잊지 말고 해야 할 일이다. 교육에 때가 있듯이 나이에 맞는 놀이가 주어져야 한다. 촉감을 극대화시킬 수 있는 것과 시각을 자극하는 놀이, 신체활동을 돕는 놀이 등을 나이에 맞게 적절하게 제공해야 한다. 놀이동산이나 동물원, 가족 캠프 등등 미취학아동일 때 할 수 있지만 고등학생이 되거나 성인이 되면 하고 싶어도 할 수 없는 것이 있다. 분명한 것은 놀이도 가족관계 형성도 시기를 놓치면 안 된다는 점이다.

여기에 검사를 통해 부족한 지능을 상승시킬 수 있는 점을 고려한다면 더 효과가 클 것이다.

언어지각능력이 부족한 아이라면 도구 없이 쉬운 놀이를 통해 보완할 수 있다.

간단한 문답놀이, 끝말잇기 등을 공부가 아닌 놀이로 인식하도록 한다.

논리적인 사고를 향상시켜야 한다면 사물의 공통점 찾기나 숫자퍼즐이 좋다.

그 외에도 적성검사를 통해 부족한 부분으로 보완할 수 있는 정보를 받을 수 있는 것이다.

이와 같은 수칙을 참고하여 노력한다면 아이의 타고난 재능을 찾고, 그 재능의 방향으로 아이의 뇌가 성장하게 할 수 있다. 그렇다면 아이는 자신의 재능을 충분히 살릴 수 있지 않겠는가?

2) 6세까지 지각능력이 성장한다

2,190일!

시간으로 52,560시간!

인간은 출생부터 6세까지 중요 지각능력이 폭풍처럼 성장한다. 특히 두뇌 발달에 있어서 중요한 뇌 세포 연결망인 시냅스(synapse)가 가장 왕성하게 형성되는 시기 또한 3세부터 6세이다. 이 결정적인 시기에 두뇌 발달을 어떻게 하느냐에 따라 인간의 미래가 달라진다. 두뇌발달의 최고시기로 타고난 재능을 발견하고 다듬어줄 수 있는 절호의 기회인만큼 이 시기를 잘 활용해야 한다. 하루가 다르게 성장하는 아이들 곁에서 지켜보고 자신의 장점을 발견하도록 기다려주는 부모의 양육자세는 자녀들에게 매번 주어지는 선택의 기로에서 자녀 스스로 선택하는 훈련을 통해 성장하도록 한다.

6세까지 다양한 경험이 제공되어야 하는데 무엇을 좋아하는지 어떤 일에 관심이 많은지, 넘어지고 일어나면서 천천히 걷는 방법에 익숙해지는 것처럼 많은 도전과 노력을 통해 자신의 재능을 탐닉할 시간이 충분히 주어져야 하고, 부모는 자녀의 재능이 어디에 있는지 관찰하는 노력이 이 시기에는 특히 필요하다.

(1) 아이의 숨어 있는 재능을 찾아내자.

인간은 태어날 때 이미 많은 잠재적인 능력을 가지고 태어나는데 써스톤의 다요인론[26] 관점으로부터 많은 영향을 받은 길포드(Guiford)[27]는 인간의 지능에 대해 다면적 구조모형을 수립하면서 인간의 능력이 180여 가지나 소유한다고 하였다. 인지작용, 기억작용, 수렴적 산출, 확산적 산출, 평가 작용 등으로 세분화시켜 인간의 지능을 설명하고자 하여 인간의 다양한 정신능력 요인들을 제시하고 많은 지능이론을 발전시켰다. 그러나 상상할 수 없는 만큼 많은 이 능력을 인간들이 일률적으로 모두 발휘하고 사는 것은 아니다. 오히려 자신에게 이러한 능력이 있는 것조차도 모른 채 살아가는 경우도 많다.

180여 개의 많은 재능을 모두 발산하고 살 수는 없지만 가장 자신 있고 좋아하는 재능을 찾아낼 수 있다면 이보다 더 좋을 수는 없다. 이러한 재능은 조기에 발견하는 것이 중요하다.

태어나는 순간부터 부모가 매의 눈으로 관찰하면서 아이의 재능을 놓쳐서는 안 된다.

아이의 재능을 제대로 알아보지 못하거나 부모의 기준으로만 아이를 이끌다보면

---

[26] L.L.Thurstone(1887), 미국 심리학자로 정신기능을 측정하는 심리 측정학의 발전에 이바지했고 심리검사에 대한 다중요인분석이라는 통계법 기법을 개발했다.

[27] Joy Paul Guilford(1897), 심리학자이자 의사. 성격에 대한 폭넓은 평가를 위한 요인분석 검사의 권위자로 성격 종합검사표인 '요인항목표'를 만들었다.

엉뚱한 결과를 초래할 수 있다.

아이의 재능을 깨달았을 때 그 시기가 너무 늦어버리면 정말 되돌리기 어렵기 때문이다.

타고난 재능 찾기를 망치기 전에 가급적이면 시기를 놓치지 말고 재능을 찾아주고 그 재능을 발휘할 수 있는 기초를 튼튼히 해주어야 하는 역할을 부모가 해야 한다.

6세 전 아이는 뇌가 완전히 성장하지도 않았고 아이 혼자 자신의 재능을 찾아내고 발전시킬 수 없다.

그렇기 때문에 지각능력이 가장 발달되는 시기임을 감안하고 그에 합당한 양육과 교육, 놀이 환경 등이 자연스럽게 제공되어야 한다.

아이의 지각능력을 최대화 시킬 수 있도록 하는 데 있어서 부모의 역할이 빛날 시기이다.

(2) 재능 있는 아이로 키워라

일각에서는 6세가 부모와의 애착관계를 형성하고 창의력을 무한대로 길러줄 수 있는 절호의 시기라고 한다. 흔히 일찍부터 자신의 재능을 찾아내고 그 재능을 발휘하는 아이들을 볼 때 그 아이들의 얼굴에서 우리는 빛나는 행복감을 느낄 수 있다. 나이는 어려도 노래에 소질을 발견한 아이는 대중 앞에서 노래를 부를 때 빛이 난다. 춤에 재능을 가진 아이는 음악만 흘러나와도 저절로 몸이 반응한다. 그 재능을 살려주면 성장하면서 기획사의 인재발굴에 도전, 아이돌이 될 수도 있다. 그림에 재능을 보이는 아이는 색에 대해 민감한 반응을 보이고 각종 미술대회에서 탁월한 솜씨를 선보인다. 가르치려고 애쓰지 않아도 스스로 책을 가까이 하며 학문을 탐하는 아이가 있는 것이다.

이처럼 한 눈에 봐도 재능이 무엇인지 드러나는 아이가 있다. 외부로 드러나는 재능은 부모가 쉽게 알아보지만 드러나지 않고 숨겨져 있는 재능은 어렵게 찾아내는 노력을 요구한다. 장차 무엇이 될지 모르겠다고 느끼는 부모가 더 많을 것이다.

그래서 선천적성검사의 결과를 활용할 필요가 있다. 결과지에는 개인별 분석을 통해 지능발달을 알려주고 부족한 지능을 보완할 현장학습까지 추천해주므로 이 점을 활용하면 그 효과를 더 높일 수 있다.

부모와 함께 가는 가족소풍에서 자극을 받기도 한다. 다양한 곳을 찾아가보고 경험하는 것은 아이의 견문을 확장시켜준다.

지각능력이 발달되는 시기에 주어진 이 모든 부모의 노력은 아이의 재능을 더욱 발전시켜줄 뿐만 아니라 자신의 재능을 활용하며 살아갈 기회를 만들어줄 것이다.

(3) 아이와 함께 성장하자

아이에 대한 세심한 배려와 관찰은 아이가 무엇을 잘하고 좋아하는지 판단할 수 있게 해주고, 아이가 그 길을 가게끔 하는 것이 부모의 역할임을 우리는 알고 있다. 그러나 아이의 재능을 인정하고 진로를 찾아가도록 해야 한다는 것은 이성적으로는 알지만 감정적으로는 어렵다. 부모가 된 '나'는 과거 학창시절 공부도 꽤 했고 명문대를 입학, 졸업을 했었다. 남들이 선망하는 대학교육을 통해 사회에 꼭 필요한 사람이 되었고, 우월한 위치에 있는 만큼 나의 자녀 역시 우월한 성적으로 대학에 입학해야 한다는 강박관념에 젖어 자녀의 교육에 매진한다면 분명 부정적 결과를 초래할 것이다. 아이의 재능을 꺾어버리는 것이 아니라 소중한 재능의 싹을 온전히 발휘할 수 있도록 환경을 조성해주는 것이 부모의 역할임을 먼저 받아들여야 한다. 물론 우리아이가 또래보다 처지는 건 아닌지 부모로서 느끼는 일말의 불안감은 배제하기 어렵지만 아이가 나이에 맞게 성장하는 것처럼 자녀양육의 최전방에 있는 부모 역시 함께 성장해야 한다. 좋은 엄마 아빠가 되고 자녀들에게 인생 선배로서 본보기가 되려면 부모도 멈추면 안 된다.

아이가 태어나는 순간부터 자녀가 성장하듯 초보부모 역시 함께 성장해야 한다.

소아정신과 조수철 교수[28]는 "부모가 교육을 시키기 전에 우선 아이의 능력을 제대로 평가하는 것이 급선무" 라고 하였다.

아이의 적성을 찾는 것이 심각하고 어려운 일이 아닌, 즐겁고 신나는 작업이 되어야 한다. 마음껏 신체에너지를 사용하고 정신적인 성장을 할 수 있도록 여건을 제공해야 한다. 무엇을 하고 싶은지 어떤 꿈을 꾸는지 물어보지도 않은 채 일방통행으로 자녀를 자신의 잣대에 세워두려고 하면 안 된다.

아이가 성장하는 걸음에 맞추어 부모 역시 한걸음씩 성장해나가려는 노력이 필요하다.

3) 9세는 자신의 재능으로 창작을 한다.

3,285일!

시간으로 78,840시간!

'진로성공작전 3. 6' 단계를 거쳐 이제 세 번째 단계가 마무리 될 9세가 되면 아이

---

[28] 조수철 서울대학교 병원 소아청소년 정신과 교수, 소아우울증, 주의력 결핍 과잉행동장애(ADHD), 틱장애 관련하여 연구 활동과 함께 『천재성과 마음』, 『엄마는 주치의』 등 저서편찬.

들의 창의력은 최상의 위치까지 상승한다. 탁월한 창의력이 발달됨에 따라 재능이 두드러지게 나타나는 아이가 있다.

20세기의 작곡가 세르게이 프로코피예프(Sergei Prokonfoev)²⁹⁾는 9살에 첫 오페라 '거인'을 작곡했고 멘체스터 유나이티드 유소년팀에 입단한 축구천재 레인 데이비스³⁰⁾의 나이는 9살이었다.

KBS FM, KBS 1TV [클래식 오디세이] 등에 소개된 바 있는 천재 바이올리니스트 오주영³¹⁾은 5살에 바이올린을 시작하여 9살에 미국으로 바이올린 유학을 떠났다.

이처럼 창의력이 발달되면서 아이들이 느낀 점을 마음껏 표현하고 발산한다. 그 발산이 타고난 재능으로 인정받아야한다. 그러기 위해 진로성공단계를 각 나이별로 3단계로 나누었다. 그 이유는 시기마다 중점적으로 발달되는 뇌 기능이 있고 지능이 있기 때문이다. 다시 말해 뇌는 여러 부위로 나뉘어져 있고 각 부위별로 하는 역할이 다르다.

1단계는 3세까지로 전두엽이 가장 활발하게 발달되는데 특히 정서발달에 결정적인 역할을 한다. 이때는 슬프거나 행복, 즐거움, 화가 나는 감정을 조절하게 된다. 따라서 이 시기에는 부모와의 애착관계가 정서에 강한 영향을 미쳤다.

---

29) 세르게이 세르게예비치 프로코피예프(러시아어: Серге́й Серге́евич Проко́фьев, 1891년 4월 27일~1953년 3월 5일)는 러시아의 대표적인 작곡가이다. 제2차 세계대전이 발발하자 그는 각지를 전전하면서 애국적인 가곡, 행진곡 등을 다수 작곡하는 한편, 톨스토이의 원작에 의한 오페라 〈전쟁과 평화〉를 비롯해 〈바이올린 소나타 제2번〉, 〈교향곡 제5번〉등 원숙기의 수작들을 연이어 발표했다.

30) Rhain Davis(1997), 2007년 멘유 유소년 팀에 입단한 9세 축구신동.

31) 오주영(1981)은 진주 봉곡초등학교 4학년 때 미국 피바디 음악학교 장학생으로 입학을 권유받았고, 5학년 때는 미국 미시간 주에서 열린 인터라켄 음악캠프에서 1위를 차지해 캘리포니아 산호제이 오케스트라와 협연. 줄리아드 예비학교에 재학 중이던 지난 1996년 영 콘서트 아티스트 국제 콩쿨에서 14세의 나이로 우승하며 음악계의 주목을 한 몸에 받았다.

2단계는 6세까지로 발달된 정서에 지각능력이 보완되면서 자신의 기분이나 타인의 감정상태, 지적인 호기심을 발동, 학습적인 사고력이 형성되는 시기이다. 지식을 아이 자신의 수준에서 인식하고 의미 있는 것으로 만들어버린다. 이때는 학습에 대한 부정적인 시각이 형성되지 않도록 아이에게 유입되는 학습조차도 즐거운 놀이처럼 진행될 때 그 효과가 있다.

이처럼 '진로성공작전 3과 6'은 그 시기에 놓치지 말아야 할 중요한 것들이 있음을 강조했었다.

마지막 3단계인 '진로성공작전 9' 역시 부모가 아이에게 해 주어야 하는 것이 있다. 바로 창의력의 싹을 활짝 피우도록 하는 것이다. 창의력은 사고를 열어준다. 탐구의욕을 높여 주고 획일성을 거부하는 것이다. 9세가 되면 자신의 성장된 뇌기능과 타고난 재능으로 창작을 하게 된다.

미술시간에 색종이를 주었을 때 대부분 아이들이 비슷한 종이접기를 하는 가운데 자신만의 아이디어를 동원해 독특한 종이접기를 완성해내고 스스로 만족감을 느끼는 아이, 어휘력이 특히 발달되어 문장 구성력이 좋아 글을 잘 쓰는 아이, 컴퓨터를 활용한 창의적 사고프로그램교육을 받는 아이, 수학이나 문학, 음악 등 대부분의 학문에서 창의력이 발휘되고 뇌 발달이 거의 완성되어 간다.

미술학원에서 이루어지는 수업이 너무 획일적이라 아이들의 창의력이 오히려 떨어질까 등록을 망설이는 학부모들이 있다. 미술이 가장 창의력을 유발시키기에 적합함에도 불구, 똑같은 주제에 똑같은 기법을 배우는 아이들의 그림이 비슷해진다는 평을 받기도 한다. 물론 일부 맞는 말이다. 그러나 사주가 똑같아도 각 개인의 성향이나 환경에 따라 다른 삶을 살듯 아이들 또한 획일적이지 않다.

즉 같은 주제지만 표현하는 주체가 다르다. 아이들은 각자의 지각능력과 창의력의 수준이 다르다. 그림을 조금 잘 그리는 아이가 있고 창의력이 탁월해 지도하는 미술교사를 놀라게 하는 아이도 있다. 타고난 재능수준에서 〈上, 中, 下〉가 있음을 이미 밝혔듯이 개인의 재능수준에 따라 표현되는 그림은 백이면 백이 모두 조금씩 다르다.

화가들 역시, 하나의 사물을 설정하고 그 사물을 여러 번 그린다고 해도 인쇄로 찍어내듯 똑같은 작품을 그리지는 못한다. 창조에는 감성이 들어가고 매순간 느끼는 감정이 투영되기 때문에 매번 다른 작품이 나타난다.

아이들의 창의력이 획일적이 될까 두려워하기 전에 직접 경험하고 표현해 볼 수 있는 기회제공이 우선이다. 창의력이 발달할수록 자립능력도 함께 성장한다. 창의력에는 자신만의 노하우가 들어가야 하고 창작을 하기 위해 몰입을 극대화시켜야 하기 때문이다.

우리는 어떤 일을 시행하기 전 계획이란 것을 수립하게 된다. 인생 전반에 걸친 계획 즉, 라이프 프로그램이 필요하고 그 첫 시작은 태어나는 순간 첫 호흡과 함께 이미 시작되었다. 좋아하고 잘하는 것을 구별하려는 노력과 미래를 위한 꾸준함, 열정과 몰입이 지속적으로 필요하다. 그리고 꿈을 현실로 만드는 전략이 세워져야 한다.

자녀의 타고난 재능과 부모님의 열정을 발판으로 효과적인 결과를 만들어 내기 위한 노력이 필요하고 그 노력에는 전략과 작전이 필요하다. 자녀의 진로를 성공으로 이끌기 위한 작전, 또는 자신의 타고난 적성을 파악하고 이를 현실에서 이루기 위해서는 자신만의 로드맵을 실행하는 작전, 이런 성공작전이 있다면 그 효과는 배가 되어 나타나는 것은 당연하다. 그 당연함을 이제 대한민국 모든 아이들이 누릴 수 있어야 한다.

진로성공작전 3·6·9

애벌레가 나비가 되기 전에 탈피를 해야 하듯 진로성공작전은 그 단계가 여러 번에 걸쳐 이루어지고 단계마다 세밀하고 정확한 역할분담이 되어 양육, 교육, 놀이, 현장 학습의 모든 정보가 제공되어야 한다.

4) 효과적인 진로작전으로 성공한 사례

(1) 천재 바이올리니스트(오주영)

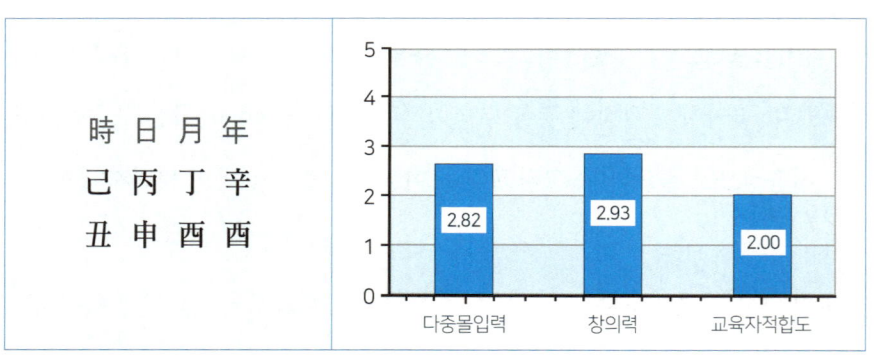

위 사주는 丙火일간이 재격(財格)이며 재성이 왕하다. 상관생재(傷官生財)구조로 뛰어난 창의력과 섬세한 미적 감각의 상관과 선, 거리 색 등 공간지능을 활용하는 편재의 조합으로 악기를 다루는 감각능력이 우수하다.

AAT선천적성검사 결과
- 직업유형 – 사업형 / 현실적 계산이 강하다!
- 사회적 욕구 – 실현욕구
- 진로탄력성 – 성취열망

명리진로성공

위 사주에서 관성과 인성의 부재는 정해진 시스템에 얽매이지 않고 자유롭게 창의력을 발휘할 수 있는 조건이 된다. 특히 상관과 재성은 창작활동을 하는 예술가에게 유리한 구조이다. 지각능력이 발달되는 5세에 바이올린을 시작했다. 창의력이 성장하는 9세에 미국으로 유학을 떠나 11세에 음악계에 데뷔하였다. 현재는 세계적인 바이올리니스트로 인정받아 뉴욕 필하모닉 단원으로 활약 중이다. 이러한 진로성공에는 일찍 그의 재능을 알아본 부모님의 혜안과 적절한 양육이 뒷받침되어 효과적인 결과를 가져온 경우이다.

(2) 명인 김기창 화백[32]

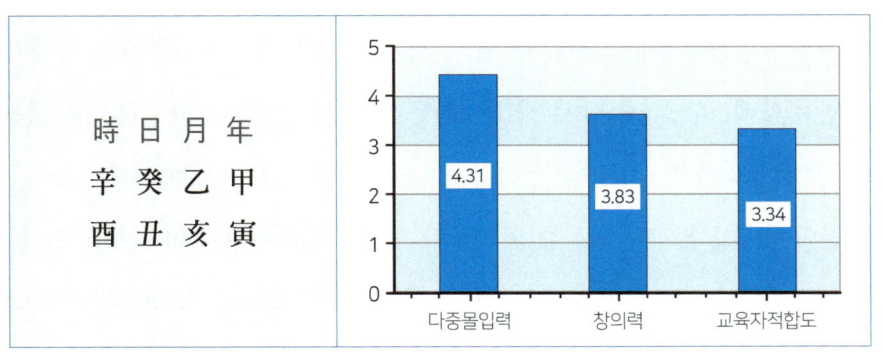

---

32) 김기승(2003), 『명리학정론』, 창해. pp. 623-624.

위 사주는 癸水일간이 亥月에 甲木이 투출한 상관격(傷官格)이다. 癸水 일간이 득령(得令)하고 지지에서 酉丑金局을 이루어 신강해진 기운을 설기(洩氣)시키는 상관의 구조가 좋다. 틀에 매이지 않는 자유와 파격적인 성향을 가진 상관특유의 예술성을 활용하는 것이 포인트다.

AAT선천적성검사 결과

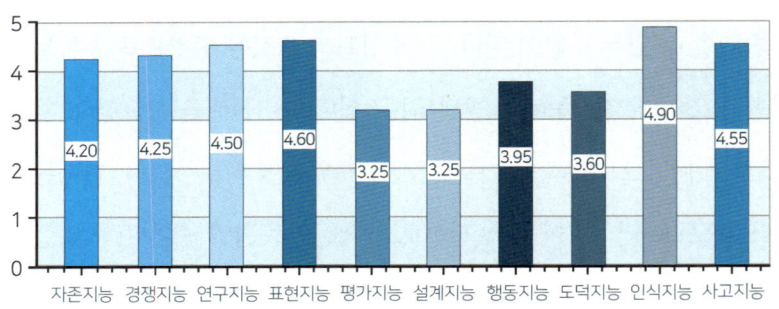

- 표현지능 발달 : 창의성, 모방, 응용력으로 미적 표현을 잘 다룰 수 있는 조건
- 인식지능 발달 : 예술과 철학적 수용능력, 고정관념탈피, 비현실적

명리진로성공

위 사주 주인공은 8세에 장티푸스로 청각을 상실한다. 현재도 그러하듯 장애가 있다는 건 콤플렉스(complex) 로 사회적 활동에 부침이 따른다. 다행히 이당 화백의 문하생으로 들어가 자신의 타고난 적성을 살릴 수 있는 기회를 얻게 된다.

후천적 장애를 가졌지만 강한 의지력과 정신력으로 작업에 몰두한다. 그 결과, 비장애인 예술가보다 더 많은 작품과 예술성으로 한국 화단의 거목이 된다. 몰입과 열정수준이 높아 자신의 타고난 재능을 최대한 활용함으로서 화가로 성공할 수 있었다.

장애를 안고서도 한국의 대표화가로서의 삶을 살 수 있었던 이면에는 자녀의 적성을 파악하고 타고난 적성을 살려주기 위해 노력한 어머님의 노력이 있었기 때문이다.

3. 성공과 실패는 종이 한 장!

1) 인간은 작은 우주이다.

"아이는 세상의 모든 가능성을 품고 있는 하나의 작은 우주이다."

진로상담을 할 때 나의 일처럼 기쁘고 상담의뢰자를 정말 칭찬해주고 싶은 경우가 종종 있다.

첫손주의 출생에 한없이 기뻐하며 장차 어떤 모습으로 자랄지 무엇을 시켜야 할지 타고난 적성이 무엇인지 알고 싶어 상담을 의뢰하시는 할머니의 경우나 자녀출생 직후 바로 자녀의 적성검사를 하려는 젊은 부모를 대할 때 '참 고놈은 복도 많네.' 라는 생각이 절로 든다.

우리는 흔히 아이들은 무한한 가능성을 가진 소우주라는 말을 하곤 한다. 우주는 끝을 알 수 없는 공간으로 그 신비로움은 경외감마저 일게 하는데 그런 우주를 아이들과 동일시하는 이유는 과연 무엇일까? 아이들은 마치 스펀지와 같이 엄청난 정보와 지식을 무한정으로 수용할 수 있다. 어떤 모습으로 성장할지 그 미래를 알 수 없으나 그 가능성은 무한하다.

오늘날 우리가 천재라고 인정하는 아인슈타인[33]에 대한 다음과 같은 일화[34]가 있다.

<당신의 자녀는 장차 어떤 일을 해도 성공할 수 없을 것으로 판단됨>

상대성이론을 창시한 아인슈타인의 성적표에 적힌 내용이다. 초등학교 선생님도 가능성이 없다고 적을 만큼 문제아로 비춰지던 아인슈타인의 재능을 파악하고 그 능력을 살려 낸 이는 바로 어머니였다. 남들과 같다면 결코 훌륭한 사람이 될 수 없는 것처럼 남과 달라서 오히려 성공할 수 있다고 끝없는 용기를 주었기에 남과 다른 것이 잘못된 것이 아니라 자신만이 가진 재능을 탐구하고 개발할 수 있는 강한 정신력을 갖게 되었다.

대부분의 일반적인 부모들이 김기창 화백의 어머니나 아인슈타인의 어머니처럼 객관적으로 자녀의 재능을 간파하고 살려주는 것은 아니다. 보통의 부모들은 자신도 모르는 사이에 아이들을 스스로의 기준에 가두는 불행을 저지름으로써 아이들이 가지고 있는 순수한 가능성을 사라지게 만들기도 한다.

깨닫지 못하는 사이에 사회 통념이라는 틀에 맞춰져버린 생각들로 아이들의 가치를 양복의 치수를 재듯이 재기 시작한다. 다른 사람이 보기에도 멋들어진 옷을 만들어내기 위해서 삐져나오는 천은 가차 없이 잘라내듯이, 아이들의 행동에 이것저것 손을 대는 실수를 저지르고 만다. 그러다 자신들의 바람에도 불구하고 아이가 실패를 하면 다시 일어설 용기를 주기보다는 책망을 한다. 자녀에 대한 스스로의 믿음이 흔들리는 순간, 그때부터는 마음 한 구석에서 웅크리고 있던 이런 의문이 슬며시

---

33) 아인슈타인(Albert Einstein), 독일 태생의 스위스와 미국의 이론물리학자이다. 그의 일반 상대성이론은 현대 물리학에 혁명적인 지대한 영향을 끼쳤다.
34) 문서영(2014), 『당돌하게 다르게 후츠파로 키워라』, 책 읽는 달.

고개를 든다.

"우리 아이가 어디 잘못된 것은 아닐까?"

자녀에 대한 걱정으로 태산을 쌓는 여느 부모와 달리 현명한 자녀양육법으로 서울대학교에 자녀 셋을 모두 보낸 어머니가 있다.

"아무것도 하지 않았어요. 다들 한다는 과외는 고사하고 학원도 별로 보낸 기억이 없어요. 그냥 함께 놀아주었어요. 아이들은 부모보다 훨씬 아름답고 튼튼한 존재로 부모가 섣불리 끼어들지 않으면 아이들은 얼마든지 싱싱하게 커 나가므로 아이들을 키울 생각을 하지 말고 이들이 커가는 모습을 따뜻한 눈으로 바라만 봐도 아이도 행복하고 부모도 행복해지더군요."

위로 두 형이 모두 명문대에 진학함으로써 몇 배의 심리적 부담을 가졌던 아이에게 두 형과 비교하는 것이 아니라 "하나밖에 없는 우리 셋째 아들"이라며 각각의 개인으로 존재함을 일깨워주며 사랑받고 있음을 느낄 수 있도록 해주었다고 한다.

비교하지도 지적하지도 비판하지도 않으면서 오히려 아이들은 저마다의 빛깔을 갖고 태어나기에 특별하다는 교육관으로 자녀를 순수하게 한 개인으로 받아들이는 태도로 일관했던 어머니의 양육태도는 자녀의 색깔대로 인생을 펼칠 수 있도록 한 것이다. 자신의 인생에서 스스로 주체가 되어야 실패를 겪더라도 다시 일어설 것이며 아픔을 겪고 다시 성공을 할 수 있는 용기를 가지게 될 것이다.

이런 부모님의 자녀를 바라보는 시각이야말로 바로 내 아이를 소우주로 인정하는 모습에서 비롯된 것이라고 본다.

한국지역사회교육협회[35] 박성희 부모교육 수석지도자는 "부모 노릇 하기가 점점 어려워지는 세상으로 거꾸로 부모를 바라보는 자녀의 시각이 빠르게 달라지고 있다"고 하였다. 즉 부모의 권위가 예전 같지 않다는 것이다. 오늘날 부모는 자녀의 무조건적인 복종이나 따름을 받기 어려워지고 오히려 급변하게 발전하는 사회에서조차 뒤로 밀리고 있는 현실이다. 그래서 오늘날의 부모는 배워야 한다. 부모가 되는 공부를 해야 하고 자녀를 제대로 가르치려면 시대 변화에 맞는 최소한의 지식과 방법을 배워야 한다는 것이다.

2) 타고난 적성으로 성공한 사례분석

타고난 재능의 싹을 잘 찾아내고 소중하게 키워 성공하기가 생각보다 쉽지 않은 현실에서 우연이든 운명이든 자신의 혹은 자녀의 재능을 발견하고, 그 재능이 시들지 않고 온전히 자랄 수 있도록 한 이들도 우리 주변에서 찾아볼 수 있다.

성공과 실패는 종이 한 장 차이듯이 타고난 재능을 발견하고 키워나가는 것 역시 재능일지도 모른다. 자기 자신의 재능을 찾아내고 그 재능을 꽃 피울 수 있는 것은 행운일 것이다. 우리는 흔히 인생에 있어 절호의 기회를 맞이할 때가 있다. 기회포착에 예민한 만큼 찾아온 기회를 놓치지 않는다. 경쟁 속에서 빛을 발하고 그 빛은 결국 세상에 자신을 드러냄으로써 우리는 인생역전의 드라마를 만날 수 있었다.

또한 자신의 재능에 대한 믿음으로 성공한 사례로 스스로 자신에 대한 성찰이 필요하다는 점을 알려주고 있다.

---

[35] 한국지역사회교육협의회(KACE), 1969년 설립, 비영리민간단체로 지역사회교육에 관한 조사연구 및 지역사회 교육 전문가를 양성하고 청소년, 부모, 지역주민을 위한 다양한 프로그램을 개발·보급하는 단체.

(1) 재능수준관리를 통해 성공한 사례 (가수 하춘화)

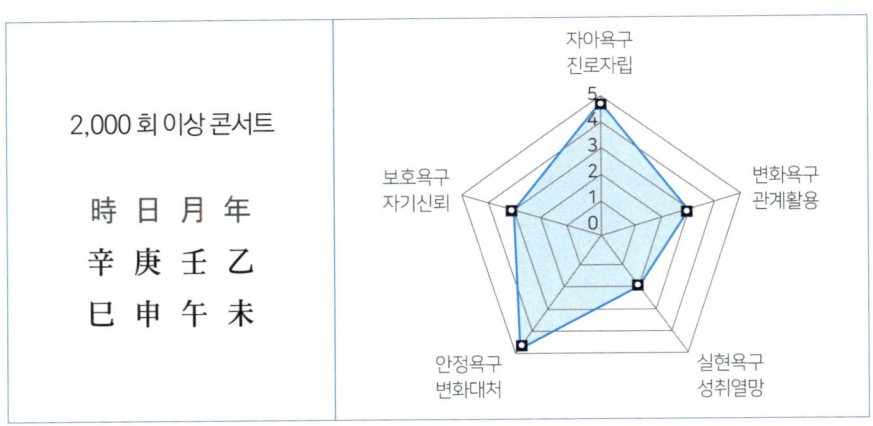

위 사주는 庚金일간이 午月생으로 정관격(正官格)이다. 천간은 식상생재(食傷生財)구조로 정관의 바른 정서 속에서 표현과 활동무대가 방대한 사회성을 가지게 된다. 튼튼한 비견이 더하여 자기계발(自己啓發)을 통한 능력을 발현하는 구조다.

AAT선천적성검사 결과

- 직장형과 자유형의 혼합형으로 자기전문성 필요
- 사회적 욕구 – 안정욕구
- 진로탄력성 – 변화대처

재능수준판단결과

사회교육인문계열〈上〉, 공학의학자연계열〈下〉, 예체능계열〈上〉으로 나타났다. 乙木 정재는 공간지각력으로 가수에게 중요한 무대를 제공한다. 일지 申金에 통근한 일간은 자기에너지발산을 활용하는 능력을 갖추고 있다. 월지午火정관의 모범지향은 남들에게 인정받고 싶다는 보이지 않는 욕심이 강하다. 그래서 외부로 보여주는 모습은 항상 조용하지만 열심히 움직이고 노력하여 최고가 되고자 노력한다.[36] 그 노력은 현실에서 일간에게 그대로 유입되어 사회적 명성을 가져다준다.

명리진로성공

위 사주 주인공은 6살의 어린 나이에 가수로 데뷔한다. 일찌감치 예술적 재능을 발견한 아버지의 뒷받침으로 큰 어려움 없이 가수로서 성공할 수 있었다. 재능도 관리를 받아야 그 빛을 세상에 드러낼 수 있는 것처럼 자기관리를 철저히 하고 부족한 점은 노력으로 보완하여 사회적 성공을 거둔다.

40여 년간 다문화 가정 어린이 초등학교 마련에 200억 정도 기부하였다. 콘서트뿐만 아니라 55여 년 동안 발표한 노래만 해도 그 수가 2,500곡이 넘을 만큼 자신이 가진 재능을 유감없이 발휘하며 타고난 재능을 일찍 발견하고 성공한 경우이다.

(2) 자신의 재능을 정확하게 판단한 사례(가수 허각)

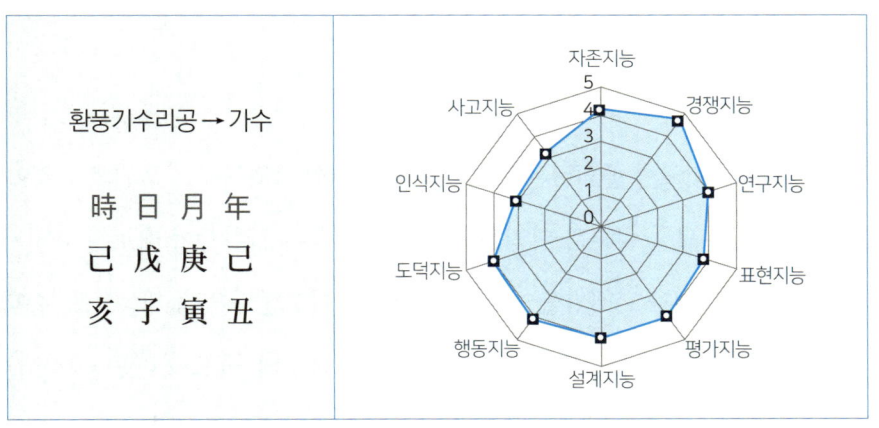

---

36) 김기승(2016), 『과학명리』, 다산글방, p. 427.

위 사주는 戊土일간이 寅月으로 편관격(偏官格)이다. 신약사주로 인수의 도움이 절실하나 사주 내에 없어 아쉽다. 식신으로 제살해야한다. 다행히 己土겁재가 일간을 도와 식신제살(食神制殺)하니 자신의 재능으로 칠살을 극복해낸다.

AAT선천적성검사 결과
- 사업가형의 리더기능이 우수하다.
- 사회적 욕구 – 자아욕구
- 진로탄력성 – 진로자립

재능수준판단결과

사회교육인문계열〈下〉, 공학의학자연계열〈上〉, 예체능계열〈上〉으로 두 가지가 모두 발달되어 있다. 재성은 공간예술이며, 식신은 표현예술이라 음악적 가치판단력이 우수하다. 또한 예술성을 변별하는 편관의 기능으로 좋은 노래를 선곡한다. 일간을 극하는 편관칠살을 제어할 수 있는 식신이 사주에 있고 그 쓰임이 잘 이루어지면 사회적으로 크게 성공을 가질 수도 있다. 다행히 이 구조는 식신제살의 비범함을 적절히 활용하고 있다.

명리진로성공

위 사주는 고등학교를 중퇴하는 등 인수부재로 인한 학업이나 기득권의 유입이 원활하지 못하다. 부모의 이혼과 어려운 가정환경의 힘든 시기를 노래로 승화시키며 이겨낼 수 있었다. 정규 트레닝을 받은 건 아니지만 타고난 음악적 재능으로 '슈퍼스타K2'에 도전했고 우승과 동시에 가수로 데뷔한다. 한국의 '폴포츠'라는 닉네임으로 환풍기 수리공에서 실력 있는 가수로 인정받는 인생역전을 이루어냈다.

(3) 타고난 사업가 재능활용으로 성공한 사례(일반 내담자 – 남)

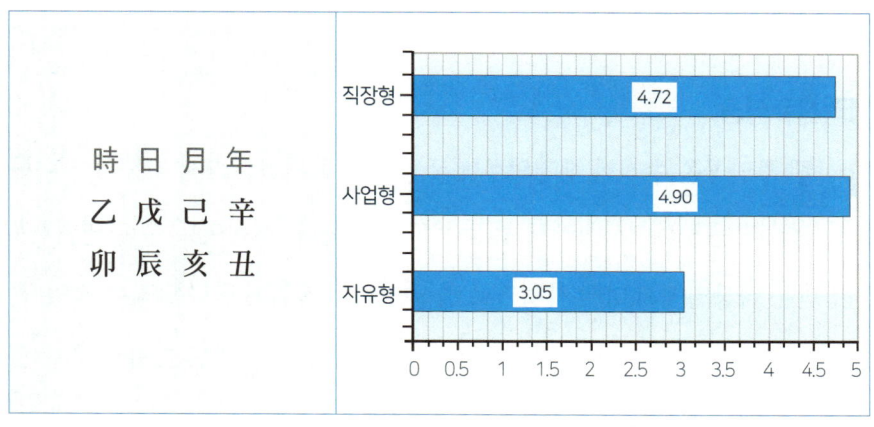

위 사주는 戊土일간이 亥月생으로 편재격(偏財格)이다. 전체적으로 정관이 강하고 재생관이라는 사회성을 가지고 있다. 상관을 활용한 생재를 통한 재생관으로 이어지는 구조로 재능을 활용하여 조직에서 인정받고자 하는 특징이 있다.

AAT선천적성검사 결과

- 직업유형 – 사업가형에 리더기능
- 사회적 욕구 – 안정욕구
- 진로탄력성 – 변화대처

재능수준판단결과

사회교육인문계열 〈下〉, 공학의학자연계열 〈中〉, 예체능계열 〈上〉으로 편초년의 인수와 비겁운의 영향으로 유도국가선수가 된다. 현란한 기술을 이용한 승부사로 국가대표로 발탁되기도 했다. 상관의 모방성을 활용한 사업 아이템과 편재의 개발본능과 확장성으로 상관생재를 먼저 하지만 결국 최종 목적인 관을 위해 조직을 구성하는 등 직업의 부조화를 겪는다.

명리진로성공

위 사주 주인공은 수직적 행정업무에서 능력을 발휘하는 도덕지능이 우수하다. 열정이 남달라 운동선수시절에도 주장을 도맡아 했다. 실적이 우수한 영업사원으로 인정받는 직장인에서 다시 사업가로 변신하는 등 직업에 변화를 많이 겪었다.

비겁과 편재, 상관의 작용으로 확장성이 강해져 무엇을 해도 크게 한 판을 노리므로 직업 선택 시 위험감수수준이 높게 나타났다.

현재는 실패의 경험을 잘 살려 인명구조와 관련된 사업을 안정적으로 하고 있다.

PART 3

숨겨진 재능을
찾아주는 사주명리

1. 반짝 재능에 속는다
2. 성격심리에 따른 명리교육
3. 교육학과 사주명리학의 융합
4. 명리진로상담의 가능성과 한계

1. 반짝 재능에 속는다

상담현장에서 직접 상담에 임하다 보면 많은 부모님들이 비슷한 실수를 경험하는 것을 보게 된다. 바로 '반짝 재능'이 불러오는 착각이다. 타고난 적성이 늦게 발휘되고 운에서 주어진 얄팍한 재능이 먼저 세상에 빛을 발휘하면서 진정한 재능을 가린다. 결국 우리는 스스로 반짝 재능을 선택하는 실수를 범하게 된다.

타고난 재능이 반드시 하나라는 법은 없다. 재능에도 수준이 있고 여러 가지 재능이 동시에 타고나는 경우가 있다. 재능수준이 탁월한 것이 있어도 드러나지 않고 꽁꽁 숨어있거나 또 다른 재능이 먼저 나타나기 때문에 이러한 실수를 한다.

누구나 반짝 재능이 먼저 찾아오지는 않는다. 처음부터 타고난 재능과 운이 잘 매치되어 진로가 적절히 이루어지는 경우도 있지만 그 반대인 경우 또한 흔하다.

특히 자녀가 어릴 때 보여주는 반짝 재능에 속아 잘못된 판단을 하게 되는 경우가 있는 것이다. 유치원에 보냈더니 OO미술대회에서 상을 받아오면 혹시나 하는 기대 심리가 있게 된다.

'상 받을 정도로 그림을 잘 하니까 화가를 만들어야겠다.'

각종 음악 콩쿠르에서 입상을 하거나 노래를 잘한다는 소리를 들으면 기대가 커진다.

'그래, 이거야, 세계적인 음악가로 키워야지.
내가 뒷받침해주면 파바로티처럼 될 수 있을 거야.'

자녀에 대한 기대감으로 자신의 모든 것을 다 바쳤는데 반짝 재능을 알아보지 못한다면 그 대가가 너무 클 것이다. 이와 같은 실수를 범하지 않기 위해서는 자녀를 탐색하는 데 게을리 하면 안 된다. 부지런히 자녀의 곁을 지키고 또 부지런히 관찰을 해야만이 진정한 자녀의 타고난 적성을 간파할 수 있다. 아이를 도와주고 싶은 마음이 간절해도, 또 부모인 내가 잠깐만 도와주면 쉽게 해결될 일이라 안타까워도 한 발자국 뒤로 물러나 지켜보며 기다려주어야 한다. 나의 아이가 스스로 잘하고 즐거워하는 것이 무엇인지, 또 잘하는 것이 있다면 칭찬과 격려를 아끼지 말아야 하고 이와 반대로 어려움에 처했을 때는 스스로 해결점을 찾아갈 시간과 기회를 주는 것이다. 자녀와의 시간을 소중히 여기고 현장학습을 통해 많은 것을 접할 기회를 제공해 주어야 한다.

이성적으로는 인지하지만 현실에서의 실천은 어렵다. 그래서 부모의 입장이나 기준으로 판단하게 되고 자녀를 이끌고 간다. 물론 부모님의 판단이 옳을 때도 있다. 정말 조기에 자녀의 재능을 발견하고 그 싹이 잘 자라 성공할 수 있게끔 해주는 아주 이상적인 경우가 있다. 반면에 자녀의 적성과는 전혀 무관한 결정으로 오히려 시간과 노력이 헛된 경우도 있다. 그래서 자녀의 진로를 결정할 때는 정말 신중할 필요가 있는 것이다.

1) 반짝 재능에 가려진 사주사례

(1) 외모는 아역스타 (일반내담자 – 남)

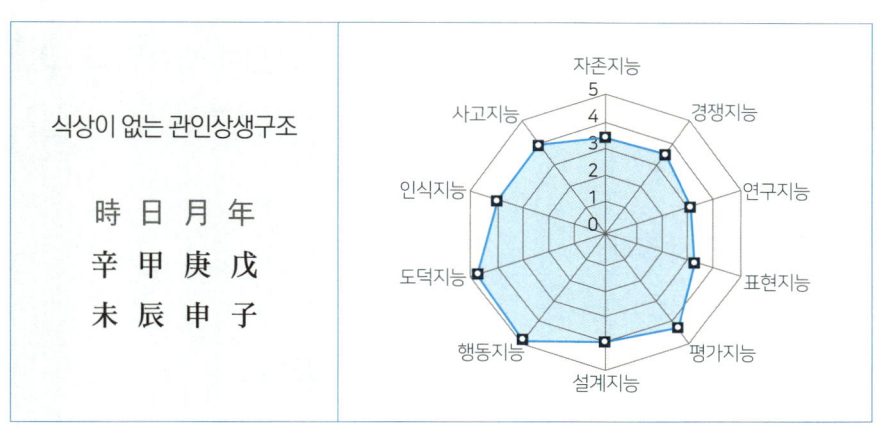

위 사주는 甲木일간이 申月 편관이며, 庚辛이 투출하여 관살혼잡 구조다. 재살이 태과하여 일간의 뿌리가 약하다. 식신으로 제살해야 사주가 맑아질 수 있는 데 이 사주는 식상이 없는 게 단점이다. 申子辰 水局 인수를 용신하는 살인상생하는 구조다.

내담자의 환경

- 엄마의 꿈이 연예인으로 자녀를 통해 대리만족하는 성향이 매우 크다.
- 잘 생긴 외모가 연예인의 기본이라는 강한 의식으로 자신감이 충만한 부모.

연예인의 조건

- 강한 비겁 : 직업 특성상 대중에게 개인생활이 노출되거나 자신의 가치를 스스

로 상품화 시켜야 하므로 강한 정신력과 비겁의 에너지가 필요하다.
- 강한 식상 : 감정노동이 많은 직업분야로 빠른 감정이입과 표현력이 장점인 식상을 갖추어야 한다.
- 재성의 무대 : 연예인은 나의 재능과 끼와 열정을 보여줄 수 있는 무대와 관객이 필요하다. 재성이 사주 내에 없다면 주어지는 공간이 없으니 죽을 만큼 연습해도 관객에게 보여줄 무대가 내게 주어지지 않는 것이다. 연습생으로 끝날 수 있다.

AAT선천적성검사 결과
- 직업유형 – 직장형의 리더기능
- 강점지능 – 행동지능과 도덕지능을 내세운 강한 사고지능
- 성공직업 – 공무원, 법관, 기술직공무원, 공기업임직원, 교육자

성격분석
위 사주는 전형적인 직장형 구조로 정해진 틀을 유지하는 것이 중요하다. 일간인 甲木은 주 세력이 관인으로 늘 규칙과 원칙, 대인관계를 의식하게 된다. 원리원칙이 나쁘다는 것이 아니다. 성격적으로 독특한 행동과 감정의 과대포장이 이루어지지 못해 어려움이 따른다. 일간이 관인의 틀에서 벗어나기 어려울 것이며 식상의 감정 통로가 없어 카타르시스가 되지 않는다.

재능수준판단결과
- 재능수준〈下〉– 예체능은〈下〉로 재능수준이 낮다. 공학, 의학, 자연계열 재능이〈上〉에 해당하므로 예체능은 적성에 맞지 않다.
- 열정수준〈下〉– 연기에 대한 열정 수준은〈下〉이다.

- 몰입수준 (中) – 순간적인 몰입은 나쁘지 않지만 (上)이라 할 수는 없다.

자유로운 영혼과 뛰어난 창의성, 표현력으로 어떤 배역이나 상황에도 몰입해야 하는 직업적 특수성은 표현능력을 주관하는 식상이 없어 불리하다. 이러한 점은 일간에게는 뛰어넘어야 할 높은 장벽이 되어 스트레스가 많고 힘겹다. 관인상생구조라 연예인을 못한다는 것은 아니다. 다만 수많은 변신과 변화가 요구되는 연예인 생활에서 타고난 재능이 없다면 크게 빛을 발하기는 그만큼 어렵다는 것이다.

(2) 축구대표를 꿈꾸는 내담자 (남)

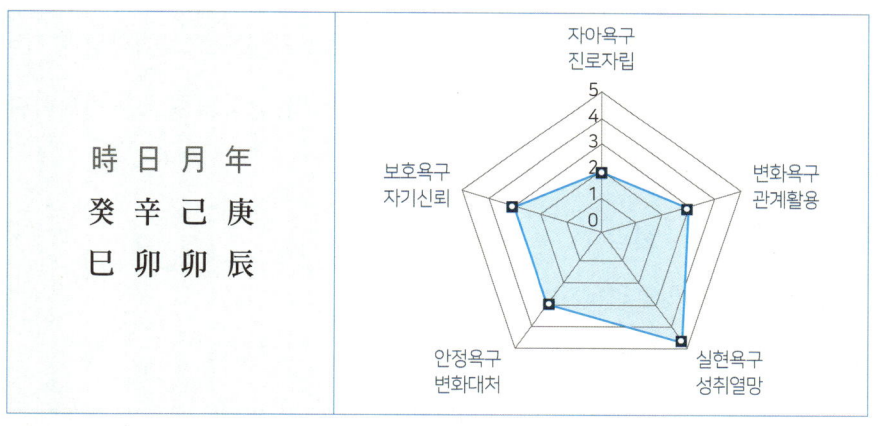

위 사주는 辛金일주가 卯月에 출생하여 편재격이다. 일지 卯木까지 왕한 편재를 이룬 특징은 일간에게 욕구를 발동 시킨다. 특히 공간지능이 발달하여 가치평가, 공간감각, 방향감각, 기회포착력이 우수한 재능으로 활용되는 것이 포인트다.

내담자의 환경

- 현재 고등학교 3학년으로 경기 중 인대 및 무릎 부상
- 신체적 조건 : 키 180cm
- 포지션 : 미드필드
- 팀 내 위치 : 주장

운동선수의 조건

- 첫 번째 조건 : 특히 축구는 체력소모가 많은 종목으로 상대방선수와 몸싸움도 치열하지만 자기 자신과의 싸움이다. 따라서 독립적이고 독단적인 성향과 지기 싫어하는 경쟁심의 비겁에너지가 필요하다.
- 두 번째 조건 : 재성과 식상의 세력에서 능동적이면서 창의적이고 순간적인 발상이 발현된다. '자'라는 물리적 도구가 없어도 동물적 감각으로정확하게 거리를 측정하는 재성과 식상의 예리한 기술과 탁월한 운동감각의 공조가 필요하다.

AAT선천적성검사 결과

- 직업유형 : 사업형의 리더기능
- 강점지능 : 탁월한 가치판단력의 평가지능
- 성공직업군 : 경영전략전문가, 무역전문가, 투자상담사, 경매분석가, 식품점 운영

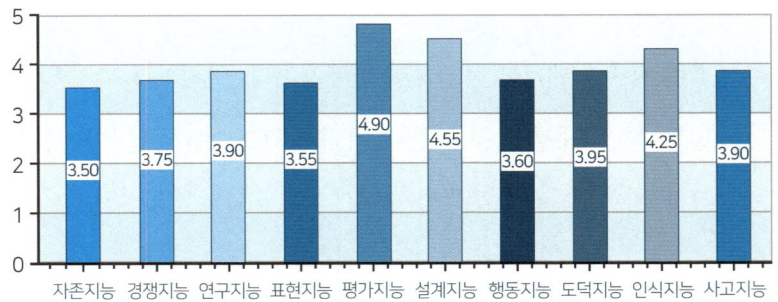

재능수준분석

- 재능수준〈上〉- 공학, 의학, 자연계열 재능이 〈上〉으로 타고난 재능은 있다.
- 열정수준〈中〉- 축구에 대한 열정 수준은 〈中〉이다.
- 몰입수준〈下〉- 에너지가 금방 바닥이 나며 〈上〉이라 할 수는 없다.

운동선수의 꿈을 포기하게 만들고 진로변경을 발생시키는 가장 큰 원인 중 단연 부상이 최고 순위를 차지한다. 이 내담자 역시 丁酉세운에 卯酉沖의 영향으로 발생한 부상이 꿈을 좌절시킨 원인일 수도 있다. 그러나 가장 근본적인 원인은 일간의 근기가 약해 자신감과 추진력이 부족하고 장시간 훈련을 힘들어 하는 것이다. 결국 운동선수가 되려면 강인한 신체적 조건과 정신력을 선천적으로 타고나야 하는 것이다.

2) 재능의 싹이 꺾인 진로사례

부모가 되어 자녀를 양육하게 되는 순간부터 어찌 보면 평정심과 객관적 사고력에 문제가 생기는지도 모른다. 옹알이에도 의미를 부여하고 첫걸음마에도 내 자녀의 특별함을 찾아내려고 한다. 초등학교에 입학 후 누구나 나가는 미술대회나 음악콩쿠르에서 입상을 하면 유명한 화가, 음악가가 태어난 것처럼 호들갑을 피운다. 우리 자녀가 보여준 재능 중에서 극히 작은 일부분만 보게 되면 그 티끌만한 재능이 온통 그 아이의 재능을 대변하게 되고 정작 가장 소중하고 가장 발달된 강점지능은 묻히게 된다. 그래서 아이도 부모도 저 너머의 재능은 인식하지 못하고 바로 눈앞의 작은 재능에 시간과 노력을 쏟아 붓는 결과를 초래하기도 하는 것이다.

다음 사례처럼 자녀의 진정한 재능은 무시한 채 부모인 내가 원하는 방향으로 진로를 결정, 자녀가 가진 재능의 싹을 잘라버리는 부모가 되기도 한다.

(1) 자녀진로는 부모의 꿈 – 성악가를 꿈꾸다

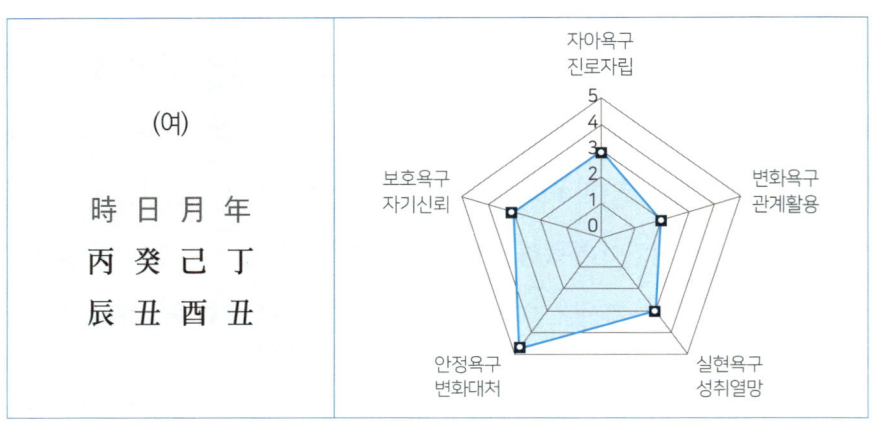

위 사주는 월 편인격에 전체적으로 관인상생코스를 이루고 있다. 관인의 유기적인 상생구조로 정서유대와 학습능력이 우수한 수직적 구조이다.

지지에서 이루어지는 酉丑金局의 편인을 활용하는 것이 포인트다.

내담자의 환경

- 피아노시작 : 5세
- 성악시작 : 초등학교 때 변경.
- 입상경력 : 각종 콩쿠르에서 대상이 되지는 못해도 늘 입상명단에 이름이 있음.
- 학업성적 : 상위권으로 음대가 아니라도 서울에 있는 명문대 입학 가능함.

상담일지

- 첫 번째 질문 : 먼저 진정 음악대학 성악과가 자신의 선택인가?
- 두 번째 질문 : 노래를 할 때 다른 어떤 것보다 행복한가?
- 세 번째 질문 : 오늘 당장 노래를 하지 못하면 죽을 것 같은가?

이 질문을 내담자에게 던진 이유는 자신의 타고난 재능을 파악하지 못하고 다른 길에서 힘든 시간을 보내고 있기 때문이었다. 음대를 지망하는 여학생은 첫 번째 질문부터 고개를 저으며 강한 거부 의사를 보였다.

"정말 노래가 싫어요. 즐겁지가 않아요. 무대에 올라간다는 것 자체가 너무나 큰 스트레스이며 어릴 때부터 선생님이나 주위에서 잘한다고 하니까 내 생각과는 상관없이 여기까지 떠밀려서 온 것 같아요. 하지만 한 번도 부모님이나 선생님께는 싫다는 말을 해보지 못했어요. 그런데 정말 성악은 힘들어요."

함께 오신 학부모 역시

"저 때문에 우리 아이가 힘들게 된 것 같아요. 제가 어릴 때 꿈이 성악가였어요. 아이가 대회에 나가면 어김없이 입상을 하고 학원선생님도 잘한다고 하시기에 공부를 잘하는데도 불구하고 다른 쪽은 쳐다보지도 않았어요. 성악가로 키워보고 싶었기에 음대를 보내는 것에만 목표를 두고 있었어요. 그리고 한 번도 제대로 딸아이에게 본인의 꿈이 무엇인지 물어본 적이 없네요."

이 경우는 딸의 재능을 객관적으로 판단했다고 보기 어렵다. 이루지 못한 자신의 꿈을 딸에게 투영, 부모의 대리만족으로 생긴 결과일 수도 있다. 여학생은 자신의 꿈에 대한 확신 없이 부모의 의사에 순종하는 착한 딸로 '착한 콤플렉스'를 가진 경우이다. 무대공포증이 있었지만 부모의 기대를 알기에 대회에서 최선을 다했다.

AAT선천적성검사 결과
- 직업유형 : 직장형의 참모기능
- 강점지능 : 결단과 판단력이 탁월한 행동지능
- 성공직업 : 일반직 공무원, 교육자, 연구원, 법관

재능수준분석
- 재능수준〈下〉– 교육인문은〈上〉, 공학, 의학, 자연계열 재능이〈中〉으로 예체능은 가장 낮은〈下〉로 나타난다. 음악가보다 교육자로서의 적성이 더 적합하다.
- 열정수준〈下〉– 음악에 대한 열정 수준은〈下〉이다.
- 몰입수준〈上〉– 에너지가 강해 몰입은〈上〉이다.

진로변경
지망했던 음대에 불합격 후 AAT적성검사를 바탕으로 계획을 세워, 다시 수능에 재도전하였다. 수년 간의 시간과 노력을 기울인 성악에 대한 미련과 성악으로 무대에 서는 것만 아니면 음악을 좋아하므로 교육계로 진로변경을 시도했고, 1년 동안 공부하며 자신에게 맞는 옷을 입는 기회를 가졌다. 그 결과 1년 뒤 서울대 교대에 합격했고 음악선생님을 꿈꾸고 있다.

(2) 법관으로 키우고 싶었던 부모의 욕심

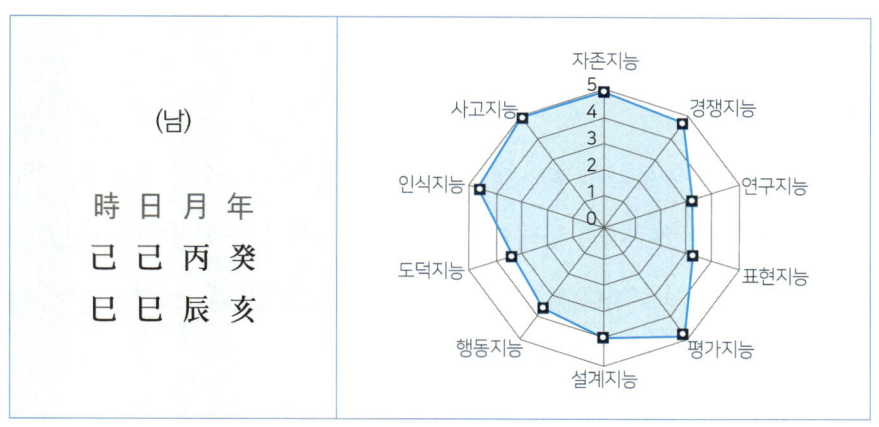

위 사주는 辰月생으로 월 겁재다. 전체적으로 인수와 비겁이 강한 신강사주이다. 비겁을 제화시킬 관성은 없고 월지에서 투간한 癸水편재로 강한 인수를 제하여야 한다. 정인도 강하면 제화가 필요하지만, 보호받아야 할 정인을 극하는 구조가 된 것은 안타까운 것이다.

AAT선천적성검사 결과

- 직업체질유형 : 직장형의 참모기능
- 강점지능 : 사고지능의 교육자스타일
- 성공직업 : 경영전략전문가, 교육코디네이터, 화학공학자, 정보검색사

재능수준분석

- 재능수준〈下〉- 공학, 의학, 자연계열 재능이 가장 높고 사회교육, 인문계열이

가장 낮은 〈下〉로 법관은 적성에 맞지 않다.
- 열정수준 〈中〉 - 법에 대한 열정 수준은 〈中〉이다.
- 몰입수준 〈上〉 - 에너지가 강해 몰입은 〈上〉이다.

상담일지

월령이 비겁으로 공부는 썩 좋아하지 않지만 강한 인수와 초년운에 들어온 관운의 영향으로 부모님의 뜻에 따라 법대를 졸업하였다. 그러나 왕한 인수를 편재로 제하는 구조로 비현실적인 투자나 투기에 관심이 많다. 매번 취업은 잘 되나 오래 근무하지는 못하고 잦은 이직으로 전전하고 있다.

정인과 편재는 교육과 사업으로 고급강의가 될 수 있다. 법전공을 살려 강의나 교육사업쪽을 권유하였다.

(3) 무조건 학교 선생님이 최고라는 부모

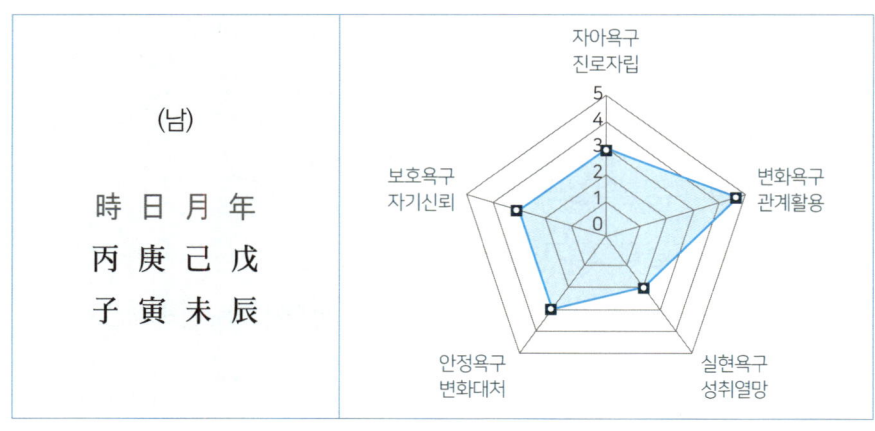

위 사주는 未月생으로 己土가 투출한 정인격이다. 연주에 戊辰편인까지 있으니 인수가 매우 왕하다. 木재성을 활용하여 강한 편인을 제화시켜야 한다. 그러나 재성 木은 투출 되지 않았고 丙火 편관으로 관인상생하는 것이 유일하다.

AAT선천적성검사 결과

- 직업체질유형 : 전문기능의 자유형
- 강점지능 : 사고지능
- 성공직업 : 일반직공무원, 교육자, 정치인, 신문기자, 관광통역가이드

성격분석

신강사주지만 그 원인을 살펴보면 인수로 인해 강해진 구조로 비겁이 없으니 배터리가 떨어지면 꺼져 버리는 핸드폰처럼 그 힘의 원천이 일간에 있지 못하다. 자기 의지나 주체적인 욕구도 낮다. 정·편인 혼잡으로 생각만 많고 실행력이 떨어지니 운동도 쉽게 포기하고 공부 역시 끈질기게 못해낸다. 그러나 겸손하고 분위기 파악을 잘해 대인관계에서 융합이 잘 이루어지고 환경적응력이 좋아 관계활용을 잘한다.

재능수준분석

- 재능수준〈上〉- 사회·교육·인문계열 재능이 〈上〉에 해당한다.
- 열정수준〈下〉- 교육에 대한 열정 수준은 〈下〉이다.
- 몰입수준〈下〉- 에너지가 약해 몰입은 〈下〉이다.

상담일지

위 사주는 부모님과 진로대립으로 힘든 학창시절을 보낸 경우이다. 교육자셨던 부모님은 이미 30대에 접어든 자식을 아직도 교육자가 되길 희망하고 있다. 하다못

해 공무원시험을 보라고 원서를 책상에 놓아둠으로 인해 자녀와의 관계가 불편한 상황이다. 태권도관장의 꿈이 좌절된 자식은 현재 호텔에서 근무하는 데 별 불만이 없다고 한다. 오히려 부모님이 더 이상 자신의 진로에 개입하지 않기를 바라고 있었다.

이처럼 우리는 종종 자녀의 타고난 적성을 찾아주는 데 실수를 하기도 한다. 목적지까지 노선을 직진코스로만 간다면 그것만큼 좋은 것은 없겠으나 삶은 우회도로도 있고 울퉁불퉁한 국도로 가야 하는 경우도 있다.

어려움에 봉착했을 때 좌절하고 포기하는 것이 아니라 다시 한 번 용기를 내어 재도전을 해 이루어낸다면 그 기쁨은 배가 될 것이다. 시간상으로 문제가 발생하고 조금 지체가 된다 하더라도 어렵게 찾은 자신의 적성은 결코 본인을 실망시키지 않을 것이기에 결코 포기하지 않기를 바란다.

2. 성격심리에 따른 명리교육

1) 명리성격심리의 이해

현대명리학에서 성격과 심리가 차지하는 비중은 점점 높아지고 있다. 미래를 예측하던 명리학에서 이제는 인간내면을 들여다보고 그 깊이를 탐색하고 탐구하려 한다. 보다 근본적인 문제해결점이 인간에게 있음을 인식하고 인간의 성격과 심리에 대한 분석을 시도하는 것이다.

성격 또는 심리라는 용어를 우리는 단순히 서양의 학문으로 받아들이려고 한다. 명리학과는 연계성을 느끼지 못하는 경우가 허다하나 자세히 들여다보면 인간의 성격심리와 밀접한 학문임을 알 수 있다. 성격이란 겉으로 사람들에게 보여지는 개인의 모습 및 특성으로[37] 우리는 누구나 가면(persona) 몇 개는 가지고 있다. 화가 나도 감출 수 있는 가면, 슬퍼도 기쁜 척 하거나 싫어도 싫지 않은 척 할 수 있는 가면 등 그 종류 역시 다양하고 많다. 그래서 인간은 어떤 가면을 쓰느냐에 따라 다른 모습을 보여준다.

동방예의지국이었던 우리나라의 사회적 환경은 어쩌면 더 많은 가면을 요구하였을지도 모른다. 개인보다 전체가 우선이었던 시대의 흐름에 따라 부모님께 순종해야

---

37) 김기승(2016), 『과학명리』, 다산글방, p. 359.

하므로 개인의 참모습을 감추어야만 했을 것이다. 그래서 인간 개개인을 다루는 심리에 대한 연구가 서양보다는 늦게 시작된 것이라고도 볼 수 있다.

이런 동양의 현실과 달리 일찍부터 개인주의 사회였던 서양에서는 인간을 다루는 학문이 발달되었고 그 줄기에 성격심리학(性格心理學, personality psychology)[38]이 있다. 인간의 성격을 파악하며 유형론과 특성론을 내세운 연구는 개인의 성격을 여러 가지 유형으로 분류하는 방법과 각 개인의 성격을 여러 특성의 점수로 파악하는 방법으로 크게 나누어진다.

정신을 신체보다 아래로 보고 인내를 요구, 가문의 전통성을 중시했던 동양에 비해 서양은 신체보다 정신을 더 우위에 두고 의식, 무의식, 초자아를 찾으려고 하였다.

프로이트(Sigmund Freud)[39]의 정신적 발달 이론을 비롯하여 대체적으로 심리학자들은 성격의 발달형식에 따라 우리의 생각과 행동에 미치는 영향에 대해 이해하려는 한편, 개인의 일상생활에 방해가 될 수 있는 인격 장애를 평가하고 진단하며, 설명하고자 하였다. 또 다른 측면에서는 개인적인 성격 차이에 대해 우려를 나타내기도 했다. 올포트(Gordon Allport)[40]는 개인적인 특성에 관해 성격으로 묘사하면서 4,000개의 개인적인 특성이 있다고 보았다. 반면, 레이몬드 캐텔(Raymond B. Cattell)[41]은 16개가 있고 이러한 특성들이 연속적으로 존재하며, 모든 사람들이 다양하게 각각의 특성을 가진다고 하였다.

---

38) Personality Psychology-인간의 성격이 어떠한 형태로 형성되고 유지되는가, 성격의 개인차는 어떠하며 왜 그러한가, 또한 성격이 어떠한 구조를 가지는가에 대한 연구를 주로 하는 분과.
39) Sigmund Freud(1856~1939), 오스트리아의 신경학자로 정신분석학의 창시자.
40) Gordon W. Allport(1897~1967), 미국의 심리학교수 및 사회윤리학교수. 휴머니즘의 영향력을 심리학에 도입하려 했던 당시의 심리학자중의 한 사람으로 독창적인 성격이론을 개발했다.
41) Raymond B. Cattell(1905~1998), 영국태생 미국의 심리학자, 심리측정의 이론과 방법론에 상당한 공헌을 했으며, 『성격과 학습이론』에서 흩어져 있던 성격이론과 학습이론의 많은 가설을 종합, 환경, 문화적 영향의 맥락 속에서 통합적인 인간발달 이론을 제시했다.

이와 같이 서양에서 성격과 심리학의 융합으로 새로운 학문이 이루어진 것처럼 동양에서도 명리학과 심리학의 융합을 이루고자 하는 노력이 1938년 대만에서 수요화제관주(水繞花堤館主)[42]에 의해서 처음 시도된다. 명리학의 핵심 개념인 십성과 융이 『심리학적 유형psychological type』에서 제시한 두 가지 태도인 외향extrovert·내향introvert 및 4가지 기능인 감각sensing·직관intuition·사고thinking·감정feeling을 결합한 8가지 심리유형과의 접목을 시도하여 명리학의 심리학적 위상에 대한 학제연구의 도화선이 되었다. 이처럼 명리학의 십성과 서양의 융이론[43]의 접목을 시작으로 여러 명리학자들이 활발하게 연구를 하고 있다.

사주 구조를 분석할 때 십성과 정신분석학의 심리유형을 다음과 같이 나타낼 수 있다.

정신분석	시상파		감각파		지각파		감각파	
	외향	내향	외향	내향	외향	내향	외향	내향
	정관	편관	상관	식신	정인	편인 (효신)	정재	편재
명리학	官		食		印		財	

* 출처: 수요화제관주저, 혜원 나명기 역, 『완역 명학신의』, Dream&Vision, 2013.

수요화제관주의 이론을 받아들인 하건충은 십신 대 십신의 조합과 십신의 궁위론에 따라 십성을 종조하는 성격을 세밀하게 분석하기도 하였다.[44]

---

42) 수요화제관주(水繞花堤館主, 1902~1990), 『명학신의』, pp. 20-26.
43) 칼 구스타프 융(Carl Gustav Jung, 1875~1961), 분석심리학의 기초를 세우고 외향성, 내향성 성격, 원형, 집단무의식 등의 개념을 제시하고 발전시켰다. 정신의학과 종교, 문학 관련 분야의 연구에 지대한 영향을 미친 스위스의 정신의학자이자 분석심리학의 개척자.
44) 하건충, 『팔자심리추명학(八字心理推命學)』의 제1편 수화집(水花集).

또한 필자는 『사주심리치료학』, 『사주심리와 인간경영』, 『명리직업상담론』 등의 저술에서 교육학, 심리학, 직업학, 상담학과 명리학의 학문융합연구를 시도하였다. 십성의 가치를 과학적으로 분석하고 재해석하여 명리학의 합리적인 활용과 과학적인 분석기법을 통해 진로 직업 상담 및 학습 코칭에도 적용이 가능하다는 것이 확인되었다.

2) 명리성격과 직업체질의 생성

명리학이론의 가장 근본이 되는 음양오행 역시 각 심리가 배속되어 이 점에 대해서 성격이론의 시각으로 접근하기도 한다. 木火오행은 감성(感性)의 심리를 가지고 있으며 金水오행은 사상(思想)의 심리로 보았다. 土오행은 이 두 심리 사이의 중용(中庸)으로 보았다.

음양과 오행의 성격심리는 각각 그 기질에 따라 다중성과 공조성을 지닌 만큼 이 점을 이해하는 자세가 필요하며 여기서 나아가 오행에서 다시 음양으로 나누어진다. 이것을 10개의 십성으로 구분, 비견과 겁재, 식신과 상관은 사상을 감독하고 정관과 편관, 정인과 편인은 감성을 주관하며 정재와 편재는 이 두 가지 사이에서 중간자 역할을 하는 '컨트롤타워'로서 그 역할을 한다고 하였다.

"관인으로 일간에게 들어가는 수동적인 관인상생의 in-course와

일간으로부터 식재로 나가는 능동적인 out-course를 조절하는 것이 바로 재성이다."[45]

---

45) 김기승(2008), 『사주심리치료상담사』 자격증 강의록에서 발췌.

라는 것이다. 이처럼 십성은 이원화작용을 일으키는데 관인(官印)이 사주에 많으면 명랑해도 행동성향은 내향적이 되며 식상생재(食傷生財)는 침착하고 내향적인 것 같아도 행동성향은 밝은 외향성을 보여주는 것이다.

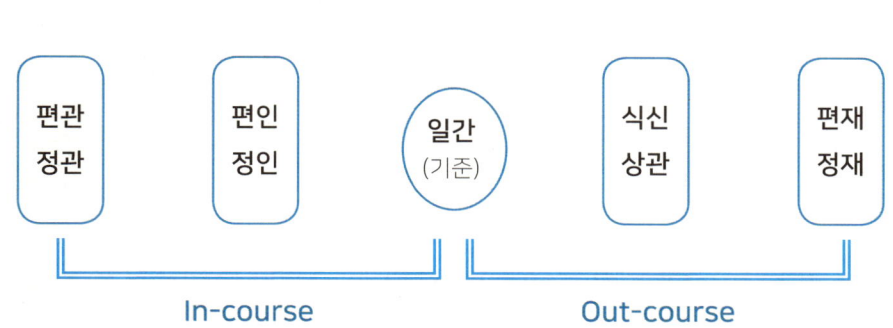

< 직업유형의 in-course와 out-course의 성립 >

* 출처 : 김기승(2009), 「대학생의 명리직업선천성에 따른 진로자기효능감과 위험감수수준의 관 계분석」, 경기대학교대학원 석사학위논문 .p. 10.

즉, 일간을 중심으로 에너지가 유입되는 방향인 관성과 인성으로 구성되는 관인상생의 구조는 in-course라 칭하며, 일간을 중심으로 에너지가 유출되는 방향인 식상과 재성으로 구성되는 식상생재의 구조는 out-course라 칭하였다. in-course와 out-course 둘 다 해당되지 않거나 또는 혼합된 구조는 코스로 논하지 않았다.[46]

직업유형처럼 직업체질 역시 10개의 선천지능을 구조화 하고 있는 십성의 상생상극작용에 따른 유형으로 다음과 같이 나타내고 있다.

---

[46] 김기승(2009), 「대학생의 명리직업선천성에 따른 진로자기효능감과 위험감수수준의 관계분석」, 경기대학교대학원 석사학위논문 . p10.

<직업체질의 생성원리>

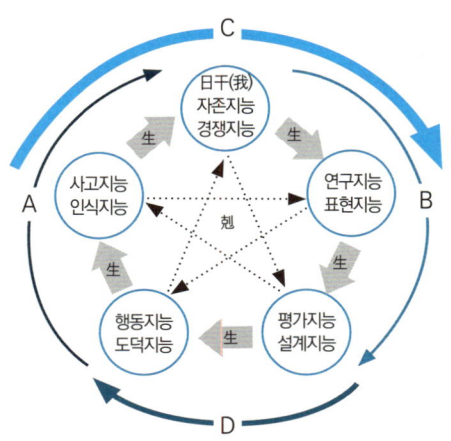

A. 관인상생(직장형) In-course
B. 식상생재(사업형) Out-course
C. 인 비 식(자유형) Free type
D. 재 생 관(선택형) Option type

*출처 : 김기승(2014), 「대학생의 명리직업선천성과 진로탄력성, 진로결정수준의 구조적 관계」, 경기대학교대학원 박사학위논문 .pp. 46.

직업체질은 in-course와 out-course로 분류되는데, in-course는 일간을 중심으로 성격이 발현되는 관인상생을 통해 내면적 수용심리이고, 관(官)이라는 직장과 소속의 직장형이라고 하는 것이다. out-course는 식상생재를 통한 외면적 표출심리(表出心理)로 식상이라는 외부와의 활동으로 사업형이라고 정의하였다. 그리고 일간 중심으로 두 가지 코스가 동시에 이루어지거나 혼합된 것을 자유형으로 정의하였다. 이 외에 재생관을 이루는 것은 옵션타입(option type)이라 하였다. 여기서 in과 out은 일종의 에너지 유입과 유출방향으로 볼 수 있으며, 이 코스를 기초로 하여 명리직업선천성으로서 직업체질이 조합되고 형성된다.[47]

---

47) 김기승(2014), 「대학생의 명리직업선천성과 진로탄력성, 진로결정수준의 구조적 관계」, 경기대학교대학원 박사학위논문 .pp. 46-47.

인간은 누구나 다중성격과 심리를 가지고 있다. 한결같다고 말하는 이도 실제 겪어보면 상황과 장소 및 여건에 따라 보여주는 모습이 다르다. 물론, 평범한 이들보다 일관적인 모습을 많이 보여주는 이도 있지만 본인들의 생각보다 일관적이지 못한 이들이 너무 많다. 그래서 더욱더 다양한 모습을 보여주는데 대부분의 인간은 사회적으로 보여주는 행동과 심리적인 면이 있고 개인적으로 사용하는 성격과 심리가 있다. 여기에 자신의 내면 깊숙이 또 다른 나를 숨기고 있는 이들도 많은 것이다.

명리학에서 특히 AAT(선천적성검사)에서는 이러한 인간의 성격심리를 3단계로 나누고 보다 심도 깊은 연구를 실시하고 있는 상황이다. 다양한 인간의 성격과 다중심리를 사주명리에서는 천간의 합과 탄생되는 오행으로 판별하는 것이다.[48]

사주명리에서 바라보는 인간의 성격과 심리		
1차적 성격	• 열 개의 십간 • 인간관계	• 일간이 되어 사회적으로 보여주는 개인적 성향 • 친구, 학교, 회사, 단체 등 성장과 함께 소속되는 사회에서 받는 영향 • 사회적 동물인 인간은 이러한 인간관계에서 자유로울 수 없다.
2차적 성격	• 열두 개의 지지 • 심리관계	• 잠재된 이면의 성격 • 일간이 합하는 반대 성향으로 천간 오행의 성정 • 자신의 내부 성격을 드러내는 주관적, 개인적인 내면적 심리
3차적 성격	• 천간합 발생 오행 • 심리관계	• 일간의 타고난 본성 • 사회적 동물이자 외로운 동물 • 혼자라는 심리적 불안이 사회적 활동에 적극성을 부여, 군중 속으로 들어가게 하는 심리

* 출처: 김기승(2006), 『사주심리와 인간경영』, 창해, pp. 188-190.

---

48) 김기승(2006), 『사주심리와 인간경영』, 창해, pp. 188-190.

인간의 타고난 성격은 복잡하고도 미묘하므로 사주 구조 분석 시에도 반드시 성격 분석은 필요하며 신중하고도 섬세하게 접근해야 한다. 이미 여러 학자들에 의해 명리학을 반영한 성격심리가 다루어지고 있는 만큼 한걸음 더 나아가 우리는 이러한 성격심리를 반영한 상담으로 활용해야 한다.

그러기 위해 음양오행에 이어 또 한 번 십성의 성격과 심리를 심도 있게 다루어야 함은 보다 분명하다.

3. 교육학과 사주명리학의 융합

예컨대 관인생생(in put) 및 식상생재(out put) 등은 교육학에서 성과패러다임과 학습패러다임으로 중요하게 다루어지는데 사주에서도 이런 것을 교육에 접목한다.

사주 구조는 완벽하게 구성되어지지 않는 경우가 많다. 안타깝게도 모든 이들의 사주 구조에 10개의 십성이 골고루 있는 것이 아니라는 것이다. 십성 중 한 가지가 부족한 경우는 매우 흔하다. 둘, 셋까지도 부족한 구성이 있기 때문에 일치감치 이러한 구조에 대한 연구가 있었다.

인수 木부족	비겁 木부족	식상 土부족	재성 金부족	관성 水부족
壬丙丁庚 辰午亥戌	庚乙辛丁 辰丑亥丑	甲丙辛癸 午寅酉亥	乙丙壬壬 未寅子戌	庚丁己乙 戌卯丑巳

관성·인성 부족 (木·火)	식상·관성 부족 (金·木)	재성·인수 부족 (火·金)	인·식·재 부족 (土·水·木)	식·재·관 부족 (土·金·水)
辛己癸庚 未酉未戌	丁戊壬壬 巳戌子子	甲壬乙戊 辰寅丑戌	辛庚丙辛 巳申申巳	乙丁丙丁 巳巳午巳

이처럼 사주에 부족한 십성이 많다는 것은 사주가 어느 한 쪽으로 편중(偏重)되었다는 의미이면서 또한 강한 십성이 존재한다는 것이다.

강한 십성은 그 힘을 제어하기 어려울 때가 있으므로 강한 오행을 제어할 다른 십성의 작용이 필요해지고 그 십성을 보충해주어야 한다.

각 사주구성에 따라 보충해주는 십성이 있고, 보완이 잘 이루어지면 그 사람의 삶 자체에 변화가 발생하므로 이 점은 매우 중요한 요인이 될 수 있기에 사주사례와 함께 좀 더 자세히 알아보고자 한다.

1) 인수가 왕 – 현실성 및 창의력 부족

```
       여(6세)                    남(3세)

   時 日 月 年              時 日 月 年
   戊 辛 戊 甲              辛 癸 戊 丁
   戌 亥 辰 午              酉 酉 申 酉
```

두 사주 모두 인수태과를 이루고 있다. 인수가 왕(旺)하면 생각이 끝없이 이어져 정리가 되지 못하고 현실성이 부족해지기 쉽다. 또한 일간으로 유입되는 에너지가 강하므로 일간의 사고력은 증대되지만 식상을 극해 활동적이지 못하고 현실성이 떨어지는 경우가 발생한다. 인성이 강한 세력으로 식상을 극하게 되면 결국 식상의 문제만이 아니라 일간의 문제가 된다.

강한 인수의 단점

- 한 가지를 하더라도 생각하느라 행동이 느려 주변 사람들이 답답해 한다.
- 순간적으로 결정을 내리는 데 어려움을 느낀다.
- 암기는 잘하고 책읽기나 쓰기는 좋아하지만 수학수업은 싫어한다.

재성보충교육

- 시간이 많이 걸리더라도 꾸준히 수학 관련 공부에 시간을 투자해줘야 한다.
- 시간관념을 갖도록 지도해야 한다.
- 은행놀이, 시장놀이 등 놀이지도를 통한 보충을 한다.
- 책읽기를 좋아하므로 목표를 세우고 성공한 사람들의 위인전 등을 읽게 한다.

재성교육효과

- 실현성 강한 기획력 부여
- 생산성 높은 강력한 가치판단
- 정적인 사고를 동적인 사고로 전환
- 신속한 가치관의 변화로 창의력 발현[49]

---

49) 김기승(2009), 『명리직업상담론』, 창해, pp. 175-176.

2) 관성이 왕 – 창의성 및 도전의식 부족

```
    여(12세)              남(15세)
時 日 月 年          時 日 月 年
戊 癸 己 戊          壬 甲 庚 乙
午 酉 未 子          申 子 辰 酉
```

관성이 사주 내에 너무 왕(旺)하면 일간은 억압(抑壓)받고 통제(統制)받는 일이 많아진다. 일방적인 극으로 인해 부정적인 측면이 많이 나오게 되고 자존심이 상하고 무모함이 나타난다. 강한 관성은 심리적 서열을 발생한다. 식상이 없으면 안정감, 배려, 희생, 관계형성이 어렵다.

강한 관성의 단점
- 내가 정한 원칙을 다른 사람들도 따라주기를 원하고 강요하게 된다.
- 명분이 약해 대(大)를 위해 소(小)를 희생하는 것과 같이 자신의 의지를 상실한다.
- 틀에 얽매여 자신감과 창의적인 수업에 취약하다.
- 영어회화나 표현력을 원하는 학습이 약하다.

식상교육보충
- 형식과 틀에서 벗어나는 미술 등 창의적인 활동을 유도한다.
- 자신의 의사를 말할 수 있도록 환경조성을 해준다.

- 친한 또래들과 그룹지도를 통해 친화력과 발표력을 키우는 활동을 한다.

식상교육효과

- 사물을 재구성하는 능력 부여
- 도전과 변화를 통한 발전력
- 틀과 제도를 개혁
- 설득의 미학 발현[50]

3) 재성이 왕 – 융통성 및 수용력 부족

남(2세)	여(10세)
時 日 月 年 丁 乙 己 戊 丑 巳 未 戌	時 日 月 年 辛 丁 乙 庚 丑 丑 酉 寅

위 두 사주의 구조를 보면 정·편재의 세력이 강해 재다신약 구조를 갖춘다. 재성이 왕(旺)하면 지나치게 현실적이면서 계산적이라 이익을 따지고 가치를 판단해 행동하게끔 하므로 대가가 주어지지 않으면 움직이지 않는다. 가장 치명적인 피해를 당하

---

50) 김기승(2009), 『명리직업상담론』, 창해, pp. 175–177.

는 것은 인수로 암기는 부족하고 공부를 하기 어렵다. 비겁을 통해 재성을 적절히 극 하므로 일방적인 인수 보호는 물론이며 공부를 놓치는 것도 방어한다.

강한 재성의 단점
- 논리적으로 이해가 되지 않으면 힘들어 하고 학업을 포기하게 된다.
- 수학, 과학의 논리학문을 좋아하지만 암기과목과 신체활동에 취약하다.
- 감나무에 감 떨어지길 기다리듯이 노력대비 큰 성과를 원한다.
- 지나치게 현실적이라 부자로 살아도 타인에게 인색하고 융통성이 부족해진다.

비겁교육보충
- 응용력이 약한 경우가 있으므로 이론보다 문제풀이가 필요하다.
- 원하는 목표를 이루기 위해서는 노력이 필요함을 반드시 인지시켜야 한다.
- 암기력이 부족하므로 퍼즐 맞추기, 단어 찾기 게임 등을 활용한다.

비섭교육효과
- 강력한 목표의식 부여
- 자율적인 추진력 발현
- 강한 소유욕구로 집중력 상승[51]

---

51) 김기승(2009), 『명리직업상담론』, 창해, p. 175.

4) 식상이 왕 – 정서안정 및 결정력 부족

남(7세)	여(14세)
時 日 月 年 丁 壬 甲 癸 未 寅 寅 巳	時 日 月 年 庚 丁 戊 丙 子 丑 戌 戌

사주 내에 식상만 강하면 관(官)을 무시하거나 극해 관(官)의 귀함을 날려버린다. 식상을 이용, 자신의 의사를 분명히 전달하는 것은 좋으나 상대방의 감정을 건드리지 않는 훈련도 필요하다. 타인의 마음을 헤아리면서 자신의 말에 책임을 지도록 이와 관련된 도서를 읽는 등의 노력이 필요하다.

강한 식상의 단점
- 무슨 일이든 호기심이 발동되어야 하며 하고 싶은 것만 하려고 한다.
- 계획된 순서대로 하기보다 즉흥적인 발상으로 인해 손실이 생긴다.
- 암기력이나 인내심이 부족하고 참을성이 없어 지속적인 일에 취약하다.
- 감정변화가 많고 조절이 안 될 때가 종종 발생한다.

인수교육보충
- 말하기 전에 자신의 생각을 머릿속에서 정리하는 습관이 필요하다.
- 전문성과 인내심을 길러줄 수 있는 책을 보도록 한다.

- 식상의 자유로운 성향을 절제시키고 무모한 일을 하지 않도록 한다.

인수교육효과
- 사고체계 분명
- 수용력 강화로 학습능률 효과
- 적극적인 활동성과 긍정심리 발현
- 인식능력 상승과 안정적 심리 발현[52]

5) 비겁이 왕 – 수용력 및 현실성 부족

```
     여(12세)              여(3세)
   時 日 月 年           時 日 月 年
   乙 壬 癸 戊           辛 己 癸 丁
   巳 子 亥 子           未 未 丑 酉
```

    비겁이 강하면 자만, 만용, 자존심, 무모함을 앞세우게 된다. 즉흥적인 행동심리로 여기에 동조하는 십성이 함께 있으면 결국 손해를 보게 되거나 좋고 나쁨의 기복이 발생한다. 이러한 비겁의 단점은 관성으로 제화(制化)시켜 줘야 한다. 비겁이 강하면

---

52) 김기승(2009), 『명리직업상담론』, 창해, pp. 164-166.

스스로 자율성과 통제권을 가지고자 하며 이것은 심리적 서열로 나타난다.

강한 비겁의 단점

- 비겁이 강하면 타인의 의견을 무시하거나 재를 극해 잘 하고도 결과가 적다.
- 비겁이 강하면 노력해서 열심히 해도 다른 사람에게 공이 돌아가기도 한다.
- 비겁이 강하면 성질은 급하고 참을성이 부족해 성급한 결정으로 손해를 본다.

관성교육보충

- 급한 성격을 통제하고 참을성과 인내심을 강화시키고 공동체 의식을 알게 한다.
- 강한 비겁은 안하무인이지만 관성으로 서열본능과 분별력을 주면 주체성이 된다.
- 비겁이 강하면 협조를 통한 성공이 필요하므로 조직적인 시스템이 필요하다.

관성교육효과

- 강력한 책임의식 발현
- 조직에 순응하는 정신 부여
- 수행능력 부여
- 자율적 활동 발현[53]

사주 구조를 안다면 능히 보완하거나 단점을 장점화시킬 수 있고, 장점은 더 극대화할 수 있음을 사례를 통해 살펴보았다. 또한 사주명리학과 교육학의 연계성이 왜 필요하고 중요한지도 알 수 있었다.

---

53) 김기승(2009), 『명리직업상담론』, 창해, pp. 175-177.

교육학은 19세기 헤르바르트[54]가 독립학문으로 주장한 것으로 생물학적이고 심리학적으로 실험하고 측정하는 경험과 실험위주의 미국교육과 사변적이고 역사적이며 인간학적 경향이 강한 독일의 교육 등 각 나라의 교육학은 그 나라의 교육적 특성을 많이 반영하고 있다.

우리의 교육은 일제의 강점과 전쟁의 후유증으로 경제적 빈곤을 겪었기에 교육보다는 한 끼의 끼니를 해결하는 것이 급선무였다. 이에 경제적인 부흥이라는 목적은 달성했으나 교육적인 측면에서는 손실이 컸다 하겠다. 그러나 교육의 중요성을 인식하게 되면서 전반적으로 모든 학문들이 함께 융합하면서 발전을 이루고 있다.

이 점은 명리학 분야도 예외는 아니다. 오히려 명리학이야말로 타 학문과의 융합이 잘 이루어질 수 있는 최고의 학문이며 그중 교육학과의 연계는 탁월한 발전을 이룰 수 있다. 어느 학문도 하지 못하는 개인의 타고난 적성을 분석하여 학습방법에도 활용할 수 있기 때문이다.

재성이 부족하면 수리계산에 약하니 수학과목에 주눅이 든다. 이 점을 보완, 원인을 알려주고 응용위주로 할지 이론위주로 할지 학습 코칭이 가능하다. 인수가 부족해 암기력이 약하고 외워도 금방 잊어버릴 수 있음을 명리학으로 설명해줄 수 있다. 또는 지나치게 재성이 많거나 인수가 많아 유발하는 단점을 알려줄 수 있다. 사주 구조가 약하거나 한쪽으로 치우침으로 인해 분명 생기는 리스크가 있음을 안다. 이처럼 사주 구조에는 공평하지 않은 요소가 있고 그 점을 보완, 사주 명식에 나타난 십성을 분석하고 양육방법에 대한 방법을 모색하고 나아가 인지적인 면에서 효과적인 교육방법을 충분히 제시해 줄 수 있는 것이다.

---

54) Johann Friedrich Herbart(1776), 독일의 철학자 · 교육학자. 철학을 논리학 · 형이상학 · 미학의 세 부분으로 나누었으며, 윤리학과 심리학을 기초로 하는 체계적인 교육학을 수립하고 실험학교를 세워 이론을 실천하였다.

"지피지기(知彼知己)면 백전불태(百戰不殆)"라고 하였다.[55] 자신의 적은 밖이 아니라 내부의 자신이다. 자기 자신을 알고 대처하는 만큼 좋은 무기는 없는 것이다. 여기에 학습자인 자녀에 대한 정보를 그의 부모와 함께 공유, 그 효과를 배가시킬 수 있는 것 역시 명리상담이 가진 장점이다.

---

55) 손자병법 모공편, 적을 알고 나를 알면 백 번 싸워도 위태롭지 않다. 적을 알지 못하고 나를 알면 한 번 이기고 한 번 진다. 적도 모르고 나도 모르면 싸울 때마다 반드시 위태롭다.

4. 명리진로상담의 가능성과 한계

1) 명리상담의 바른 인식

사주명리는 동양의 심리학(心理學)이라 할 수 있으며 여기에 사회과학(社會科學)이나 심리상담(心理相談), 심리치료(心理治療), 심리검사들을 함께 활용하는 복합 학문으로 봐야 한다. 이렇게 그 폭이 광대하고 심오한 현대 명리학은 직업 또한 타고난 자신의 선천적성으로 판단하고 선천지능검사를 통해 올바른 상담이 가능하다.

그러나 논리성을 강조하다 보면 자연히 좁은 학문이 될 수밖에 없는 단점이 있다.

사주명리를 비하하는 이들은 한결같이 한 날 한 시에 태어난 사람들의 운명이 똑같지 않음에 대해 강조하며 사주의 불합리성을 밝히고자 하나 매년 같은 해에, 같은 날에, 같은 시간에 태어난 사람이 수십 명, 수백 명이라 해도 그들은 같은 운명으로 살 수 없다.[56]

모든 현대과학과 학문은 현 사회의 문제를 반영하고 사회발전에 도움이 되는 방향에서 발전해야 한다. 21세기가 시작되기 전 미래학자들은 사회가 발전할수록 사람들의 요구는 다양해지고 복잡해져 모든 학문이 스스로 학문융합을 해야 하며 이러한 시도가 헛되지 않고 반드시 그 결실을 맺을 수 있도록 이루어져야 한다고 하였다.

---
56) 김기승(2016), 『과학명리』, 다산글방. pp. 51-76.

혁신 이론가 크리슨텐슨교수[57]는 "현존 기술과 연속선상에 존재하지 않은 융합 기술이 정보사회의 이후를 책임질 것"이라고 내다보았고, 미래학자 앨빈 토플러[58] 역시 "지식정보화 사회가 진전될수록 칸막이식 영역 구분은 무의미해지기 때문에 국가 간 관계와 정부 및 기업 조직, 교육 시스템도 바꿔야 한다"고 강조한 바 있다.

이에 발맞춰 미래학의 전문가들도 21세기를 융합의 시대라고 예견했었다. 물론 기술융합을 말하였으나 융합 기술뿐 아니라 문화예술, 경제, 인문사회, 윤리 등 전반적으로 모든 학문에도 영역 구별 없이 영향을 미친다는 의미이다.

이런 측면에서 명리진로상담 역시 올바른 진로상담을 해야 할 도의적인 책임이 따르며 과거와 같이 단식판단으로 진로상담을 할 것이 아니라 사주 구조의 과학적 분석이 필요하다.

이처럼 명리학도 유일한 학문으로 치부하고 그 정답을 찾기엔 힘든 시대가 되었다. 명리학은 이미 과거에서부터 현재까지 불확실한 미래나 건강, 길흉화복을 비롯하여 직업까지 상담을 해온 분야였으며 개인적인 심리상담과 타인의 삶에도 관여하며 발전해 왔다. 여기에 교육학, 심리학, 통계학, 직업학 등과 연계해 보다 체계적이고 과학적인 상담방법을 추구해 나가고 있다.

과거에 미래를 족집게처럼 집어내려던 얄팍한 술(術)을 원하는 대중과 그런 대중을 이용한 술사가 있었다. 사람들의 불안 심리를 이용한 얄팍한 술로 사람들을 현혹하기도 하였지만 실상 사주만 보고 모든 것을 꿰뚫어 볼 수는 없다.

---

57) 클에이튼 M 크리슨텐슨 하버드 경영대학원 교수. 첨단기술의 혁신 관리와 신기술을 응용한 신규 시장의 창출과 관련된 분야에 대해 주로 연구.

58) Alvin Toffler(1928), 미국의 저술가이자 미래학자. 1960년 대 저널리스트로 활동, 1980년《제3의 물결The Third Waves》에서 정보화 사회를 예견하면서 세계적인 미래학자로 자리 잡았으며 디지털 혁명과 사회 혁명, 기술적 특이점 등에 관한 여러 저술로 유명하다. 미래학은 현재의 경향을 연구해 미래의 발전을 예측하는 사회과학 분야 학문이다.

2) 사례보기

다음 사주만 보고 어찌 암(癌)환자라고 알 수 있을까?

壬	丁	庚	丙
寅	卯	子	午

* 2002년에 간암말기 판정

이 사주만 보고 어찌 교육가(敎育家)임을 알 수 있을까?

戊	丁	甲	戊
申	丑	子	申

* 현 초등학교 재직 여교사

사주만 보고 어찌 사기꾼임을 알 수 있을까?

辛	壬	癸	丁
丑	申	丑	巳

* 현재 수배 중

사주를 통해 모든 것을 알 수 없음을 인지하고 일정 부분 예측하고 추론은 하겠지만 완벽하게 한 사람을 알 수는 없기에 현대명리학은 보다 실용적이면서 체계적인 프로그램을 사용하고 있다. 즉, 타고난 선천적성 프로그램을 활용하여 십성의 특성이나 격국, 용신 등을 참고로 판단하여 개인에게 정확한 본인의 직무스타일과 직업유형에 대해 정보를 제공해 주는 데까지 발전을 이루어냈다.

인간은 스스로 결정하고 행동하길 원하며 생각 역시 주관적으로 하길 원한다. 그들의 미래를 대신 결정해주던 시대는 이미 지났다. 현대명리학은 결정대행이 아니라 결정에 도움이 될 수 있는 조언자의 역할을 해야 한다.

명리학은 다양한 학문과의 융합과 교류를 통해 현실에서 일반인들에게 실용적으로 그 쓰임이 더 다양하게 이루어질 것이다. 학생들에게는 진로를, 성인들에게는 새로운 직업전환과 이동 등 많은 정보를 제공함으로써 단순히 먹고 사는 문제에 국한되지 않고 인생 전반에 걸쳐 삶의 질을 높여주는 데 기여할 수 있을 것이다.

PART 4

적성검사의
이해와 차별성

1. 적성검사의 비교 및 필요성
2. 선천적성검사의 활용성
3. 선천직업체질유형
4. 선천 직업체질에 따른 업무수행기능
5. 개별 직무적합도 검사
6. 성공가능성에 따른 직업 추천

1. 적성검사의 비교 및 필요성

1) 적성검사의 시작

오래 전 우주는 무극의 상태에서 어느 시점에 빅뱅의 대폭발[59]을 계기로 팽창하였고 다시 물질이 응축된 것이 태양계라고 한다. 태양을 중심으로 행성들이 돌기 시작하면서 시간이 시작되었고 태양의 불덩이가 폭발 후 식으면서 지구의 표면에 지각변동이 발생한다. 재가 생기고 이슬이 생성되니 이게 水의 생성이며 생명체의 시작이다.

지구의 80%가 물로 氣가 응축되었다 다시 質로 변화하는 과정을 거쳐 돌이 변하면서 土 속에 들어가 있던 金이 밖으로 표출된다. 바로 金의 생성으로 지구를 비롯한 행성에 똑같은 압력이 가해졌기에 모든 행성이 시간이 흘러가면서 둥근 모양을 갖추게 된다. 이처럼 氣에서 質로 바뀌게 되고 그러한 원리를 정확하게 밝히려고 하는 생각에 의해 철학이 생긴다.

명리학의 발판은 여기서부터 시작이었고 인간은 우주의 섭리를 명리학으로 접근, 밝히고자 사색하니 이게 바로 동양철학이라 하겠다. 그러나 과학적으로 그 원리를 정확하게 모두 밝히지 못하기 때문에 현대 사회에서 술(術)로 취급받고 있다.

---

[59] 1964년 아노 펜지어스(Arno Penzias)와 로버트 윌슨(Robert Wilson)이 가모프의 연구팀이 예측했던 우주배경복사를 발견했다. 1992년에는 COBE 관측 위성을 이용하여 전 하늘의 우주배경복사 지도를 만들었다. 이것들은 우주 초기에 빅뱅이 있었다는 것을 강력하게 증명해주고 있다.

'소우주'라는 인간은 그 이름답게 우주의 탄생으로부터 음양의 개념을 받아들이고, 태어나는 순간 부모로부터 받은 유전자는 몸과 정신을 형성하게 된다. 뇌(腦)를 활용, 정보를 받아들이고 글씨나 언어 등 입력되는 정보를 바탕으로 언행을 하게 되니 결국 에너지를 통해 정보를 받아들이는 것이다. 정보를 받아 기억하고 있다가 새로운 정보가 들어오면 기본정보와 새로운 정보가 결합하게 된다. 이와 같이 인간은 우주에너지를 정보로 받아들이고 그 정보를 다시 가공해 씀으로써 직관을 활용한다.

모든 일에 부정적인 시각이 강한 사람은 유입되는 정보에 따라 결정하고 행동하지만 기존의 정보가 변하기 어렵기 때문에 행동교정이 쉽게 이루어지지는 않는다. 그래서 기본 정보가 없어져야만 새로운 정보로 바뀌게 되므로 부단한 노력이 있어야 한다.

음양오행은 우주생성과 변화의 원리로 인간은 이러한 음양오행의 원리 속에서 우주의 원리를 탐색하고자 하며 인간 스스로의 운명에 대한 관심을 가질 수밖에 없었다.

자신을 알고자 했고 미래를 알고자 하는 강한 욕구가 사주분석에 반영되어 태어날 때 부여받은 천간지지 여덟 글자의 사주에서 자신이 좋아하고 잘하는 적성을 찾아내고자 하였다.

적성이란 개인이 가진 잠재적 능력으로 이미 태어날 때 부여된다. 이를 선천적성이라 명하고 선천적성을 밝혀내고자 수많은 검사 도구를 개발하게 되는 것이다. 적성검사는 결국 심리검사일종으로 인간의 성취, 체험과 행동영역에서의 개인차를 측정하고 기술하며 그 원인을 진단하고자 하는 이론과 방법론이라 할 수 있다. 19세기 비네(A. Binet)가 정신지체아를 일반적인 사람들과 분류하기 위해 최초로 실시한 검사[60]로 이를 필두로 지능검사까지 나오게 된다. 군인들을 상대로 한 집단 지능검사인

---

60) 프랑스의 정신 의학자인 비네(Binet)와 의사인 시몽(Simon)이 함께 제작한 이 검사는 프랑스 문화부의 특수 경영법에 관한 위원회 위원으로서 위촉을 받아 제작했으며, 최초의 지능 검사이다. 이 실험의 결과는 1905년 정상아와 정신박약아를 구별할 수 있는 문항 30개를 제작했으며, 쉬운 문항에서 어려운 문항으로 배열되어 있다.

군대알파(Army-Alpha)로 GATB(General Aptitude Test Battery)의 일반직업적성검사가 가장 많이 쓰이며 적성검사들 대부분은 자기보고식의 검사들이라 검사자의 의도가 다분히 포함된 검사결과를 내놓게 된다.

2) 다양한 적성검사방법

서양에서 개발된 검사들, 즉 홀랜드 성격유형검사[61], MBTI검사[62], 에니어그램[63] 등은 그 결과의 정확도에 상관없이 대중들의 인식에서 합리적이라는 평을 받고 있는 것이 사실이다. 이 검사에 대해 살펴보면 다음과 같다.

구체적인 성격검사의 한 종류인 홀랜드 이론은 6가지 성격 유형으로 사람들을 분류하며 6개의 성격유형은 직업검사와 직업카드에서 활용되고 있다.

홀랜드(Holland)는 개인의 성격유형이 진로선택 및 발달에 중요한 영향을 미친다

---

61) 홀랜드는 인간과 직업 환경의 유형을 현실형(realistic). 탐구형(inverstigative), 예술형(artistic). 사회형(social). 기업형(enterprising). 관습형(conventional) 의 여섯 가지로 분류하여 설명하고 RIASEC 유형이라 부르기도 한다.

62) 〈MJBTI〉는 마이어-브릭스 유형 지표(The Myers-Briggs Type Indicator)의 약어이고, 융(Jung, Carl Gustav)의 심리 유형론을 근거로 하는 심리 검사이다. 마이어-브릭스 성격 진단 또는 성격 유형 지표라고도 한다. 1921년~1975년에 브릭스(Briggs, Katharine Cook)와 마이어(Myers, Isabel Briggs) 모녀에 의해 개발되었다.

63) 에니어그램 시스템은 피타고라스와 신플라톤학파(기원전 100년경)를 거쳐 그리스와 러시아의 동방정교회(서기 500년경), 이슬람교의 수피즘(14~15세기)으로 구전이 이어졌다. 입으로만 전해 내려오던 에니어그램 시스템을 서구에 처음으로 소개한 것은 러시아의 신비주의자 구르지예프(Gurdjieff)이다. 그는 수피즘의 단체인 나크쉬밴디스(Naqshbandis)를 통해 에니어그램 시스템을 소개받아 자신이 연구한 것을 1915년에서 1916년 사이에 파리에서 공개하였다. 이후 볼리비아의 이차소(Ichazo)가 1960년대에 칠레 아리카연구소에서 에니어그램 시스템을 기반으로 9가지의 유형을 개발했고 1970년 대에 클라우디오 나랑호(Claudio Naranjo)에 의해 미국 기독교계에서 급속도로 확산되었다. 그 후 에니어그램의 신비주의적, 종교중심적인 접근법에서 벗어나기 위해 구르지예프와 이카조의 에니어그램을 재정리하여 성격심리학적인 접근을 시도하였다.

고 보고 개인의 직업적 흥미는 그 사람이 가진 성격의 표현이라고 주장하였다. 성격 유형과 환경의 특성간의 좋은 적합성이 이루어지면 개인은 그 직무환경에서 잘 적응하고 자신의 능력을 발휘하며 성장할 수 있고 개인의 성격과 직무환경 간의 불일치는 직무 불만족, 불안정한 진로통로, 낮은 직무수행을 이끈다고 주장하였다.

MBTI 성격유형검사는 정신과 의사이면서 심리학자인 융의 심리유형론을 근거로 하여 브리그스와 마이어스 모녀가 고안한 성격유형지표의 일종이다. 인간행동의 다양성은 개인이 인식하고 판단하는 특징이 다르기 때문이며 각 개인이 외부로부터 정보를 수집하고(인식지능), 자신이 수집한 정보에 근거하여 행동을 위한 결정을 내리는(판단지능) 데 있어 각 개인이 선호하는 방법이 근본적으로 다르다는 것이다.

이러한 인식과정을 감각(S : Sensing)과 직관(N : Ntuition)으로 구분한다. 판단과정은 사고(T : Thinking)와 감정(P : Peeling)으로 구분하여 이러한 기능을 사용할 때 어떤 태도를 취하는가에 따라 외향(E : Extraversion)과 내향(I : Introversio), 판단(J : Judging)과 인식(P : Perceiving)으로 구분하여 심리적으로 흐르는 에너지의 방향 및 생활양식들을 이해할 수 있도록 해준다.

이와 같이 4가지 분리된 선호 경향을 조합하여 16가지의 성격유형도표가 만들어졌고 이 유형도표는 사람들 간의 상호 작용을 쉽게 이해할 수 있도록 해 줌으로써 서로에 대해 더 잘 알게 한다.

마지막으로 에니어그램(Enneagram)은 사람을 9가지 성격으로 분류하는 성격 유형지표이자 인간이해의 틀이다. 희랍어에서 9를 뜻하는 'ennear'와 점, 선, 도형을 뜻하는 'grammos'의 합성어로, 원래 '9개의 점이 있는 도형'이라는 의미이다. 에니어그램의 정확한 기원은 알 수 없으나, '에니어그램 시스템'이라고 불리는 고대의 지혜가 그 유래가 된다고 추정되고 있다. 이러한 시스템은 구전되어 온 고대 지혜와 보편적인 진리를 집대성해 놓은 것으로, 기독교, 불교, 이슬람교, 유태교 등 종교의 가르침과 더불어 여러 가지 철학이 포함되어 있다.

3) 적성검사의 단점

위에서 살펴본 신뢰성이 있다고 인정되고 있는 적성검사도 실상 검사자가 직접 답을 적어야 하며 문제에 따라서는 명확한 답이 없는 경우도 있다.

이처럼 어느 한쪽으로 결정짓지 못하는 경우에도 모든 사람을 유형으로 분리하고자 하며 중간적인 성향의 사람을 배려하지 못하는 점과 자기 보고식에 의한 검사 혹은 판정이나 분석이 어려운 투영법에 의한 검사라는 단점[64]을 가지고 있다.

실질적으로 초·중·고에서 이루어지는 서양식 적성검사에서 사용하는 질문지는 그 문항수도 많지만 검사자의 검사당일의 기분이나 감정, 성격 등 많은 요소들의 영향을 받기에 그 정확도 면에서는 마냥 긍정적이라 할 수 없다. 특히 많은 문항수로 인해 검사시간이 길고 전반적인 검사의 난이도 수준이 너무 높아서 검사대상자가 풀기에 적합하지 않다는 점, 검사시간과 노력에 비해 제공되는 결과의 허술함과 떨어지는 만족도 등등의 문제점[65]이 드러나고 있다.

필자가 직접 경력단절여성들을 대상으로 설문지를 실시[66]했던 경우 역시, 이러한 문제점을 보일 뿐 아니라 한 페이지의 30문항 설문지에도 모두 한 가지 답으로 표기하는 등 무성의함으로 인해 정확한 판단을 내리기 어려웠다.

성인임에도 설문지 작성에 있어 다음과 같은 결과지를 흔히 볼 수 있다.

---

64) 김기승(2009), 『명리직업상담론』, 창해. p. 185.

65) 김병삼(2016), 「중학생의 사주와 부모애착 및 진로성숙도의 관계 연구」, 국제뇌교육종합대학원대학교 박사학위 논문. p. 2.

66) 수원시가족여성회관(팔달새일센터) - 〈중,장년 여성채용박람회에서의 AAT - 2016. 10.

< 경력단절 여성대상 설문지 >

순서		행동양식 일치여부	매우 그렇다	그렇다	보통	아니다	전혀 아니다
자존지능	1	자존심이 강한 편이다.	⑤	✓④	③	②	①
	2	처음 접하는 스포츠에도 적응이 빠르다.	✓⑤	④	③	②	①
	3	하나에 몰입하면 푹 빠지기를 잘 한다.	⑤	④	✓③	②	①
경쟁지능	4	경쟁심이 강하다.	⑤	④	✓③	②	①
	5	새로운 환경을 찾아다니며 경험하려 한다.	⑤	✓④	③	②	①
	6	모든 일은 내가 직접 하는 것이 더 만족스럽다.	⑤	④	✓③	②	①
연구지능	7	잘 웃고 여유가 많다.	⑤	④	✓③	②	①
	8	무엇이든 솔직하게 표현하는 편이다.	⑤	④	✓③	②	①
	9	깊이 연구하고 집중해서 노력하는 성향이다.	⑤	④	✓③	②	①
표현지능	10	유행에 민감하고 호기심이 많은 편이다.	⑤	④	✓③	②	①
	11	설명을 알아듣게 잘 하는 편이다.	⑤	④	✓③	②	①
	12	자유로움이 좋고 변화를 좋아한다.	⑤	④	✓③	②	①
평가지능	13	색과 모양을 잘 기억한다.	⑤	④	✓③	②	①
	14	기계나 도구 같은 것을 잘 다루는 편이다.	⑤	④	✓③	②	①
	15	길이나 도로를 빨리 파악한다.	⑤	④	✓③	②	①
설계지능	16	이율계산이나 지도를 잘 이해한다.	⑤	④	✓③	②	①
	17	정밀하고 세밀한 수작업을 잘한다.	⑤	④	✓③	②	①
	18	항상 규칙적인 생활을 한다.	⑤	④	✓③	②	①
행동지능	19	선택을 해야 하는 경우 결정을 빨리 한다.	⑤	④	✓③	②	①
	20	실행에 옮기는 실천력이 우수하다.	⑤	④	✓③	②	①
	21	암기력이 우수하다.	⑤	④	✓③	②	①
도덕지능	22	다른 사람에게 폐가 되는 일은 절대 하지 않는다.	⑤	④	✓③	②	①
	23	주어진 책임을 꼭 완수한다.	⑤	④	✓③	②	①
	24	모범적으로 행동한다.	⑤	④	✓③	②	①
인식지능	25	임기응변에 강하고 재치가 있다.	⑤	④	✓③	②	①
	26	언어 능력이 우수한 편이다.	⑤	④	✓③	②	①
	27	싫증을 잘 느낀다.	⑤	④	✓③	②	①
사고지능	28	순서를 잘 지킨다.	⑤	④	✓③	②	①
	29	수용적이고 이해심이 많다.	⑤	④	✓③	②	①
	30	정리정돈을 잘한다.	⑤	④	✓③	②	①

이처럼 문항의 수가 적음에도 불구, 검사대상자들이 무성의함을 보여주는데, 이보다 더 많은 질문지 형식의 많은 적성검사에 초·중·고 학생들이 과연 자신의 감정에 가감 없이 솔직한 답변을 하고 거기에 적합한 검사결과를 받았을까?

과거 전직에서 입시생을 미대에 입학시켜야 하는 책임을 지고 미술학원을 직접 운영했던 경험상 MRI라는 첨단기계조차 판별해내지 못하는 타고난 적성을 태어날 때 부여받은 사주로 분석해낼 수 있다는 사실이 얼마나 놀랍고 감탄스러운지 모른다.

미술은 특히나 타고난 재능이 없다면 평생직업으로 선택하기 어려운 분야임에도 일부 입시생을 둔 학부모들은 자녀들의 성적으로 일반 대학에 진학하기 어렵다는 판단이 들면 슬며시 자녀의 손을 이끌고 미술학원의 문을 두드렸었다.

재능과는 전혀 상관없이!

이런 상황에 놓일 때마다 '당신의 자녀는 재능이 없습니다' 라고 할 수 없었기에 선천적성검사AAT의 필요성을 그 누구보다 잘 알고 있다.

4) 선천적성검사(AAT)

적성검사로 넘쳐나는 대한민국에서 명리학자들은 우리나라 사람들에게 맞는 검사도구개발을 위해 사주명식을 활용하고자 한다. 이에 좀 더 과학적이며 합리적인 검사를 위해 서양의 적성검사의 장점은 도입하고 단점을 구별하고 있다. 각종 자기보고식 검사방법의 문제점을 보완하면서 '사주를 이용한 성격 및 적성검사방법'으로 특허를 받은 선천적성검사(Apriority Aptitude Test)[67]가 있다. 신생아는 물론, 영·유아 및 어린아이들의 인지능력과 상관없이 정확하고 신뢰도 높은 검사결과를 보여주는 세계 최초의 조기적성검사를 세상에 내놓은 것이다.

검사대상자들의 무성의함도 배제하면서 과학적이면서 정확한 검사결과를 제공

---

[67] 선천적성검사(Apriority Aptitude Test) : 김기승(2008.06.27.)이 "사주를 이용한 성격 및 적성 검사 방법"에 대한 발명특허를 취득하면서 검사시스템을 지칭하는 공식 용어로 활용되고 있다(선천적성검사연구소, 2008).

해주는 AAT는 한마디로 과학명리의 산물이라 하겠다. 기존의 흥미나 적성검사와는 달리 개인의 인지능력, 시간, 환경 등의 어떠한 조건의 영향을 받지 않은 상태에서 오롯이 자신의 선천적성을 탐색할 수 있는 장점이 있다. 또한 대부분의 검사들이 적성검사나 성격유형검사, 진로직업검사 등을 제각기 따로 해야 하는 불편함과 경제적 부담이 있었으나 AAT는 이러한 불편함을 해소시키면서 흥미, 적성, 성격을 한꺼번에 검사 가능한 것이다. 여기에 성격검사는 기본이며 학과 계열별 적성 검사, 각 개인의 타고난 선천 직업체질 유형검사, 그리고 개별 직무적합도 검사 등등이 동시에 이루어지는 것이다.

인간은 행복해지는 데 목적을 두고 모든 학문의 발전을 이루고자 한다. 명리학의 학문적 체계는 과학적 증거가 미비함에도 시간이 갈수록 석·박사들의 연구에 의해 서서히 밝혀지고 있다. 직업, 성격, 적성, 심리 등과 연관하여 박계림(2003)[68], 최영선(2004)[69], 이원태(2005)[70], 김상헌(2006)[71], 손연숙(2007)[72], 함혜수(2007)[73], 이성우(2008)[74], 김기승(2009)[75], 이명재(2009)[76], 김기승(2014)[77], 이문정(2014)[78], 함혜수

---

68) 박계림(2003), 「사주와 직업과의 관계 연구」, 경산대학교 대학원 석사학위논문.
69) 최영선(2004), 「사주에서 나타나는 선천적성과 종사 직업과의 상관관계 연구」, 경기대학교 대학원 박사학위논문.
70) 이원태(2005), 「사주이론과 전문직종의 연구: 식신·상관의 특성을 중심으로」, 경기대학교 국제문화대학원 석사학위논문.
71) 김상헌(2006), 「공무원 사주의 특성 연구」, 경기대학교 국제문화대학원 석사학위 논문.
72) 손연숙(2007), 「사주의 오행분포가 성격형성에 미치는 영향」, 국제문화대학원대학교 석사학위논문.
73) 함혜수(2007), 「사주의 격이 개인의 직업목표에 미치는 영향」, 국제문화대학원대학교 석사학위논문.
74) 이성우(2008), 「사주에서 나타나는 선천적성과 종사 직업과의 상관관계 연구」, 경기대학교국제문화대학원 석사학위논문.
75) 김기승(2009), 「대학생의 명리직업선천성에 따른 진로자기효능감과 위험감수수준의 관계 분석」, 경기대학교대학원 석사학위논문.
76) 이명재(2009), 「명리의 선천직업적성과 실제 직업유형과의 상관성 연구」, 국제문화대학원대학교 석사학위논문.
77) 김기승(2014), 「대학생의 명리직업선천성과 진로탄력성, 진로결정수준의 구조적 관계」, 경기대학교 박사학위논문.
78) 이문정(2014), 「초등학생 성공지능 개발을 위한 성격강점과 선천지능의 관계 연구」, 국제뇌교육종합대학원대학

(2015)[79] 등의 많은 연구논문들이 해마다 증가하고 있는 것을 그 증거로 볼 수 있다.

시대성에 비추어 명리를 살펴보면 과거에는 관성과 인성의 시대로 가문과 전통을 위해 모든 것이 존재했고 움직였다면 지금은 한마디로 융합시대인 것이다.

이와 같이 현 시대는 모든 학문과 지식이 하나로 관계를 맺는 시대로 고도의 인성과 창조성이 요구되는, 관리와 생산이 동시에 이루어지는 시대다. 이것은 십성 열 가지가 모두 융합되어 활용되어야 하는 이유이기도 하다.

> 참고로 AAT선천적성검사는 만능도 아니며
> 100% 맞는 것도 아님을 전제하면서 그 가치를 설명하고 있다.
> 왜냐하면 이 세상에 100%는 없으며 상당한 유의미한 결과치로도
> 충분히 유익하게 활용하는 것이 과학이기 때문이다.

교 박사학위논문.

79) 함혜수(2015), 「감정노동 종사자의 직무적합성 평가를 위한 사주명리학적 연구」, 국제뇌교육종합대학원대학교」, 박사학위논문.

2. 선천적성검사의 활용성

　직업과 적성은 다르다. 누군가에게 어떤 직업을 선택해주는 것은 고도의 위험을 안고 있다. 정확한 분석이라는 전제하에도 그 부담감의 무게가 무겁다. 그러나 누군가는 반드시 해야 할 일이다.

　이처럼 중대한 역할에 명리학의 활용성이 돋보인다. 명리학을 가장 퀄리티 있게 사용하는 방법은 점을 치는 일이 아니라 한 개인이 일생 살아가면서 가져야 할 적합한 직업을 분석하는 일이다. 명리학이 그 어떤 분야의 학문보다 가장 효과적인 쓰임을 갖고 있음을 알아야 한다. 일생동안 해야 하는 업무 적성을 분석한 다음 어떤 형태로 직업을 가져야 행복지수가 높아지는지, 자신의 능력을 발휘할 수 있는지 안내해 주는 것이 적성검사이다. 적성검사에 대한 올바른 이해를 바탕으로 선천적성검사를 제대로 활용한다면 활용가치를 더 높여줄 수 있다.

　명리상담은 동양의 주역과 서양의 점성술과 같이 인간의 미래를 예측하는 학문으로 이미 1천년 이전에 출생연월일시로 판단하는 방법이 완성되었고, 그 시원은 무려 오천년의 역사를 배경으로 학문적 체계를 갖추었으며 대학의 정규과목으로 정착했다.

　수많은 적성검사가 있지만 명리학의 이론들을 기반으로 성격심리검사, 지능검사, 학과적성검사, 선천적성검사, 재물관리, 시간과 공간경영, 기업의 인사관리 등 많은 연구와 성과를 통해 'AAT선천적성검사'가 개발되었고 명리직업상담의 새로운 분야

를 열었다.[80]

AAT선천적성검사를 마치면 대부분의 부모님들은 적성검사를 조금 더 일찍 검사 받았다면 현재보다는 나은 길로 자녀를 보낼 수 있었을 것이라는 후회감을 보여준다. 이처럼 적성검사에 대한 아쉬움을 토로하는 것에서 벗어나 그 가치를 알고 활용하는 방안을 찾아내는 것이 급선무라 하겠다.

1) 계열별 적성으로 진화

우리나라의 교육정책은 롤러코스터처럼 변화무쌍했다. 입시정책의 잦은 변화로 해마다 입시전략에 비상이 걸린다. 수험생의 적성은 무시한 채 일단은 대학에 붙고 보자는 식의 대응책이 결과적으로는 대학입학 후 전과나 휴학생의 증가를 유도하며, '반수반' 이라는 신조어가 입시학원마다 내걸리는 희한한 풍경을 연출시켰다. 대학에 입학한 상태에서 또다시 대학입시를 준비하는 학생들로 입시학원마다 넘쳐났다는 것은 결국 전공 선택에 실패했다는 것을 반증하는 것이다. 계열별 적성이나 직업 분야에 대한 고려가 없었기에 발생하는 현상이며 적성이 아닌 성적위주의 입시정책의 결과를 보여주는 것이기도 하다.

우리나라의 대학은 해방 직후 자율적으로 입학생을 선발하는 데서 시작하였다. 시험은 연합고사에서 본고사 →대학입학자격고사 →대학별 단독고사로 계속 바뀌었다. 이후에도 예비고사를 통과한 후 본고사를 치루는 "예비 고사제"가 도입, 대부분의 부모님 세대는 이러한 입시 제도를 경험한 것이다.

---

80) 김기승(2009), 『명리직업상담론』, 창해. pp. 329-331.

'수능'이라 불리는 현재의 '대학수학능력시험'이 1994년에 도입되었고 1999년부터 수리탐구 영역에서 과목을 선택할 수 있는 제도가 시행되다 2001년부터는 제2외국어 영역이 추가, 입시생들에게 더 큰 부담을 주고 있는 실정이다.

입시라는 큰 틀에서의 변화 외에 내부로 들어가면 시험과목의 변동이나 수리영역에서 '가'형과 '나'형으로 구분되는 등 세세한 교육정책의 변화로 입시현장에 근접해 있는 학교, 학원가, 학부모, 그리고 가장 중요한 입시생들에게까지 미치는 영향과 스트레스가 상상을 초월한다.

계열별로 쏟아내는 대학 재정지원 방안도 같은 양상을 보인다. 프라임(산업수요 연계 교육활성화 선도대학)[81] 사업을 강조하면 인문계열이 반발한다. 인문계열의 반발을 줄이기 위해 코어(인문학 진흥 종합방안)[82] 사업도 실시한다고 했지만 제대로 실시가 되지 않고 있다. 자고 일어나면 스타가 되었더라는 말이 아니라 입시제도가 또 바뀌었더라는 말처럼 매해 뒤바뀌는 입시제도는 멈추지 않고 있다. 이런 문제점과 그 병폐를 해결하기 위해 교육부 나름대로 계속 새로운 대안을 제시해왔고 계열을 좀 더 세분화시키고 전문화 시켜나간다. 사실 계열별로 구분되는 것 같아도 실제로 중복되는 부분이 많아 입시전문가들조차도 진학지도에 어려움을 호소하고 있는 실정이다.

얼마 전만 해도 계열은 문과, 이과, 예체능의 단 3가지로 간단히 분류를 했었다. 사

---

81) 프라임 사업(산업연계 교육활성화 선도대학사업) : 대학의 구조조정을 지원하는 사업이다. 정식 명칭은 '산업연계 교육활성화 선도대학 사업'으로 줄여서 프라임 사업이라 한다. 프라임(PRIME)은 'PRogram for Industrial needs – Matched Education'의 약자다. 교육부에서 주관하는 사업으로 대학의 구조조정을 지원하는 사업이다. 정식 명칭은 '산업연계 교육활성화 선도대학 사업'으로 줄여서 프라임 사업이라 한다.

82) 대학 인문역량 강화사업(CORE, initiative for COllege of humanities' Research and Education)은 인문학 진흥을 위한 정부 지원 정책이다. 2015년 12월 교육부가 수립해 발표한 '대학 인문역량강화사업 기본계획'에 해당한다. 줄여서 '코어(CORE) 사업'이라고도 부른다. 기초학문으로서의 인문학 역량 강화가 대학 인문역량 강화 사업의 목적이다. 대학 학과가 사회수요 중심으로 개편하면서 인문학 관련 교육이나 연구 등이 대폭 축소되고 있기 때문이다. 일부 대학에서는 취업과 관련이 적다는 이유로 학과 통합이나 과목 축소 등 대규모 구조조정이 일어나기도 했다.

회가 복잡하게 발달하고 직업분야가 다양해지면서 단순한 분류가 아닌 보다 전문성이 요구되면서 계열 분류 역시 7가지로 나누게 된다. 문과계열은 인문, 사회, 교육으로 세분화시켰고, 이과계열은 공학, 의학, 자연계열로, 마지막 예체능은 변함이 없다. 처음 이 제도가 발표되었을 때 선천적성검사를 상담하면 학부와 학생들이 헷갈려 했다.

적성검사 역시 교육정책 변화에 맞춰 검사방법에 변화가 필요했다. 앞으로도 교육정책이 끊임없이 변하겠지만 현재 시행되고 있는 정책에 따라 진로상담도 학과계열과 진학대학가능성 등으로 변해야만 했다.

문제는 공학, 의학, 자연 계열과 예체능 계열 적성이 비슷하게 나오는 경우 과연 어느 쪽을 선택해야 할지 고민이라는 것이다. 이미 자신의 진로를 결정, 계열은 물론, 전공학과까지 결정하고서도 입시가 끝날 때까지 갈팡질팡하는 것도 결국은 자신의 진로결정에 대한 확신이 없기 때문이다.

그래서 더욱더 세밀한 적성검사가 필요해졌다. 선천적성검사를 통해 보다 적합한 전공 계열과 그에 따른 계열별 특징과 성격, 전공계열 선택 시 필요한 자신의 적성과 흥미분야 등의 진로까지 조언을 받길 원하는 것이다. 특히 선천적성검사 AAT는 전공 후 전문가로서의 교육자 적합도, 창의력 발산과 자신의 선택에 대한 확신과 추진력 등을 바탕으로 몰입하는 능력까지도 안내해주므로 이를 적절히 활용한다면 최상의 진로선택을 할 수 있는 것이다.

2) 계열별 특징과 사례

선천적성진로상담사 매뉴얼 교재와 명리직업상담론 등을 참고로 다시 한 번 정리해 보면 다음과 같다.

(1) 인문계열

① 십성구조 : 인성과 식상의 역할

인문계열의 특징은 남다른 언어감각으로 정치, 경제, 문화, 사회 등 인간 활동에서 비롯된 모든 분야의 발자취를 연구대상으로 한다. 인문학은 인간과 사회를 연구하며 철학적 성찰, 사회의 구조에 관한 탐구 등 인간의 본질적인 문제에 관심을 갖고 올바른 사회건설이 목적이다. 인문학 계열의 중심은 철학과 역사학이며, 자연과학이나 사회과학의 연구 분야와 겹치기도 한다. 그것은 철학과 역사학이 기타 학문들의 기본이 되기 때문이기도 하다.

쉽게 말해 글쓰기나 가르치기, 듣고 이해하는 쪽에 재능이 있거나 평소에 국어나 역사, 사회와 인류에 관심이 있으면서 언어능력이나 의사소통 능력이 탁월하다면 인문계열이 적성에 맞는다는 것이다. 여기에 해당하는 학과를 살펴보면 다음과 같다.

교육학과, 국어국문학과, 영어영문학과, 심리학과, 역사학과, 철학과, 문화인류학과, 종교학과, 사학과 등이다. 인문계열 전공자들은 대학원에 진학하여 학문에 대한 연구를 계속하여 대학교수나 연구원이 되는 경우가 많다. 또한 교육기관이나 학자, 저널리스트나 정치계, 언론계, 문화계 등 폭 넓게 여러 분야로 진출한다.

② 인문계열 사례분석

유아교육학과전공	壬水일간이 辰月생으로 시간으로 비견을 투간, 비견격이다. 지지에서 申金과 寅木의 인비식 구조를 형성, 유아교육학을 전공했다. 현재 유치원을 운영하고 있다. 투간한 戊土는 일간에게 사회적 지위를 가져다주지만 칠살로 세력이 강해 업무가 많다.
時 日 月 年 壬 壬 丙 戊 寅 戌 辰 申	

영어영문학과전공	월지 亥중의 甲木이 투간, 관인상생구조로 교육자스타일이다. 이 사주 구조는 지식을 활용하는 직업이 잘 어울린다. 水生木 → 木生火 → 火生土로 기의 흐름이 좋으며, 甲木의 편인은 외국어에 능숙하다. 己土 상관은 언어표현력을 부여하므로 현재 유능한 영어강사로 근무 중이다.
時 日 月 年 己 丙 乙 甲 亥 子 亥 寅	

언론사장 및 칼럼니스트	3지지가 申金으로 편인국이 태강한 문학가 스타일이다. 글 쓰거나 편집기능이 강해 직업 역시 언론 쪽으로 신문사를 운영 중이다. 편인은 팔색조로 상황대처능력과 융통성이 탁월하며 내면의 상관으로 비판적이고 예리하다.
時 日 月 年 辛 壬 庚 戊 丑 申 申 申	

(2) 사회계열

① 십성구조 : 인성과 식상의 역할

논리적인 사고가 강하면 사회계열이 적성이며 인간에 대한 특별한 탐구심과 인간이 구성하고 있는 사회 현실에 대한 파악이 필요하다. 다양하고 복잡한 현 사회에서 발생하는 사회 현상을 이해하고 이러한 사회 현상에 내재된 규칙성을 찾아 분석적인 사고를 바탕으로 문제점을 판단하고 해결책을 모색한다.

상경계열은 경영학과 경제학 관련 학과들로 세계화, 정보화 시대의 험난한 경쟁 속에서 전문지식을 갖춘 경제인, 기업인이나 경영인을 양성하는 데 그 목적이 있다.

법정계열은 법과 관련, 인간 생활에서 눈에 보이는 법은 물론 보이지 않는 법을 만들고 집행하며, 우리 사회를 정의롭게 만드는 것이 목적이다. 그래서 정치 관련 학과는 법률뿐만 아니라 경제, 교육, 문화, 예술 등 다양한 학문을 함께 연계해야 하는 종합적인 학문이라 하겠다.

이 외에도 사회계열에는 상경계열, 사회과학계열 등 여러 분야로 나누어 전문인을 양성해내기 위한 수고를 아끼지 않는 것이다.

사회 계열은 정치인, 경제인, 고위 관료나 법률가, 언론인 등 사회를 구성하는 핵심 대다수가 많다. 사회에서 그 쓰임이 유용한 실용지식들이 많아 활용한 분야가 넓다 하겠다. 졸업 후에는 공무원, 언론계, 공익단체, 사회단체, 기업체, 교육계, 연구기관 등 정말 다양한 분야로 취업을 하며 이 사회를 이끌어간다.

② 사회계열 사례분석

행정학과	辛金일간이 巳月생으로 시간으로 庚金을 투간, 겁재격이다. 월지 정관격에서 겁재가 투간, 사회를 바라보는 시각은 겁재의 성향을 보인다. 통솔력이 좋아 조직과 단체를 관리하는 업무에서 자신의 능력을 발휘하고 있다. 현재 시청에 근무, 상사를 보좌하며 시 행정 업무를 원활하게 완수하고 있다.
時 日 月 年 庚 辛 癸 辛 寅 亥 巳 亥	

법학과 전공	월지 午火가 지지에서 寅午합으로 형성, 정관의 기운이 매우 강하다. 법을 수행하되 누군가의 지시보다 스스로 결정하고 현실적으로 수익성이 높은 변호사로 진로목표를 설정하고 노력하고 있다. 강한 재성의 영향으로 현실적이다.
時 日 月 年 戊 庚 壬 乙 寅 寅 午 亥	

국제변호사	丁火일간이 실령 했으나 일지에 겁재 뿌리를 가지고 비겁의
時 日 月 年 丙 丁 丙 己 午 巳 子 巳	세력으로 신강하다. 자기 의지가 매우 강해 목표를 향해 무조건 돌진하므로 경쟁사회에서 더욱더 빛을 발한다. 사주 내 인수와 재가 없음에도 己土의 설기가 좋아 열정과 몰입으로 성공한 사주이다.

(3) 교육계열

① 십성구조 : 정인의 역할

지식을 탐구하길 즐기고 가르치는 것을 좋아한다면 교육계열이 적합하다. 타인을 배려하고 인내력이 강한 소유자들이 관심을 많이 보이는 계열로 특히 교육관련 전문가를 양성하는 것이 목적이다.

각 나라마다 지향하는 교육목표(敎育目標)가 있고 목적을 달성하기 위해 국민이라는 인재들이 필요하다. 이처럼 국가에 필요한 인재를 양성하고 그 인재들은 전문적인 지식을 바탕으로 대부분의 국민들을 교육하게 된다. 교육에 관한 여러 이론에 따라 과목별 전문교사를 양성하는 전문학교와 교육학과를 통해 교사들은 그 자질을 갖추고 기초지식은 물론, 전문지식들도 학생들에서 전수하며 지도한다.

교육계열은 인문계나 자연계, 예체능계의 경계를 두지 않는다. 국어, 사회, 영어, 윤리 등의 인문계 과목을 전공하거나 과학, 수학, 공업 등 자연계 과목을 지도하는 교사가 되기도 한다. 또한 음악, 미술, 체육 등 예체능 과목의 교사가 되어 지식 전달에 앞장서게 된다. 대부분 임용고시를 통해 발령을 받아 교육자의 길을 가지만 그 외에도 직업훈련교사, 보육교사, 특수교사 등 특수전문교사가 되거나 학원 강사로 학생들을 지도하는 길을 간다.

② 교육계열 사례분석

교육대 교수역임	
時 日 月 年 己 壬 甲 甲 酉 子 戌 午	壬水일간이 인비식구조를 갖추고 있으며 월지에서 투간한 정관을 시상으로 내세우고 있다. 연간과 월간은 연구지능으로 이타심과 이해력, 배려심과 가장 중요한 양육과 교육의 성향을 가장 많이 보여준다. 여기에 시지의 사고지능 역시 교육계열이 천성임을 보여준다.

고등학교 수학교사	
時 日 月 年 甲 癸 辛 丁 寅 卯 亥 未	癸水일간이 亥月에 甲木 상관이 투출한 인비식구조이다. 연간 丁火 편재는 亥卯未 木局의 생조를 받고 있다. 이는 평가지능으로 수학적 두뇌가 매우 발달, 현재 수학교사로 재직 중이다.

학습지 교사	
時 日 月 年 戊 辛 己 辛 戌 未 亥 丑	辛金일간이 亥水 상관월에 출생하여 戊己를, 지지로 丑戌未의 강한 인수를 구성, 매우 신강한 사주이다. 표현지능으로 신강해진 일간을 설기할 수 있는 구조라 다행이다. 사범대출신으로 공교육으로 나가지 못하고 현재 방문 학습지 교사로 근무하고 있다.

(4) 공학계열

① 십성구조 : 재성과 관성의 작용

평소 청소기나 냉장고 등 실생활에서 사용하는 기계나 부품, 조립이나 장비에 대한 호기심이 유달리 많을 때는 공학계열에 적성요인이 있다는 신호이다. 공학계열은 기초과학 연구의 결과들을 실제 생활에 적용시켜보고 우리가 실생활에서 유용하게 바로 사용할 수 있는 실용적인 학문을 공부한다.

공학계열 중 재료공학은 나머지 공학계열 학문들에 사용하는 기초 재료들의 특성을 연구하고 발전시키기 위한 새로운 재료 개발이 목적이다.

기계공학은 지하철, 자동차, 기차, 비행기 등 엔진이나 각종 발전기나 전기와 관련한 기계, 설계, 제작에 관한 기초 지식과 실용 지식을 배운다. 전기전자공학 분야는 반도체, 통신, 영상신호처리, 컴퓨터 등 전자 공학 분야 전반에 걸친 실용 지식을 공부한다.

건축토목공학 분야는 주택, 빌딩, 도로 등 건설 관련된 지식을 습득하는 계열로 공학계열은 실습이 병행되어 사회 여러 분야에서 꼭 필요한 인재들을 양성하고 있다.

특히 현대는 지구가 하나로 세계화되는 추세라 과학기술은 다른 분야로 점차 확대되고 첨단 기술 산업 분야에 필요한 대형 기계화의 수요가 늘어남에 따라 공학 계열의 전망은 매우 밝다고 본다.

② 공학계열 사례분석

기계공학과	庚金일간이 子月에 출생, 천간은 甲木과 壬癸으로 식상생재(食傷生財)구조를 형성하고 있다. 월간 재성이 子水의 생을 받아 그 쓰임이 좋다. 재성은 특히 수리계산능력이 좋아 공학계열전공에 유리하다. 학과적성이 매우 높아 자신의 적성을 잘 찾아간 구조라 하겠다.
時 日 月 年 壬 庚 甲 癸 午 午 子 酉	

지질공학박사	丙火일간이 亥月에 출생, 천간으로 정관을 띄워 초년부터 그 쓰임새가 좋다. 일간은 건실하고 지지로 관인이 강해 그 지배를 받는다. 관인상생구조로 승진과 학업에 대해 욕심이 강해 늦은 나이에 박사를 취득, 지질연구로 우리나라 국토와 관련 대공사에 기술자문을 하고 있다.
時 日 月 年 丙 丙 癸 癸 申 寅 亥 卯	

서울대공학박사	壬水일간이 실령, 실지로 신약사주이나 巳酉丑으로 金局을 형성, 선약후강의 구조이다. 지지의 삼합은 개인에게 나쁜 영향을 주는 것이 아니라 사회적 성정, 직업 등에 관여, 학문과 명예를 따라가는 삶을 살게 된다. 상관견관(傷官見官)구조로 머리가 비상하다.
時 日 月 年 戊 壬 己 乙 申 午 丑 巳	

(5) 자연계열

① 십성구조 : 재성과 관성의 작용

자연현상에 대한 남다른 탐구력을 바탕으로 과학자의 꿈을 가진 사람들이 지망하는 분야가 자연계열이다. 그렇기 때문에 수학, 물리학, 화학 과목을 좋아하고 논리적이면서 분석적인 사고를 가지고 연구에 임해야 결과를 얻을 수 있다.

한마디로 끈질긴 노력이 필요하다. 광대한 우주를, 자연을 연구한다는 것은 고도의 인내와 연구력이 필요하고 과학이 발전할수록 그 중요성이 더 커지는 계열이기 때문에 전망은 매우 좋다.

자연계열은 지식의 단순한 응용이 아니다. 진리의 발견과 법칙의 이해에 중점을 둔다. 수학이 필수과목이라 수학적 엄밀성과 논리성은 기초과학 연구에 많은 도움이 되므로 반드시 함께 해야 한다.

또한 현대는 생명공학이나 유전공학 등 생물학적 지식을 토대로 이루어지므로 일단 생물학을 함께 배우면서 자연현상과 각종 이론들을 충실히 학습해야 한다. 현대 사회에서 새롭게 대두되고 있는 나노공학과, 유전공학과, 우주과학과, 지구물리학과, 수학과, 통계학과 등이 여기에 해당된다. 자연현상 및 생활과 주변의 원리를 과학적으로 분석하여 합리적인 해결방안을 찾아내어 인류 복지에 기여하고자 하는 탐구정신이 강한 학생에게 적합한 계열이다.

② 자연계열 사례분석

유명한 수학강사	丙火일간이 지지로 酉丑金, 辰酉金, 천간은 辛金 정재로 둘러싸인 구조에 상관의 응용력을 갖춘 수학과 출신이다. 정재는 설계지능으로 수리영역이 탁월하다. 강남 모 유명학원에서 수학강사를 지냈고 현재도 학원가에서 학생들을 지도하고 있다.
時 日 月 年 己 丙 辛 辛 亥 辰 丑 酉	

유전공학박사	인수의 생을 받는 신왕한 사주에 식상사용, 인비식구조가 잘 짜여 있다. 지지에 있는 辰戌土가 인수를 공격하지 않아 패격이 성립되지 않는다. 대학에서 유전공학 박사학위 취득, 교수가 되었다. 이 사주는 강한 인수를 적절히 극하는 재성의 구조가 좋다.
時 日 月 年 丙 乙 壬 壬 戌 未 子 辰	

통계학과 재학	戊土일간이 辰月생으로 살인상생격(殺印相生格)이다. 행동지능의 빠른 판단력과 설계지능의 세밀하고 정교함을 갖추고 있으면서 수치계산에 있어 한 치의 오차도 용납하지 않는 꼼꼼한 성향이다. 현재 통계학과에 재학 중으로 학과 선택에 만족도가 매우 높다.
時 日 月 年 丁 戊 甲 丁 巳 子 辰 丑	

(6) 의학계열

① 십성구조 : 재성과 관성의 작용

인체에 대한 연구와 질병의 근본적인 예방법에 대한 탐구심이 강하다면 의학계열에 적합하다고 본다.

인간의 건강을 책임지는 것이 목표이며 질병의 진단과 치료에 필요한 기본 지식과 기술을 터득, 전문 의료인이 되어야 한다. 거기에는 치밀한 분석력과 추리력, 의학적 이론을 치료에 활용하는 응용력과 처방을 위한 임상적 판단력이 필요하며 체계적인 사고력이 밑바탕이 되어야 학문을 학습하고 연구하기 좋다.

의학계열은 인간의 생명과 건강을 다루기에 인간에 대한 깊은 애정과 사랑, 애민정신(愛民精神)이 필요하다. 생명을 소중히 여기고 희생하려는 마음자세가 중요하다.

약학계열은 약의 올바른 사용법이나 복용, 의약품의 제조와 관리에 필요한 전문 지식과 기술을 체계적으로 익히며 인체의 생리적인 작용에 대한 학술과 약의 화학적인 특성에 대한 심도 깊은 공부가 필요하다.

② 의학계열 사례분석

치과의사	癸水일간이 辰土에 출생, 월간으로 관성과 상관이 모두 투간, 상관견관(傷官見官)으로 머리가 비상하다. 일지의 巳火는 설계지능으로 정교함을, 甲寅은 표현지능으로 미와 섬세한 기술력을 부여, 특히 치아교정으로 유명한 치과의사로 개인병원을 운영 중이다.
時 日 月 年 甲 癸 戊 甲 寅 巳 辰 寅	

수의사	壬水일간이 酉月에 태어나 庚金을 투간. 관인상생(官印相生)을 이루었고, 월령 정인이라 고운 심성으로 동물들을 보살피는 수의사가 되었다. 일간도 관성도 강하니 신왕관왕(身旺官旺)구조를 형성하고 있다.
時 日 月 年 庚 壬 己 壬 戌 戌 酉 子	

암센터 간호사	己土일간이 戌月에 태어나 1차 겁재격이다. 지지에 단 한 점의 뿌리가 없는 甲木은 천간에서 甲己合으로, 지지는 火土로 구성되는 갑기합화토격(甲己合化土格)이다. 현재 간호사로 근무하며 공부를 계속, 현재 대학원에 재학 중으로 수간호사가 되기 위해 노력중이다.
時 日 月 年 己 己 甲 己 巳 巳 戌 巳	

(7) 예체능계열

① 십성구조 : 편인과 상관의 작용

현대는 모든 사회전반이나 생활에도 문화가 함께 한다. 사회가 복잡해질수록 발달될수록 대인관계를 할 수밖에 없는 현실에서도 인간은 고독함을 느낀다. 강한 외로움이나 고독을 문화생활을 통해 해소하고 스스로 삶을 더 풍요롭게 하려고 하는 경향이 확대되고 있다.

문화에 대한 관심이 커질수록 문화의 핵심인 예술 분야의 미래는 밝다.

예체능 계열은 보통 예술 계열과 체육계열로 나누며 여기서 예술계열은 재료에 따라 미술, 음악, 디자인, 사진 등 세분화 된다. 각 영역들은 공통적으로 자신의 생각과 느낌, 감정을 분출하며 창의력을 발산한다. 창작 욕구를 현실에서 실현하는 것이 목적이며 특히 예체능 계열은 타고난 재능이 있어야 한다. 또한 끈질긴 노력과 승부욕이 필요하고 오랜 시간 연습을 해야 하므로 신체 에너지가 강해야 한다. 기존의 틀에 박힌 규칙을 싫어하고 자유로운 영혼이 강하다면 예체능계열에 지원해도 된다.

화가, 공예가, 음악가, 조각가. 운동선수가 되는 경우도 있지만 영상산업분야로 진출하기도 한다. 영화 제작자, 드라마 PD, CF감독, 연극 연출가, 영화감독, 애니메이션 작가, 영상기사, 촬영기사, 무술감독, 운동처방사, 생활체육지도사, 헬스트레이너 등 다양한 직업을 가진다.

② 예체능계열 사례분석

미술대학교 교수 時 日 月 年 己 甲 丁 甲 巳 子 丑 辰	이 사주는 甲木일간이 丑土에 태어나 시상으로 투간한 己土로 인해 정재격이다. 재격은 식상을 용신으로 삼아 상관생재(傷官生財)를 이루고 있다. 丁火 상관의 설기가 좋아 미를 추구하는 예술가로 현재 대학교에서 미술학과 교수로 재직 중이다.
피아노조율사 時 日 月 年 丙 丙 丙 丁 申 寅 午 未	천간으로 一氣를 이루고 있는 丙火일간은 3지지에 통근, 자신의 신체에너지를 활용하는 직업적성을 갖고 있다. 다행히 강한 일간을 설기하는 未土 상관을 활용, 정교하고 섬세한 피아노를 조율하는 기사가 되었다.

헬스트레이너	丙火일간이 실령하였으나 일지 편인의 생을 받고 천간으로 乙木과 丙火를 형성, 헬스트레이너로 근무 중이다. 운동선수는 강한 비겁과 재성의 구조가 조건인데 이 사주는 비식재로 짜여져 未土의 표현지능을 적절히 활용, 여성들의 다이어트 전문 트레이너로 유명하다.
時 日 月 年 乙 丙 丙 辛 未 寅 申 未	

이와 같이 적성계열에 대해 정리를 하였다. 적성계열을 7가지로 분류한 상태에서 적선천적성평가는 다중몰입력과 창의력, 교육자적합도로 다시 한 번 참고할 수 있도록 한다.

<학과 계열별 적성 분포도와 다중몰입력, 창의력, 교육자적합도 분포도>

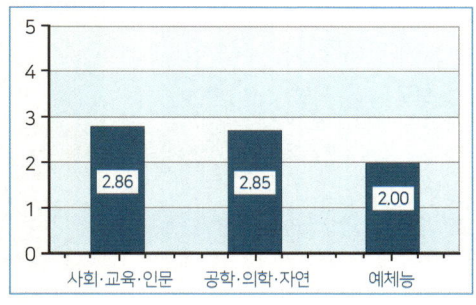
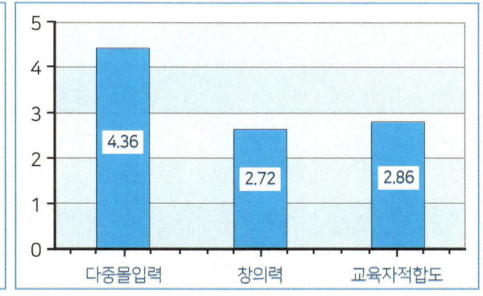

적성검사 의뢰 내담자에게 자신의 적성분포도에 대한 상담에서 직업탐색의 검사 결과에 따라 학과 선택을 할 수 있도록 충분한 설명과 함께 안내해 준다. 보다 세밀하게 '우선추천학과'도 함께 제공해 줌으로써 적성 검사자들의 선택에 도움이 되도록 하고 있다.

선천적성검사(AAT)에서 사회·인문계열은 명리의 정인과 식상의 공조를 살피고 교육계열은 정인의 활용성을 본다. 공학·의학·자연계열은 재성과 관성의 구조를 파악하며, 예체능계열은 편인과 상관, 체육계열은 비겁과 재성의 구조를 파악한 다음 학과계열 점수를 부여한다. 그 결과로 나온 점수를 바탕으로 판단하게 된다.

여기서 제공해주는 추천학과는 적합도를 살펴보는 것이지 개인의 능력에 대한 평가가 아니므로 학과와 직업, 직무유형과 업무수행기능 등 더 주의 깊게 살펴보고 신중하게 결정해야 한다.[83]

---

83) 김기승(2009), 『명리직업상담론』, 창해.pp. 210.

3. 선천직업체질유형

우리나라 국민의 기대수명이 경제협력개발기구(OECD) 회원국보다 높다는 보고가 있었다. 기대수명이 연장된다는 건 좋은 소식이겠으나 여기에는 '삶의 질'이라는 전제조건이 주어진다. 수명이 길어진다면 사회경제활동 역시 길어져야 하지만 현실은 그렇지 못하기에 기대수명의 연장은 오히려 어두운 미래로 다가온다.

사회적으로 고령자가 늘어나고 퇴직 후에도 제 2의 직업 활동을 해야 한다는 부담감은 정신적 스트레스로 우울증에 이르게까지 한다. 전문가들 역시 기대수명은 늘어나고 있는 반면 삶의 질은 하락하고 있다며 이런 현상은 갈수록 심해질 것이라고 지적하고 있다.[84]

이러한 사회 현상이 보고될 때마다 불안감 역시 올라가고 자신과 가족을 위해 수십 년을 일하고 편히 쉬어야 할 시기에도 또 다른 직업을 갖기 위한 시간과 노력을 기울여야 하는 것이 오늘날 우리 사회의 정년퇴직자나 명퇴자의 모습이다.

얼마 전 정년퇴직을 두 달 남겨둔 한 교수님이 자기에게 그동안 수고했다는 말은 해주지 않고 오히려 앞으로 뭘 하며 살 건지 걱정스런 말만 하고 있다며 푸념을 늘어놓았다. 그리고 직장생활 30년을 했는데도 아내조차 수고했다는 말을 해주지 않아 서글프다고 하셨다.

---

84) OECD 보건통계 2018 발표에서 한국 노인자살률 1위, 청년자살률 9위로 기대수명은 늘어나지만 청년과 노인에게는 어두운 미래를 암시한다는 보고서

그렇다. 우리는 30년이든 40년이든 직장인으로서 삶을 마감하는 이들에게 축하한다는 말이나 그동안 수고했다는 격려의 말을 하기보다는 앞으로 남은 생을 더 걱정하고 단절되는 경제활동 후의 모습을 미리 걱정해주는 것이 전부가 되고 있다. 이런 우려의 말 한마디보다는 새로운 직업을 선택할 수 있는 정보를 주는 것이 더 나은 격려가 되지 않을까 싶다.

일생동안 경제활동을 해왔지만 과연 자신에게 맞는 직업이었는지 생각해볼 겨를도 없이 세월을 보냈던 이들은 갑자기 또 다른 환경으로 내몰리게 된 경우라 직업체질유형검사가 정말 필요한 시점이라 본다. 누구는 매일 어디론가 출근하는 것이 마음 편한 사람이 있다. 누구는 똑같은 장소로 똑같은 일을 하러 가는 것이 지겨운 이도 있다. 어떤 이는 별다른 수완이 없는 듯해도 다른 이들보다 능률적인 분야가 있다. 또 다른 사람은 늘 자신이 하고 있는 일이 만족스럽지 못해 불만이 쌓여만 가는 경우도 있다.

이처럼 사람은 제각기 타고난 적성과 직업 체질이 있다. 이 점을 놓치면 행복한 현대의 경제인이 되지 못한다. 현재의 모든 직업적성검사에서 반드시 직업체질검사를 받을 필요가 여기에 있다.[85]

다시 말해 사회활동의 기간이 점점 길어지고 있다. 이 점을 놓치지 말고 대비, 각자 직업체질이 어디에 해당하는지를 살펴보며 파악해보는 노력을 해야 한다.

직업유형과 업무수행기능에 대해 명리직업상담론[86]에서 아주 자세히 다루고 있으므로 선천적성상담사 메뉴얼[87]과 함께 참고하고자 한다. 그리고 적절한 사주를 예로 하여 각 업무수행기능에 대해 다음과 같이 정리해보고자 한다.

---

85) 김기승(2010), 『놀라운 선천지능』, 창해. p. 58.

86) _____(2009), 『명리직업상담론』, 창해. pp. 310-325.

87) _____(2015), 『재능분석상담사 메뉴얼』, 한국선천적성평가원. pp. 71-79.

< 직업유형과 업무수행기능의 3가지 분류 >

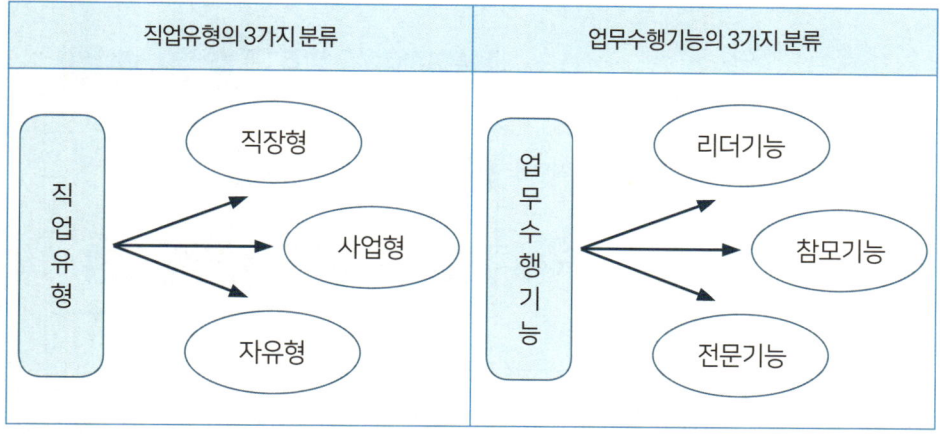

　타고난 직업체질을 알아보기 위한 검사는 직업유형검사와 업무수행기능검사로 크게 나누어진다. 직장형과 사업형, 그리고 자유형의 3가지 직업유형이 있고, 업무수행기능검사에는 리더기능, 참모기능과 전문기능의 3가지로 각 개인의 직업체질유형을 확인할 수 있다.

　직업유형은 객관적인 직업 환경으로 소속감이나 자립심, 개인의 전문성을 살펴보는 것이며 업무수행기능은 주관적인 직업 환경으로 타인을 통솔할 수 있는 능력인지 보좌 역할이 강한지 개인의 전문지식을 필요로 하는지를 알아보고 자기에게 맞는 유형을 고려, 선택에 참고하려는 것이다.

1) 직업유형검사의 직장형 사례

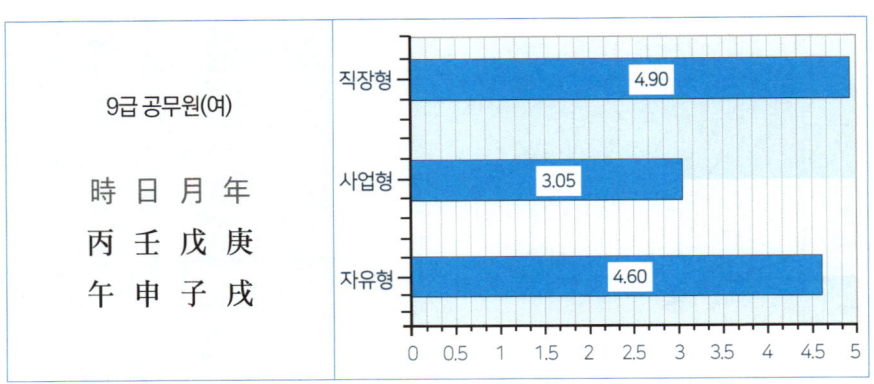

<선천적성검사(AAT) : 선천 직업체질 유형검사 결과>

위 사주는 壬水일간이 子月생으로 겁재격이다. 일지와 申子 水局이되어 비겁이 강하다. 천간으로 행동지능의 戊土와 인식지능의 庚金이 관인상생을 이루고 모두 지지에 통근하여 튼튼하다. 소신을 갖고 업무에 임하며 직장 내에서 상하관계는 물론이요 업무처리가 신속하여 상사의 신임을 받는 공무원으로 근무하고 있다.

직장형의 특징

직장형은 공공기관이나 기업체 등 조직과 단체 등에 소속되어 직무를 수행하는 직업유형이다. 자신에게 주어진 책임과 임무를 수행하며 규정된 일정대로 추진해 나가는 것을 선호한다. 조직에 속한 소속감과 상하조직 가운데 자신의 위치를 확보하는 것에 더 안정감을 느끼며 사주 구조상 관인상생(官印相生)의 구조가 매우 적합하다.

지능의 구성

조직을 중시하는 도덕지능(정관), 행동지능(편관)과 윗사람을 인정하는 인식지능(편인), 사고지능(정인)이 중심이 되므로 자아를 중심으로 에너지가 유입되는 코스.

2) 직업유형검사의 사업형 사례

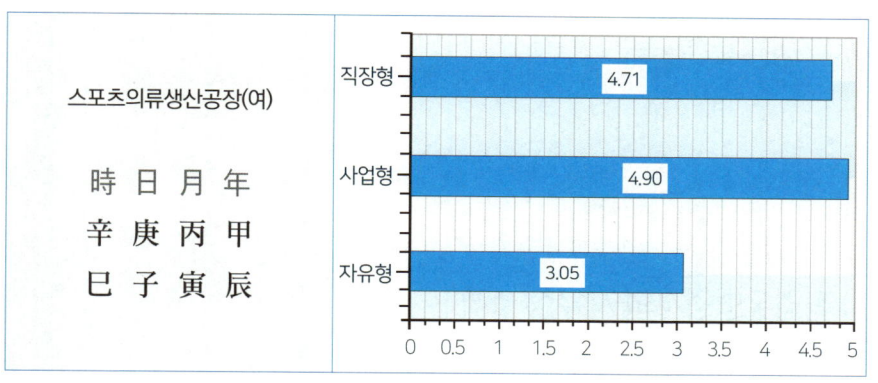

<선천적성검사(AAT) : 선천 직업체질 유형검사 결과>

위 사주는 庚金일간이 寅月생으로 편재격이다. 월지에서 甲木이 연간으로 투간했고, 연월지에 寅辰 재국을 이루었다. 일지 子水로 상관생재(傷官生財)가 되었다. 천간의 행동지능 丙火와 경쟁지능 辛金은 일간으로 하여금 활발한 사회적 활동을 할 수 있도록 지원한다.

사업형의 특징

사업형의 직업유형은 제조, 생산, 가공, 유통업 등의 자립적인 사업을 경영하는 직업유형으로 자율적이고 창의적으로 업무를 추진해나가는 것을 선호한다. 자신이 스스로 결정하고 활동한 만큼의 결과가 실제적인 금전적 이득이 되며, 자신의 활동영역이 넓어져 가는 것에 만족한다. 사주 구조상 식상생재(食傷生財)의 구조가 주를 이루는 경우에 매우 적합하다.

지능의 구성

창의적인 표현지능(상관)과 연구지능(식신), 결과지향적인 평가지능(편재), 설계지능(정재)이 생산력과 결과 지향적 사고방식으로 한 조건을 갖추고, 자아를 중심으로 강한 에너지가 유출되는 코스.

3) 직업유형검사의 자유형 사례

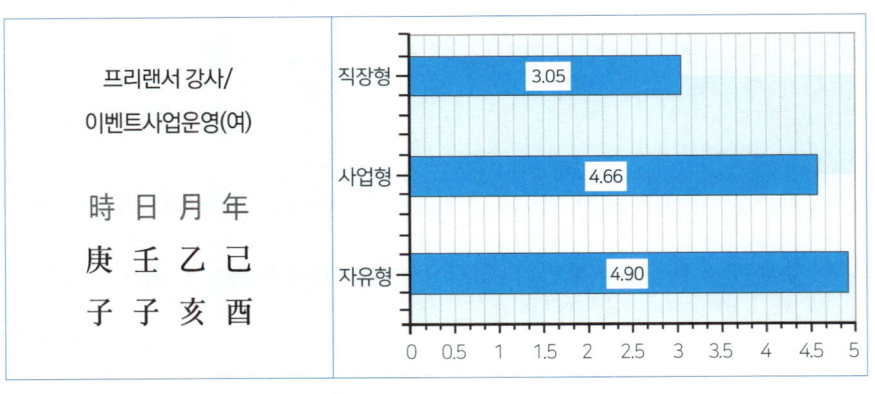

<선천적성검사(AAT) : 선천 직업체질 유형검사 결과>

위 사주는 壬水일간이 亥月생으로 비견격이다. 천간으로는 연간의 己土를 乙木상

관이 극하는 상관견관 구조이다. 이로 인해 조직생활의 부적응현상이 발생한다. 월일시가 자존과 경쟁지능으로 이루어져 자신의 의사를 중시하고 하고 싶은 것은 꼭 하고야 마는 성격이다. 현재 프리랜서 강사로 활동하면서 소규모의 이벤트 행사를 진행하는 업무를 동시에 하고 있다. 이는 자신의 적성에 잘 맞는 일이다.

자유형의 특징

전문직, 프리랜서, 강사, 중개 등의 개인의 전문성을 활용하는 직업유형인 자유형은 조직에 속하지 않거나 속하더라도 자유로운 업무 형태를 갖춘 곳에서 조직 활동에 개입하여 활동한다. 조직을 구성하여 활동할 수도 있으나 매우 개인적이고 소규모적인 활동을 하는 형태로 전문성이 강한 업무를 선호한다. 사주 구조상 관인상생(官印相生)과 식상생재(食傷生財)의 혼합형으로 두 가지 구조의 강단점이 조화를 이루고 있는 유형이다.

지능의 구성

창의적인 표현지능(상관)과 원칙을 중시하는 도덕지능(정관)의 대립은 결국 본인의 선택여하에 따라 결정이 되므로 결정권은 본인이 가진다. 인식지능(편인), 사고지능(정인)으로 자신만의 전문적인 능력을 살려 조직을 상대한다.

4. 선천 직업체질에 따른 업무수행기능

　중소기업들이 직원 해고통지서에 사유로 제시하는 내용 중 '업무능력의 현저한 부족'이라는 내용이 있다. 기업 입장에서는 처음 입사할 때 필요했던 자격증이나 경력은 개인이 서류상 기록한 것일 뿐 실제 업무현장에서는 업무수행능력을 볼 수밖에 없다. 그렇기 때문에 채용 후 해고사유에 이런 기록이 남게 되는 것이다.

　기업은 전문지식이 뛰어난 인재를 원하고 이윤이 목적이기에 경력을 조건으로 내세운 채용광고를 한다. 신입사원은 일에 익숙해질 때까지 많은 시간이 소요되고 또 익숙해질 때쯤 퇴사하는 경우도 잦아 기업 입장에서는 전문지식을 갖춘 인재를 뽑는 것이 더 효과적이라는 계산이 나올 수 있는 것이다. 기업이 채용하고 싶은 인재에 대한 조사결과를 보면 다음과 같다.

　　1위 – 전문지식이 뛰어난 인재 43.4%

　　2위 – 열정이 넘치는 인재 40.7%

　　3위 – 책임감이 투철한 인재 39.5%

　　4위 – 성실한 인재 35.2%

　　5위 – 높은 성과를 창출하는 인재 35.2%

　이처럼 대다수 기업의 경력사원 채용 희망으로 어쩌면 사회에 진출하려는 새내기들에게는 더 짐이 무거워질 수도 있다. 그러나 누구에게나 처음은 있는 것이다. 해당업무에 숙련된 경력자들처럼 업무수행이 쉽지는 않지만 이미 수행기능을 타고 났고 그 업무에서 일을 할 수 있다면 적응은 물론 능률면에서도 재능을 보여줄 것이다. 그렇기 때문에 적성검사를 통해 자신의 업무수행기능을 알고 참고할 필요가 있는 것이다.

그렇다면 업무수행기능검사란 무엇인가 살펴보자.

어떠한 위치에서 업무수행을 잘 하는지 분석하는 것으로 이러한 업무수행기능은 개인이 직접 현장실무를 진행하는 과정에서 겪는 주관적인 요인이다.

선천적성검사에서는 이러한 업무수행기능을 3가지 유형으로 나누어 정보를 제공하고 있다. 리더기능과 참모기능, 그리고 전문기능으로 분류, 개인에게 적합한 기능 정보를 제공해 줌으로써 업무 수행 시 능력을 발휘할 수 있는 직업을 선택할 수 있도록 돕는데 선천적성 직업유형과 업무수행기능을 정리하면 다음 그림과 같다.

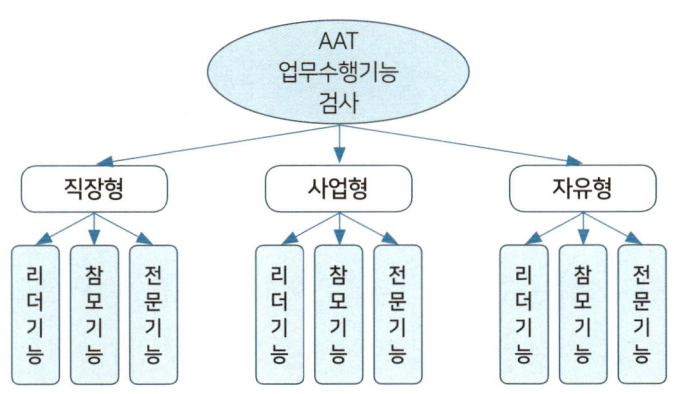

직업 활동을 해야 하는 개인에게 있어 선천적성 직업유형과 업무수행기능의 두 가지 요소가 잘 매칭이 되어야 능률적인 사회생활을 할 수 있다. 이 기능들이 어긋나면 똑같은 업무를 하더라도 개인이 스스로 만족스럽지 못하므로 행복지수가 낮아 직장

생활을 유지하기 힘들게 된다. 선천적성 직업유형과 업무수행기능의 조합이 각각 9가지로 분류되므로 자신에게 맞는 유형과 정보를 참고하기 바란다.

1) 업무수행기능의 리더기능 사례

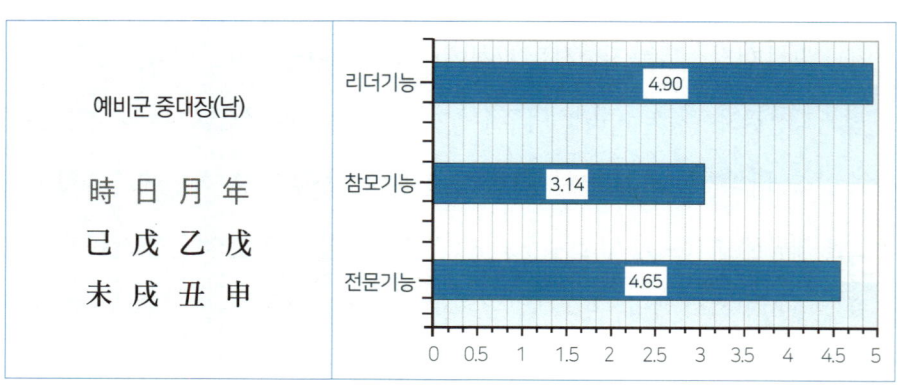

<선천적성검사(AAT) : 선천 직업체질 업무수행기능 검사 결과>

위 사주는 戊土일간이 丑月생으로 戊己土가 투간한 겁재격이다. 전체적으로 비겁으로 신강한 사주이다. 천간으로 투간한 비겁으로 인하여 자기주장이 매우 강하고 불의를 보면 참지 못하는 다혈질의 성격소유자이다. 직업군인에서 현재는 예비군 훈련을 책임지고 있다. 이는 자신의 적성에 잘 맞는 일이다.

리더기능의 특징

리더기능은 통솔력을 바탕으로 조직과 단체를 이끌며 관리하는 업무수행력이다. 다른 사람의 지시를 따르기보다는 스스로 결정하고 판단하며 전체의 향방을 이끌어가는 것을 선호한다. 재생관의 구조를 가지며 많은 사람들을 관리하고 명예와 권력을 추구한다. 리더기능의 활용은 직장형이나 사업형 모두 선호한다.

지능의 구성

결과지향적인 평가지능(편재), 설계지능(정재)과 조직을 우선하는 행동지능(편관), 도덕지능(정관)이 중심이 되는 지도자형 코스.

2) 업무수행기능의 참모기능 사례

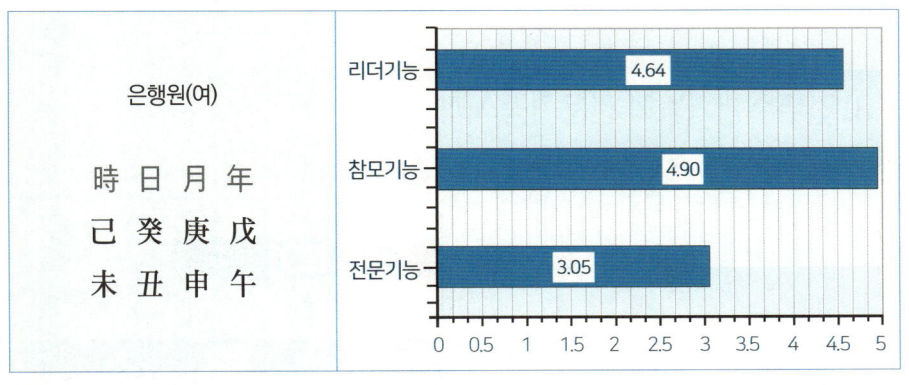

<선천적성검사(AAT) : 선천 직업체질 업무수행기능 검사 결과>

위 사주는 癸水일간이 申月생으로 庚金이 천간으로 투간한 정인격이다. 지지에 뿌리를 두고 천간으로 나온 戊己土관성으로 인해 관인상생구조를 갖추고 있다. 은행에 근무하는 팀장으로 상사를 잘 보필하고 부하직원을 리더하는 기능으로 상하 모두의 신임과 함께 업무 능력도 인정받아 승진도 빠른 은행원이다.

참모기능의 특징

참모기능은 사명감과 지력을 겸비한 설득과 화합의 조화기능으로 단체나 리더를 보좌하고 책임완수에 바탕을 둔 기획력이 뛰어나다. 주어진 과제를 해결해 나가는 문제해결력이 우수하고 공명심을 바탕으로 이타적인 행동을 통하여 자신의 위치를 더욱 확고히 하는 행동양식을 더 선호한다.

지능의 구성

사고지능(정인)과 행동지능(편관)은 사안에 대한 심사숙고를 거쳐 행동하므로 실수가 적고 가치판단능력이 탁월한 평가지능(편재)로 구성.

3) 업무수행기능의 전문기능 사례

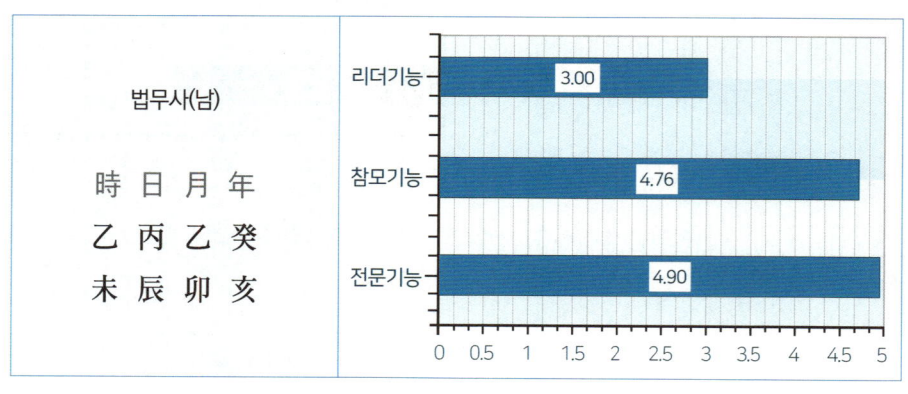

<선천적성검사(AAT) : 선천 직업체질 업무수행기능 검사 결과>

이 사주는 丙火일간이 卯월에 乙木이 투간한 정인격이다. 천간의 癸水정관으로 인

해 관인상생을 이루어 기득권을 가진다. 여기에 지지로 식상이 있어 인성과 식상의 유입과 유출이 잘 이루어지는 인비식구조로 공부를 잘했다고 한다. 대운도 좋아 명문 Y대 법대를 졸업하고 법무사시험에 합격하였다. 현재 전문지식을 활용하는 법무사로 활동하고 있다.

전문기능의 특징

전문기능은 지식을 바탕으로 개인의 기술력과 서비스를 활용하는 기능으로 프리랜서나 로비스트, 강사, 상담사, 예술가 등의 전문기능을 가진다. 스스로 독립된 조직력을 확보하고 전문지식을 활용하는 1인 기업의 개념과 같은 맥락의 활동을 선호한다. 자신의 고유한 능력과 영역을 인정받기를 추구하며, 시간적, 공간적 제약에서 벗어나 자유로운 개별적 활동을 선호한다.

지능의 구성

에너지 유입을 관장하는 인식(편인), 사고(정인)지능과 에너지 유출을 관장하는 표현(상관), 연구(식신)지능을 자신을 중심으로 직접 활용하는 기능.

5. 개별 직무적합도 검사

사회초년생에게는 '직무'라는 단어가 커다란 바윗돌처럼 가슴을 짓누를 것이다. 물론 대학생활 내내 스펙을 쌓기 위해 전공계열 분야에서 업무분야에 대한 사전지식을 쌓고 정보를 꾸준히 수집했다 하더라도 스트레스는 있는 것이다. 현장이 아닌 직무지식을 쌓기 위한 노력만으로는 완벽한 사회인으로서의 출발은 사실 어렵다.

직무에서 하는 일조차 제대로 이해하지 못한 경우라면 더욱더 능력발휘가 어렵기 때문에 시간과 노력이 필요하다. 그래서 사회진출을 노리는 취준생이라면 가장 먼저 가고자 하는 직무와 관련된 전문지식을 수집해야 한다.

먼저 직무란 무엇인지 개념부터 확실히 알아야 한다. 직무(職務)란 생산 활동에 종사하는 개별 종사자 한 사람에 의하여 정규적으로 수행되었거나 또는 수행되도록 설정, 교육, 훈련되는 일련의 업무 및 임무라 정의되며 직업분류의 가장 기본적인 개념이다.[88]

사전적 의미로는 '직책이나 직업상에서 책임을 지고 담당하여 맡은 사무'라는 것인데 여기에 대하여 전 세계적으로 약속된 표준은 아직까지 없지만 쉽게 설명하면 직업의 종류와 수준이 유사한 직위들의 집단으로 보면 된다. 이러한 집단이 되기 이전, 개인의 직무 상태를 알아보기 위한 것이 바로 적성검사에서 개별 직무 적

---

88) 인적자원관리용어사전

합도이다.

개별 직무 적합도(Individual Job-fit test)는 사회생활과 직업 직무를 수행하는 개인의 직무수행능력으로 자신의 사회적 활동과 업무적인 능률을 좌우하게 되므로 중요하다. 하나의 직무능력을 활용하는 이도 있지만 여러 개의 직무능력을 타고난 이들은 복합적인 업무를 담당하기도 한다.[89]

이러한 자신의 직무 능력을 파악한 후 업무에 종사한다면 보다 자신의 능력 발휘가 쉬워진다. 여기에 적은 노력과 시간으로 효과적인 업무를 수행할 수 있으니 효율성을 높여줄 수도 있다. 효율적인 업무수행이야말로 자신의 능력을 인정받는 가장 기본이 될 것이므로 개별적 직무 그래프를 살피고 그 결과에 따라 해석을 참고하여 활용해야 한다. 사회생활을 하는 현대인에게는 반드시 거쳐야 할 검사항목이라고 할 수 있다.

선천적성검사 AAT 에서는 이처럼 중요한 개별 직무 적합도를 4가지 분야로 분류하여 다음과 같이 맞춤식 적합도로 설명하고 있다.

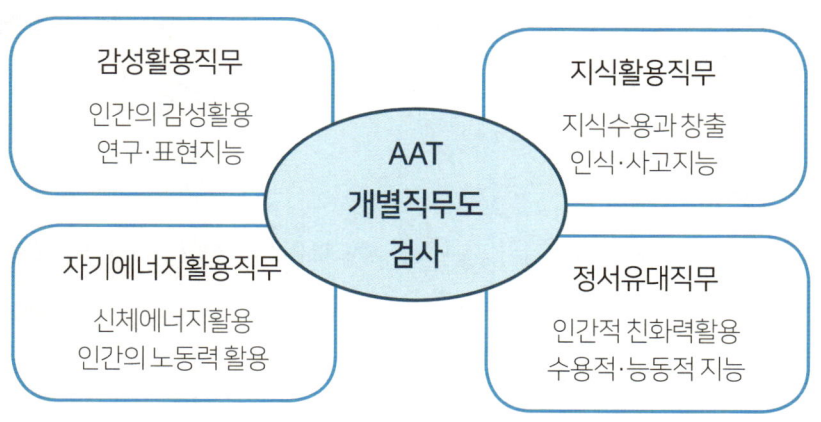

사주사례와 함께 개별 직무 적합도에 대해 살펴보면 다음과 같다.

---

89) 김기승(2015), 『재능분석상담사메뉴얼』, 한국선천적성평가원. pp. 87-88.

1) 감성 활용 직무 사주사례

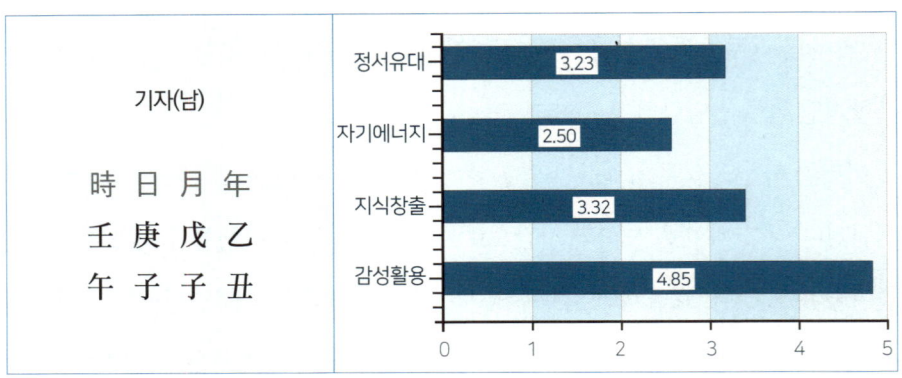

<선천적성검사(AAT) : 개별 직무도 검사 결과>

위 사주는 庚金일간이 子月생으로 천간으로 壬水를 투간시켜 식신격이다. 지지에서 子午沖의 상관견관과 戊土편인의 조합으로 설득력과 언어구사력이 특히 우수하다. 센스 있게 상대방의 마음이나 문제의 이면을 투시하는 능력이 탁월한 표현지능을 활용, 사람들의 감성을 건드리는 업무에서 우수한 능력을 발휘한다.

감성활용직무의 특징

미국의 혹실드(Arlie Russell Hoch-schild) 교수가 처음 언급한 개념[90]으로, 직업상 원래 감정을 숨기고 조직이 요구하는 바람직한 감정표현을 하려고 애쓰는 행위들이라는 것이다.[91]

---

90) 감정노동(emotional labour), 실제 자신이 느끼는 감정과는 무관하게 직무를 행해야 하는 감정적 노동을 감정노동이라 하며, 이러한 직종 종사자를 감정노동 종사자라 함.

91) 함혜수(2016), 「감정노동 종사자의 직무적합성 평가를 위한 사주명리학적 연구」, 국제뇌교육종합대학원대학교 박사학위논문. p. 6.

인간의 감정을 노동의 일부로 인식할 정도의 직업적 친절서비스 정신에 입각한 활동이 많으며 사람들과 대면하여 직접적인 감성교류를 통한 업무를 한다. 따라서 서비스업무나 영업, 강의 등 자신의 감성을 순화시켜 활용하기에 매우 적합하다.

지능의 구성
연구지능(식신), 표현지능(상관)을 활용한다.

2) 지식 활용 직무 사주사례

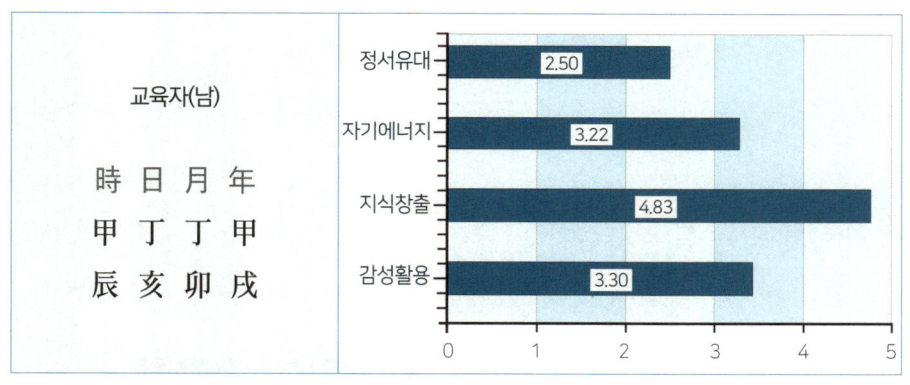

<선천적성검사(AAT) : 개별 직무도 검사 결과>

위 사주는 丁火일간이 卯月생으로 천간으로 甲木을 투간시켜 정인격이다. 월지 卯木의 인식지능과 甲木의 사고지능이 연간과 시간으로 위치함으로 학문의 수용력과 정서가 돋보인다. 보통 시간에 사고지능을 투간 시킬 경우 교육자가 많은데 이 사주역시 오랜 시간 교육계에서 후진양성에 힘써왔다

지식활용직무의 특징

지식이 팽창하는 시대에 새로운 지식을 창출한다는 것은 기존 지식정보의 수용과 새로운 생각의 발상이 뛰어나야 한다는 2가지 상반되는 개념이 공존한다. 십성에서는 인식·사고지능의 기능이 특히 탁월하다.

인식지능(편인)은 여러 정보를 인식, 이해력과 암기력이 우수하고, 사고지능(정인)은 학습을 수용하고 생각을 기록하거나 정리하는 지능으로 대표되며 학습적이고 인지능력과 항상성을 가지고 지식을 꾸준히 전달하는 능력이 뛰어나다. 이러한 지식 활용 직무는 학문적 이론을 먼저 정립하고 쌓인 지식을 활용하는 업무를 담당한다.

지능의 구성

지식수용력이 좋은 인식지능(편인)과 사고지능(정인)을 활용한다.

3) 신체 활용 직무 사주사례

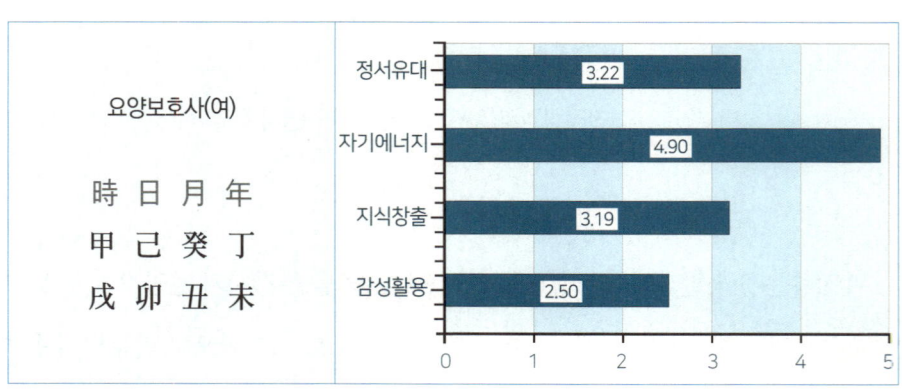

<선천적성검사(AAT) : 개별 직무도 검사 결과>

위 사주는 己土일간이 丑月생으로 월지 비견이다. 己土 일간은 연, 월, 시지에 통근하여 신왕하다. 신왕한 비겁이 재를 능멸하고 교만하지 않도록 甲木 정관 용신하여 중용을 이끌어내야 안정된 삶을 영위 할 수 있다. 또한 많은 신체적 활동은 일간의 정서를 고요하게 한다.

신체활용직무의 특징

수렵채취 시대의 인간의 노동력과 산업자본주의 시대의 인간의 생산력과는 다른 개념의 신체활동 직무가 새롭게 정립되고 있다. 이는 직접적인 활동을 포함하며 인간의 노동력 활용이라는 기본적 활동이 포함된다.

현대사회는 자신을 활용하는 시대이다. 따라서 신체 활용 직무 역시 직접적인 신체에너지 소모가 많은 역동적인 업무를 담당하게 된다. 자기 내부의 집중력이 강하고 적극적이며 주관적인 성향이 강하다. 따라서 타인의 지시보다는 자기 결정을 중시한다.

지능의 구성

자존지능(비견)과 경쟁지능(겁재)을 활용한다.

4) 정서 유대 직무 사주사례

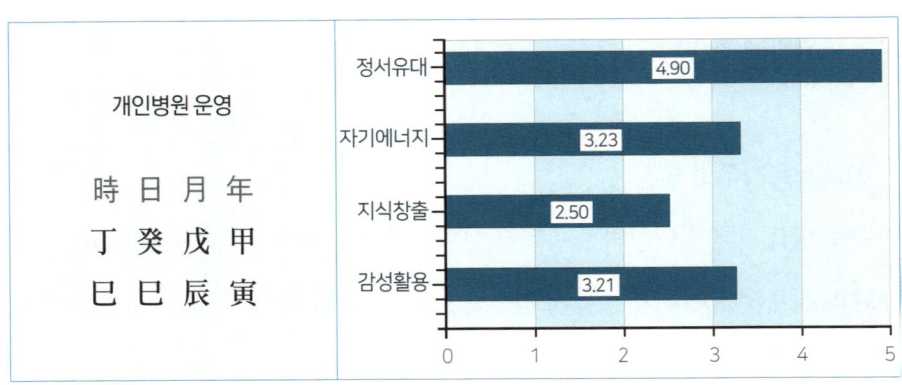

<선천적성검사(AAT) : 개별 직무도 검사 결과>

위 사주는 癸水일간이 辰月생으로 본기인 戊土가 투간한 정관격이다. 신약사주로 식재관의 세력을 따라가야 한다. 甲木의 표현지능은 섬세하면서 미적 감각이 탁월하다. 巳火설계지능에 뿌리를 둔 丁火평가지능은 사업가 기질로 병원운영을 효과적으로 한다.

정서유대직무의 특징

감정노동과는 다소 다른 개념으로 커뮤니케이션을 통하여 인간적 친화력을 활용하는 활동을 의미한다. 감정노동은 직업상 자신의 감정은 일체 억누르고 오직 고객을 위한 친절함으로 무장하는 서비스 종사자들이 해당하는 노동형태라 하겠다. 이와 매우 유사하지만 정서 유대 직무는 수용적인 지능과 능동적인 지능이 동시에 활용된다.

원칙적인 것을 수용하기 좋아하고, 질서와 체계를 가지고 과묵하면서도 고지식한 내면으로 사람들에게 믿음과 신용을 바탕으로 타인의 정서를 활용, 유대관계를 형성할 수 있는 것이다.

지능의 구성

연구지능(식신)과 도덕지능(정관), 평가(편재) 및 설계지능(정재)을 활용한다.

6. 성공가능성에 따른 직업 추천

1) 성공가능성

말에도 힘이 있다. 단순한 '성공'이란 단어 하나가 우리들의 심장을 뛰게 한다. 누구나 성공을 꿈꾸며 앞으로 달려간다. 누구는 성공하고 또 그 누구는 성공 앞에서 좌절을 맛보는 경우도 있다.

붓을 잡았다고 모두 화가가 되는 것은 아니다. 노래를 잘한다고 모두 가수가 될 수는 없다. 같은 흙이라도 그 흙을 빚는 이의 손길에 따라 도자기가 되기도 하고 옹기가 되기도 한다. 그만큼 성공은 실패를 외면하지 못하고 늘 성공하고자 하는 마음 뒤에 실패에 대한 두려움이 있으니 어쩌면 이러한 실패의 두려움이 더욱더 값진 성공을 안겨줄 수 있는 것인지도 모른다.

이러한 실패를 극복하고 성공하는 사람도 있고, 실패의 쓰라림을 전혀 맛보지 않고 성공가도를 달리는 이가 있다. 세상은 참 불공평하다. 좋아하는 일을 해야 성공할 수 있는 것은 알지만 좋아하는 일이 적성인지는 확실하지 않으니 이게 또 문제가 된다.

"우리나라의 고등학생들은 왜 공부할까?"라는 주제로 조사한 한국직업능력개발원의 보고서를 살펴보면 고등학생의 학습동기와 학습전략, 학업성과에서 10명 중 9명이 자신의 꿈과 미래의 목표를 이루기 위해, 성공한 삶을 위해 공부한다고 답하

였다.[92]

배우는 것 자체가 즐거워 공부한다는 학생은 거의 없지만 자기 과시 같이 내면적인 압박이나 처벌을 피하기 위해 공부하는 경우는 적지 않았다. 열심히 공부해서 성공한 삶을 원하고 성공을 위해 직업을 가져야 하는데 과연 어떤 직업을 가져야 성공할 가능성이 높은 것인지 자신의 성공가능성이 높은 직업군을 알 필요가 있는 것이다.

현재 우리나라에는 직업수가 12,145개이며 직업명 수는 15,936개로 이미 15,000개를 넘어서고 있다.[93] 앞으로도 더 많은 직업수와 직업명이 나올 것이며 우리가 알고 있는 직업들이 사라지는 현상이 반복되는 가운데 자기에게 맞는 직업을 꼭 집어내야 하는 선택권이 주어지는 것이니 고민이 아닐 수 없다.

그래서 사람들은 여러 직업군에 기웃거리게 되고 직업에 변화가 생긴다. 한 번 가진 직업을 천직이라 여기고 힘들어도 우직하게 밀고 가던 시대가 아니라 여러 직업군을 가지거나 경험하면서 자신에게 맞는 직업을 선택해야 하는 이들에게 적성검사는 꽉 막힌 속을 시원하게 뚫어주는 해결사인지도 모르겠다.

이러한 고민거리를 해결하기 위해 많은 연구를 하게 되는데 그중 이문정은 개인의 적성을 판별해주는 선천적성검사 AAT와 Sternberg의 성공지능 이론[94]을 도입, 성인 354명과 초등학생 117명을 대상으로 연구를 하였다. 선천지능 검사 결과를 비교하여 초등학생도 성인과 동일하게 각 지능들이 성공에 필요한 철저한 자기관리가 주어진다면 그 효과에서 유의미한 관계가 있음을 밝히고 있다. 성공지능은 진로발달단계에 적합한 선천지능이 활용을 돕는 하드웨어적인 역할을 하며 선천지능은 진로발

---

92) 한국직업능력개발원(2018. 8.20), 'KRIVET Issue Brief' 제153호 '우리나라 고등학생의 학습동기와 학습전략, 학업성과'를 발표하였다.

93) 한국고용정보원(http://www.work.go.kr) 2017년 '한국직업사전으로 본 우리나라 직업 수의 변화' 자료.

94) 스턴버그(Sternberg.1894-1969), 삼원지능이론은 모든 사람들에게서 공통적으로 나타나는 사고과정을 설명하는 데 초점을 둔다. 즉, 지식이 습득되고 유지되고 문제해결을 위해 사용되는 과정에 초점을 두고 지능을 정의한다.

달단계에 유능한 선천지능이 학교생활이나 사회생활에서 필요한 성격강점을 개발해주므로 꾸준히 노력하고 목표를 달성하기 위한 끈기가 실제 생활에서 성공을 이끄는 주요 요인임을 확인하였다고 한다.[95]

성공하는 삶 뒤에는 성공을 뒷받침해주는 사회적 역할이 필요하고 그 역할은 바로 자신의 능력을 발휘할 수 있는 직업이 되므로 선천적성검사에서는 성공가능성이 높은 직업군을 1차, 2차, 3차로 분류, 제공하고 있다.[96]

노력할 시간에 여유가 있거나 자신의 적성을 빨리 찾아 시간 낭비를 하지 않고 직행으로 바로 가는 경우는 1차 성공 가능성이 높은 직업군을 추천하며 그렇지 못한 경우 차등을 두고 2차, 3차 추천 직업군으로 나누어 준다.

그래서 조기에 적성검사를 한다면 부채꼴 모양으로 넓고 많은 종류의 직업군 추천이 가능한 것이다. 그러다 학년이 올라갈수록 부채꼴의 모양이 좁아지기 시작하면서 고3 입시생이 되면 부채는 일자로 접히고 진로선택의 폭이 극히 좁아진다. 그래서 이때는 어쩔 수 없이 적성과 상관없이 성적을 볼 수밖에 없다. 그래서 성적에 맞추어 가다 보니 자기에게 맞지 않는 옷을 입게 되고 결국은 직업군 역시 성공과는 거리가 먼 쪽으로 갈 수도 있다.

이러한 점들을 감안하고 다음 사례를 통해 1, 2, 3차 성공가능 추천직업군의 특징을 인지하고 올바른 선택을 하는 데 참고해야 한다.

---

95) 이문정(2014), 「초등학생 성공지능 개발을 위한 성격강점과 선천지능의 관계 연구」, 국제뇌교육종합대학원대학교 박사학위논문.
96) 김기승(2015), 『재능분석상담사매뉴얼』, 한국선천적성평가원, p. 85.

2) 추천 직업군

• 선천직업코드 검사 결과 1차 성공가능 추천 직업군이다.

초등학교(남)	1차 성공가능 추천 직업군
時 日 月 年 丙 壬 辛 戊 午 申 酉 子	일반직 공무원, 교육자, 공안직공무원, 정치인, 사서, 정치인, 심리상담사, 직업상담사, 노무사, 경찰공무원, 홍보광고전문가, 지구과학자, 임상병리사, 신문기자, 관광통역가이드, IT공학자.

위 사주는 초등학생으로 壬水일간의 월지 정인에서 득령, 천간으로 역시 辛金정인을 투간 시켜 정인격을 갖추고 있다. 정인격은 태어날 때 이미 기득권이 주어졌다. 좋은 환경에서 보살핌을 받으며 학문의 장을 열 수 있는 구조에서 교육자적인 기질과 학자적인 면모는 교육계에 적합하다.

• 선천직업코드 검사 결과 2차 성공가능 추천 직업군이다.

2차 성공가능 추천 직업군
일반사무원, 기상캐스터, 서점운영자, 보청기 전문가, 도서대여점, 출판편집자, 전통한정식업, 음향기사, 펜션 임대업, 환경기사, 문화해설가.

좋은 사주체를 가지고 태어났지만 주어지는 환경, 즉 가정이나 학교, 교우관계 등에서 좋은 영향을 받지 못하거나 적절한 교육을 받지 못한다면 1차 추천직업군의 길에서 멀어지고 직업군의 수준(quality)이 낮아질 수밖에 없다.

그렇지 않으면 좋은 조건과 환경이 주어졌어도 1차 직업군보다 2차 직업군에 있는 진로가 개인적으로 더 간절하게 원할 경우 2차나 3차 직업군으로 스스로 선택하는 경우도 있다. 2차 직업군을 수행하기 위해서는 정보와 지식체계를 정리 정돈하고 문서를 다루는 업무에 적합하므로 이 점을 참고로 한 선택이 필요하다.

- 선천직업코드 검사 결과 3차 성공가능 추천 직업군이다.

3차 성공가능 추천 직업군
행정서사, 의무기록원, 요양원운영, 실버사업, 학습지교사, 교육코디네이터, 정보처리사, 설문조사원, 언어치료사, 정보검색사, 한지공예가.

1차, 2차 직업군보다 사회적 인식이 훨씬 낮은 직업군이다. 공부할 시기에 가정환경으로 제대로 된 학습기회가 주어지지 않았거나 1, 2차 직업군보다 3차 직업군의 진로를 본인이 원하는 경우이며 이 같은 직업군을 선택할 때에는 그 직무를 수행하기 위해 지속적으로 배우고 정보를 얻기 위한 노력이 많이 필요하며 직접 신체에너지를 사용할 일이 많아진다.

영·유아나 초등학생처럼 적성을 파악하고 진로정보를 수집하며 학업성적을 보완할 시간적 여유가 충분한 경우에는 1차 성공직업군으로 진입할 가능성이 매우 높다. 그러나 만약 고2, 고3처럼 수능을 얼마 남기지 않고 적성검사를 할 경우 진로 선택에는 제한이 주어질 수밖에 없는 현실이라 적성검사는 시기가 매우 중요하게 작용한다.

PART 5

진로탄력성과 위험감수수준

1. 진로탄력성(career resilience)
2. 위험감수수준(risk-taking level)

1. 진로탄력성(career resilience)[97]

1) 탄력성 이론

각 개인에게는 주어진 상황에 따라 이를 극복하기 위한 대처능력이 있다. 이러한 대처능력이 얼마나 현명하고 유연하게 이루어지는가에 따라 그 결과는 다양하게 나타난다. 독특한 입시문화가 형성된 우리의 교육 분야에서는 매년 입시한파가 휩쓸고 지나간 자리에 깊은 한숨이 남는다. 아쉬움과 후회로 가슴이 먹먹해질 그때 누군가는 오뚝이처럼 다시 일어서기 위해 마음을 다잡고, 또 누군가는 일어설 의지를 상실한 채 무너진다. 이처럼 어떤 행위에 대한 결과로 인해 드러나는 인간의 심리적 반응 중에 탄력성(resilience) 이론이 있다.

탄력성(resilience)[98]이란 빈곤이나 가정불화, 정신 병력을 가진 부모 등의 위험요소에 노출된 아동을 대상으로 시작된 연구에서 나온 개념이다. 부정적으로 성장할 수밖에 없는 극심한 환경이 발달과 적응을 위협하는 위험요소임에도 불구하고 잘 적응

---

[97] 김기승(2014), 「대학생의 명리직업선천성과 진로탄력성, 진로결정수준의 구조적 관계」, 경기대학교 대학원 직업학과 박사학위논문.

[98] 에밀리 워너(Emily Werner, 1995), 하와이에서 아이들의 성장을 30년 이상 추적하며 역시 힘든 유년기를 보낸 예외적인 어린이들을 연구했다. 이 연구는 어려운 환경에서 자란 어린이 중 약 3분의 1이 유능하고 친절한 어른으로 자라났다는 것을 밝혔다.

하면서 성장하고 있는 개인에 대한 탄력성이 가정되었다.

탄력성을 자아탄력성(ego-resilience)이라고도 하는데 인지적, 정서적, 행동적 요소를 모두 포함하는 적응에 관련된 자원으로 볼 수 있다. 외적 스트레스와 내적 긴장에 대해 융통성 있고 효과적으로 대처하는 일반적인 능력으로 주어진 상황을 객관적으로 인지하며 개방적이고 긍정적인 생각과 감정으로 자신과 자신에게 발생된 문제를 해결하고 성장과 발달로 변화시킬 수 있는 성격적 특성이라 할 수 있다(장휘숙, 2001).

Block(1980)은 자아탄력성을 성격의 한 유형으로 규정하고 탄력성에 관해 정의하는 방식에 따라 두 가지로 연구하였다.

첫 번째, 요인-중심적(factor-focused) 연구로 탄력성을 시간에 걸쳐 변화하는 개인의 능력이나 기능으로 정의하고 탄력성의 발현을 돕거나 저해하는 보호요인과 위험요인을 확인하는 것이다.

두 번째, 인물 중심적(person-focused) 연구로 탄력성을 개인의 성격유형으로 정의하고, 탄력성을 지닌 아동과 그렇지 않은 개인의 차이를 검토하는 것이다.

한 사람의 사회적 능력은 자신의 내적 긴장과 갈등을 적절히 늦추고 해소하며 환경에서 오는 스트레스에 대처할 수 있는 적응능력에도 영향을 미칠 수 있다. 인간은 누구나 자신이 속한 사회 속에서 타인과의 상호작용을 통해 구성원으로서 사회에 잘 적응하고 조화와 균형을 이루며 살아가기 위해서는 적응능력이 있어야 한다(이은미, 2001). 이러한 적응 능력의 개념을 자아탄력성이라고 한다.

심리적인 자아탄력성은 첫째, 부정적인 감정의 경험으로부터 다시 되돌아 제자리로 돌아오는 것. 두 번째, 스트레스 상황에서의 변화되는 요구에 융통성 있게 적응하는 것으로 특징지을 수 있다. Block(1980)은 계속해서 변화하고 있는 환경과 당면한 상황에 여유롭게 적응, 상황이 요구하는 바와 취할 수 있는 행동가능성 간에 가장 최적이 무엇인가를 알아내는 분석력, 가능한 모든 방법을 동원해 해결하려는 융통성 있는 문제해결전략(인지적 측면 분 아니라 사회적, 개인적인 영역까지 포함)이라고 하였다.

종합적으로 자아탄력성은 '외적, 내적 긴장원인에 맞서 유연하고 풍부하게 적응할 수 있는 일반적 능력'이며, 환경이 요하는 특성들의 기능으로서 자아조절을 과소 통제하거나 과다 통제하는 방향으로 조절하는 개인의 역동적인 능력이라 할 수 있다(권지은, 2003). 즉, 자아탄력성이란 개인의 외부·내부 문제 환경에 대한 객관적인 통찰력과 상황 재구성능력, 다양한 문제해결전략으로 자신에게나 타인에게 여유롭고 유연하게 대처하는 적응능력으로 나타나는 개인의 성격이라고 정의할 수 있을 것이다.

2) 진로탄력성의 개념

현대사회의 발전 속도가 빨라질수록 인간들은 불확실해지는 미래에 대한 현명한 대처를 요구받는다. 명리학처럼 미래를 예측만 하는 것이 아니라 좀 더 이론을 체계화시킴으로써 탄력적인 진로가 이루어지도록 하자는 것이다.

진로탄력성이란 진로에서 단순한 적응 그 이상의 의미이며, 개인이 목표를 달성하는 과정에서 예기치 않게 발생하는 어려움으로 인한 불리한 상황에서 자신에 대한 확신으로 미래의 진로목표 성취를 위해 꾸준한 학습과 자기향상을 위한 노력을 지속하며, 적극적인 자신의 진로관리를 해나가는 능력(London, 1983; Rickwood, 2002)이다. 또한 진로스트레스와 진로장벽을 극복하는 핵심요소이며(London & Mone, 1987), 진로탄력성이 높은 개인은 불확실하고 좌절되는 상황에서도 자신의 목표 달성과 직업환경 적응과 성공을 추구하는 특성이 있다.

탄력성이 전반적인 개인의 생활 전반과 사회 정서적 상황에서 발생하는 것이라면, 진로탄력성은 개인이 진로 상황에서 겪는 여러 가지 위기와 역경을 잘 극복해내어 자신이 목표로 세운 진로목표를 달성하는 것으로 설명할 수 있을 것이다.

Dyer와 McGuinness(1996)는 진로탄력적인 사람은 진로장애물을 경험하거나 자신의 진로에서 부정적인 사건을 겪을 때, 보다 효과적으로 대처할 뿐만 아니라 더 강해지고 다른 상황들도 효과적으로 조절할 수 있게 된다고 하였다. 또한 진로탄력적인 사람은 어떤 상황에서도 자아의식과 평정심을 유지하며, 실직 상황에서도 자기 가치를 지키고, 정체감의 손상 없이 높은 자존감을 유지한다. 그에 따라 진로탄력적인 실업자는 곧 새로운 목표를 찾거나 일을 창출할 수 있다는 것이다. 결국 진로탄력성은 진로결정이나 직업선택의 장애가 있는 부정적 상황에도 불구하고 좋은 결과를 가능케 하는 능력이므로, 현대사회에서 중요하게 다루어져야 할 진로 변인이다.

Waterman 외(1994)는 진로탄력성의 특징을 제시하면서 지속적인 학습과 변화에 발맞추어 자신을 개선할 준비가 되어 있는 사람, 자신의 진로관리에 책임감을 갖는 사람, 마지막으로 중요하게 회사의 성공에 헌신하는 사람 등으로 진로탄력성을 설명하였다. 또한, Fourie와 Van Vurren(1998)은 변화하는 상황에 잘 적응하는 능력으로 진로탄력성을 정의내리고, 진로탄력적 개인은 직장과 조직의 변화를 환영하며 새로운 사람들과 함께 일하는 것을 선호하며, 자신감 있게 행동하고 진로관련 위기를 기꺼이 감수하려는 것을 특징으로 제시하였다(De Bruin & Lew, 2000).

현대사회에서 개인의 진로발달은 더 이상 선형적이며 예측 가능한 것으로 인식되지 않으며, 복잡하고 잦은 전환이 수반된다(Bimrse, Barnes & Houghes, 2008; LoPresti, 2009). 직업세계의 급속한 변화 속에서 불확실한 미래에 대한 결정 여부 자체보다는 모호함을 감수하고, 예측되지 않는 진로 위기 상황에 대처하기 위한 개인의 능력으로 진로탄력성의 중요성이 부각되고 있는 것이다(유현실, 2013).

3) 진로탄력성의 구성요소

London과 Noe(1997)는 진로탄력성의 구성요소를 자기효능감, 위험감수, 의존성 등 3가지로 제시하였다. 자기효능감은 자기존중감, 자율성, 적응성, 내적 통제, 욕구달성, 주도성, 창의성, 내적 작업기준, 발달지향성 등으로 보았다. 위험을 감수하려는 경향성, 실패에 대한 두려움, 안정에 대한 욕구, 불확실성과 모호성에 대한 인내 등을 위험감수요인으로 정의했다. 의존성 요인으로 진로의존성과 우월성 또는 동료 승인의 욕구, 자기 확신, 위험 감수, 협동하면서도 독립적인 행동 등을 포괄하였다.

Abu-Tineh(2011)의 연구에서는 진로탄력성의 하위요인으로 유연성, 목표지향성, 낙관성, 자존감, 혁신성을 포함하였다. Fourie와 Van Vuuren(1998)은 진로탄력성 측정방법으로서 그 하위요인으로 자기신념, 주관적 성공관, 자립성, 변화수용성 등을 제시하였고, De Bruin과 Lew(2000)는 자기신뢰, 변화수용성, 진로자립, 성공에 대한 윤리성 등으로 제시하였다.

Rickwood(2002)는 간접적으로 진로탄력적 행동에 대하여 제시하면서, 개인의 성향, 꿈, 목표를 탐색하고 행동하도록 내적 동기화하는 것, 구직기간 동안 취미생활로 행복감을 증진하도록 격려하는 것, 구직모임을 결성하고 연합자원을 찾는 타인과의 관계를 발달시키는 것, 진로계획과정에서 직면한 어려움을 극복하는 것 등을 진로탄력적 행동으로 규정하였다.

Sotomayor(2012)는 직업적 소진을 경험하기 쉬운 특수교사를 대상으로 진로탄력성 척도를 개발하면서, Rickwood(2002)의 이론에 근거하여 진로탄력성의 구성요소로서 주제수용, 자기인식, 전환, 관계성 등을 제시하였다. 그리고 Lew(2008)는 직접적인 진로탄력성의 구성요소를 강인성, 통제소재, 자기효능감, 미래지향성, 계획

능력, 자기지도, 변화대처 유형, 잠재력, 끈기, 학습된 지략, 희망과 낙관성 등으로, Liu(2003)는 변화에 대한 의지, 위험감수, 네트워크 형성, 성취에 대한 열망, 직장의 욕구와 목표에 대한 인지, 적응성, 자율성, 자기확신 등으로 제시하였다.

국내 연구에서는 박정아(2012)의 연구에서 진로탄력성과 동일한 개념으로 경력탄력성에 대해 내용타당성 검토를 실시하여 자기인식도, 위험감수성, 변화수용성, 네트워킹 활용성 등 4가지 구성요소를 제시한 바 있다.

김미경(2014)의 연구에서는 전문대학생의 진로탄력성 척도를 개발하면서, 선행연구에서 사용된 진로탄력성 구성요인과 전문대학생을 대상으로 한 설문조사를 통해 타당화 과정을 거쳐, 비교적 일반화된 측정항목을 다음과 같이 다섯 가지로 제시하였다.

첫째, 자기신뢰는 진로행동에 있어서 스스로 믿음을 의미한다.

둘째, 성취열망은 미래의 성공을 위한 의지와 노력을 의미한다.

셋째, 진로자립은 스스로 진로를 개척하기 위한 자기계발과 자질 획득 노력을 의미한다.

넷째, 변화대처는 상황과 환경에 대해 적응하여 유연하게 자신을 변화시키는 것을 의미한다.

다섯째, 관계활용은 주변사람을 활용하여 진로개발의 자원으로 이용하는 능력을 의미한다.

4) 진로탄력성에 관한 선행연구

임언(2004)이 2004년도 진로교육학회 학술대회에서 청년실업을 주제로 발표한 내용 중 진로탄력성 용어를 처음 사용하였다. 대학생의 진로동기(김보경, 2012), 대학생의 진로탄력성과 관련변인(이지혜, 2013), 대기업 사무직 근로자의 경력탄력성(박정아, 2012), 진로탄력성의 개념정립(유현실, 2013)에 관한 연구가 이어져 왔다. 김보경(2012)은 대학생의 진로동기를 측정하고자 London(1983)의 진로동기 척도의 진로탄력성 문항을 번안·사용하였는데, 진로탄력성은 개인이 자신의 진로목표를 달성하는 과정에서 예기치 않게 발생한 어려움으로 인한 불리한 상황에서 본래 자신이 세운 진로목표를 추구하려는 경향성으로 정의하고 있다. 이지혜(2013)는 대학생의 진로탄력성과 관련변인으로서 진로정체감과 진로성숙도와의 관계를 살펴보는 연구에서 김보경(2012)의 진로동기 도구 중 진로탄력성 문항을 부분 발췌하여 사용하여 진로탄력성에 대한 면밀한 개념적 고찰이 이루어지지 못한 한계가 있다. 박정아(2012)는 대기업 사무직 근로자의 경력탄력성 수준을 측정하기 위하여 선행연구 고찰을 통하여 경력탄력성 척도를 개발하였다. 경력탄력성 도구는 국내에서 처음으로 진로탄력성 관련 도구로 개발되었다는 점에서 의의를 지닌다.

현재까지 개발된 진로탄력성 측정도구 중 가장 많은 지지를 받는 것은 Fourie와 Van Vuuren(1998)이 개발한 진로탄력성의 인지, 행동, 정서적 차원을 측정하는 진로탄력성 질문지(Career Resilience Questionaire: CRQ)이다(Lew, 2008).

김기승(2014)은 그의 논문[99]에서 명리직업선천성이 진로결정수준에 직접적인 영향을 미치지 않고, 진로탄력성에 직접적인 영향을 미치고 진로탄력성은 진로결정수

---

[99] 김기승(2014), 「대학생의 명리직업선천성과 진로탄력성, 진로결정수준의구조적 관계」, 경기대학교 박사학위논문

준에 직접적인 영향을 미친다고 하였다. 결국 명리직업선천성이 높을수록 진로탄력성의 수준이 높고 이는 다시 진로결정수준을 향상시키는 것으로 볼 수 있다.

참여자 각자 진로선택에서 자신의 자질을 탐색하여 진로선택을 구체화하는 과정은 개인별 선천지능에 따라 다른 형태를 보이고 있었다. 결국 참여자들은 진로결정 상황에서 자신의 내면에 집중하며 자신이 원하는 것을 직시하고 이를 진로선택에 반영하고 있었으며, 이 과정에서 진로에 대한 탄력적인 태도가 얼마나 긍정적이냐에 따라 보다 발전적인 진로행동을 보고 있었다.

선천지능과 직업 타입(type)에 따라 상이한 진로탄력적인 행동을 보이는 점은 결국 명리직업선천성과 진로탄력성의 상관성을 입증하는 결과라고 볼 수 있다.

5) 명리학과 진로탄력성

진로탄력성 이론과 명리학에서 진로탄력성을 매개로 연구한 김기승의 박사논문에서는 다음과 같이 10가지 지능과 공통점을 연결하고 있다.

진로탄력성	10가지 지능
진로자립	자존지능·경쟁지능
관계활용	연구지능·표현지능
성취열망	평가지능·설계지능
변화대처	행동지능·도덕지능
자기신뢰	인식지능·사고지능

진로자립, 관계활용, 성취열망, 변화대처, 자기신뢰의 진로탄력성이 가진 5개의

요소는 명리직업선천성의 직업체질을 주관하는 '목표지향', '활용가치', '흥미열정'에 다른 선천지능과 매우 유의미한 관계가 있음을 확인할 수 있었다. 따라서 진로탄력성은 앞으로 명리진로상담에 적극 활용해야 한다.

6) 진로탄력성의 사례

(1) 진로자립 사례

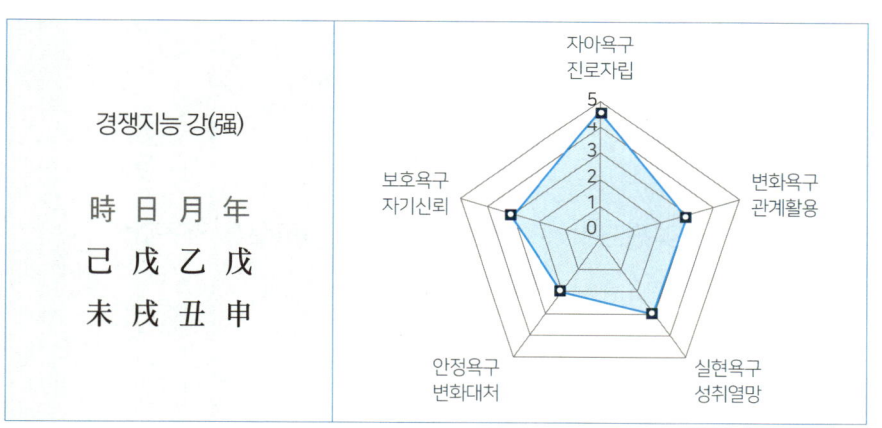

목표지향 : 경쟁지능 / 활용가치 : 도덕지능 / 흥미열정 : 자존지능

진로자립의 장점

경쟁지능이 강하면 끝까지 포기하지 않고 자신에게 주어진 업무에는 최선을 다해 완수하려는 강한 의지력을 갖고 스스로 하려고 한다. 어떤 일이든 직접 대면하여 실적을 올리려는 추진력이 강하다. 자기중심적 생각이 지나치게 강하여 남을 믿는 것이 아니라 자기 자신을 믿고 더 의지한다.

자기 내부의 집중이 강하고 주관적, 직선적, 의지적, 자기결정 중시, 몰입능력으로 대표된다.

(2) 관계활용 사례

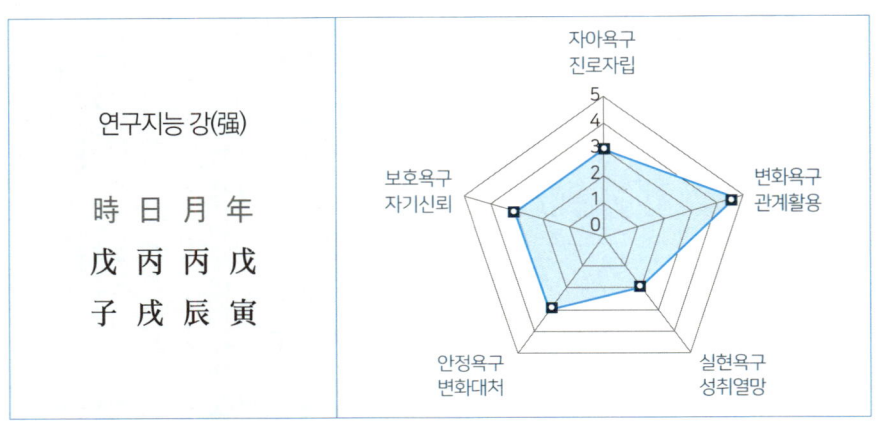

목표지향 : 연구지능 / 활용가치 : 인식지능 / 흥미열정 : 연구지능

관계활용의 장점

연구지능이 강하면 대인관계를 이끌어가는 요령과 상대방을 설득하고 이해시키는 능력이 우수하다. 솔직 담백한 성정에 감성도 풍부해 센스쟁이로 매너와 예의를 중시하며 유연성도 있다. 즉흥적이라 유머 감각 또한 뛰어나고 사교적이라 어디서든 분위기 메이커가 되기도 한다.

타인에 대한 배려와 연구능력, 창의적인 사고와 생산능력의 우수성은 대인관계와 연구의 전문기술을 활용하는 지능으로 이타적, 감성적, 이해력, 유동적, 협조적이며 미래지향적이다.

(3) 성취열망 사례

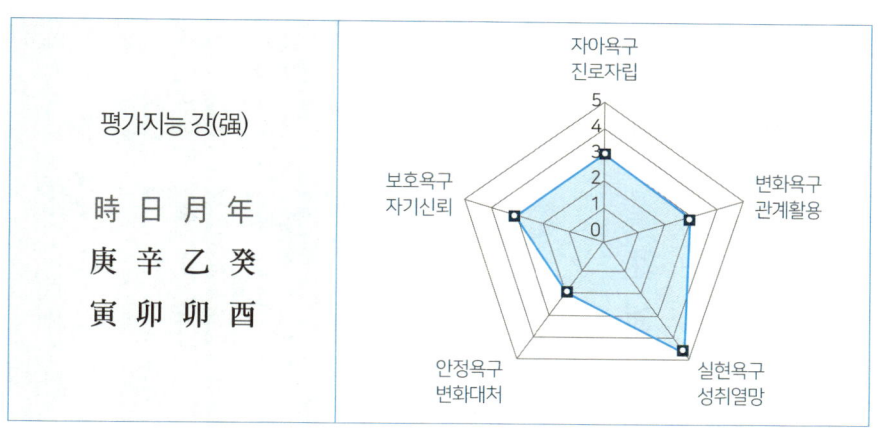

목표지향 : 평가지능 / 활용가치 : 자존지능 / 흥미열정 : 평가지능

성취열망의 장점

사주에서 평가지능이 강하면 가치판단력이 우수하여 결정력이 빠르고 정확하다. 수리력이 우수해 수량화된 정보 분석을 잘한다. 뛰어난 공간지각력은 물건배치와 위치 감각을 부여하고 정확한 타이밍을 요구하는 업무처리에 능숙하다.

평가지능은 사물의 가치를 평가하고 결과를 도출해내는 능력이다. 수리능력, 가치판단력, 유동적, 활동적, 공간지각으로 대표되며 선과 색채구분, 순간포착, 자율성, 결과를 중시하므로 현실적으로 결과를 도출해내는 성취열망이 강하게 나타난다.

(4) 변화대처 사례

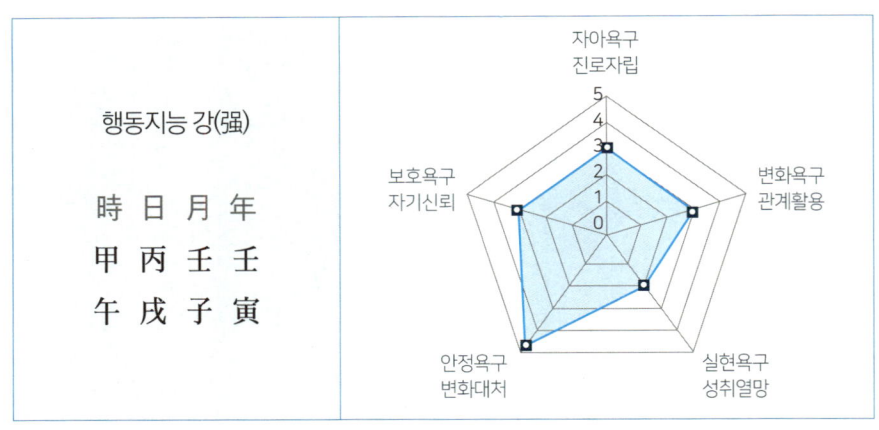

목표지향 : 행동지능 / 활용가치 : 인식지능 / 흥미열정 : 행동지능

변화대처의 장점

생각과 행동에 분명한 기준이 있고 절도 있는 삶을 추구하는 행동지능은 공익적 명분이 있어야 희생정신을 발휘하는 마인드를 가지고 있다. 강력한 흡인력과 결단력으로 공감대를 형성, 여론을 이끌거나 사람들을 끌고 가는 리더십이 강점이다.

과감하게 판단하고 결정하고 실행하는 지능으로 신속한 결정, 기억력, 판단력, 결과중시, 최고의 관리능력을 가지고 있다. 어떤 상황이 주어져도 환경에 빠르게 적응, 조직을 구성하거나 현실적으로 에너지를 활용한다.

(5) 자기신뢰 사례

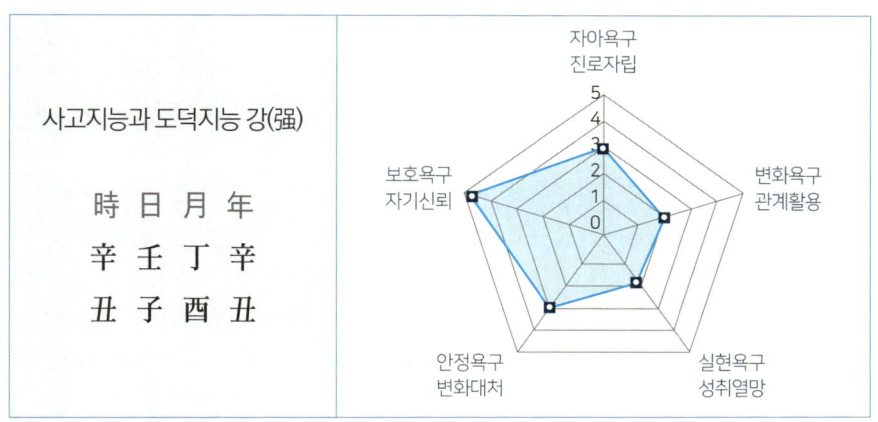

목표지향 : 사고지능 / 활용가치 : 도덕지능 / 흥미열정 : 사고지능

자기신뢰의 장점

사고지능과 도덕지능은 역사와 전통을 소중히 여기고 무엇이든 보존하고자 하는 정신이 강하다. 정리와 기록으로 자신의 주변이 정리 정돈되고 안정되기를 강하게 원하며 역사, 언어 등 방대한 데이터 정리에 적합하다. 교육자적인 기질로 봉사활동과 사회사업이 좋으며 학습의 수용과 생각을 기록, 정리하는 기능으로 기록능력, 암기력, 수용적, 학습적, 보수적, 내면성으로 안정성추구, 항상성, 전통성을 중시한다.

2. 위험감수수준(risk-taking level)[100]

1) 위험감수수준의 개념

의사결정시에 위험을 감수하려는 의지의 정도는 개인에 따라 다양하게 나타난다. 위험감수수준이란 중요한 의사결정을 할 때 기꺼이 위험을 감수하려고 하는 성향이 있는가의 수준 정도를 판단하는 개념으로 위험감수수준이 높은 사람은 불확실하고 위험이 내재되어 있지만 보상은 큰 대안을 선택하고, 위험감수수준이 낮은 사람은 보상이 비록 작더라도 확실하고 안정적인 대안을 선택하게 된다. 위험감수수준은 직업선택, 기업경영, 소비경향 등 다양한 면에서 활용되고 있는 용어이다.

어떤 주어진 상황에서 성공하기 더 어렵고 보상이 많은 안(案)과 성공하기 쉽고 보상이 적은 대안이 있을 시, 보상이 많은 안을 선택할 가능성이 높은 성향을 위험감수수준이라고 한다(Brockhaus, 1980).

---

100) 김기승(2009), 「대학생의명리직업선천성에 따른 진로자기효능감과 위험감수수준의 관계분석」, 경기대학교 대학원 직업학과 석사학위논문.

2) 위험감수수준의 측정방법

위험감수수준을 측정하는 데에는 여러 가지 다양한 방법이 있으나 전통적으로 많이 활용되는 것은 웰라치(Wallach, 1959)와 코간(Kogan, 1961)이 개발한 문제 상황 질문표(Choice Dilemmas Questionnaire; CDQ)이다. 이는 12가지의 일상생활에서 발생될 수 있는 상황을 설정하고 응답자에게 자신이 이와 같은 상황에 빠져있다면 어떻게 할 것인가를 물어 위험감수수준을 측정한다(김정훈, 2003).

위험감수수준에서 직업선택에 대한 성향은 객관적 기준과 주관적 기준으로 나누어 분석해 볼 수 있다. 객관적 기준에 의하면 직업선택을 하는 지원자들은 봉급이나 복리후생 같이 가장 경제적인 이익을 제공하는 조직을 선택하는 경향이 있으며 부가적으로 지원자들은 승진에 대한 전망이나 교육적 기회, 직장의 위치 같은 것들도 고려하는 존재이다(심지현, 2003). 이러한 각각의 아이템들은 그것이 개인에게 얼마나 중요성을 갖는가에 따라 가중치가 부여되며, 그 결과는 개인의 바람이 적절하게 배합된 형태가 된다(Behlingetal, 1968).

직업선택은 이와는 별개로 주관적인 기준에 의한, 즉 심리적인 요인도 작용한다고 보는 이론도 있다. 지원자들에게 자유로운 선택권이 주어질 때, 지원자의 탐색은 종종 심리적인 이점을 추구하려는 미세하게 가장된 형태를 띠게 된다. 지원자는 자신의 심리적 이점과 가장 융합할 수 있는 종류의 환경을 제시하는 회사나 직업을 탐색하게 된다(Gellerman, 1964).

직업선택을 위한 기준의 하나인 직업가치에 대한 연구의 한 결과에서 연구대상자들은 주로 '타인지향'을 하고 있어 외부의 평가에 민감한 특성을 보이고 있으며, 직업가치의 하위영역별 평균값으로 볼 때, 자신의 '생활방식'을 중요한 직업가치로 추구하고 있는 것으로 나타났다(이현주, 2004). 그러므로 직업선택의 한 기준으로 위험감수수준은 의미가 있다.

위험감수수준은 기업경영과도 관련지어 확인해 볼 수 있다. 즉, 불확실성이 존재하는 사업의 의사결정(decision-making)에 있어서 위험 선호적 의사결정을 도입하는 최고경영자의 경향을 의미한다. 즉, 급변하는 환경을 선호하거나 또는 모험적이고 도전적인 성향으로서 최고경영자의 중요한 심리적 특성 중의 하나이다.

행동과학자들은 위험감수수준을 불확실한 기업 환경 속에서 기업가들의 행동방향을 설정해주는 중요한 요인으로서 위험을 감수하려는 의지라고 정의하였다(구연희, 2006). 직업선택에 있어서의 위험감수수준도 이러한 맥락으로 이해할 수 있다. 또한 최고경영자의 위험감수수준은 기업문화에도 지대한 영향을 미친다고 보고하였다(최소영, 2005).

위험감수수준을 개인과 관련지어서 창의성과 도전정신이 필요한 직업분야에 있어서는 위험감수수준이 높은 사람이 적극적으로 개입되어야 한다는 결론이 유추되는 사항이다. 그렇다면 위험감수수준이 직업선택에 주는 구체적인 영향은 무엇일까?

크럼볼츠에 의하면 사람들이 진로를 결정하고, 직업을 탐색하며, 승진하는 방법은 사람들이 자기 자신과 일의 세계에 대한 믿음에 달려 있다. 그들의 신념들이 정확하고 구조적이라면 그들은 목표성취를 촉진할 것 같은 방법으로 행동할 것이다. 신념이 부정확하고 자멸적(self-defeating)이라면 사람들은 목표성취를 방해할지도 모르는 그러한 감각을 가진 방법으로 행동할 것이라고 제시하였다(김병숙, 2007).

직업인식과 관련지어 위험감수수준을 고려할 때 이는 직업선택에 있어서 중요한 변수로서 작용할 것임을 알 수 있다. 개인적 가치(value)들은 직업선택에 큰 영향을 미치는데, 정신적 면에 치중한 가치를 지닌 사람은 경제적 가치에 치중하는 사람과는 확연히 다른 진로를 선택하고 다르게 행동하는 것으로 나타난다(김병숙, 2007).

또한 크럼볼츠의 사회학습이론에 따르면 진로의사결정에 영향을 미치는 몇 가지

요소들이 있으며, 직업선택을 각 개인의 고유한 일생동안의 학습경험의 연속선상에서 본다(최석규, 2006).

3) 위험감수수준 선행 연구

직업을 선택하는 과정은 객관적으로 측정이 가능한 요소들에 대한 장점이나 단점의 각 제안에 대한 가중치에 기초한 것이다(심지현, 2003). 김미희(2002)의 '대학생의 진로계획과 진로신념에 대한 연구'에 의하면 우리나라 대학생의 진로계획 명확성 정도는 평균치 이하로 나타났다. 특히 우리나라 대학생들의 진로준비나 잠정적인 진로선택 및 결정에 대한 확신은 낮다고 하였다. 그러므로 명리직업선천성에 따른 직업유형과 위험감수수준에 대한 연구는 진로준비를 위한 좋은 정보로서의 가치가 있을 것이다.

위험감수수준과 관련된 구언회(2007)의 연구를 보면 개인의 심리적 특성, 즉 위험감수수준, 열의, 성취욕구, 내적 통제위치, 모호성의 수용들은 기업가 정신의 구성개념이라기보다는 선행변수로 작용한다고 하였다. 그러므로 위험감수수준은 직업선택이 이루어지기 전에 개인적으로 이미 형성된 기질이므로 명리직업선천성에 의한 분석이 의미가 있음을 시사해주는 내용이다. 타고난 체질과 성격이 저마다 존재하듯이 타고난 직업체질로 설명되는 명리직업선천성에 의한 정보분석이 필요함을 간접적으로 이해할 수 있는 연구이다.

직업유형 중 사업형과 위험감수수준과의 관계에 대한 연구는 다음과 같다. 최고경영자 특성이 기업성과에 미치는 영향에 관한 연구(정혜영, 2001)에 의하면 최고경영자의 위험감수수준과 기업의 성장성과 수익성에 대한 가설은 기각되었다. 그러므로 위험감수수준은 기업가나 도전적인 직업유형의 심리적 특성으로는 수용이 되지만 결과적인 면까지 고려되는 측면이 아니다. 이 외에 위험감수수준이 기업가의 행동에 영향을 준다는 호나데이와 어바우드(Hornaday & Aboud, 1971)의 연구와 성장을 추구하는 기업가는 위험감수수준이 높다라는 스미스와 마이너(Smith & Miner, 1984)의 연구가 발표되었다(정혜영, 2001).

직무수행에 있어서 위험감수수준과 같은 심리적 요인은 직무에 대한 몰입도를 높여 직업만족을 유도하는 중요한 요인이다. 직무몰입에 대한 개념으로 한국행정학회의 연구논문집에서 발견되는 공통적인 개념을 보면, 특정조직에서 맡은 직무에 대하여 한 개인이 열심히 일하는 정도로 규정짓고 있다. 이나윤(2005), 박연정(2007)의 연구에 의하면 전체 조직몰입에 대한 직무불안정성의 설명력보다 정서적 몰입에 대한 직무불안정성의 설명력이 더 크다고 하였다.

위험감수수준은 이론적 배경에서와 같이 기업가정신과 관련하여 주로 연구되었으며 직업유형, 진로자기효능감과 관련된 연구는 활발하지 않았다.

4) 직업 선택 위험감수수준 검사

위 검사는 AAT 선천적성검사에서 직업선택의 요인 중에서 환경적 요인에 대한 주관적 성향을 분석한 검사항목이다. 즉 안정추구 성향인지 변화추구 성향인지 혹은 예견된 환경에 대한 적응을 선호하는지 도전적이고 혁신적 환경을 선호하는지에 대해 그 정도를 분석하는 검사이다.

위험감수수준의 높고 낮음이 좋고 나쁜 것을 결정하는 것이 아니라 직업의 종류를 탐색하는 데 활용하는 것이다. 무엇보다 직무분석에서 적용되는 항목으로 다음과 같이 3단계로 나누어 설명할 수 있다.

(1) 위험감수 수준이 높은 경우

직무 : 내근직보다는 외근직 선호, 사무행정보다는 영업홍보 직무를 선호
금전 : 적은 급여보다 인센티브를 선호, 투자·투기를 함, 소비성향 강함
활동 : 매사 적극적이고 모험적임, 게임을 좋아함, 도전적이고 변화를 주도

(2) 위험감수 성향이 보통인 경우

직무 : 안정적인 면도 고려하지만 새로운 업무에 대한 도전도 가능
금전 : 인센티브를 원하지는 않아도 일한 적정한 대가를 원함, 소비성향 보통
활동 : 매사 균형과 안정이 적절히 이루어져 변화에 유동적 성향

(3) 위험감수 성향이 낮은 경우

직무 : 외근직보다는 내근직 선호, 영업홍보보다는 사무행정 직무를 선호
금전 : 인센티브보다는 급여를 선호, 투자투기에 소극적, 비소비적임
활동 : 매사 소극극적이고 안정적임, 독서를 좋아함, 변화에 보수적 성향

여기서 10가지 지능별 위험감수수준을 나누어보면 에너지 활용이 수동적이면서 보다 순수할수록 낮고, 에너지 활용이 능동적이면서 유연하고 융통성이 있는 지능이 위험감수수준이 좀 더 높게 나온다.

■ 위험감수수준이 상대적으로 낮은 지능

    자존지능의 운동가스타일

    연구지능의 연구가스타일

    설계지능의 설계가스타일

    도덕지능의 공직자스타일

    사고지능의 교육가스타일

■ 위험감수수준이 상대적으로 높은 지능

    경쟁지능의 모험가스타일

    표현지능의 발현가스타일

    평가지능의 사업가스타일

    행동지능의 정치가스타일

    인식지능의 문학가스타일

5) 위험감수수준 검사 사례

(1) 위험감수 수준이 높은 사례

時 日 月 年 乙 丁 戊 丙 巳 卯 戌 申 - 상관 강 - 겁재 투출	時 日 月 年 丙 戊 丙 丙 辰 寅 申 戌 - 식관투쟁 - 편인도식	時 日 月 年 癸 癸 甲 戊 丑 亥 子 戌 - 비겁 강 - 상관견관

직업선택 위험감수수준 검사 결과		
위험 감수 수준	낮음	보통	높음

　대체적으로 식관투쟁, 상관견관, 재극인 등이 주도를 이루거나 상관, 비겁, 편재 등이 일간의 정서에 커다란 영향을 줄 수 있는 구조는 위험 감수수준이 높다.
　그리고 직업선택에서도 획일적이거나 주어진 업무를 반복해서 수행하는 안정지향이 아닌 모험이나 실적 위주의 직무가 적합하다.

(2) 위험감수 수준이 보통인 사례

時 日 月 年 壬 壬 丁 壬 寅 寅 未 午	時 日 月 年 丁 戊 戊 乙 巳 申 子 巳	時 日 月 年 戊 癸 甲 庚 午 亥 申 午
- 관인상생 무 - 정재, 정관, 식신	- 비겁 강, 정관 - 정인, 식신	- 상관, 겁재 - 정관, 정인

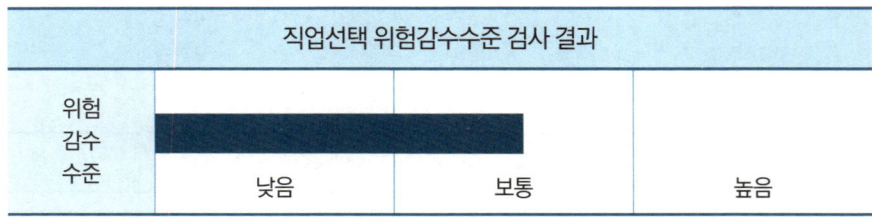

대체적으로 위험감수수준이 높게 나타날 수 있는 조건과 낮게 나타날 수 있는 조건의 혼합적인 중간 형태를 말한다.

직업선택에서도 안정지향형으로 주어진 업무에 더 적합한 경우가 많으나 모험이나 실적 위주의 업무에도 적응이 가능한 경우라고 볼 수 있다.

(3) 위험감수 수준이 낮은 사례

時 日 月 年 丁 庚 乙 癸 丑 申 卯 亥	時 日 月 年 甲 丁 壬 己 辰 亥 申 亥	時 日 月 年 戊 癸 甲 庚 午 亥 申 午
- 정재 격 - 정관, 정인	- 정재, 정관 - 정인	- 상관, 겁재 - 정관, 정인

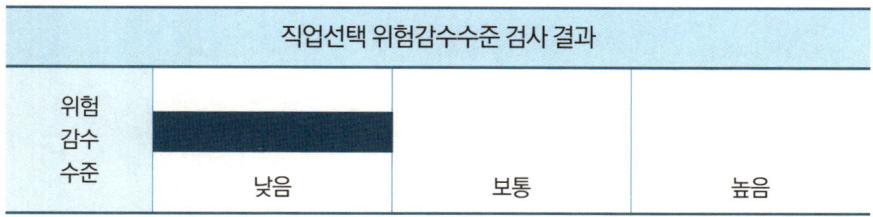

대체적으로 관인상생이 주도를 이루고 있거나 정관, 정인, 정재가 일간의 정서에 커다란 영향을 줄 수 있는 구조는 위험 감수수준이 낮다.

그리고 직업선택에서도 모험이나 실적위주가 아닌 주어진 업무를 수행하는 안정된 직무가 적합하다.

PART **6**

십성의 지식과
직업적성

1. 십성의 직업 목표
2. 십성의 본능과 성정
3. 십성과 직업적성

1. 십성의 직업 목표[101]

대부분의 사람들은 삶의 목표를 세운다. 장기 목표와 단기 목표로 나누어 현실에서 실행을 시도하고 의도한 대로 잘 이루어지면 목표달성이라는 대가를 받는다. 그렇지 않고 목표가 변경되거나 좌절하기도 하고 새로운 각오로 재도전을 하기도 한다. 물론 사람들마다 제각기 다른 이유와 목적으로 직업 목표를 세우는 것이라 해도 목표라는 것은 내가 먼저 의식하고 방향을 정해 성공할 수 있는 목표를 세우는 것이다. 즉, 목적이라는 이유가 먼저 선행되어야 한다. 내가 왜 의사가 되어야 하는지, 왜 선생님이 되어야 하는지, 하고자 하는 이유가 정해지면 목표달성을 위한 수단이나 방법을 찾게 되는 것이다.

뚜렷한 목적이 있고 그 목적을 달성하기 위해 포기하지 않으며 계속해서 왜 그 목표를 이루고자 하는지 자신을 설득하는 노력이 필요하다.

입시 지옥에 살고 있는 학생들에게는 대학 진학이 첫 번째 목표가 된다. 일단은 대학의 높은 문을 넘어서야 한다. 대학입학이라는 목적을 달성하기 위해서 성적향상이라는 목표가 발생한다. 성적향상의 목표를 성취하기 위해 밤잠을 자지 않고 힘들게 공부하고 단 몇 점이라도 점수를 상승시키려는 것이다. 이와 같은 목표를 달성하려면 먼저 이유가 있어야 하는 것이다. 왜 그 대학교에 그 과인지 스스로를 설득시킬 수

---

101) 김기승(2009), 『명리직업상담론』, 창해, pp. 273-280.

있는 이유가 선행되어야 하는 것이다.

착실하게 목표가 달성되면 곧 바로 다음 목표를 설정한다. 학생에게 대학이라는 목표가 주어지는 것처럼 사회조직 속으로 들어가려는 취준생들에게는 바로 '취업'이라는 거대한 목표가 주어진다. 취업을 하고 나면 다시 다른 목표, 즉 무한 반복되는 목표가 우리들의 삶이요 그 삶을 좀 더 풍요롭게 만들기 위해 새로운 목표를 설정하려고 쉬지를 못한다.

끊임없는 목표설정과 달성이 반복되는 삶에서 그 방향키를 제대로 잡고 시간과 노력의 효율성을 통해 성공하려면 명리학을 활용해야 한다. 명리학의 십성에 직업 목표를 설정해주는 기능이 잠재되어 있기 때문이다. 직업목표는 격국(格局)에서 시작되는 것이 기본이며 격과 함께 이루는 코스인데 직업 목표에 따라 직업적성 코스에도 서로 상생시켜주는 직업 코스가 있고 극하는 코스가 있는 것이다. 여기에 최종적으로 일간을 중심으로 하여 격과 코스에 중심축을 이루는 십성의 상관관계로 분석된다. 이러한 직업목표는 일간이 이루고 싶은 마음과 가장 잘 적응하고 수행해 낼 수 있는 것으로 결국 선천적성이다. 이처럼 명리직업 상담에서의 목적은 경쟁력 있는 자신의 적성을 찾아주는 것이다.

명리학의 이론에서 십성이 가진 직업목표를 살펴보면 좀 더 자세히 알 수 있다.

먼저 식상과 재성의 관계를 살펴보면 일간이 현실적으로 재성이라는 결과를 얻기 위해서는 연구나 활동, 노력의 식상이라는 도구를 사용해야 목적을 달성할 수 있다. 그러나 사주 내에 이러한 식상이 없고 재성만 있다면 식상의 무기를 활용한 노력을 하지 않고 돈 또는 성과라는 결과만을 원하는 심리를 갖게 된다. 이와 반대로 사주에 식상이 있다면 결과를 얻기 위해 최선을 다해 노력하지만 아무것도 가질 수 없게 되므로 심리적으로 허무감을 느낄 수밖에 없다.

인성과 관성의 관계 역시 이와 같아서 십성은 제각기 일간을 중심으로 노력과 결과라는 상호작용을 하게 된다. 인성과 식상은 공부라는 노력을 함으로써 전문성을 갖게 되고 이 점을 활용하려는 직업목적을 갖게 된다. 식상과 재성의 관계에서는 연구하고 노력한 것을 공개경쟁을 통하여 이익을 창출하려는 직업 목적을 가지게 되고 관성과 재성은 재성이라는 공간을 차지, 주어진 환경을 통해 이익을 갖거나 관성의 권력을 취하기 위한 직업 목적을 갖고 부귀를 얻는다.

끝으로 관성과 인성의 관계에서 공부라는 인성의 장점을 활용, 자격증을 취득하거나 지식을 수용함으로써 관성이 해야 하는 임무를 충실하게 수행해 내는 것이 직업목적이 된다.

이와 같이 십성은 직업목적을 가진 구조를 만들어 낸다.

2. 십성의 본능과 성정

사주명리를 정확하게 파악하기 위해서 음양오행의 상생상극이라는 기본원리가 있다. 나아가 십성의 주체가 되고 십성으로 환산되면서 십성 간 상호작용관계는 결국 오행의 상생상극과 맞물려 움직인다는 것을 이해해야 한다.

끊임없이 반복되며 상호작용하는 십성을 제대로 이해하는 것은 결국 명리를 이해하는 것과 동일하다. 십성이 이루는 구조의 다양성과 이러한 십성 구조에서 개인이 가진 모든 정보를 분석해 낼 수 있는 것이다.

사주분석은 이와 같이 십성의 에너지의 흐름을 읽어내는 것이며 그 중심에는 사주체의 주인인 일간중심에서 일간을 둘러싸고 있는 십성의 구성과 성정을 파악해야 하는 것이다.

일간과 십성의 관계를 살펴보면 일간이 1차적으로 식상을 생해주지만 결과적으로는 재성을 생해 재물을 취하게 된다. 관성은 인성을 생해주지만 결과적으로는 관성의 명예와 귀를 인성을 통해 일간으로 유입시키므로 인성은 관성과 일간의 중간자 역할을 한다.

각기 필요에 따라 생해주는 십성이 다른 듯해도 결과적으로 모두 연결고리를 갖고 있으므로 십성간의 독립적인 성정과 협력하는 상호작용까지도 이해하고 해석해야만 하는 것이다. 그렇기에 처음 명리학에 접근할 때 음양오행과 십성의 성정이나 기질, 그 작용력에 대해 강조하고 또 강조해도 부족한 것이다.

결과적으로 한 개인의 삶을 표방하는 사주를 분석함에 있어 십성(十星)은 일간과의 관계를 나타낸 것이다. 사주에 배속된 음과 양, 그리고 오행들은 상호간 작용과 반작용에 의해 십성으로 표출되면서 심리와 성격, 적성, 독자적인 지능까지 소유하게 된다. 그리고 사주에 배치된 십성의 상황적 관계를 판단하여 작용을 유추하게 된다.[102]

사주는 마음의 구조를 가지고 있으며 육체와 정신이 교류한다. 또한 십성에는 정신과 기가 들어 있다. 이러한 점을 고려하여 신중하게 사주를 분석해야 한다. 정과 편을 단순하게 좋고 나쁨으로 구별하는 것이 아니라 그 사람의 성향을 살펴보고 올바른 상담 자료로 활용해야 하는 것이다. 그렇기에 선입견, 즉 고정관념은 갖지 말아야 하며 직업이나 업무를 보는 데 활용하면 된다.

십성의 본능과 성정에 대해 『과학명리』, 『사주심리치료학』[103], 『명리직업적상담론』[104], 『십성의 기질과 사회성』[105]을 참고로 정리한 내용은 다음과 같다.

---

102) 김기승(2016), 『과학명리』, 다산글방. pp. 216-219.
103) _____(2008), 『사주심리치료학』, 창해.
104) _____(2009), 『명리직업상담론』, 창해.
105) 김기승,함혜수공저(2018), 『십성의 기질과 사회성』, 다산글방.

1) 비겁은 협조자이면서 경쟁자

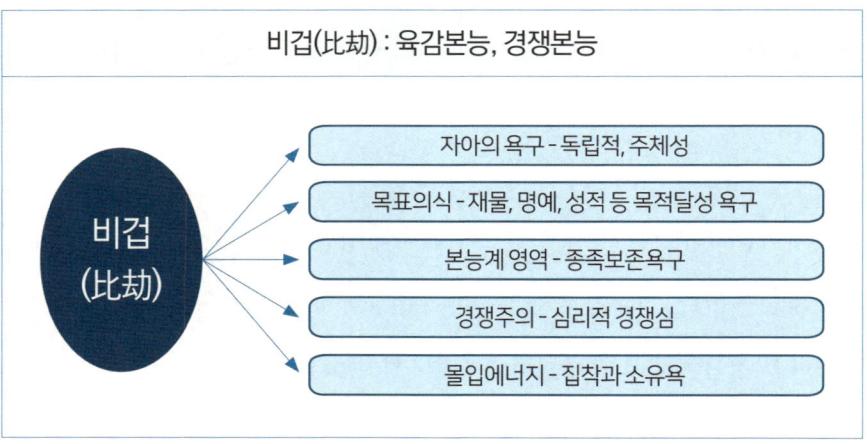

- 이기적이며 현재에 초점, 지금 당장이어야 한다.
- 자기 에너지 강한 최고의 승부사.
- 뇌(腦) 속의 생각을 식상을 통해 표출.
- 자기 인격성의 절대적 가치와 존엄성을 스스로 깨닫는다.
- 품위를 스스로 지켜나가고 자기를 높여 자긍심을 추구한다.

    과거에는 비겁을 격으로 잡지 않았다. 전통과 원리원칙, 개인보다는 가정이나 가문, 국가를 중요시하던 시대였기에 개인의 타고난 적성이나 개성, 성향 등은 터부시되고 개인에게 억제된 환경을 제공했다. 농경사회 구조로 인해 농사짓는 기구를 대신할 순종하는 비겁이 필요한 시대였다.

    그러나 현대는 비겁이 식상생재(食傷生財)든 관인상생(官印相生)이든 코스는 주지 않지만 비겁이 직업이 되는 시대이므로 격으로 잡아준다. 비겁은 자존심의 대표적인 십성으로 성취욕과 추진력이 강하고 독립적인 행동이 투철하다. 아부를 싫어하고 인내심이 강하며 어려운 환경에 처해도 좌절하지 않고 재생능력을 발휘한다.

경쟁정신이 강해 나도 모르게 빼앗기고 좋은 자리도 겁재가 차지해버린다. 감성덩어리라 욱해서 망신당하기 쉽다. 비겁이 많다는 것은 자기 주체성이 강하다는 것을 의미하며 자신이 스스로 주체가 되어 일을 추진해야 만족스럽고 성과 역시 잘 내므로 자신감과 배짱으로 도전한다. 어려운 난관에 처했을 때 타 십성에 비해 문제해결 능력이 탁월하다.

비겁은 일간에게 에너지로 작용, 활기차게 왕성하게 만들어준다.

현대사회는 경쟁사회이다. 겁재의 강한 몰입력을 발휘, 공부에 매진해 성공하는 이들도 많다. 또한 겁재는 관을 용신삼아 공직으로 나아가는 경우도 많으므로 경쟁욕구를 잘 활용하면 멋진 사회인으로 거듭날 수 있다.

| 이기적인 유전자 | 혼자서 열 사람 몫! | 지고는 못 살아! |

2) 식상은 친화력이면서 아이디어뱅크

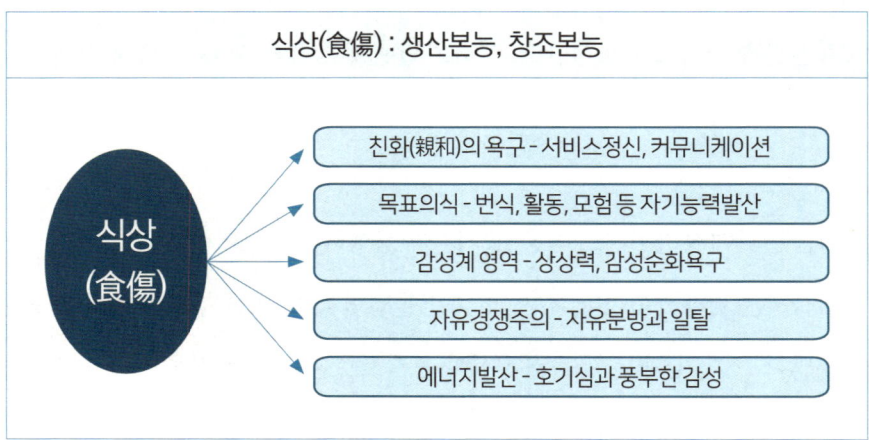

- 식상의 창조생산본능 – 과거를 발판삼은 기술, 생산, 표현, 창작 활동.
- 자기감정에 충실한 감성덩어리.
- 틀에 얽매이지 않는 공개경쟁을 통한 발전.
- 스스로 일을 만들어 자신의 능력을 표출하는 창의력 구조.
- 재미와 흥미가 중요한 재능을 활용하는 십성.

순수하고 활동적이며 어떤 일이나 사물에 대해 깊이 생각하고 진리(眞理)를 탐구해 나가는 외향성(外向性)의 이면에 내향(內向)을 소유하고 있다. 직설적이면서 비판적인 동시에 감수성이 예민하고 미적 감각이 뛰어나다.

식신은 일간의 기(氣)를 외부로 끄집어내는 것인 만큼 공개경쟁(公開競爭)의 특징이 있다. 식신은 과거를 중시하므로 과거의 데이터를 활용해 꾸준히 연구를 이어갈 수 있다. 여기에 내면의 정인이라 참고 인내하며 상대방의 마음을 잘 헤아려주므로 대인관계가 원만하고 좋은 이미지를 가진다. 그러나 속고집 또한 만만치 않다. 그래서 자기가 하고 싶은 것이 생기면 일단 무조건 하고 본다. 식신은 배려심이라 사주 내에 식신이 없다면 상대방의 마음을 잘 헤아리지 못한다.

상관은 미래를 중시하고 두뇌가 비상하고 총명하며 능동적이라 인수가 함께 하면 상관의 독성을 제어해주므로 귀하게 된다. 월지가 상관이면 요령도 좋고 머리가 좋다. 매우 창조적이며 특이한 행동도 많이 한다. 말이 조리 있고 지적 능력이 높아 대체적으로 총명하고 똑똑하다는 평을 받는다. 인생이 격정적이며 목적이 있다. 비현실적이거나 맹목적(盲目的)이기도 하고 관을 보지 못하면 허풍쟁이가 된다. 조급하고 변덕이 심하다. 상관태과 시 자기밖에 모르는 이기성이 강해진다. 상관이 관을 만나면 파격적 행보를 잘 하며 특이한 생각으로 남들이 하지 않는 것을 함으로써 돋보이거나 새로운 발견을 하는 능력이 크다. 운이 도와주면 존경받지만 운이 약하면 관성을 치므로 사기치고 법을 어기고 요령피우고 나쁘게 된다.

이와 같이 상관은 극과 극의 결과를 낼 수 있는 십성이라 '양날의 칼'이라고 한다.

3) 재성은 타고난 평가능력의 고수

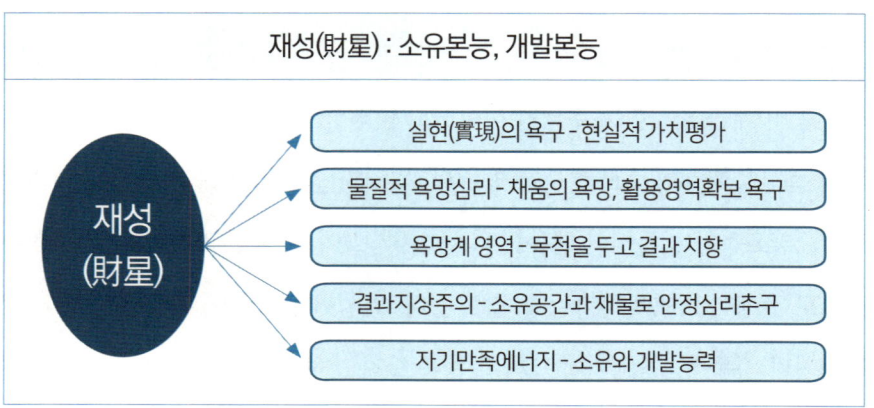

- 공간 확보에 대한 욕구.
- 자기 것을 안 빼앗기려는 본능 덩어리.
- 이미 갖고 있는 것을 활용하며 적극적이고 의도적인 노력의 욕구.
- 스스로 결과를 보여주기 위해 많은 것을 현실에서 실천.
- 먹이로 생존해야 하는 본능.

사물의 가치나 수준 따위를 잘 판단하고, 사람의 능력, 재능, 실적, 업적 등의 정도에 대한 가치 판단이 빠르다. 외부환경에 민감하다. 목적을 세우고 목적 달성을 위해 절차, 방법, 규모 등을 실제적이고 현실적으로 잘 명시하지만 실속이 없을 수도 있다. 매우 현실적이라 늘 결과가 눈앞에 있기를 원하며 엄청난 적극성과 활동성을 가지고 있어 경쟁을 해야 발전한다.

재(財)는 생존과 관련이 있으며 생존감각이 우수한데 이러한 동물적 감각은 정재보다 편재가 더 우월하다. 무리한 욕심과 무모한 투자로 손해(損害)를 보거나 고통(苦痛)이 따를 수 있고 성격이 강해 아집(我執)도 있다. 인수를 극하므로 공부하기 어렵고 좋은 환경에서 태어났다 하더라도 일찍 직장생활을 하거나 자기 사업을 하고자 한다. 편재는 주변의 영향을 많이 받으므로 협력이나 경쟁관계를 통해 자신의 능력 이상으로 활동하며 재를 도모한다. 사람을 이용할 줄 알고 능력 이상의 성과를 추구하고자 하기에 크게 한 방을 노린다. 편재는 외부에 있는 돈을 작업해서 내 것으로 만들고자 하며 식상에게 할 일을 만들어준다. 지지에 위치한 편재는 특히 활동본능으로 항상 무언가 일을 하고자 하며 매우 부지런한 성격을 준다.

정재(正財)는 합리적인 운영방식을 선호하며 분수를 잘 지키려고 하며 자신이 노력한 딱 그만큼만 원하기도 한다. 그래서 오히려 타인에게 의지하지 않으려 하고 스스로 적당하게 합리적인 방식을 통해 부를 가지려고 하기에 인간미는 부족하게 보인다. 치밀하고 섬세하며 정확하게 일처리하려는 성향이 지나쳐 인색하게 만들며 바르게 살고자 늘 안정을 추구한다. 소심한 성격으로 사업에서는 안정적인 투자와 계획에 맞춰 나아가므로 실패가 적다. 정재는 스스로 벌어 저축하는 노력의 대가를 바란다. 확장성이 부족한 만큼 현재를 변화시키지 않고 그대로 유지하기를 원하며 현실적이라 앞뒤 계산을 하고 일을 도모하기에 사업을 하더라도 자금을 분산, 위험요소를 줄여나간다.

4) 관성은 지배와 통제의 시소

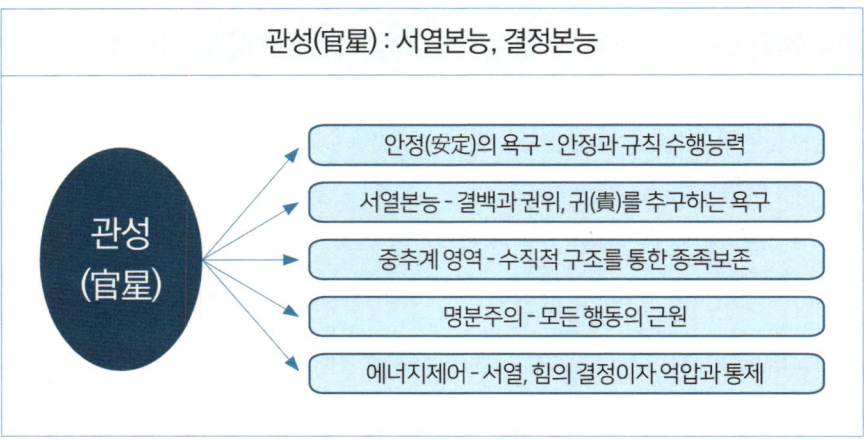

- 관습이나 관행에 의해 육성된 개인의 도덕의식, 성정, 태도, 성격 또는 도덕성 그 자체를 의미.
- 순서가 정해진 다음 행동하는 본능.
- 명예와 지배이자 인내심과 분별력의 기질.
- 강력한 카리스마로 프레임을 구축, 서열 속에서 발전.
- 명분에 따라 복종과 능률의 결과추구.

충성심과 책임감이 강하며 상하구분이 확실하다. 스피드한 판단과 화끈한 결정력을 가지고 있으며 공정한 판단력을 가지고 정교하고 세심한 업무파악과 합리적으로 수행하는 능력이 우수하다.

편관은 편재처럼 기분파이면서 즉흥적이며 행동파이기에 밖에서 감당할 것이 많고 또 힘들게 감당하면서 공을 세워 어렵게 성공한다. 주변환경이나 교육환경이 원활하지 않고 스스로 노력해서 성공해야 하므로 성격이 강하고 환경대처능력이 탁월하다. 편관은 그 성격이 흉폭해질 수 있어 칠살(七殺)로 불린다. 편관은 약하더라도 식신으로 제살(制殺)해주면 똑똑해지고 판단력이나 암기력이 좋아지므로 제살을 두려워할 필요가 없다. 정관은 원칙이나 법을 잘 지키지만 편관 역시 자기 기준의 법이 적용하며 상황에 따라 자기만의 판단력을 더 우선시한다. 편관은 서열본능이 강해 공을 세워 인정받고자 하므로 남들보다 더 힘든 일도 마다하지 않는다. 여기에는 반드시 명분과 이유가 있어야 하고 타당성이 주어지면 충성을 바친다.

정관은 고요하며 한마디로 생각하는 이성적인 사람이다. 늘 주변 사람들과의 관계를 의식하고 원리원칙에서 벗어나지 않으려고 노력하기 때문에 실수가 적다. 실수를 하게 되면 스스로 부끄러움이 강하게 밀려오므로 애초에 실수를 방지하고자 스스로를 채찍질하니 겉은 반듯하나 내면은 늘 피곤하다. 논리적이고 문법정의가 뛰어나 행정업무에 적합하다. 정관은 일간에게 참을성과 인내심을 주며 관성이 없으면 리딩 능력이 약하다. 리딩 능력은 실행하고 개척해 나가는 능력을 말하는데 이 점은 관에 따라 달라진다.

5) 인성은 조건 없는 희생의 라임나무

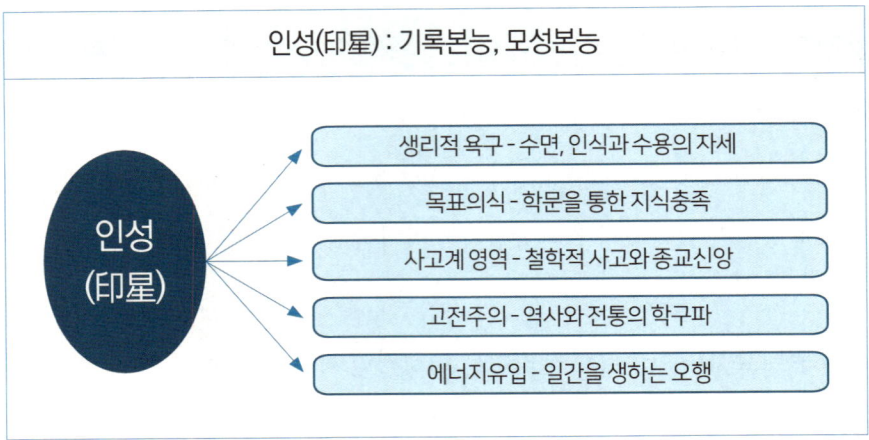

- 역사와 전통, 현재상황을 정리하고 표시나 문자로 기록하는 본능.
- 정확한 역사승계를 위해 수집하고 기록한 자료 보관.
- 전통과 순서가 중요하며 모든 일에 논리성을 바탕으로 한 정확한 정보전달.
- 심미주의(審美主義)를 지향, 정신적인 사랑 추구.
- 명예와 자격을 갖추고자 하는 원리원칙주의자.

인성은 자료보전, 목표와 계획에 따라 생각하고 마음에서 느끼고자 하는 심미성이 강하다. 재치 있고 순간 발상이 뛰어나며 풍부한 공상 및 상상력을 갖추고 있다. 비겁이 육체노동이라면 인성은 생각하고 기록하는 정신노동이며 학습하고 공부하기를 좋아해 늘 책을 가까이 해야 마음이 편하다.

편인은 정인에 비해 양육의 환경이 좋다고 할 수 없는데 부실한 환경에서 태어났기에 노력을 요구 받는다. 정인처럼 똑같이 노력해도 양육, 교육 환경, 사랑받는 환경이 방해를 받기 쉬워 생각보다 일간에게 주어지는 교육이나 학습 환경이 나쁘다. 편인은 일간도 생해줘야 하고 관성의 사랑도 받아야 하고 식상이 많을 때는 식상을 극해 관성을 보호해야 할 의무도 있기에 편인은 쉽게 가지기보다는 노력이 필요한 것이다.

이처럼 척박한 환경의 편인은 늘 세상의 어두운 면과 자신을 동질화시키는 것을 잘하므로 오히려 어려운 이들을 그들의 현실에서 벗어나게 해주고자 하는 심리가 강하다. 그래서 통찰적이고 철학적인 사고를 갖게 된다.

정인이 많으면 융통성은 없지만 인자하고 자상한 성격에 무엇이든 순서대로 정리해야 한다. 고지식하고 원칙을 지켜야 하기에 고집스런 성격으로 드러나기도 한다. 일간을 생해주어 사회적으로 적응하거나 기득권의 혜택을 쉽게 받을 수 있도록 일조한다. 이처럼 정인이 일간을 생해주면 환경적응력이 매우 좋다는 의미이기도 하다. 또 예의를 갖추기를 좋아하고 인자해 타인의 말을 다 들어주고 마음으로 공감하며 답을 한다. 그러나 생각이 많아 계획에 비해 행동에 옮기는 실천력이 약하다.

이와 같이 비겁과 식상, 재성과 관성, 인성 다섯 가지의 상호작용을 살펴본다면 편재와 정재, 편인과 정인 등 각기 음양으로 더욱 세분화되는 십성을 성격과 심리측면으로 더 깊이 파고 들수 있다.

2. 십성과 직업적성

　십성은 10개의 격을 구성, 격에서 사회적 직업과 개인의 환경을 제공하므로 월지 기준으로 한다. 월지에서 천간으로 투간한 오행으로 사회적인 직업과 환경을 구별할 수 있다. 이와 같이 명리학의 장점 중 하나가 바로 진로와 직업에 대한 길라잡이 역할이라 할 수 있다. 인생에 있어 대부분의 시간을 차지하는 일이 직업이 되어야 함은 너무나 자명하다. 직업이야말로 사회구성원으로 살아가는 인간에게는 생명과 관련되므로 절대적 필요성을 갖는다. 따라서 각 개인에게 맞는 타고난 직업적성을 제대로 사회에서 구현해 살 수 있다면 더없이 좋겠으나 모든 사람이 자신의 직업적성을 파악하고 살아가는 것은 아니기에 그만큼 중요성을 가지게 된다.

　사주명조에서 직업을 분류하는 데에는 필수적으로 in-course와 out-course 두 가지 유형의 그래픽을 요구한다. in-course는 관인상생으로, out-course는 식상생재의 유형으로 나눈다. 이 두 가지 조건이 명확해야 한 사람의 사회활동이 명료하게 된다. 이에 사주체형상으로 신강이나 사회성이 약한 구조가 있고, 강한 사주체라 해도 사회성이 약한 구조가 있음을 먼저 이해해야 한다.[106]

　이와 같이 중요한 직업을 사주에서는 격(格)에 담겨 있다고 보며, 격에서 정신이 나오고 사회성이 나타나며 개인의 역량과 부귀적응능력이 있으므로 중요시 한다. 특히

---

106) 김기승(2006), 『사주심리와 인간경영』, 창해, pp. 287-291.

사주명식에서 튼튼한 격국이 형성되거나 일간에게 필요한 용신으로 작용할 때 직업적성과 십성은 톱니바퀴처럼 맞물려 정확하게 움직여줄 수 있다.

현재 우리나라의 직업군은 이미 1만 4천여 직종을 넘어서고 있으며, 전 세계에는 약 3만여 직업으로 사회가 발달할수록 문화가 발달할수록 직업군은 더욱 세분화되고 확대되고 있다. 공적으로 사회에 공헌하는 직종에서 이제는 개인의 행복과 만족을 높여줄 수 있는 직업군으로 흘러가는 양상을 보이고 있는 것이다. 또한 한 직종을 천직으로 여기던 시대가 아니라 인생 전반에 걸쳐 직업변화가 많아지는 추세이다.

사회가 변하고 있고 직업분야에도 변화의 바람이 지속되고 있다. 진로 결정에 또 하나의 과제가 주어진 것과 같다. 단순히 어느 대학에 유망한, 인기 있는 학과가 아니라 그 직업분야에 대한 이론적 이해를 바탕으로 자신이 앞으로 일할 전문분야를 정하고 계속해서 자신에게 맞는 직업정보를 취하면서 사회변화와 함께 성장해 나가려는 노력이 있어야 한다.

현대사회에서는 개인의 역량을 더 중요시하고 있다. 격에서 개인의 이상이나 체질이 형성, 가장 중요한 직업정신과 그것을 수행할 의지를 구별할 수 있기 때문에 격의 중요성에 대한 인식이 높아지고 있는 것이다. 특히 월지에서 투간해 나온 십성은 십성 특유의 기질과 사회성을 보이기 때문에 십성에 따라 성격, 심리, 직업면에서도 특징을 살펴볼 수 있는 것이다.

1) 비견의 직업적성 사례

```
방송학과 - 기자

時 日 月 年
丁 甲 甲 丁
卯 申 辰 丑

庚 己 戊 丁 丙 乙
戌 酉 申 未 午 巳
```

레이더 차트:
- 자아욕구 진로자립
- 변화욕구 관계활용
- 실현욕구 성취열망
- 안정욕구 변화대처
- 보호욕구 자기신뢰

이 사주는 甲木일간이 辰月생으로 편재격이다. 전체적으로 비겁이 강한 사주이다. 일지 申金편관이 비겁을 제화시키고 천간으로는 丁火상관이 일간을 설기시켜 필설직(筆舌職)의 재능을 발현시키고 있다. 적극적인 성격의 소유자로 예리하면서 스피드한 행동력이 돋보이는 활동을 하고 있다.

AAT선천적성검사 결과

- 직업유형 – 사업형에 리더기능. 자기에너지를 활용한 업무를 선택해야 한다.
- 성공직업 – 방송기자, 디자이너, 광고홍보업경영자. 프랜차이즈경영자, 연예인.
- 비견특징 – 강한 독립성, 적극성, 책임감, 포용력, 실천력, 추진력을 활용한다.

직업선택 위험감수수준 검사결과

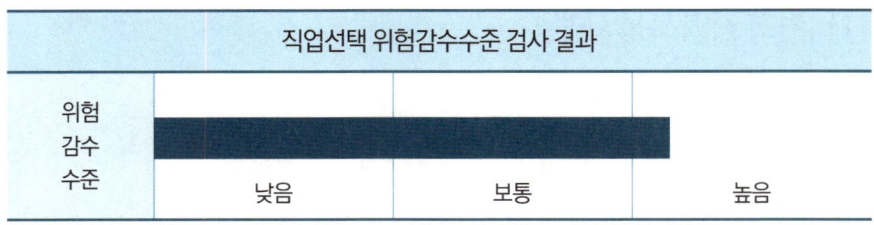

- 적극적인 활동성과 강한 성취욕구가 높아서 인센티브가 높은 일에 적합하다.
- 사무직보다는 적극적으로 뛰어다니며 취재하는 기자업무에 적합하다.
- 보완 : 항상 안정적으로 하기 위해 스스로 신중해지려고 노력해야 한다.

진로선택분석

천간의 丁火상관은 필설직으로 문제에 대한 비판능력과 설득력과 언어구사력이 탁월해 기자, 논설, 강의 등 업무수행력이 우수하다. 연간과 시간에 위치, 상대방의 기분이나 주위 환경을 예리하게 분석하고 일간의 뜻을 대행해준다. 누구의 지시를 받기보다 자율권이 주어지는 직업에 종사하기를 원하고 기자라는 직업특성상 소속은 되지만 외부활동이 많고 결과를 책임지는 실적위주의 업무가 많으므로 비겁의 강한 신체 에너지를 활용한 기자가 된다면 자신의 성취욕구도 만족시킬 있는 최상의 직업이다. 재능수준과 열정, 몰입수준이 모두 높아 자신의 타고난 적성을 잘 파악했다고 할 수 있다.

2) 겁재의 직업적성 사례

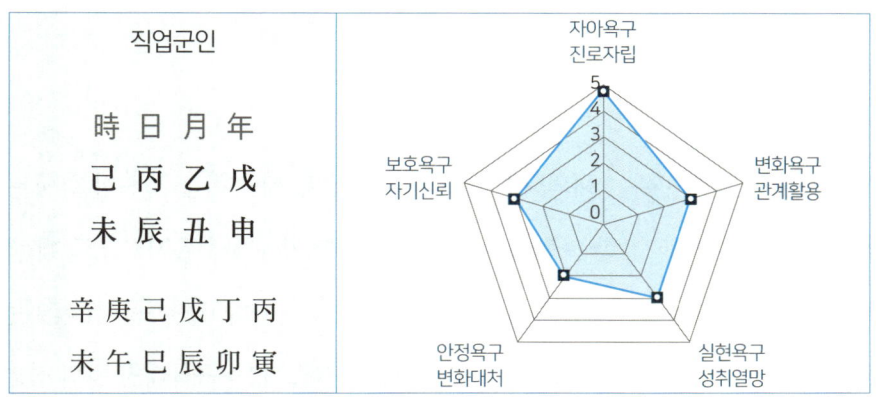

위 사주는 戊土일간이 丑月생으로 겁재격이다. 전체적으로 비겁이 강하다. 신강한 비겁을 관성으로 통제하고자 하나 乙木정관이 약하므로 식신으로 설기해야 한다. 이 사주의 장점은 申金식신으로 비겁태과의 기(氣)를 시원하게 설기(洩氣)하는 것이다.

AAT선천적성검사 결과

- **직업유형** – 사업형의 리더기능으로 몰입력이 탁월하다.
- **성공직업** – 일반직공무원, 법관, 인사전문가, 변리사, 신문기자, 외교관.
- **겁재특징** – 투철한 경쟁력, 자존심, 질투심, 강한 목표의식, 적극성을 활용한다.

직업선택 위험감수수준 검사결과

직업선택 위험감수수준 검사 결과		
낮음	보통	높음

(위험감수수준: 낮음 ~ 높음 전체 구간)

- 내근직보다 외근직, 사무행정보다 영업홍보나 활동적인 업무에 능력을 발휘하며 투자투기심리가 강해 소비성향도 높다.
- 보완 : 항상 전문성을 기르고 스스로 마인드컨트롤이 되도록 노력해야 한다.

진로선택분석

비겁으로 신강한 사주는 대의나 명분을 지키기 위해 해야 하는 자신의 희생은 당연히 여기고 수용한다. 강한 사람에게는 강하게 약한 이에겐 측은지심으로 대한다. 따라서 불의를 보면 투쟁심이 강해짐으로 국가의 법을 준수하고 안보를 책임지는 직업군에서 그 능력을 보여줄 수 있다. 군인, 경호원, 캡스, 119 구급대원 등의 직업군에 적합하다. 이 점에서 군인을 직업으로 선택한 것은 적성과 잘 매치된 것이다.

3) 식신의 직업적성 사례

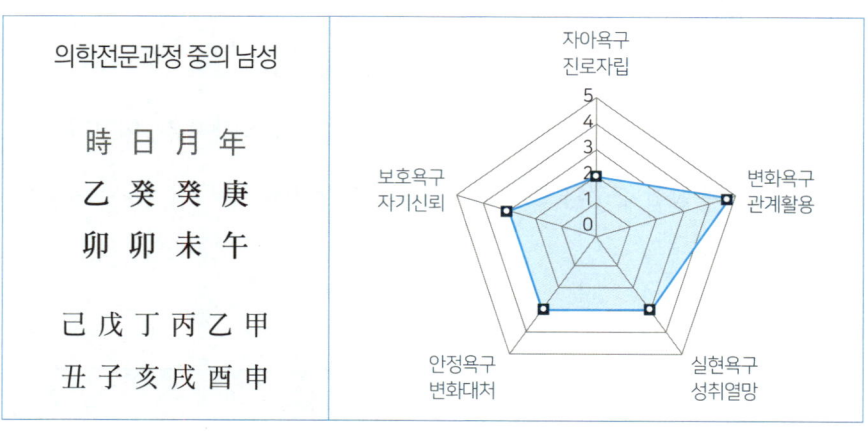

위 사주는 癸水일간이 未月생으로 천간으로 乙木을 투간시켜 식신격이다. 전체적으로 지지로 亥卯未 木局을 이룬 식신이 강한 것이 특징이다. 신약사주라 庚金인수를 용신으로 하고자 한다. 식신국은 생명과학에 재능이 있다. 대운이 인수운으로 흘러 좋은 의사가 될 것이다.

AAT선천적성검사 결과

- **직업유형** – 사업형의 전문기능으로 직접적인 감성교류를 통한 배려가 탁월하다.
- **성공직업** – 일반직 공무원, 교육자, 연구원, 의사, 바이오전문가, 영양사.
- **식신특징** – 이해력, 창의력, 연구력, 기술력, 우수한 교합성을 활용한다.

직업선택 위험감수수준 검사결과

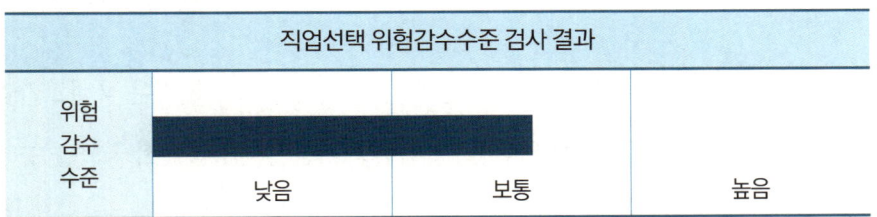

- 안정적인 면을 고려하면서 동시에 활기차게 움직이는 노력가로 타인을 먼저 배려하고 이해하는 마음으로 자신의 업무에 충실하다.

진로선택분석

식신은 강한 이타심으로 배려심과 봉사정신이 우수하다. 여기에 생명을 소중히 여기는 마음으로 과거 명리해석에서는 남을 위해 밥을 짓는 거라 했으나 현대는 생명과 연관된 직업군으로 분류한다. 몰입력이 다소 약하지만 전반적으로 기의 흐름이 식신으로 뻗어 생명공학과에 진학하였다. 현재 대학교수를 목표로 전문의과정에 있다.

4) 상관의 직업적성 사례

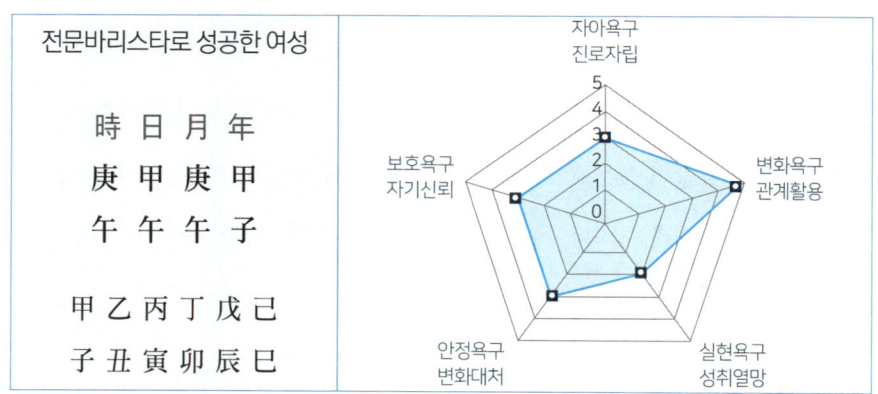

이 사주는 甲木일간이 午月생으로 상관격이다. 전체적으로 일간은 극설교가(剋洩交加) 현상으로 신약하다. 신약한 일간을 사이에 두고 편관이 양쪽에서 극함을 午火상관이 제살해주고 왕한 상관을 子水 인수가 제화시키는 구조이다.

AAT선천적성검사 결과

- **직업유형** – 자유형의 전문기능으로 서비스 업무에 적합하다.
- **성공직업** – 변호사, 평론가, 직업상담사, 아나운서, 퓨전음식개발자, 감정평가사.
- **상관특징** – 강한 표현력, 감수성, 모방성, 독창성, 예술성을 활용한다.

직업선택 위험감수수준 검사결과

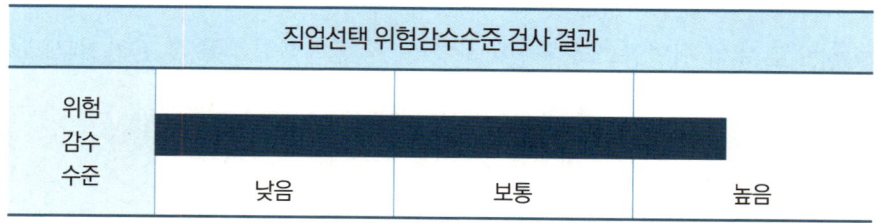

- 성취욕구가 높아 미래가 보장되지 않아도 인센티브가 높은 일에 관심을 보인다.
- 안정적이고 반복되는 일에 싫증을 느낀다.
- 보완 : 도전적인 업무에 적합해도 결과는 자신이 책임진다는 자세를 갖추어야 한다.

진로선택분석

상관은 몸 기술, 언어기술, 손재주가 좋은데 다행히 에너지가 강해 생각이나 느낌을 전달하는 능력과 미적 감각, 눈썰미가 특히 좋아 바리스타로서 독특한 디자인의 커피를 제공한다. 표현지능의 친화력도 경영에 많은 도움을 준다. 타고난 재능수준이 우수하고 열정과 몰입이 뒷받침이 잘 이루어지고 있다.

5) 편재의 직업적성 사례

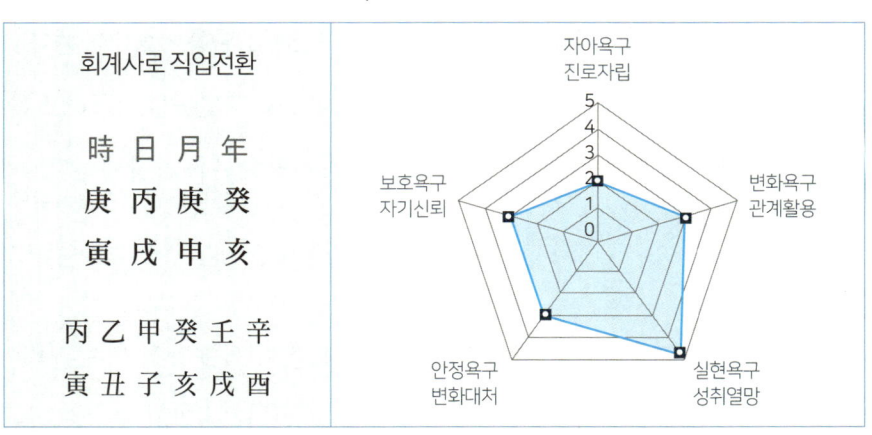

이 사주는 丙火일간이 申月생으로 천간으로 庚金이 투출한 편재격이다. 사업형의 직

업형태를 가지고 있지만 재가 관으로 흘러 명예를 취하니 재생관구조이다. 재생관구조는 직장형으로 조직으로부터 능력을 인정받고자 최선을 다한다. 신약한 丙火일간은 시지의 寅木 편인을 용신하여 왕한 재를 다스려 사용하고 정관을 수용하여야 한다.

AAT선천적성검사 결과

- **직업유형** – 사업형의 리더기능으로 친화적인 업무를 수행하는 것이 우수하다.
- **성공직업** – 경영컨설턴트, 펀드매니저, 관세사, 투자 상담사, 부동산경매분석가.
- **편재특징** – 수리계산력, 가치판단력, 공간지각력, 방향감각, 판단력을 활용한다.

직업선택 위험감수수준 검사결과

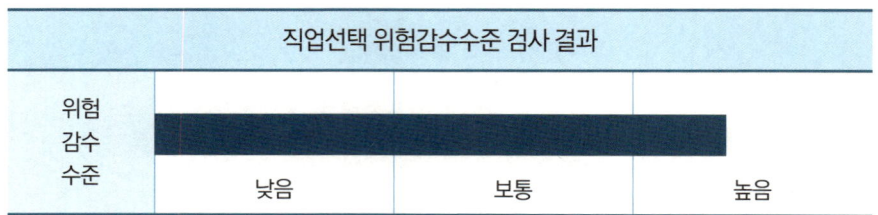

- 가치 판단력이 빨라 신속하게 결정하고 추진하므로 늘 위험요소가 따른다.
- 자신이 활동하는 작업에서 리더 역할을 선호하며 조직과 단체를 이끌려고 한다.
- 보완 : 결과에 집착, 무리수를 둘 수 있으므로 마음의 여유를 가져야 한다.

진로선택분석

편재가 월지에서 격을 이루면 먼저 사업을 하고자 한다. 재를 축적한 후 관을 가지려는 심리로 부귀(富貴)를 모두 원하는 것이다. 그러나 편재격이라고 모두 사업에 종사하는 것은 아니다. 편재가 정관으로 가면 그 쓰임이 굉장히 좋아진다. 편재의 확장성과 한 탕을 노리는 무모한 도전을 정관은 억제시키면서 직업선택 시 나타나는 위험감수수준을 낮추어준다. 재생관을 이루는 편재는 직장에 소속될 경우 수리능력을 이용한 업무가 좋다. 회계사, 금융사 등이 적당하다. 이 사주 역시 타고난 편재의 사업성과 식신의 성실함으로 안정적인 직장생활을 유지하는 데 어려움이 없다.

6) 정재의 직업적성 사례

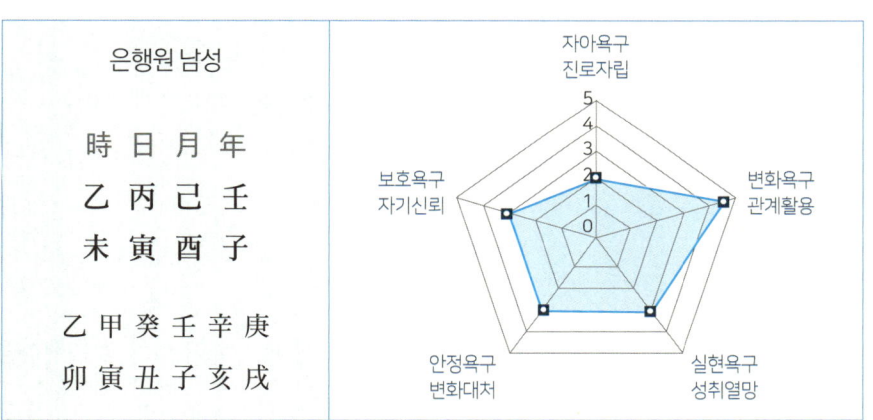

이 사주는 丙火일간이 酉月생으로 정재격이다. 월간의 己土상관이 연간의 壬水편관을 제하고 乙木정인은 상관을 다스려 아름답다. 상관의 친화력과 정인의 올바른 사고, 여기에 스피드한 편관으로 사회활동에 각 십성의 특징을 모두 활용한다.

AAT선천적성검사 결과

- **직업유형** – 자유형의 전문기능에 유동적 서비스를 제공하는 업무가 적합하다.
- **성공직업** – 변호사, 회계사, 변리사, 교육자, 학원사업, 은행원, 연구원.
- **정재특징** – 강한 논리성, 계획성, 치밀함, 현실적 가치판단, 설계능력을 활용한다.

직업선택 위험감수수준 검사결과

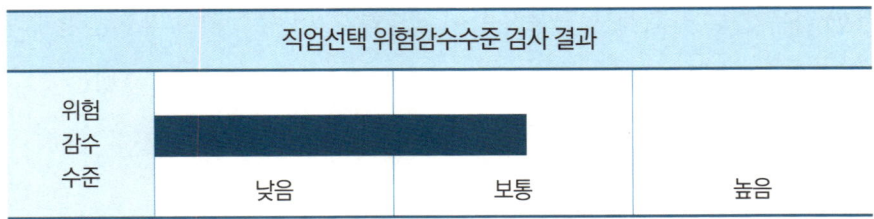

- 안정적이고 보수적인 성향과 변화에 대한 호의가 양립되어 어디든 적응력이 좋다.
- 확실한 대안이 주어져야만 새로운 업무에 대한 도전이 가능하다.
- 보완 : 손해의식이 강해 작은 것에 집착하므로 주변을 넓고 크게 보려는 마음의 여유가 필요하다.

진로선택분석

상관패인의 사주는 비범한 구조로 고객의 심리를 잘 파악하여 적절한 은행상품을 설명하고 설득하는 언어구사력이 탁월하다. 여기에 편관은 냉정하면서 신속한 업무처리를 진행한다. 이러한 십성의 장점을 활용하여 성과가 우수한 은행원이 될 수 있었다. 천간의 오행이 모두 지지에 통근하여, 각 지능들의 역할이 조화롭게 나타난다. 타고난 재능수준을 활용함으로 취업과 승진까지 막힘이 없었다. 현재 은행원으로 그 능력을 인정받고 있다.

7) 편관의 직업적성사례

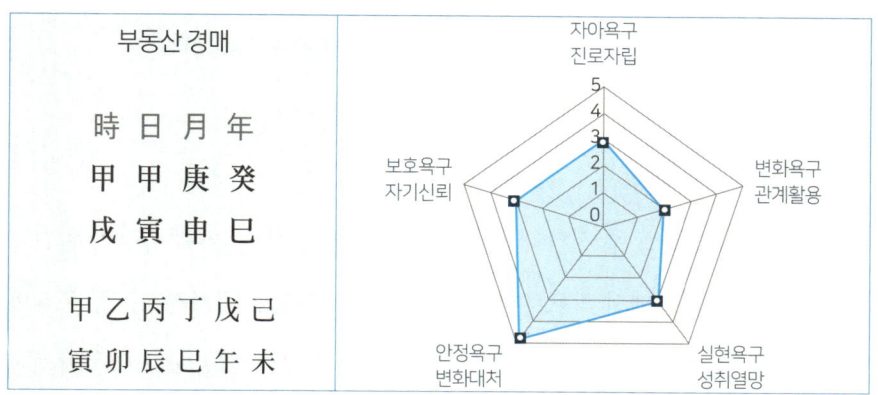

위 사주는 甲木일간이 申月생으로 월간으로 庚金이 투간한 편관격이다. 그러나 甲木은 연간의 癸水가 살인상생 시키는 중 일지 寅에 통근하고 시상의 甲木비견이 있어 일간은 신약하지 않다. 일간과 편관이 힘의 균형을 이루어 능동적인 구조이다.

AAT선천적성검사 결과

- **직업유형** – 직장형의 참모기능으로 신체적 소모가 많은 역동적 업무수행을 잘한다.
- **성공직업** – 공안직공무원, 법관, 기술직공무원, 직업군인, 분양사업, 건물관리원.
- **편관특징** – 강한 추진력, 개혁적, 행동력, 수행력, 신속성, 결단력을 활용한다.

직업선택 위험감수수준 검사결과

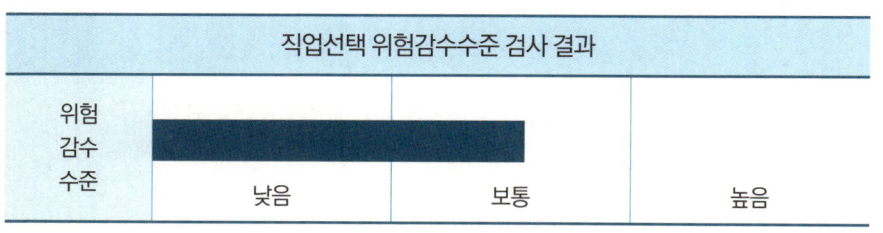

- 생각과 행동에 분명한 기준이 있지만 지나친 공명심으로 손해 보는 일이 많다.
- 사회질서를 유지하고 공익을 추구하는 업무에 적합하며 직업선택이 안정적이다.
- 보완 : 늘 역지사지의 마음으로 판단하고 결정하려고 해야 한다.

진로선택분석

비겁과 편관용신이 모두 신강해 열정과 몰입수준이 매우 높다. 신강한 일간이 편관의 통제를 받는 구조에서 격으로까지 성립된다. 관인상생은 직장형으로 조직에 소속되어 능력을 인정받는 것이 좋다. 비겁과 편관의 조우는 결정이나 행동이 빠르고 신속한 일처리로 직장 내에서 인정을 받았다.

타고난 적성을 살린 직업으로 별 어려움 없이 정년퇴직하였다. 퇴직 후에도 대형 건물을 관리하며 자신의 재능을 활용하고 있다.

8) 정관의 직업적성사례

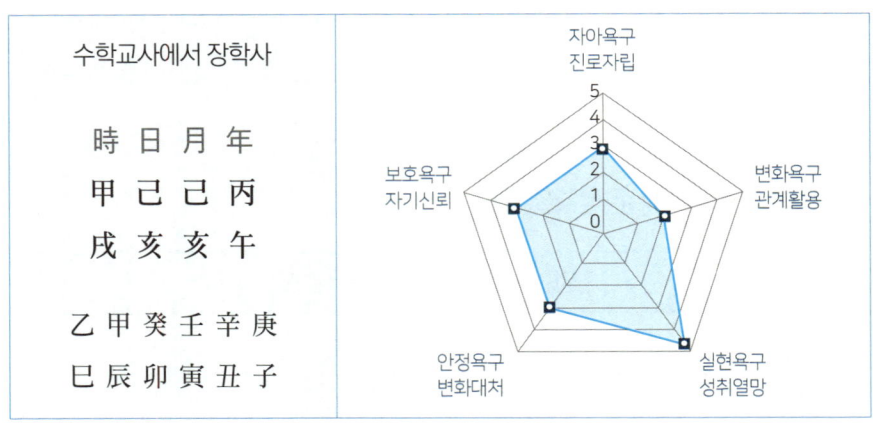

위 사주는 己土일간이 亥月생으로 甲木이 투간하여 정관격이다. 연지 午에 통근한 丙火 정인과 관인상생을 이루고 있다. 시상으로 투간한 관은 공무원이 될 가능성이 높다. 대체적으로 정관은 고요한 성격으로 늘 한결같은 공무원이 가장 적합하다.

AAT선천적성검사 결과

- **직업유형** – 직장형의 리더기능으로 수직적 구조에서 자신의 잠재력을 발휘한다.
- **성공직업** – 일반직공무원, 교육자, 의사, 공기업임직원, 회계세무전문가.
- **정관특징** – 도덕성, 합리적, 공정성, 보수적, 세심한 업무능력을 활용한다.

직업선택 위험감수수준 검사결과

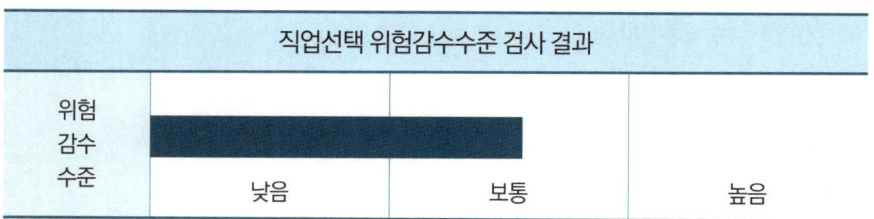

- 조직력이 갖추어진 직장 생활에서 안정적인 수업과 근무조건에서 자신의 능력 발휘가 좋아 위험감수수준이 안정적이다.
- 보완 : 소탐대실이 되지 않도록 넓은 마음이 필요하다.

진로선택분석

위 사주는 월지 재성으로 수학분야에서 두드러진 재능을 보인다. 관인상생구조로 학업성적도 좋았으며 교대에 진학하여 수학교사로서 사회생활을 시작했다. 정관은 소속되는 것이 좋으며 직장 내에서도 내부 시스템으로 가야 그 능력을 발휘하기 좋다. 월지 재성의 생을 받는 재생관은 조직을 위해 최선을 다하고 그 대가로 40대에 장학사가 된다. 타고난 재능수준과 열정뿐만 아니라 몰입력까지 높아, 성공적인 직업선택과 능력발휘에 무리가 없었다.

9) 편인의 직업적성사례

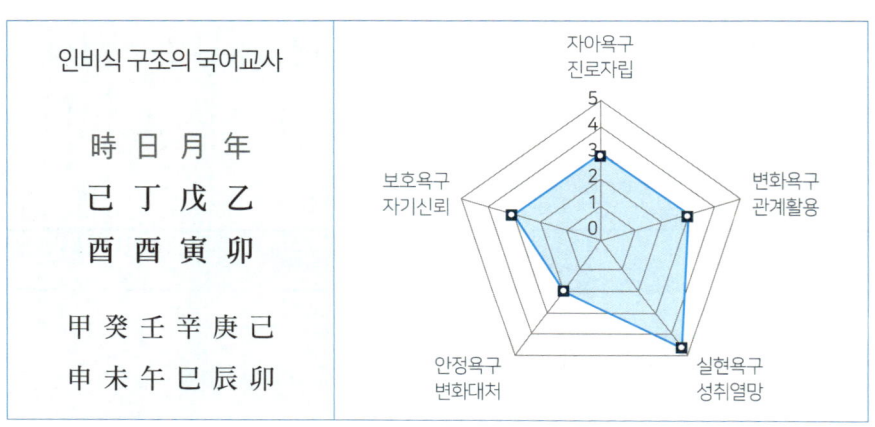

이 사주는 丁火일간이 寅月 정인이며, 월간의 戊土상관과 상관패인하고 있다. 지지에서 寅卯木局으로 인수가 강하고 천간으로 戊己土식상으로 in-put과 out-put 이 잘 이루어지는 인비식구조이다.

AAT선천적성검사 결과

- **직업유형** – 사업형의 전문기능으로 자신의 전문성의 가치를 제대로 발휘한다.
- **성공직업** – 교육사업경영자, 생명공학자, 제조업경영자, IT산업경영자, 연구원.
- **편인특징** – 추리력, 순발력, 상상력, 종교적, 이해력, 암기력을 활용한다.

직업선택 위험감수수준 검사결과

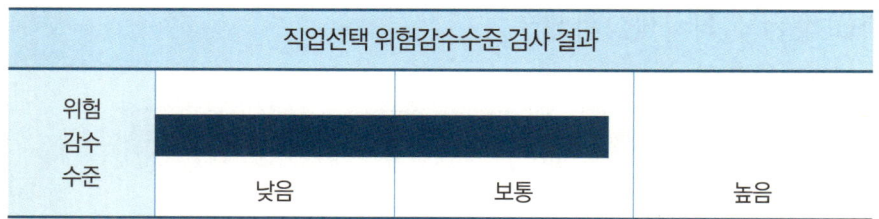

- 직업선택에 있어 안정적인 것도 선호하지만 조건에 따라 위험도 감수할 수 있는 소지가 있다.
- 삶의 기준이 분명해야 하는데 인수와 재성의 대립으로 직업선택기준이 모호하다.
- 보완 : 자신의 생각을 구체화시키려는 노력과 스스로 책임지는 자세가 필요하다.

진로선택분석

乙木이 월간의 戊土상관의 독을 없애주고 상관패인(傷官佩印)의 비범성과 인비식의 전문성을 갖춘 구조이다. 丁火일간이 시상의 戊己土식상을 활용하므로 재미있는 강의를 할 수 있다. 사주 내 정편인은 실용적인 업무와 전문적인 고급기술이 가능하므로 특수자격증이나 직종에 종사하면 능력을 인정받는다. 특히 교사라는 전문직을 수행하기 좋다. 이러한 재능과 몰입, 열정이 모두 잘 발달되었고 지식을 활용하는 업무에 뛰어난 만큼 직업선택을 잘 한 경우이다.

10) 정인의 직업적성사례

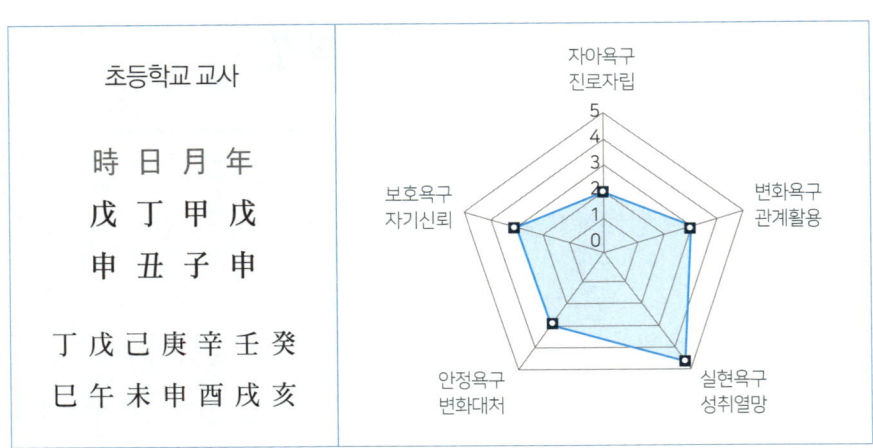

이 사주는 丁火일간이 子月 편관이다. 월간 甲木 정인과 관인상생을 이루었다. 申子 水局이 되어 관성의 세력이 강하다. 신약한 丁火일간이 인수의 영향을 받고 있으며 시상의 戊土를 만나 상관패인(傷官佩印)구조로 똑똑하다고 비범하다. 일간 丁火의 목적은 정인 甲木의 학습을 통한 관을 수용하는 것이다.

AAT선천적성검사 결과

- **직업유형** – 사업형의 리더기능으로 정서유대와 감성 활용 두 가지를 사용한다.
- **성공직업** – 교육자, 치과의사, 공무원, 연구원, 인사교육전문가, 학예사.
- **정인특징** – 해독능력, 역사성, 수용력, 정직성, 학습적, 강한 기록능력을 활용한다.

직업선택 위험감수수준 검사결과

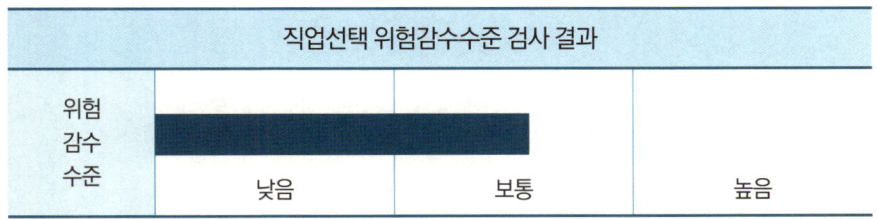

- 위험감수수준이 낮고 안정을 원하므로 보상이 적더라도 확실하고 위험부담이 적은 선택을 한다.

진로선택분석

위 사주는 타고난 적성을 별 고민 없이 자연스럽게 활용한 경우이다. 상관패인과 인비식구조로 자신이 학습한 모든 지식을 제자들에게 아낌없이 베푼다. 적성검사 역시 교육자 적합도가 높게 나타났다. 정인은 인내심이 강한 십성으로 타인의 생각이나 감정을 마음으로 수용하고자 한다. 교육이나 상담 분야의 직업에 적합하지만 몰입은 다소 낮아 이 점은 보완할 필요가 있다.

PART **7**

명리십성의
심리분석

1. 비견의 심리 사례분석
2. 겁재의 심리 사례분석
3. 식신의 심리 사례분석
4. 상관의 심리 사례분석
5. 편재의 심리 사례분석
6. 정재의 심리 사례분석
7. 편관의 심리 사례분석
8. 정관의 심리 사례분석
9. 편인의 심리 사례분석
10. 정인의 심리 사례분석

십성에는 다중적인 성격이 담겨 있다. 누구에게나 표면적인 면과 내면적인 면의 이원화된 모습을 볼 수 있는 것이다. 약한 듯 강한 성격이 담겨 있고 서릿발처럼 단호함 속에 부드러움이 있는 것처럼 인간은 공평하게 여덟 글자로 사주를 구성하고, 각 기둥마다 구성된 글자 속에 성격, 심리, 행동 등이 담긴 십성으로 인해 여러 가지 모습을 보여준다.

　사주의 천간(天干)은 양간과 음간으로 구성되어 있으며, 다섯 개의 양간(甲·丙·戊·庚·壬)은 음간과 합을 이루면서 강한 남성적인 성격 이면에 부드러운 여성적인 성격을 소유하였고, 여성적인 음간(乙·丁·己·辛·癸)은 양간과 합하여 부드러움 속에 남성적인 성격을 소유한다. 그래서 일간은 다중성격을 보여주는데 천간의 합과 탄생되는 오행이 영향을 미치고 있기 때문이다.

　이처럼 일간이 가지는 1차적인 기본성격과 합에서 가지게 되는 2차적 이중성의 성격과 일간이 합해서 새로이 탄생한 오행의 성격까지 소유하고, 마지막으로 이 세 가지를 종합하면서 갖게 되는 다중 성격으로 인해 십성은 다양한 심리를 소유하게 된다.[107] 이러한 일간의 다중 성격 이론을 바탕으로 살펴보면 십성은 각기 긍정적인 성격도 소유하고 부정적인 성격과 심리를 소유하게 되니 한 날 한 시에 태어나도 일간의 주체가 보여주는 성격과 행동, 심리, 삶 자체가 절대 똑같지 않다.

---

107) 김기승(2006), 『사주심리와 인간경영』, 창해, pp. 187-218.

> [참고] 사주 내 오행의 상생이 좋고 힘의 균형을 이루면 긍정적인 에너지가 발현되어 정서적 안녕을 기대하게 된다. 그런 중에 격을 잘 이루고 있으면 사회적 능력이 좋게 된다. 그러나 사주내의 오행이 지나치게 편중되거나 沖尅이 심하게 작용되면 개인의 정서적 심리에 카르텔(cartel)이 형성되어 부정적, 모순적, 극단적 행동심리가 나타날 수 있다.

십성이 일간에게 미치는 긍정적인 힘은 좋은 에너지를 가져와 일간에게 이로움을 주지만 부정적인 면은 일간에게 정신적인 피해와 육체적인 고통도 안겨줄 수 있다. 결국 각 십성의 강약에 따라 혹은 생극제화(生尅制化)의 작용에 따라 현실적으로 나타나는 십성의 작용은 다를 수밖에 없다.

이에 대해 사례와 함께 논하여 보고자 한다.

1. 비견의 심리 사례분석

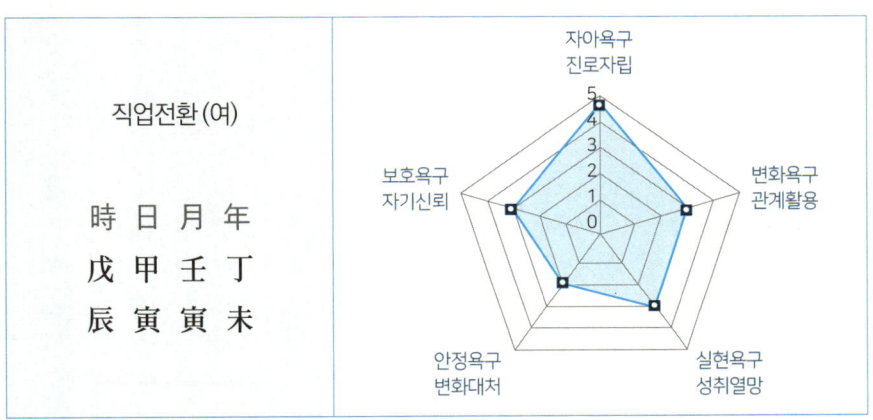

1) 구조분석

◆ 비견격 : 金관성으로 일간을 제화 (관인상생 無)

　　　　 : 火식상으로 설기 (식상생재 有)

◆ 일간 : 신강사주 - 식상 火용신, 재성 土희신

- 관성의 부재현상은 결단성, 절제력, 준법성이 결여되고 사회적 시스템이 없다.
- 관성이 없어 식신으로 활용, 주관적 기능을 객관적으로 활용하게 된다.
- 丁壬합으로 인해 식상활용에 결함이 발생하므로 재관이나 식재의 개입이 뚜렷한 구조가 좋다.

- 비견격은 자체적으로 직업형태가 부여되지 않는다.
- 비견자체의 에너지를 사용한 경제활동이므로 노동의 대가가 크다.
- 인비식 코스를 통해 재를 만들고자 한다.
- 비견격은 운에 따라 관인, 식재를 선택하므로 변화가 많다.
- 나쁜 운에 대비한 자기 계발이나 노하우를 갖추어야 한다.

2) 심리분석

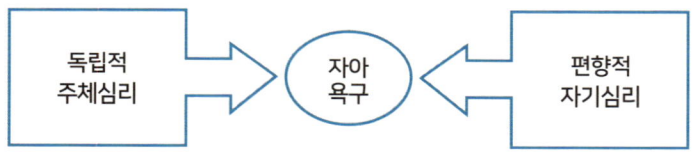

- 현시적 욕구에 의한 자기만족심리가 강하다.[108]
- 비겁이 강해 재를 극하는 구조로 운에서 도와주지 않으면 탈재가 발생한다.
- 편재와 편인의 조우는 편재의 확장심리를 강화시켜 돈 욕심이 강해진다.
- 관성이 없어 변별성, 참을성이 떨어지고 통제가 되지 않는다.
- 일간의 out-put이 순조롭지 못해 정신적 문제가 발생한다.
- 申숲칠살운은 도전전의식이 확연히 떨어져 심리적 타격이 심화된다.
- 편인은 식상을 활용하는 일간의 자율성에 개입하고 통제하고자 한다.
- 편향적인 자기심리가 발현되어 극단적인 선택을 한다.

---

108) 김기승(2016), 『과학명리』, 다산글방, p. 336.

3) 내담자 상담일지

위 사주 주인공은 미술학원을 운영하던 중 학교공교육수업에서 예체능의 비중이 낮아졌다. 용신인 火운이 좋아 丙午대운은 학원이 잘 되었다. 火운의 끝인 未土운은 사회적 환경과 개인의 운이 함께 나빠져 수강생이 줄어들고 결국 경영난으로 폐원했다.

강한 비겁에 관성의 부재는 의지가 약해지고 소극적으로 변한다. 피해의식도 강해진다. 현실도피를 위해 알코올에 의지하게 된다. 이처럼 자존심이 강한 비견이 심리적으로 치명상을 입게 되어 자신을 포기하기도 한다. 현재, 알코올중독 치료를 마치고 개인교습으로 다시 재기에 노력하고 있다.

2. 겁재의 심리 사례분석

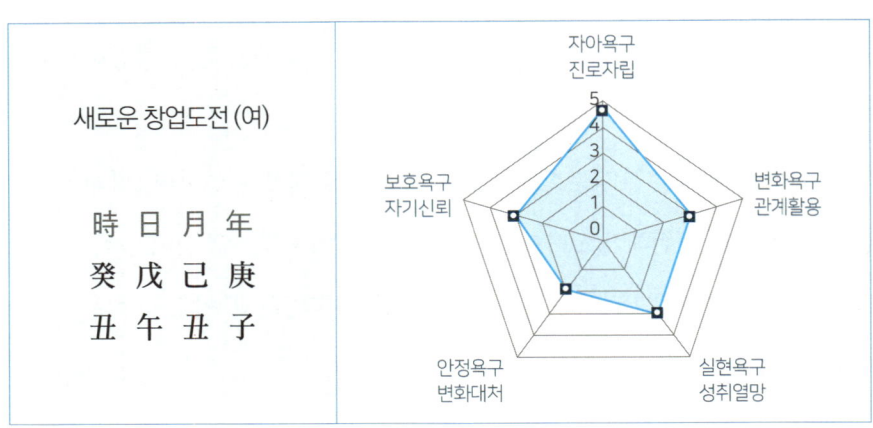

1) 구조분석

◆ 겁재격 : 木관성으로 일간을 제화 (관인상생/ 재생관 無)

　　　　: 金식상으로 일간을 설기 (식상생재 有)

◆ 일간 : 신강사주 - 木관성이 없으니 金식상용신

- 겁재격이 식신생재의 구조를 이루어 자신의 능력을 사회화시키려고 한다.
- 주관적인 기술이나 아이템을 동원한 공개경쟁으로 결과를 갖는 사회형이다.
- 자신의 결정이 중요하고 노력하지 않으면 결과가 주어지지 않는다.
- 겁재격은 재를 독식할 수 없으므로 나눔의 미덕을 실천함이 좋다.
- 쟁재를 하면 어떤 형태로든 비겁들과 상당부분을 나누게 된다.

- 관성이 없어 변별력, 인내심이 부족하고 분별력이 떨어진다.
- 신강한 겁재격에 식상활용은 개인적 용도를 우선으로 한다.
- 자기이익이 선행되지 않으면 공적인 일에 희생을 하거나 나서지 않는다.

2) 심리분석

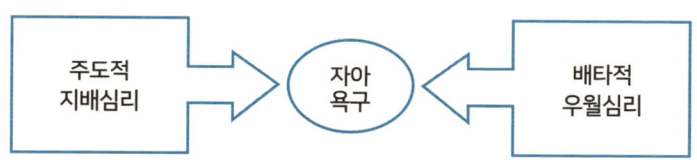

- 신강한 겁재가 식상생재를 이루면 자기주도적 역할이 강해진다.
- 독립적으로 창업을 주도하려는 심리가 강하다.
- 사주에 없는 오행은 콤플렉스요 함정이며 장벽으로 나타난다.
- 사주에 관이 없어 오히려 자신을 더 통제하고 관을 채우고자 한다.
- 겁재의 심리를 억압하면 거꾸로 청개구리 기질을 보이며 반항한다.
- 비겁은 인정받는다고 느끼면 희생하고 헌신적이 된다.
- 칭찬을 좋아하는 비겁은 감언이설에 빠른 반응을 보인다.
- 강한 겁재는 대인관계에서 교감능력이 뛰어나다.

3) 내담자 상담일지

위 사주 주인공은 비겁이 강해 관성으로 극을 해야 하는데 없다. 사주에 관성이 없는 것은 늘 일간에게는 먹어도 채워지지 않는 배고픔과 같다. 없는 오행에 의해 나타나는 부작용을 극복하기 위해 결핍센서[109]가 작동하여 노력하고 극복해내는 심리를 보여준다.

타인에게 지적받는 것을 극도로 싫어하는 성격으로 직장생활을 할 때도 가정에도 충실한 슈퍼우먼이었다. 현재, 12년 동안의 경력단절을 겪은 후 도자기 공방과 부동산 중개소를 동시에 창업했다. 인생 제 2막을 시작하면서 자신감을 회복하고 있다.

---

[109] 김기승의 2017년 12월 6일 수요통변 강의록 중에서 발췌. '없는 오행을 자신의 콤플렉스로 받아들이고 극복하려는 심리로 신강사주일수록 결핍센서 작동이 잘 되어 극복가능성이 높다.'

3. 식신의 심리 사례분석

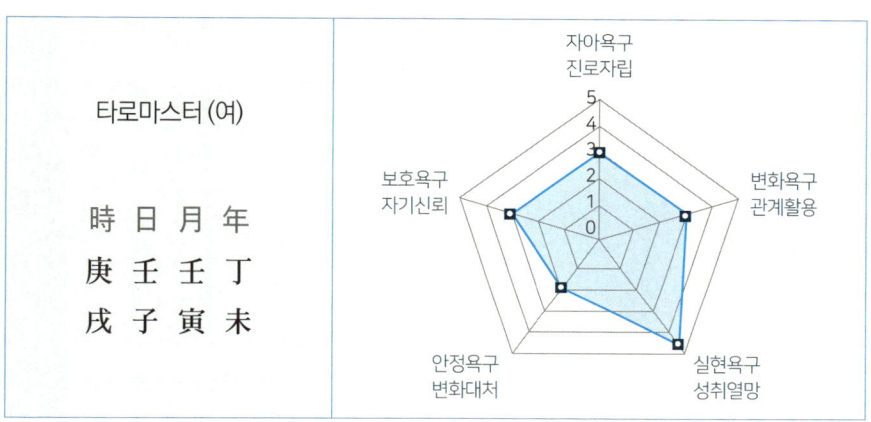

1) 구조분석

◆ 식신격 : 火재성으로 설기 (식신생재 有)

　　　　 : 金인수용신 (일간이 신약할 때/인비식 有)

◆ 일간 : 중화된 사주 – 木火 식재 용신

- 신강신약 논할 필요 없는 사주로 火정재가 용신이자 木식신이 희신이다.
- 土관운이 오면 편인을 생해 힘들어진다.
- 식신격은 식신생재가 되어야 성격이 된다.
- 식재는 자신의 재능을 활용하는 것으로 개인용도가 우선이다.

- 丁壬合으로 재가 묶여 성격을 이루지 못하였고 때를 기다려야 한다.
- 재가 묶여 재성이 목적이 아니라 인수의 지식을 활용하고자 한다. (공부해서 교육하는 형태)
- 투출된 격은 부재이나 억부(抑扶)의 중화는 이루었다.
- 편인의 자기계발을 통한 개인의 능력이 중요하게 되었다.

2) 심리분석

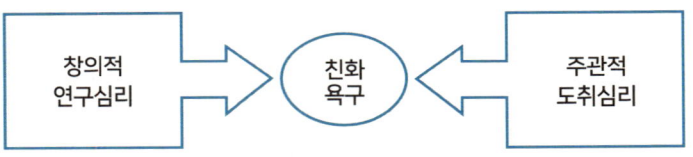

- 식신의 성실성이 편인의 외골수와 편관의 단호함을 만나 강직한 심리로 나타난다.
- 비겁의 주관성이 밖으로 유출되어 객관화 된다.
- 아이디어나 창작을 상품화하니 공개경쟁능력이 된다.
- 식신은 일간의 뜻에 따라 하고 싶은 것 위주로 자유롭고자 한다.
- 식신은 내면의 정인과 같아서 기존의 법을 존중하며 진화하고 연구하는 심리다.
- 식신의 목표인 재성이 함께 하면 행복지수(幸福指數)가 높고 개발본능이 강하다.
- 식신이 약하면 표현력 부족으로 대인관계가 원활하지 않을 수 있다.
- 식신과 편인의 호완이 좋아 생각과 언행이 신속하다.

3) 내담자 상담일지

위 사주 주인공은 식신격으로 재를 추구하는 것이 목적이다. 식신은 내면의 정인으로 고집이 강해 인내심을 바탕으로 연구력이 발달한다. 인비식구조를 갖추었으나 강의나 교육보다 개인적 용도로 활용하고자 한다. 丁火재운이 오자 재에 대한 욕구가 강해져 창업을 하였다. 타로마스터로서 아르바이트 생활을 접고 새로운 방향전환을 시도한 것이다. 그러나 학문이 깊지 못해 결국 창업 6개월도 채우지 못하고 폐업을 한다. 현재는 다시 기존의 근무지에서 알바로 타로점을 보고 있다.

4. 상관의 심리 사례분석

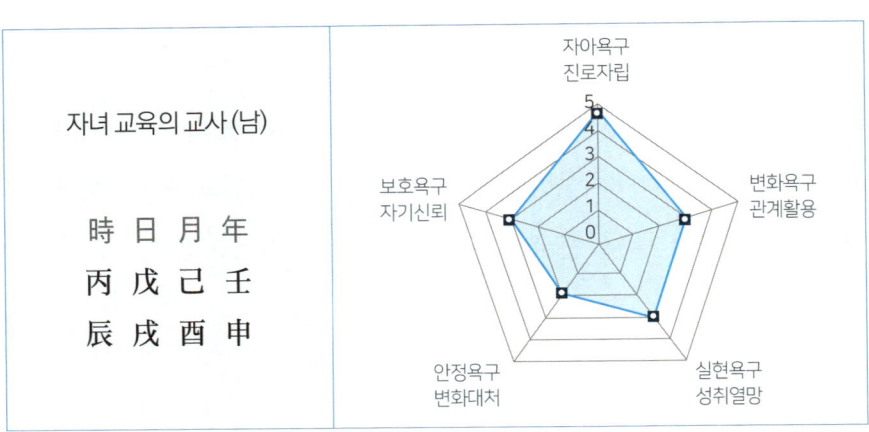

1) 구조분석

◆ 상관격 : 火인수로 부조 (상관패인 有)

　　　　： 水재성으로 유출 (상관생재 有)

◆ 일간 : 중화된 사주 – 격을 따라 火인수용신

- 격국과 억부의 용신이 모두 火인수용신이다.
- 비범성이 있으며 지식의 수용과 활용이 매우 우수한 전문가형이다.
- 상관이 생재격을 이루어 사회적 용도로 쓰임이 좋다.
- 필설직이나 강의, 미(美)를 추구하는 생산능력이 뛰어나다.

- 관습을 탈피하여 새로운 형태의 알고리즘을 형성하고자 한다.
- 상관격에 인수용신이라 재운이 오면 정신적인 면에 변화가 생긴다.
- 관이 없으므로 상관의 피해를 입지 않는 것이 오히려 유리한 구조이다.
- 지지에서 辰酉合, 申酉戌로 모든 에너지가 상관으로 흘러간다.

2) 심리분석

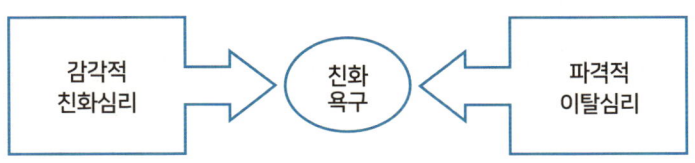

- 상관격은 예민하며 섬세하고 경쟁과 모방 심리가 강하다.
- 상관과 인수의 조화는 지식의 수용과 활용심리가 뛰어나다.
- 관이 없으나 인수가 상관을 조절하게 되어 중용을 지키게 되었다.
- 무관사주는 중요한 결정 앞에서 내면의 갈등이 남다르게 심하다.
- 편재가 투출하여 개발본능과 현실적인 심리를 동시에 소유하였다.
- 천간의 壬水편재는 申金식상을 생을 받아 확장심리가 강하다.
- 원리원칙을 거부하는 酉金상관은 자율성을 좋아해 이탈심리가 있다.
- 식신은 천간으로 투간한 편인의 도식을 우려, 불안한 심리를 보인다.

3) 내담자 상담일지

위 사주 주인공은 고등학교 교사로 재직 중이다. 고1이 된 자신의 자녀 진로문제로 고민하는 사람이다. 자신이 자녀를 교육시켜 특목고에 진학시켰으며 현재도 엄격하게 자녀를 코디하고 있으나, 자녀의 성적에 만족하지 못해 조바심을 내고 있었다.

선생님으로 학생들을 지도할 때와 달리 자녀에게는 교육자의 시선으로 평정심을 가지고 바라보기 어렵다는 고충을 털어놓기도 했다.

편인은 사고력에서 자신의 기준으로 치우칠 가능성이 정인보다 높다. 상관의 예리한 분석과 자유롭게 자기방식대로 교육은 자녀에게 부담스러울 수 있다. 자녀상담보다 오히려 부모로서의 양육과 학습코칭 방법에 대한 조언이 필요했다.

5. 편재의 심리 사례분석

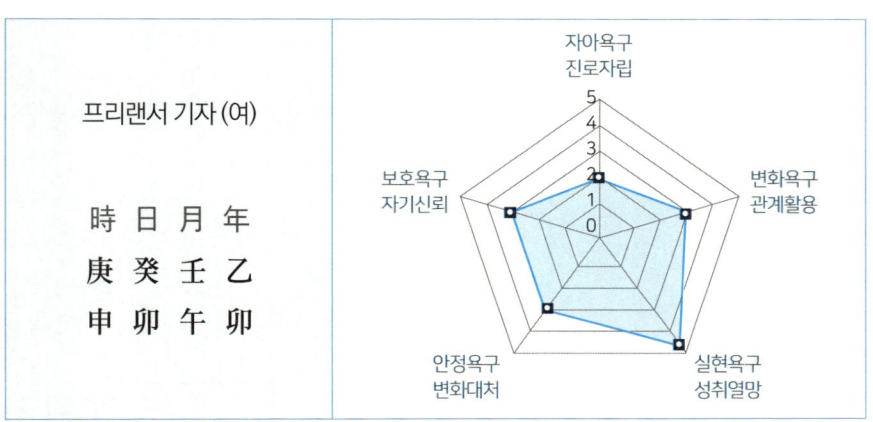

1) 구조분석

◆ 편재격 : 木식신으로 설기 (식상생재 有)

　　　　 : 土관성을 생 (재생관 無)

◆ 일간 : 신약사주 – 재격이나 식상이 다하므로 水비겁, 金인수 용신

- 乙木식신으로 용신하여 식신생재격을 이루고자 하나 신약하다.
- 일간이 신약사주이므로 인수용신을 활용한다.
- 식신이 왕하면 비겁은 일간을 돕는 지속력이 약하다.
- 편재격에 전문가인 인비식 구조를 형성하고 있다.

- 인수의 학문과 자격증을 활용해야 한다.
- 편재격에 인수는 자격을 갖춘 학원 사업 형태 구조를 말한다.
- 편재격에 인수용신이지만 격과 용을 소통시키는 관성이 없다.
- 편재격과 인수용신이 상극이다. 이런 구조는 성공하더라도 많은 변화를 겪게 된다.

2) 심리분석

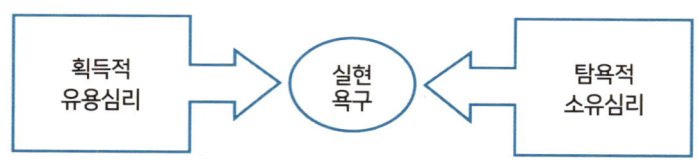

- 편재의 확장심리(擴張心理) 위축 + 정인의 안정 → 경쟁회피심리
- 편재는 개발 본능으로 모든 업종에서 개발을 통한 이익을 추구한다.
- 편재는 목표의식이 뚜렷하고 기회에 거래능력이 민첩하게 발현된다.
- 편재는 활동적이고 유동적인 심리의 소유자다.
- 편재와 함께 천간의 겁재는 과도하게 재를 탐닉하는 심리를 유발한다.
- 일간에게 욕구를 주고 무언가 성과를 내고 싶은 활동본능(活動本能)을 일으킨다.
- 일간에게 소유욕을 불러일으켜 무모하게 일을 확장하게 하며, 일시적으로 이익을 얻기도 한다.
- 재성은 상대방과의 교감심리가 빠르다.

3) 내담자 상담일지

위 사주 주인공은 프리랜서 기자로 사회적 활동비중이 약한 편이다. 사주 내 정인과 식신의 조합은 인내와 우직함, 성실과 정적인 조용함이다. 편재의 발현이 약하다. 정치부나 연예부 등의 기자라면 단독취재나 기획보도같이 이슈가 되는 기사를 위해 적극적이며 호전적으로 활동할 것이다. 사회적 용도로 사용이 미약하다. 그러나 이 사주에서 인수와 식상은 고요한 성향으로 사회생활보다 자녀양육에 코드가 맞춰져 있다. 현재는 자녀양육으로 사회적 활동이 원활하지 못하지만 앞으로 기자로 일을 하고 싶어 한다.

6. 정재의 심리 사례분석

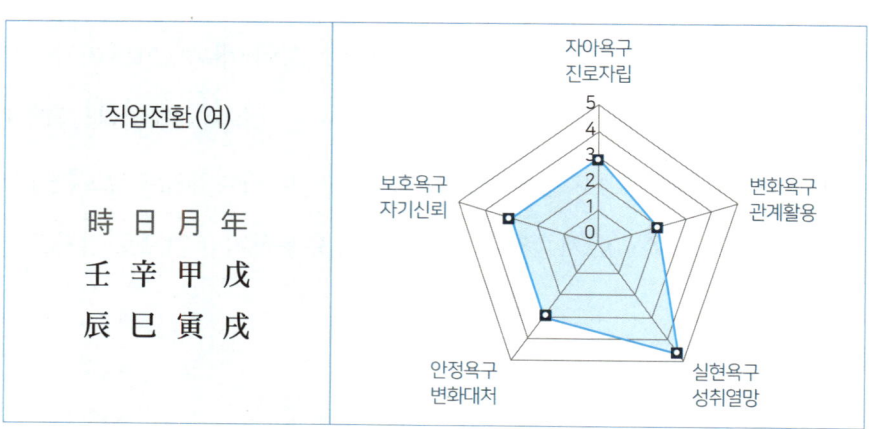

1) 구조분석

◆ 정재격 : 水식상으로 생재 (식상생재 有)

　　　　 : 火관성을 생관 (재생관 有)

◆ 일간 : 신약사주 - 土인수용신, 金비겁 도움

- 격국 정재와 억부 인수 용신이 어긋나 삶이 격정적이고 안정될 수 없다.
- 격을 이룬 정재를 극하는 것보다 土인수용신을 우선한다.
- 천간으로 상관생재가 잘 이루어졌다. 신약하더라도 이는 적성이자 사회성이다.
- 지지로 관인상생이 이루어져 있는 이원화 구조를 가지고 있다.

- 정재격에서 재생관이 이루어지면 관을 사용하고, 품격이 높아진다.
- 정재격은 식상으로 생재해 연구, 개발, 유통, 교육(양육)을 직업으로 해야 한다.
- 재극인의 이 사주는 개인의 재능을 개발하는 게 우선이다.
- 재극인은 파격이나 실상은 머리가 좋고 비범성이 있다.

2) 심리분석

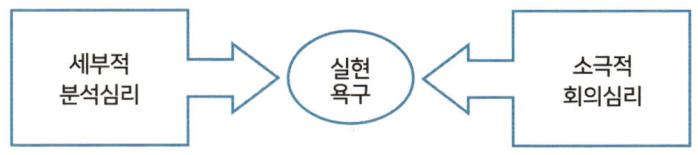

- 정재의 현실적 계산 + 인수 비활용 → 경력단절
- 투간한 재성 + 상관 → 매우 감성적이면서 민감한 심리를 보여준다.
- 정재는 특히 치밀하고 섬세하며 현실적이라 더욱더 민감하고 외향성향을 띤다.
- 상관이 시상으로 투간하여, 더 감성적이라 이성적 판단이 흐리다.
- 甲寅 월주가 戊戌 연주를 심하게 헨해 이성과 감성을 조절하기 어렵다.
- 인수의 계획과 재성의 현실이 괴리를 일으켜 목적이 변질된다.
- 정재의 소극적 심리가 상관을 통해 확장되는 심리다.
- 일지 巳火 정관은 재생관으로 도덕적 자기 절제심리가 발현된다.

3) 내담자 상담일지

위 사주 주인공은 뚜렷한 정재격을 이루었다. 그러나 재격에서도 정인을 파격시키면 인수를 쓸 수 없다. 이성적인 정인을 재성이 극하여 실수가 많아진다. 자격증이 있다 해도 사용하기가 어려워지는 것처럼 교육대 졸업 후 도전한 임용고시에서 실패하였다. 이는 인수라는 합격의 문서가 깨진 것과 같다. 공교육현장으로 들어가지 못하고 학원 강사를 했었다. 현재는 경력단절에서 벗어나기 위해 취업준비 중에 있다. 내담자의 사주는 직업 부조화 현상을 가지고 있으니 상관을 통한 재를 획득하는 전력이 필요하다. 즉 남들과 차별화된 재능을 개발하여야 한다.

7. 편관의 심리 사례분석

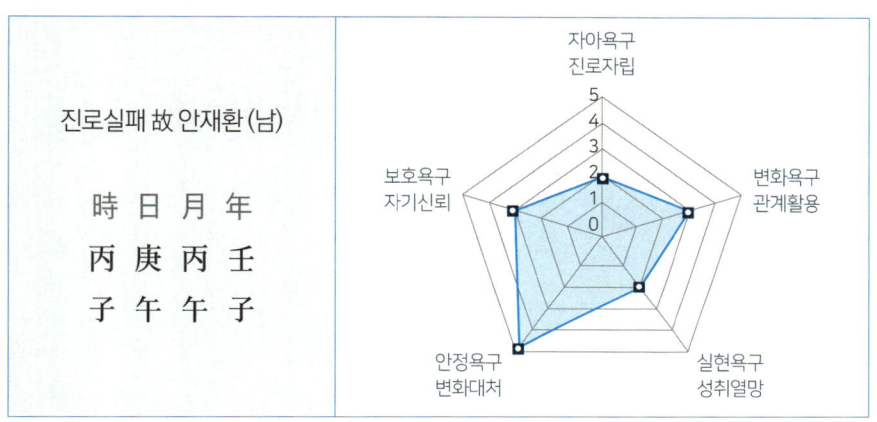

1) 구조분석

◆ 편관격 : 水식상으로 제화 (식신제살 有)

　　　　 : 土인수로 상생 (살인상생 無)

◆ 일간 : 신약사주 – 인수와 비겁이 없으므로 격을 따라 水식신으로 용신.

- 억부도 격을 따라 식신 水용신으로 편관을 제살하는 구조다.
- 식신제살은 자신의 노력과 능력을 발휘하여 관을 쓰게 된다.
- 식상제살은 관을 제화시키며 식상의 능력을 재능으로 쓸 수 있다.
- 제살의 구조는 비범성이 있고 빠른 판단력과 행동력이 있으며 암기력도 좋다.

- 제살이라 하더라도 재성이 없으니 소통이 안 되어 격정적인 삶이 예견된다.
- 편관격은 자신의 노력으로 공을 세우고 세상을 구제하고자 하는 심리가 있어 구제, 구난에 관련된 직종이 좋다. 식상이 추가되면 서비스가 추가되는 것과 같다.
- 편관격은 재생관이 되면 관에 무한한 애정을 가지고 노력해 실적을 갖다 바치는 편이다.
- 재생관이 안되면 식상과 관이 싸우기에 격정적인 삶이되기 쉽다.

2) 심리분석

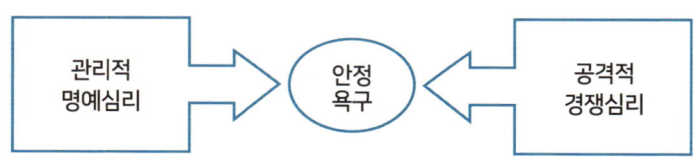

- 편관의 칠살은 명분을 중시하는 심리로 타협에 취약하다.
- 편관은 자존심의 결정체 비겁을 극하기에 정체성의 문제가 극심할 수 있다.
- 편관은 자존심의 결정체 비겁을 극하기에 공격적이 될 수 있다.
- 편관의 칠살 작용 + 식상의 주관적 감정 → 사업실패로 인한 극단적 행동심리
- 연지와 지지가 모두 子午沖 작용 → 조울증으로 감정조절이 안 된다.
- 이성과 감성의 충돌이 심한 사주 – 소통하지 못해 욱한다.
- 무인사주 – 사주에 土인수가 없어 식상이 관을 극하는 것을 방어해줄 수 없다.
- 무재사주 – 木이 사주에 없어 재성인 돈에 대해 콤플렉스가 된다.

3) 내담자 상담일지

위 사주 주인공은 월지에서 투간한 丙火로 편관격이 확실하게 이루어져 있고 식신제살(食神制殺)로 격이 뚜렷하다.[110] 지지 어느 한 곳에도 뿌리를 갖지 못하고 신약한데 식상의 설기(洩氣)까지 이루어지는 극설교가(剋洩交加)의 극신약사주이다.

신약하면서 충(沖)이 많아 성격이 고약하지 않지만 충(沖)만 있고 이걸 해결해줄 합(合)이 없다. 그래서 문제가 발생하면 해결하는 능력보다는 회피하고자 하는 심리가 강해진다. 현실을 인정하기 어렵다. 결국 사업에 실패했고 재기하고자 하는 의욕을 상실했다.

---

110) 김기승(2016), 『과학명리』, 다산글방, p. 381.

8. 정관의 심리 사례분석

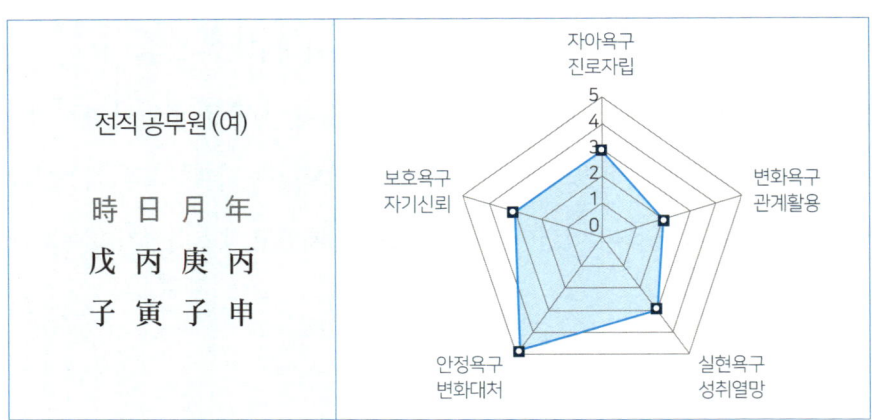

1) 구조분석

◆ 정관격 : 木인수로 상생 (관인상생 有)

　　　　 : 金재성으로 생관 (재생관 有)

◆ 일간 : 신약사주 – 木인수용신

- 子月 정관격을 이루었고 신약사주로 木 인수가 용신이다.
- 관인상생에서 천간으로 생재가 이루어져 위험감수수준이 매우 높게 되었다.
- 직장에 만족하지 못하고 재에 치중할 경우 격정적인 삶으로 치달을 수 있다.
- 격에서 관인상생을 이루는 木과 억부 용신 木이 일치하니 金운이 불리하다.

- 木운에는 사회적으로 개인적으로 환경이 좋아진다.
- 정관격은 대부분 신약할 확률이 많으며 언행에 앞서 관계를 의식하는 구조다.
- 격국과 억부용신이 인수로 통일되면 일생 살아가는 데 운의 흔들림이 적다.
- 지지와 천간의 구성이 이원화 되어 직업 부조화 현상이 나타날 수 있다.

2) 심리분석

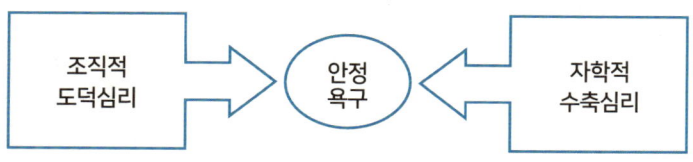

- 정관의 도덕성은 자신의 감정보다 합리적이고 공명정대함을 보이고자 한다.
- 철저한 자기 관리를 통해 인정받고자하므로 소심해진다.
- 원리원칙의 정관과 자유로운 식상의 기질로 이중심리를 가진다.
- 뿌리 없는 식신은 편인을 의식해 심리적 위축이 발생한다.
- 편재는 결과에 대한 욕구가 강하므로 커다란 성공을 기대한다.
- 庚金편재의 영향으로 민감한 성격에 욕구가 많다.
- 천간의 식상생재(食傷生財)의 구조는 감상적이고 공개적인 마인드다.
- 지지의 관인상생은 내면의 안정성을 중시하는 마인드다.

3) 내담자 상담일지

위 사주 주인공은 공무원으로 퇴직 후 현재 안정적인 삶을 유지하고 있다. 다른 사람들이 승진이나 투자다 하며 돈과 명예를 추구하지만 자신은 가정생활과 직장에 변동이 없는 걸 원하며 단지 정년퇴직까지 잘 마치는 게 목표였다고 한다. 공무원이라 해서 직급이 높은 것도 아니다. 민원실 업무가 잔일이 많고 편안한 것은 아니지만 감원이나 명퇴 등이 타 직업보다 적어 해고나 이직의 고민이 적었기 때문에 순조롭게 사회생활을 마친 경우이다. 현재는 수입보다 자신이 즐겁게 일할 수 있는 직업이나 창업을 고려하고 있다.

9. 편인의 심리 사례분석

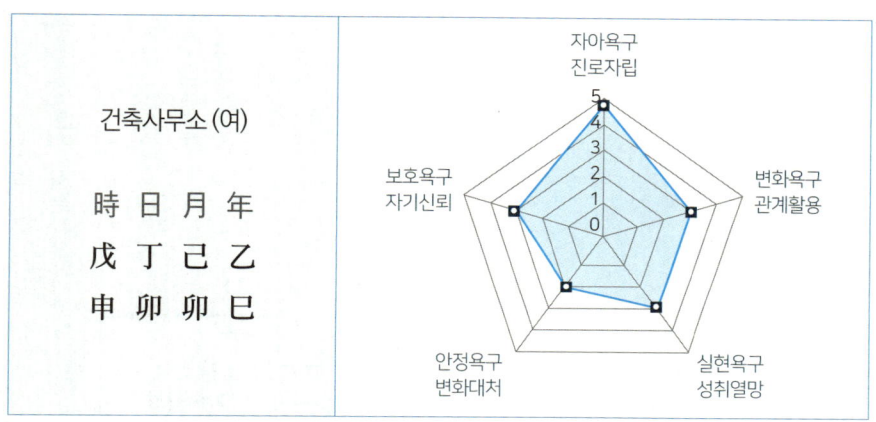

1) 구조분석

◆ 편인격 : 金재성으로 제화 (편인제화 有)

　　　　: 水관성으로 상생 (관인상생 無)

◆ 일간 : 신강사주 – 金재성 용신, 土식상 도움

- 卯月 편인격이며 편인이 왕하여 재성 金으로 편인을 제화시켜야 한다.
- 丁火일간이 신강하여 식상 土와 재성 金으로 억부용신을 삼는다.
- 金재성은 격과 억부용신이 일치하므로 삶이 평탄할 수 있다.
- 식상의 기능을 적절히 활용하는 인비식구조로 사회적 활동이 왕성하다.

- 편인이 격을 이루고 신강하므로 도식현상을 우려한다.
- 재성으로 편인의 도식작용을 방어하고 식신을 보호해야 한다.
- 재성을 용신할 때는 재가 튼튼해야 한다는 조건이 따른다.
- 비겁으로 신강하면 재가 편인을 제어할 수 없고 격이 떨어진다.

2) 심리분석

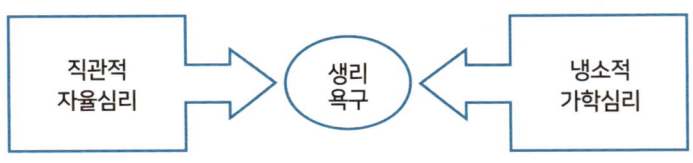

- 강한 편인의 심리는 이상세계의 추구와 아이디어를 생산한다.
- 편인과 상관의 조화는 미적 감각이며 재성이 추가되면 미적 공간이 된다.
- 강한 편인은 폐쇄적인 심리를 내재하고 있다.
- 강한 편인의 외골수 기질은 타인을 불신하는 심리로 나타난다.
- 사회생활에 불리함이 있어도 감수한다.
- 사주가 조열하므로 개인주의 성향이 강하다.
- 무관사주로 강한 편인을 설기해주지 못해 사회성에 영향을 받는다.
- 강한 편인으로 식신이 도식당할까 불안한 심리를 가진다.

3) 내담자 상담일지

위 사주 주인공은 자신의 생각이 옳다는 믿음이 너무 강해 대인관계에 있어 스트레스가 많은 편이다. 자기중심적이라 스스로 고립될 상황을 만들어내기도 한다. 수술을 하는 등 건강에도 문제가 많았다. 이로 인해 자신감이 결여되면서 대인기피증(對人忌避症)이 생겼고 잠깐 은둔형(隱遁型) 인간으로 변하기도 했었다. 현재 완전히 건강을 회복하지는 못했지만 자신이 운영하는 건축사무소에 아들이 출근하기 시작하면서 마음에 안정감을 갖게 되었다고 한다. 앞으로 도시건축 인테리어 방향으로 사업을 확대시켜나갈 계획을 세우고 착실하게 진행하고 있는 경우이다.

10. 정인의 심리 사례분석

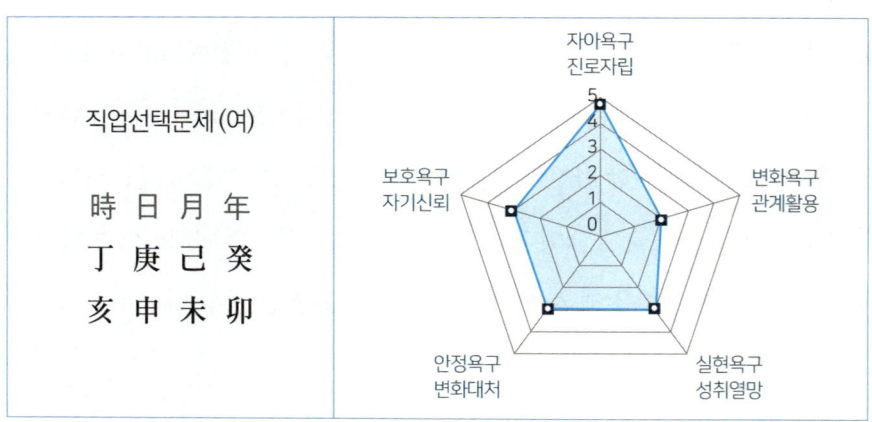

1) 구조분석

◆ 정인격 : 火관성으로 상생 (관인상생 有)

　　　　 : 水식상으로 설기 (인비식 有)

◆ 일간 : 신강사주 – 火관성용신

- 격용과 억부용신의 오행이 火 관성으로 일치하고 있다.
- 관인상생으로 사회시스템에서 능력을 발휘할 사회성을 갖췄다.
- 규정과 윗사람의 서열을 존중하여 관계를 의식하며 행동한다.
- 관인상생은 사회적 용도가 우선이므로 집단의 이익을 먼저 내세운다.

- 水식상이 관을 극하면 타고난 정관이라는 틀을 사용하지 못한다.
- 식상운을 만나면 개인용도를 활용하다 사회성이 나빠진다.
- 정관 정인은 상관이라는 개인의 일탈을 용납하기 어렵다.
- 정인은 항상 재를 방어할 준비를 해야 한다.

2) 심리분석

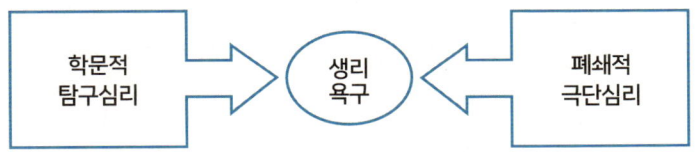

- 정인의 고지식은 비견의 독단적 성향과는 소통에 장애가 생길 수 있다.
- 관인상생은 물질적인 면보다 정신적인 면에 치중하는 심리가 나타난다.
- 투간한 정인은 가족에게 헌신한다는 생각으로 인정받기를 원한다.
- 癸水상관은 개인적으로 호기심이 강해 주변상황에 관심을 갖는 심리가 있다.
- 관인상생의 서열본능은 윗사람을 잘 보필하고 아랫사람은 리더하는 심리가 있다.
- 천간의 丁火 관성은 세상은 정의로워야 한다고 생각하는 심리다.
- 유행이나 파격적인 변화에 폐쇄적인 심리가 있다.
- 지지 木편재는 개발본능으로 항상 자신의 경제력을 갖추기 위해 노력한다.

3) 내담자 상담일지

위 사주 주인공은 남편의 사업이 부도나면서 경제적 어려움을 겪게 된 경우이다. 직장생활을 해보지 않은 상태에서 남편의 중식 자격증으로 중국집을 열었으나 남편이 운영에 별 관심도 없어 영업이 제대로 되지 않았다. 그러다 보니 자연스레 자신이 모든 일을 주관하게 된 경우이다. 정인의 올곧은 사고방식은 인자하고 가정에 헌신한다. 그러나 자식과 남편은 오히려 잔소리로 듣고 특히 고3인 아들과의 관계에 문제가 많았다. 밖으로 겉도는 아들로 인해 식당영업에도 지장을 초래하고 있는 실정으로 폐업을 고려중이라고 한다. 물론 아들 문제는 빙산의 일부로 본인의 성격상 식당운영에 많은 스트레스를 받고 있었다. 현재 식당유지와 편의점으로 전환을 고민 중에 있다.

기본적으로 관성을 사용하는 사주에서 식상을 쓰면 삶이 격정적이 된다. 개인 용도의 식상은 사용하지 않는 것이 좋다. 즉 사주 직업적성은 직장생활이 좋다는 의미다.

PART 8

사주직업코스 분석

1. 인비식 코스(과정 중시형)
2. 식상생재(결과 중시형)
3. 관인상생(목표 지향형)
4. 재생관(결과 지향형)

앞장에서 살펴본 바와 같이 십성에는 직업목표(職業目標)가 있었다. 그에 따른 직업 적성의 코스에는 서로 상생관계의 조화를 이룬 직업코스가 있고[111] 십성에서 주어진 직업목적은 식상생재(食傷生財), 관인상생(官印相生), 인비식(印比食)과 재생관(財生官)의 4 가지 형태로 직업코스를 이룬다는 점과 십성의 기본 구성요소를 알아보았다. 즉, 직업코스는 한 가지의 십성으로 이루어지는 것이 아니라 서로 조화를 이루는 십성과 십성이 만나 노력하는 과정이 만들어 주는 결과였었다.

노력을 하더라도 자신에 대해 알고 해야 한다. 본인이 진정 원하는 일은 어떤 것인지, 있다면 실현 가능성이 있는 것인지 판단해야 한다. 적성도 모르고 노력마저도 하지 않는다면 결코 어떠한 일도 성공할 수 없다.

우리는 실패를 할 때 흔히 '운칠기삼(運七氣三)'이라는 말로 자기합리화시키고 스스로 위로를 한다. 운이 나빴다고, 그래서 쉽게 포기하고 받아들이기 위한 방패로 삼지만 운이 아니더라도 노력이 선행되지 않는다면 결코 성공이 어렵다는 것은 자명한 일이다. 효율적인 노력과 타고난 적성이 만났을 때 분명 성공할 가능성은 높아진다. 그래서 타고난 생년월일시, 즉 사주를 분석해야 할 필요가 있는 것이다.

사주 분석에 있어 기본 코스 4가지를 이루는 십성은 사주 명조에 분포되어 직업적성 구조와 코스를 적절하게 갖추었을 때 그 결과로 안정된 직업을 유지할 수 있음을 확인할 수 있었다. 이러한 직업 코스가 직업적성에 직접적인 영향을 미치므로 한 개인이 일생을 살아가면서 활동해야 하는 직업을 결정하는 요인이 되므로 매우 중요하

---

111) 김기승(2009), 『명리직업상담론』, 창해, p. 273.

다. 직업코스가 형성되고 나면 그 직업을 제대로 활용하기 위해 용신을 구별하고 그 역할을 충분히 발휘하도록 해야 한다.

『성적은 짧고 직업은 길다』[112]라는 책에서 저자는 매우 현실적인 직업 선택의 필요성을 강조하고 있다. 노력해도 안 되는 사람은 능력과 운이 없는 것이고, 그것을 받아들여야 한다고 말하고 있지만, 이것은 모두가 능력과 운이 없으니 노력마저 하지 않고 포기하라는 말처럼 무책임하지 않을까.

이에 사주 사례와 함께 4가지 직업코스 구조에 대해 자세히 살펴보고 자신에게 맞는 직업코스를 살펴보고 적절한 노력을 하도록 독려한다면 분명 좋은 결과를 얻게 되리라 본다.

---

112) 탁석산(2009), 『성적은 짧고 직업은 길다』, 창비,

1. 인비식 코스 (과정 중시형)

1) 인비식이란?

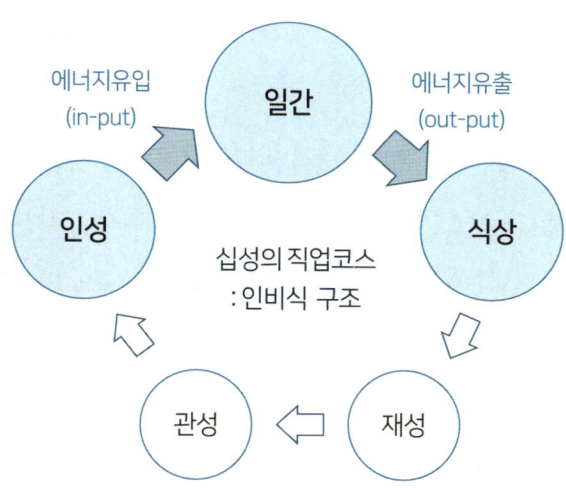

- 대표적으로 가장 좋은 코스로 나의 내부에서 모든 것이 이루어진다.
- 나의 생각이나 사고, 관념과 가족의 영향 등이 지대하게 미치며 매우 신속하다.
- 한마디로 인비식은 전문가코스이다.
- 일간을 생해주는 인수와 일간이 생을 해주는 식상의 유기적인 상생 구조이다.
- 불리 불가한 혈연관계이면서 자신의 내부문제로 매우 주관적이다.
- 관을 일생의 목적으로 삼는다.

- 인수와 식상이 가진 기질의 융합으로 학문에 대한 이해와 수용력이 우수하다.
- 응용력이 다른 십성보다 우수하고 학자풍의 직업적성을 갖고 있다.
- 인수가 강한 사람들은 정신노동의 개념이 강하다.
- 기록하거나 정리하는 것은 시간이 소요되더라도 정확하게 처리한다.

이처럼 인수와 식상이 일간 중심으로 이루어진 인비식은 사업적인 기질보다는 연구하는 대학교수나 교육자, 프리랜서 강사 등 공부를 잘하는 구조로 대표된다. 사업 분야에 종사하게 된다면 학문적 성취의 누적된 노하우를 통한 컨설팅 업무도 가능하다. 능률면에서는 부족함이 많고 강한 인내심으로 참고 인내하지만 한계에 도달하면 결국은 포기하고 만다. 이러한 성향을 잘 살리면 비범해서 좋으나 이것이 지나치면 안 된다.

인성은 일간에게 에너지를 유입하면서 원리원칙대로 할 것을 인지시키려 하고 지시하며 간섭하고 일간을 조정하여 일간의 의지를 좌지우지하고자 하는 성향이 있다. 식상은 인성과 다른 성향으로 일간이 에너지를 유출, 자신의 의지를 현실에서 활동으로 실현하고자 한다. 이 두 가지 십성이 일간을 중심으로 그 역할을 분담하고 작용을 최대치로 끌어올려 조화를 이룬다면 입력과 출력이 동시에 자유롭게 이루어지므로 정신력의 소통 역시 원활해지니 심리적인 안정감도 갖게 되는 것이다.

인수와 식상이 사주에 있거나 운에서 만나게 되면 고급기술이나 고급강의는 잘 할 수 있지만 부귀를 모두 가지기 어렵다.

무엇이든 지나치면 과욕불급(科慾不及)으로 없는 것보다 못하다 했다.

2) 인비식구조의 성공사례분석

(1) 전문 MC로 성공한 신동엽 (남)

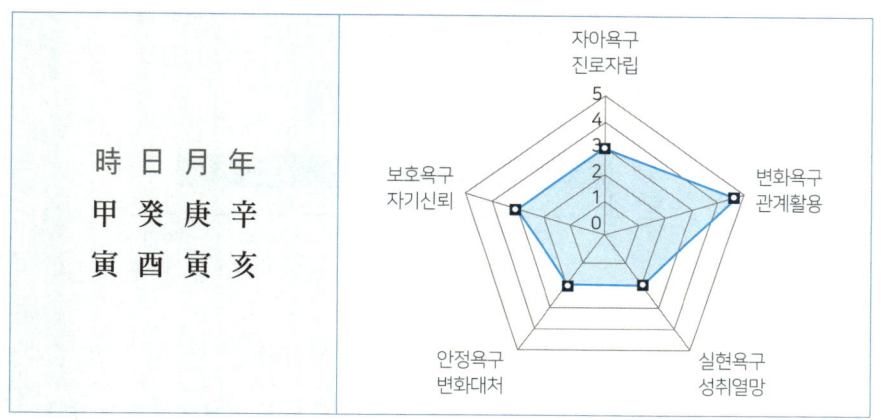

위 사주는 癸水일간이 寅月생으로 甲木이 시상으로 투간한 상관격이다. 천간의 庚金정인으로 상관패인(傷官佩印)이 되었다.

상관패인의 비범성과 인비식 구조의 전문성을 발휘한다. 인수의 아이디어, 상관의 재치 있는 말솜씨와 뛰어난 유머감각이 재능이다.

AAT선천적성검사 결과

- **직업체질** : 자유형의 전문기능
- **직업코스** : 庚辛金인수 → 癸水일간 → 甲木상관의 인비식
- **성공직업** : 아나운서, 방송기자, 의사, 변호사, 리포터. 홍보광고전문가, 통역사
- **강점지능** : 표현지능의 창의력이 발달, 변화의 중심에서 새로운 아이디어를 내

고 이를 주도하는 업무가 적합하다.

개별직무적합도 검사결과

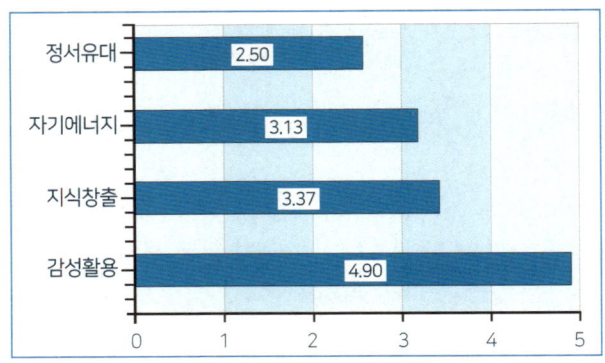

- 사람들과 직접적인 감성교류를 통한 업무에 탁월하다.
- 서비스업무, 영업, 강의 등 자신의 감성을 순화시켜 전문적으로 활용한다.

(2) 유치원교사(여)

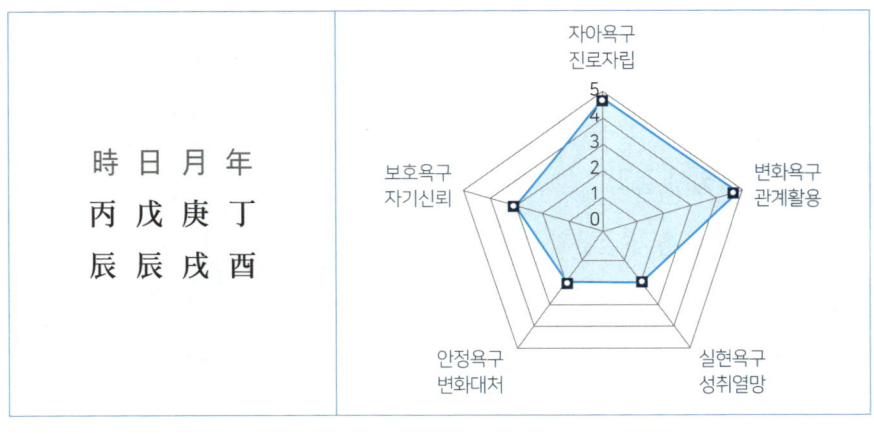

위 사주는 戊土일간이 戌月생으로 丁火가 투간하였다. 월일시지 비겁에 통근한 신강한 일간을 제화시킬 관성이 없으므로 식상 金으로 설기해야 하는 구조다.

인비식 코스의 전문가형으로 인수로 학습한 것을 식신 金으로 설기하는 재능을 활용해야 한다. 유치원 교사는 식신으로 설기되는 양육의 의미와 생명과학, 연구 교육을 포괄하니 적성에 맞는다.

AAT선천적성검사 결과

- **직업체질** : 자유형의 전문기능
- **직업코스** : 丙丁火인수 → 戊土일간 → 庚酉金식상의 인비식
- **성공직업** : 교육자, 헤드헌터, 신문기자, 간호사, 물리치료사
- **강점지능** : 연구지능발달로 교육자적합도가 우수하고 이해와 친화력이 강하고 교합성이 우수하며 설득력이 탁월하다.

직업선택 위험 감수수준 검사결과

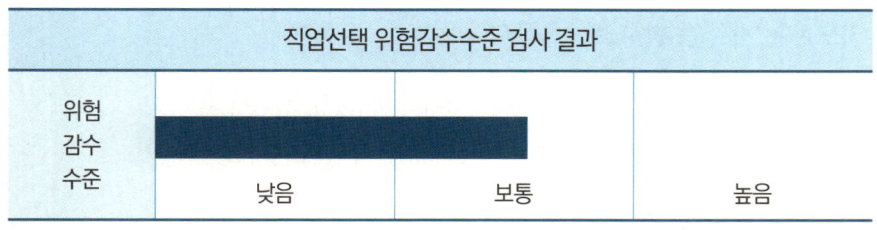

- 안정된 수입보장 및 계획과 예측이 가능한 업무를 선호하며 위험부담이 있는 것은 인센티브가 높아도 관심이 적다.

(3) 교사(여)

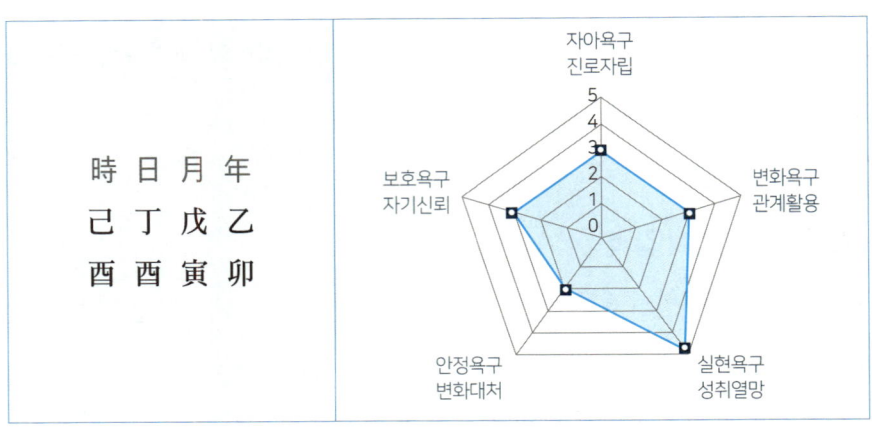

위 사주는 丁火일간이 寅月생으로 천간에 戊己 식상이 투출하여 인비식 코스를 이루었다.

정인은 역사와 전통을 중시하고 기록본능이 강하며 본인이 배운 바를 그대로 전달, 지도하는 게 마음 편하고 익숙하다.

인비식 구조는 지식을 습득하고 교육하는 전문가적 재능이 있다.

AAT선천적성검사 결과

- **직업체질** : 사업형의 전문기능
- **직업코스** : 木인수 → 丁火일간 → 戊己土식상의 인비식
- **성공직업** : 생명공학자, 교육사업경영자, 작가, 연구원, 출판편집자, 보육교사
- **강점지능** : 공간지각력과 가치판단력이 탁월하고 창의력과 다중몰입력이 뛰어나다.

개별직무적합도검사결과

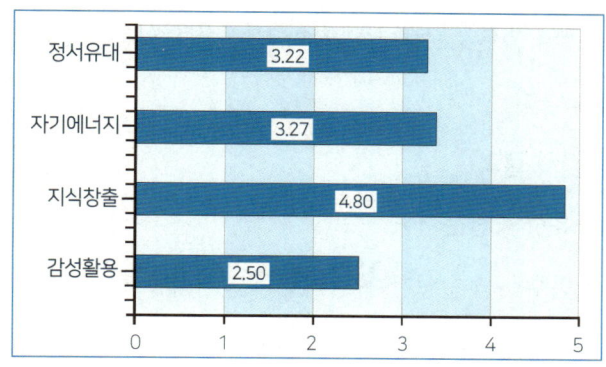

- 학문적 이론정립과 활용을 주로 하는 업무를 담당하며 능력을 발휘한다.
- 컨설팅, 연구직, 학자 등 지식체계의 새로운 창출을 활용한다.

(4) 간호조무사(여)

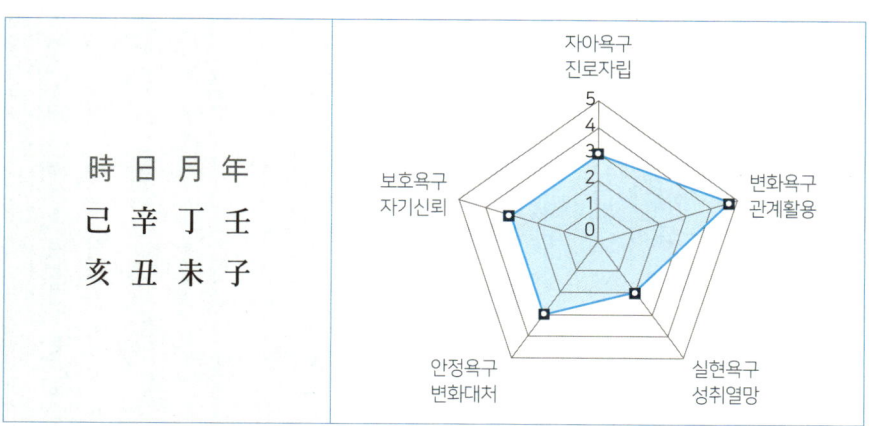

위 사주는 辛丑일간이 未月생으로 천간으로 己土본기와 丁火편인이 투간하여 관인상생구조를 이루고 있다.

丁壬합으로 격이 하락되지만, 월지의 편인과 월간의 편관은 구제구난의 정신이 강해 음지의 힘든 사람을 돕고자 하는 마음이 강하다.

나름대로 노력하여 자격증을 갖춘 간호조무사로 자긍심을 가지고 근무하고 있다.

AAT선천적성검사 결과

- **직업체질** : 자유형의 전문기능
- **직업코스** : 土인수 → 辛金일간 → 水식상의 인비식
- **성공직업** : 한의사, 교육자, 작가, 심리상담사, 직업상담사, 미술치료사, 방사선과
- **강점지능** : 인식지능이 발달, 독특한 마인드로 개인적이며 재치와 추구적 성향이 강하다. 또한 전문서비스를 제공하는 업무수행력이 우수하다.

2. 식상생재(결과 중시형)

1) 식상생재란 무엇인가?

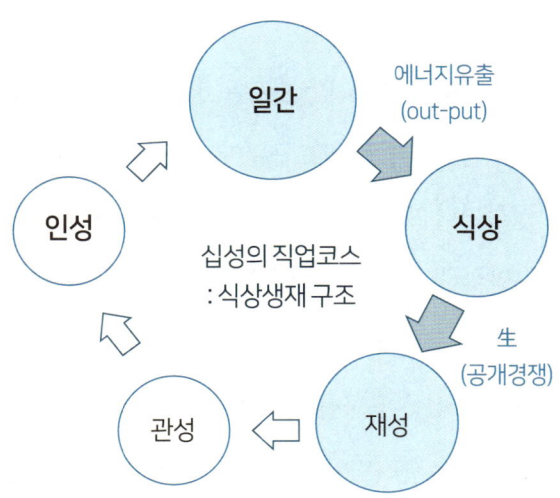

- 대표적인 out - put으로 모든 것이 나로부터 이루어진다.
- 직업체질은 사업가 스타일이다.
- 사람들 간의 유대관계가 좋은 성향을 이용한 사업이 가능하다.
- 식상생재는 자기주장이 강한 사주이다.
- 식상은 본인이 스스로 하는 것이며 관인은 할 수 없는 것이다.
- 식상은 공개경쟁이며 활동 알고리즘(algorism)으로 재물이 생긴다.

- 활발한 활동을 통하여 반드시 결과를 얻고자 한다.
- 사회적인 평가나 직위보다는 자신에게 확실하게 돌아오는 이익에 더 관심이 많다.
- 사주 내에 식상이 없다면 상대방의 마음을 잘 헤아려주기 어렵다.
- 다른 십성이 개입하는 상황에 따라 성격과 심리, 활동유형이 변화한다.

일간은 자기 생각이 분명하고 주관성이 강하며 식상을 통해 자기감정을 표출하는 것이다. 생각의 동물인 인간은 끊임없이 인식하고 생각을 해도 직접 표현하지 않으면 타인이 알기 어렵고 자기 뇌 속의 생각은 주관성이 매우 강해 아무리 가까운 지인이라 해도 그 마음을 알 수는 없는 것이다.

식상생재는 사업가 스타일로 조직적인 활동을 하는 기업이나 국가를 대상으로 하는 활동이 이루어지려면 관성의 협조가 요구된다. 관성이 개입되면 조직력을 추구하여 공적인 단체를 구성하거나 브랜드를 활용한 생산 및 판매 활동을 하게 되고, 인성이 개입되면 학문적 분야와 자격을 갖춘 사회적 역할이 추구된다.[113]

재성은 매우 민감하고 욕구가 많아 활동적이면서 교감능력 역시 우수하다. 일간에게 현실적인 결과를 내고 싶은 욕구를 유발시킨다. 정재와 식상이 함께 하면 현실적인 성향이 더 강해지고 치밀해지며 전산이나 설계 쪽으로 더 잘한다. 안정을 추구하는 스타일이라 투자를 하더라도 안전하게 설계하고 분산투자를 통해 늘 위험요소에 대비하면서 사업을 진행, 위험도를 낮추고자 한다.

편재가 식상과 함께 하면 시간과 노력을 투자하더라도 이익창출이 목적이며 투자대비 높은 수익을 바란다. 그래서 분산투자보다는 무모한 도전을 하는 경우도 있다. 특히 비겁이 왕한 일간이 편재와 식상을 사용할 때는 경쟁 속에서 발전하는 속도

---

113) 김기성(2009), 『명리직업상담론』, 창해, p. 276.

가 빠르다. 재성이 약하면 현실 자각에 어려움이 따르고 비논리적인 면을 보인다. 재성이 없으면 소유심리도 실현의 욕구도 없어지고 공허함과 허무함 등 채워지지 않는 실리적 갈등을 겪을 수도 있다.

식상생재를 이루는 구조에서 식상의 생재를 통해 재성은 완성되고 재성의 결과를 위해 식상의 노력이 투여되는 형태이다. 식상생재는 성과를 위해 자기의 개인적 심리를 파괴하고 타인에게 보여주기 위해 많은 일을 하고자 시도하므로 에너지가 분산되어 실속이 없는 경우가 발생하므로 이 점은 주의해야 한다.

2) 식상생재로 꿈을 이룬 사례분석

(1) 사업가(남)

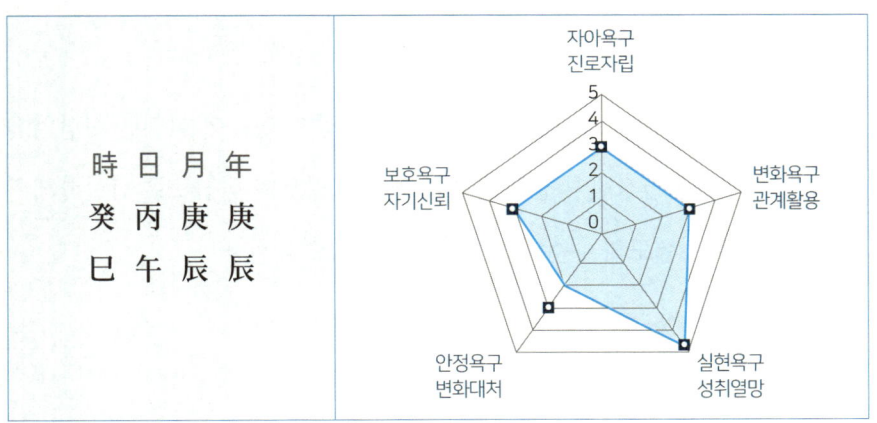

이 사주는 丙火일간이 辰月생으로 식신생재를 이루었다. 일간은 일지 午火 시지 巳火에 통근하여 자립능력이 우수하다.

편재는 사물이나 대상에 대한 가치평가능력이 우수하고 개발 본능을 가지게 된다. 식신생재가 재능으로 활용되는 구조다.

AAT선천적성검사 결과

- **직업유형** : 사업형의 리더기능
- **직업코스** : 丙火일간 → 土식상 → 金재성의 식상생재
- **성공직업** : 의사, 경영전략전문가, 무역전문가, 투자상담사, 유통업경영자
- **강점지능** : 평가지능의 사업가스타일

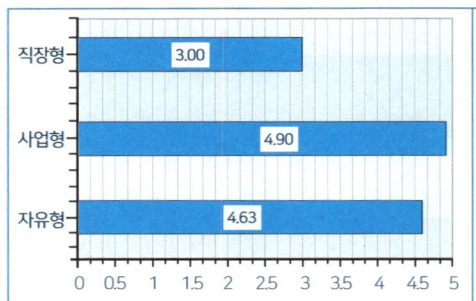

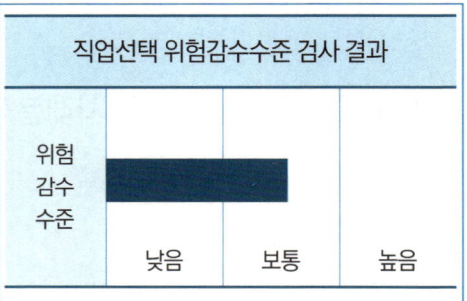

- 평가지능은 확장성이 강해 직업의 위험감수수준이 높아야 하지만 시상의 정관은 원리원칙, 준법정신이 강해 불법을 행하지 않으며 식신으로 성실하게 사업에 임하므로 위험도의 수준이 감소하여 안정적으로 된다.

(2) 피부과 의사(남)

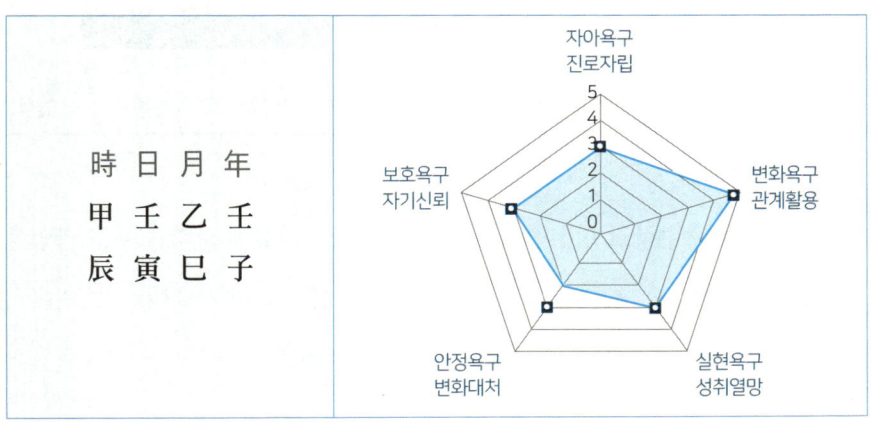

위 사주는 壬水일간이 巳月생으로 편재격이다. 일지와 시지에 통근한 식상의 생으로 식상생재코스가 이루어졌다. 壬水일간이 신약하지만 월주 壬子에 통근하여 자기능력을 활용할 근간을 갖추었다. 식상은 생명과학이자 표현예술이며 솜씨가 좋은 것이 특징이다. 재성은 공간감각과 개발, 과학적 사고를 갖는다.

이 사주는 甲乙식상의 특징인 out-put의 손기술이자 미적 감각의 노하우를 재능으로 활용한다. 피부과 의사로 재능이 맞으며 金水운에서 발전한다.

AAT선천적성검사 결과

- **직업유형** : 사업형의 리더기능
- **직업코스** : 壬水일간 → 木식상 → 火재성의 식상생재
- **성공직업** : 의사, 의료코디네이터, 바이오전문가, 서비스업경영자, 안경사
- **강점지능** : 생산적 연구와 기술노하우의 연구지능

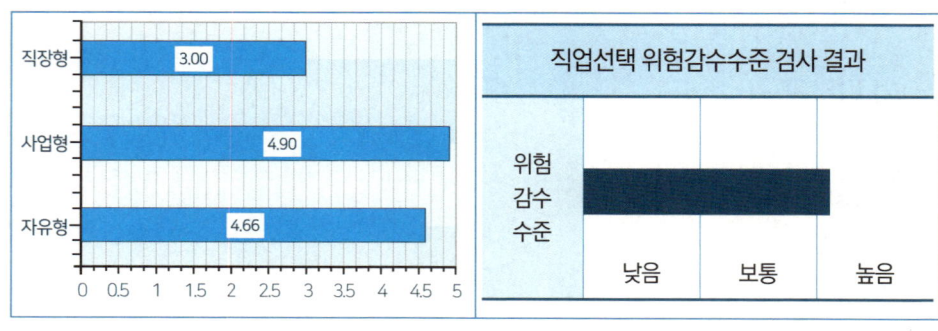

- 연구지능은 순수하고 희생정신, 양보심, 이타적, 진실에 관점을 두고 타인을 배려하는 성향이다. 그러므로 의사가 된 것은 적성을 살린 선택이다. 그러나 개업 후 무리한 확장으로 사업에 어려움을 겪기도 했다.

(3) 연기자 송중기 (남)

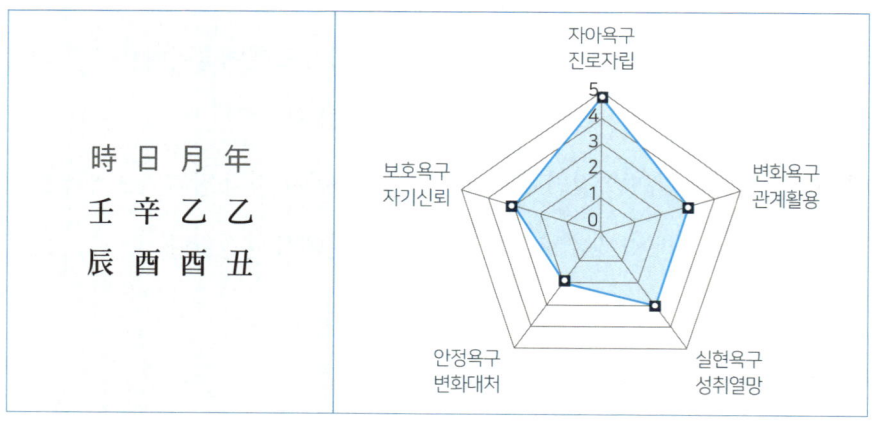

위 사주는 辛金일간이 酉月생으로 비견격이다. 왕한 비겁의 에너지를 시간의 壬水 상관으로 설기하는 구조다. 비겁은 행위적 활동이고 상관은 예술성, 창의력, 표현력의 아이콘이다.

비겁의 에너지를 상관으로 분출하는 행위예술이 재능으로 활용되는 전형적인 구조이다. 乙木이 투출되어 상관생재를 이루는 것은 결과가 잘 나타남을 의미한다.

비겁이 강한 사주는 자기가 스스로 할 수 있는 재능을 계발하는 것이 최대의 자산이 된다.

AAT선천적성검사 결과

- **직업유형** : 사업형의 전문기능
- **직업코스** : 辛金일간 → 水식상 → 木재성의 식상생재
- **성공직업** : 한의사, 의사, 교육자, 연예인, 스타일리스트, 연극배우, 방송기자
- **강점지능** : 독립적인 현실적 해결사의 자존지능이 발달

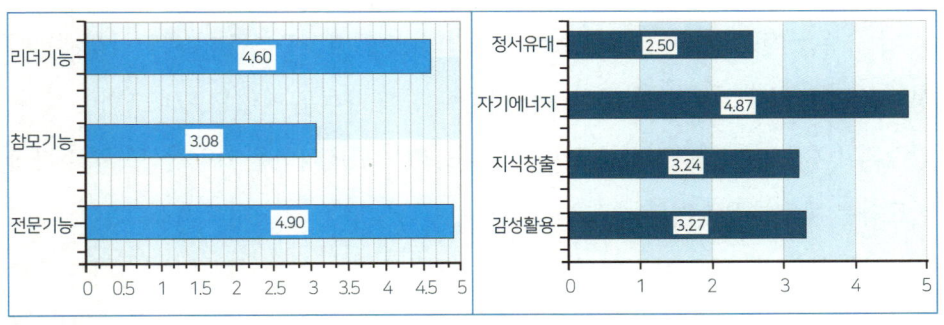

- 독자적인 지식과 기술을 갖춘 전문기능과 몰입과 감성이 우수한 구조로 역동적인 업무가 좋으며 운동선수, 운송관련업무, 모델, 연예인 등 자기에너지를 사용해야 성공한다.

(4) 한의사(남)

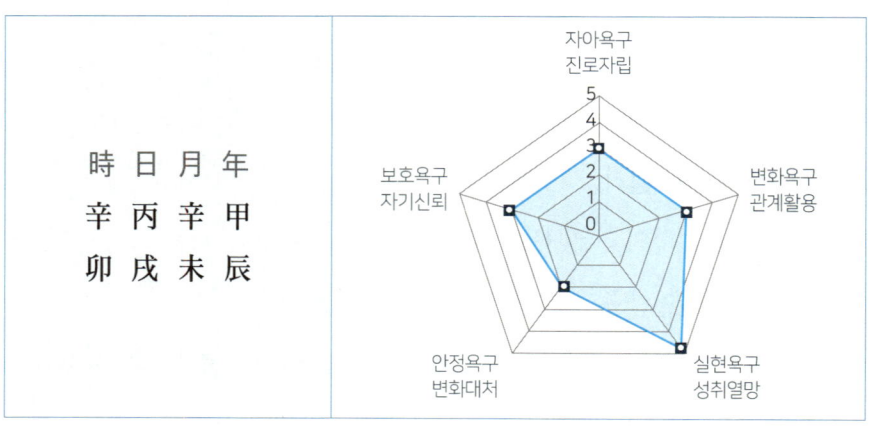

위 사주는 丙火일간이 未月생으로 상관격이다. 인비식구조를 가진 식상생재격이 성립되었다. 상관은 예민하고 섬세한 기술로 침을 다루는 직업으로의 쓰임이 좋다. 연간의 甲木편인은 전문지식을 겸비한 자격증이며 辰戌식신은 이타정신으로 환자를 진료하는 재능이 우수하다.

2018년에 한의원을 운영하면서 쌓은 노하우를 책으로 출간하였다. 은퇴 후에도 자신의 지식을 활용한 일을 멈추지 못하는 것은 활동본능이자 개발본능의 식상생재로 인한 것이다.

AAT선천적성검사 결과

- **직업유형** : 사업형의 전문기능
- **직업코스** : 丙火일간 → 土식상 → 金재성의 식상생재
- **성공직업** : 의사, 변호사, 연구원, 회계사, 첨단의료기전문가, 나노공학기술자
- **강점지능** : 치밀한 계산력과 분석력의 설계지능

3. 관인상생(목표 지향형)

1) 관인상생이란?

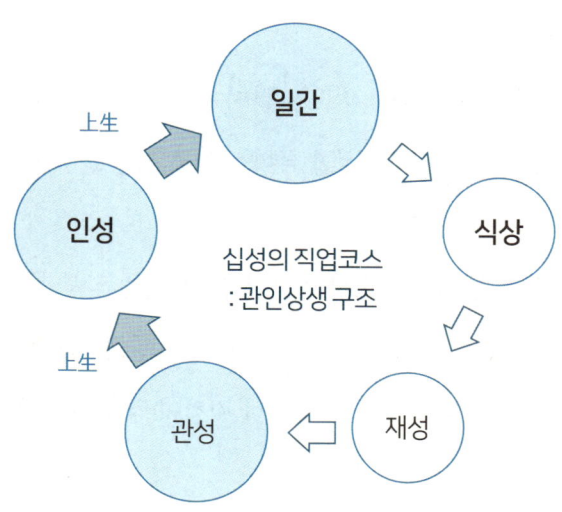

십성의 직업코스
: 관인상생 구조

- 대표적인 직장형 구조이다.
- 관과 인수가 일간을 생해주는 구조로 태어날 때 기득권이 주어진다.
- 통제권이 잘 이루어지는 코스로 환경이나 인간관계에 대한 의식을 많이 한다.
- 관인상생은 항상 기다리는 스타일이라 하겠다.
- 내면이 강하고 생각이 강한 사람이라 쉽게 흔들리지 않는다.
- 일간이 튼튼해야 관이 극해도 자기의 결정력, 판단력, 카리스마를 사용할 수

있다.
- 관인상생의 구조는 조직에 소속되어야 그 능력을 발휘하기 좋다.
- 주어진 과제와 부여된 임무를 수행하는 원칙주의자의 사고방식이다.
- 창조성과 자율성보다는 조직 및 국가를 위한 목표 지향적 직업관을 갖게 된다.

에너지가 유입되는 방향의 구조이므로 일간의 의지보다는 외적인 환경이 매우 중요하다. 관인의 구조에 다른 십성이 개입하는 상황에 따라 성격, 심리, 활동유형은 변화를 보인다. 즉 재성이 개입되면 많은 사람을 관리하게 되고 식상이 개입되면 주어진 환경에 대한 혁신의지가 발생하여 조직과 단체의 새로운 방향모색과 발전을 위한 변화를 추구하게 된다.[114]

관인상생은 인수를 통해 부귀를 얻고자 하며 이미 기득권이 주어져 있다. 관이 있어 직장생활을 해야 하지만 만약 식상을 극하는 구조의 관인상생이라면 고상하게 살 수는 있어도 부자가 되지는 못한다.

격은 그 사람의 고유한 정신과 사상이며 관인상생이든 식상생재이든 주체가 되는 것은 관(官)도 인(印)도 식상(食傷)도 아니며 비겁이 주관한다. 비겁이 통근하여 강하다면 관인의 생을 받아 식재를 통제할 수 있으나 비겁이 약해 관인의 도움 하에 있다면 자신의 의지보다 관인의 의도에 따른다.

---

114) 앞의 책(20090, 『명리직업상담론』, 창해, p. 277.

2) 관인상생으로 목표에 도달한 사람들

(1) 대학교수(남)

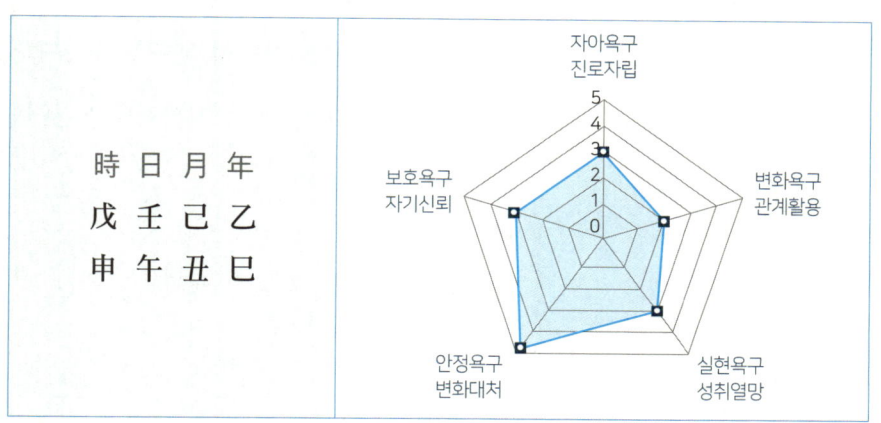

위 사주는 壬水일간이 丑月생으로 정관격이다. 인수를 용신하며 관인상생격을 이룬다. 乙木 상관은 관성을 제화시키며 언어표현의 재능을 부여한다. 현재 대학교수로 재직하며 연구하고 학생들을 가르치는 자신의 직업에 만족도가 높은 사람이다.

인수를 활용하여 많은 학문과 지식을 획득하여 활용하는 대학교수는 재능으로 적절하다고 볼 수 있다.

AAT선천적성검사 결과

- **직업유형** : 직장형의 리더기능
- **직업코스** : 土관성 → 金인수 → 水일간의 관인상생
- **성공직업** : 교육자, 연구원, 인사교육전문가, 일반직 공무원, 법관, 전문비서
- **강점지능** : 명예와 신념의 정직과 원칙의 공직자 스타일로 도덕지능

직업선택 위험감수수준 검사결과

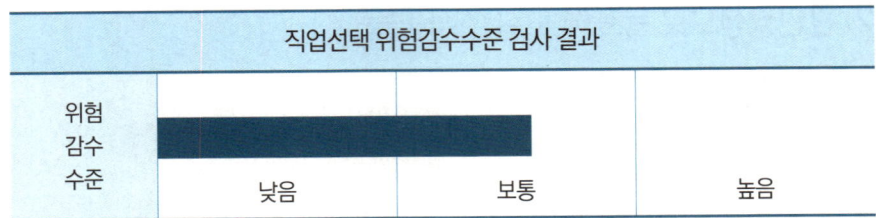

- 원칙과 기준을 세우고 모범적인 사회적 지능으로 공정성, 판단능력, 규범적이며 도덕적이다. 인수로 지식을 습득, 상관의 표현기술로 지식전달을 안정적으로 해낸다.

(2) 대기업 연구실 (남)

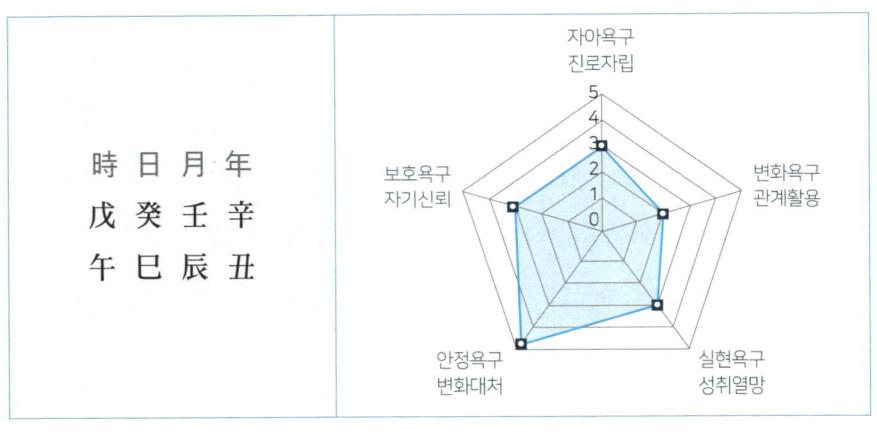

위 사주는 癸水일간이 辰月생으로 시상에 투간한 戊土 정관격이다. 전체적으로 관성이 강하다. 연간의 辛金 인수와 관인상생을 이루고 있다. 전형적인 직장형 스타일로 미국에서 박사학위를 취득하고 대기업 연구실에서 근무하였다.

성격이 우직하고 정직하며 정해진 일은 끝까지 해결해야 한다. 타인에게 나쁜 소리를 듣지 않기 위해 노력하는 바, 이는 관인구조가 행동을 하기 전에 타인을 의식하기 때문이다.

AAT선천적성검사 결과

- **직업유형** : 직장형의 리더기능
- **직업코스** : 土관성 → 金인수 → 水일간의 관인상생
- **성공직업** : 일반직공무원, 법관, 연구원, 태양에너지전문가, 바이오전문가
- **강점지능** : 도덕지능의 통솔력을 바탕으로 조직과 단체를 관리하는 능력이 우수하다.

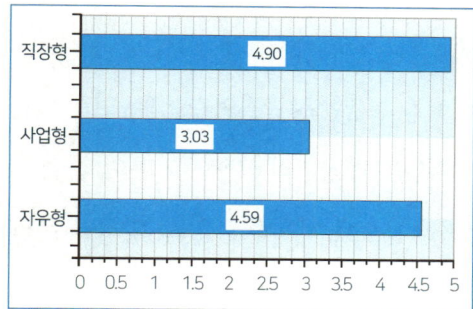
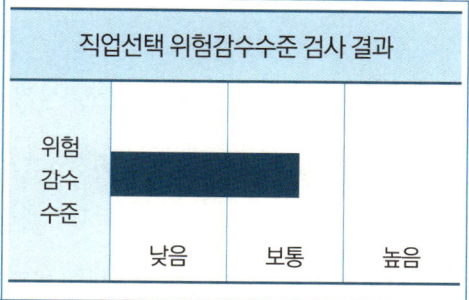

- 조직력을 갖춘 수직관계에서 사명감을 가지고 리더를 보좌하는 능력이 우수하다.

(3) 개인약국경영(여)

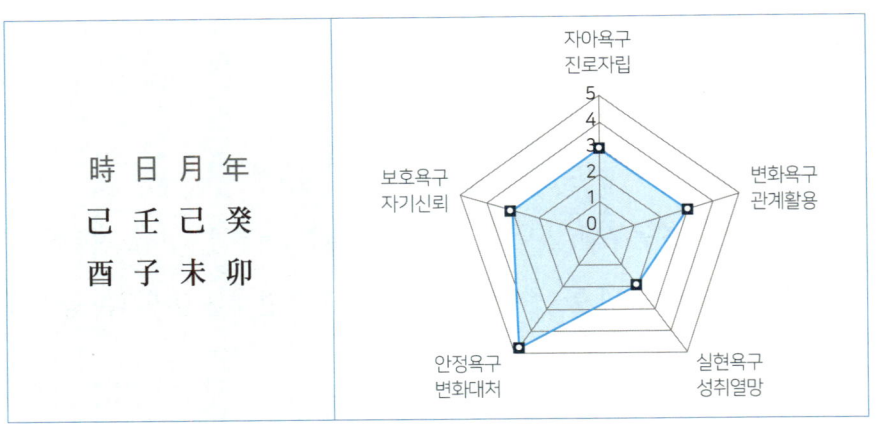

위 사주는 壬水일간이 未月생으로 본기 己土를 투간한 정관격이다. 酉金인수와 관인상생격을 이루고 있다. 관인상생격을 이루지만 卯未合의 식상이 기운이 결코 약하지 않고 천간에 겁재까지 투간하여 개인적인 용도로 사용하고 있다. 약국을 운영하며 상관 卯木의 친화력으로 단골 고객을 꾸준히 늘려가고 있다.

참고로 모든 관인상생의 사주가 직장인이 아니며, 식상생재의 구조라 해도 직장생활을 더 잘해내는 이들도 있다. 관인구조에서 식상을 활용할 수 있는 위 사주처럼 그 사주의 틀 안에 있는 세부적인 직무적성이 있을 수 있다는 것을 간과하지 않아야 한다.

AAT선천적성검사 결과

- 직업유형 : 직장형의 참모기능
- 직업코스 : 土관성 → 金인수 → 水일간의 관인상생
- 성공직업 : 공무원, 법관, 교육자, 연구원, 해양바이오전문가, U-city전문가
- 강점지능 : 도덕지능의 정서유대 인간적인 수용력

(4) 경찰공무원(남)

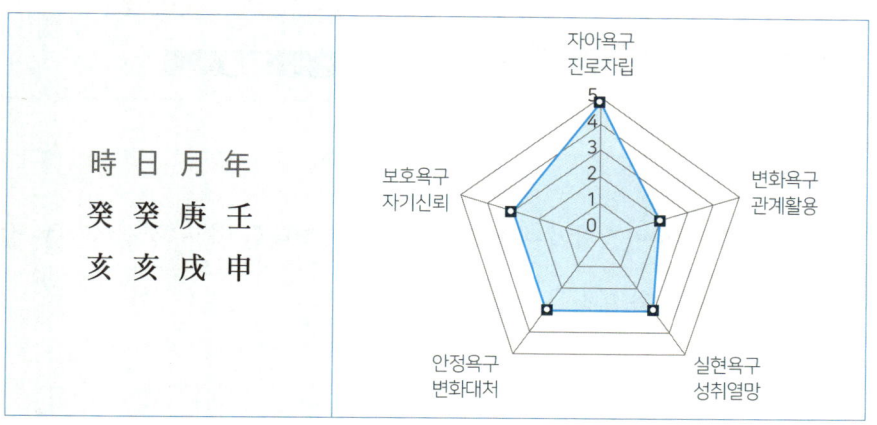

위 사주는 癸水일간이 戌月생으로 정인격이다. 전체적으로 비겁으로 신강하다. 庚金인수는 월지 戌月관성에 통근하여 관인상생을 이룬다. 정인과 정관은 癸水일간에 기득권을 제공하며 좋은 환경에서 공부에 전념할 수 있게 해준다.

신강한 癸水일간은 체계와 원칙을 중시하는 조직 속에서, 자신의 승부욕을 발산시키며 경쟁을 해야 능력발휘가 잘 된다. 서울 명문대 행정학과에 진학한 후 경찰공무원 시험에 합격하여 경찰관이 되었다.

AAT선천적성검사 결과

- **직업유형** : 직장형의 참모기능
- **직업코스** : 土관성 → 金인수 → 水일간의 관인상생
- **성공직업** : 일반직공무원, 교육자, 회계사, 변호사, 통신전문가, 산업안전원
- **강점지능** : 신체적 기술과 적극성의 경쟁지능

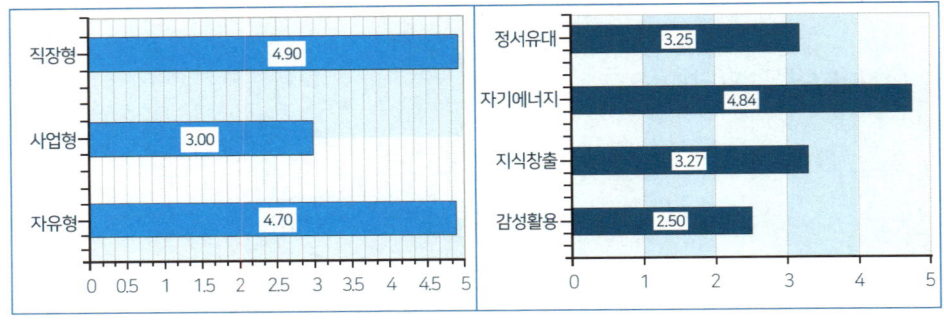

- 조직에 소속되어 안정감 속에서 자기에너지를 최대한 이용, 경쟁이 있는 실리적 활동과 새로운 분야를 개척하는 데 최선을 다한다.

4. 재생관(결과 지향형)

1) 재생관이란 무엇인가?

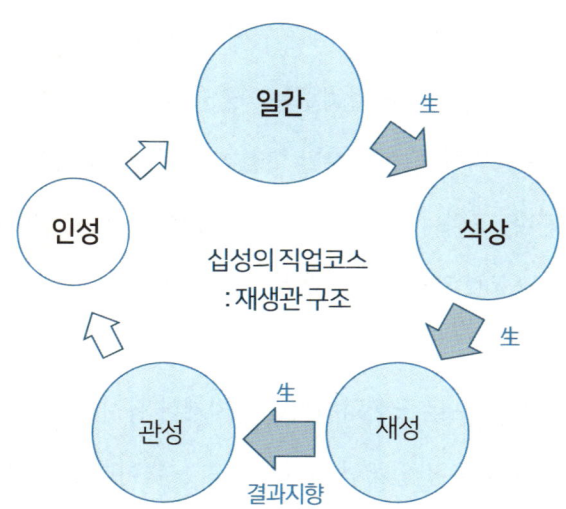

- 나와 상관없이 아웃사이드로 이루어지는 것이 재생관이다.
- 외부의 영향을 가장 많이 받는 구조이다.
- 재생관은 관인상생과 함께 직장형의 직업유형이다.
- 관이 목적이며 관을 향해 가므로 직장의 형태를 갖추기를 원한다.
- 관인상생처럼 재생관 역시 통제권이 잘 이루어지는 코스로 내적 동기가 강하다.
- 심리적으로 서열이 주어져야 안정감을 느낀다.

- 재생관은 신강, 신약보다 관에게 얼마나 재를 가져다 주느냐가 더 중요하다.
- 항상 재생관은 제2의 노력이다.
- 재생관은 직업의 형태이지 직업이 될 수는 없다.
- 재생관은 외부에서 자기가 돈을 쏟아 부어서 결과를 얻고자 함이다.

관인상생은 인수를 통해 관이 일간에게 주어지지만 재생관 구조는 인수를 통해 관을 얻지 못하므로 재를 통해 관을 얻고자 하며 자신의 노력으로 성과를 보임으로써 부귀를 취하고자 한다. 또한 희생과 봉사를 통해 관의 인정을 받기 위해 노력한다.

코스가 잘 이루어지고 방해하는 것이 없으면 잘 되고 순수하고 갈등이 적다. 재생관 구조는 서비스를 잘하며 회사의 이익을 위해 잔업이나 부업 등 끊임없이 생을 한다. 즉 많은 돈을 벌어 회사나 관을 살려주는 역할을 하는데 방해하는 것이 있으면 파격이 된다. 파격사주는 외적 동기가 강할 확률이 크다. 성격 역시 좋은 편이 아니고 인생에 굴곡이 생긴다. 그러나 상관이나 재가 운에서 또 오는 것은 재생살로 변하여 나쁜 작용으로 나타나므로 재생관은 재생살이 되는지 아닌지가 매우 중요하다. 그래서 이때는 비겁 운이 좋다.

재생관은 표를 받는 것으로 국회의원처럼 정치계나 봉사하는 직업이나 직장에 실적을 남겨주는 직업이 좋다. 잔업처럼 시간 이외의 노력이나 안 해도 될 일을 하는 것으로 인정을 받게 되는 것이다. 일간에서 나오는 것이 식상이라 욕구, 욕망, 에너지가 재성을 만들어내고 부귀를 만든다. 관인으로 일간에게 들어오는 인코스와 일간에서 식재로 나가는 아웃코스를 조절하는 것이 재성이다.

재생관 구조에 대해 『명리직업상담론』에서는 일간이 극하거나 일간을 극하는 십성이 서로 조화를 이루며 구성된 구조라고 하였다. 또한 주어진 목표에 대한 실현의지를 강하게 추구하는 결과지향형이다. 자연스러운 에너지의 흐름이 상호 소통하지 않는 십성끼리의 조합이므로 일간은 강함이 요구되는 구조이기도 하다. 공적이며 객관적이므로 최종적인 결과가 자신의 가치판단에 중요한 기준이 된다. 객관의 구조에 다른 십성이 개입하는 상황에 따라 성격, 심리, 활동성향에 변화를 보인다. 인성이 개입되면 목표 지향적으로 행동과 실천에 절차를 중요시하는 계획성이 부여된다. 식상이 개입되면 주변의 환경과 조건들을 타진해나가는 스타일이 되므로 원만한 대인관계를 형성하는 사회성을 갖게 된다고 하였다.[115]

2) 재생관으로 성공한 사람들

(1) 전직 국회의원(남)

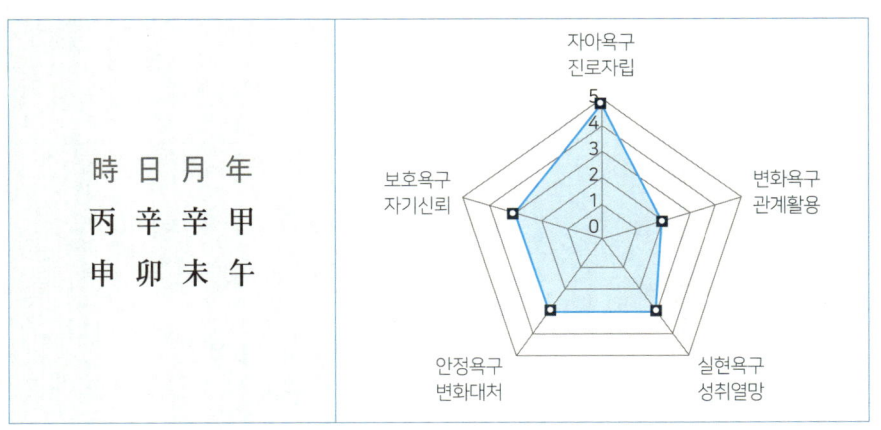

위 사주는 辛金일간이 未月생으로 편인격이다. 지지에서 卯未국을 이루고 천간으로 甲木재성을 투간하였다. 전체적으로 丙火관성으로 세력이 몰리고 있다. 인수격은

---

115) 앞의 책(20090,『명리직업상담론』, 창해, p. 278.

관성의 지원을 받아 관인상생코스를 이루어야 한다. 국회의원은 선출직으로 재생관 구조를 갖추어야 유권자들의 지지를 받을 수 있다. 재생관으로 국회의원이 되었다. 하지만 午未 火局으로 약해지는 재성 木을 도와줄 식상 水가 없으니 운의 도움이 없으면 재선이 어렵게 된다.

AAT선천적성검사 결과

- **직업유형** : 직장형의 참모기능
- **직업코스** : 辛金일간 → 水식상 無 / 木재성 有 → 火관성의 재생관
- **성공직업** : 수의사, 약사, 게임개발자, 전자공학연구원, 나노공학기술자
- **강점지능** : 공익적 협동과 신체적 기술을 촉발하는 자존지능

(2) 대학총장(남)

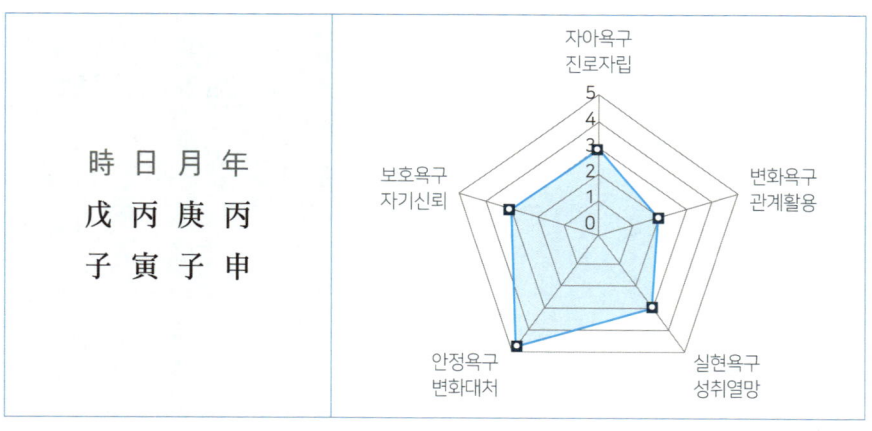

위 사주는 丙火일간이 子月생으로 정관격이다. 子水정관과 寅木인수로 관인상생의 구조를 형성하고 있다. 천간은 식상생재구조로 친화력이 좋아 사람들 간의 유대관계

가 좋다. 식신의 뿌리가 없어 사업적 수단보다는 재능으로 강의에 사용해야 한다.

투표자의 표를 받는 선거에서는 재생관 구조가 유리하다. 이 사주는 재생관의 코스는 약하고 관인상생의 코스는 매우 강하다. 대학총장 선거에 출마하여 낙선하였으나 戊戌식신 행운에서 약한 재성 金을 생하자 재도전한 총장 선거에서 당선되었다.

AAT선천적성검사 결과
- **직업유형** : 직장형의 리더기능
- **직업코스** : 丙火일간 → 土식상 → 金재성 → 水관성의 재생관
- **성공직업** : 일반직공무원, 법관, 교육자, 인사교육전문가, 직업군인
- **강점지능** : 도덕지능이 중심이 되는 지도자형 코스

(3) 보험회사 사장 (남)

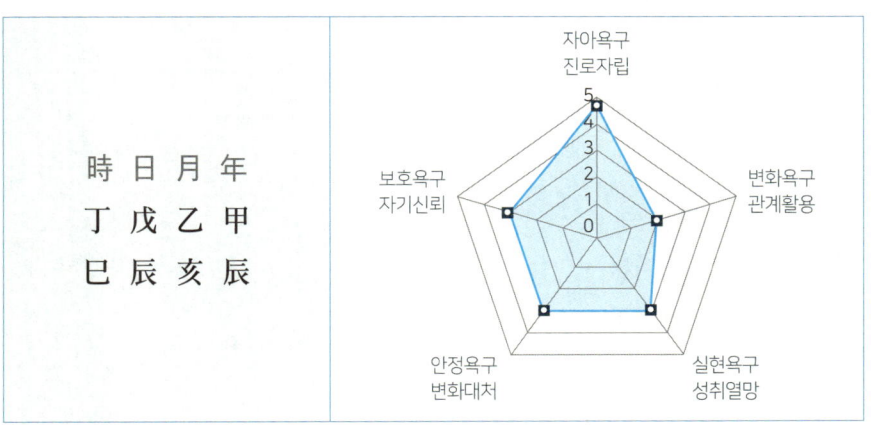

위 사주는 戊土일간이 亥月에 甲木이 투출하여 편관격이다. 戊土일간은 연일시지에 통근하여 약하지 않다. 즉 월지 편재에 관인상생을 이루었다. 관인 상생이 되어 대

인관계를 많이 의식한다. 그러나 월지편재라 기본적으로 부를 생각하고 사업을 통해 부에 대한 욕구를 충족하려는 편재의 마인드가 많다.

20여 년의 영업 사원관리를 한 노하우를 활용하여 보험회사를 창업했다. 식상이 없는 재생관구조로 대표직은 맡았으나 실질적인 영업경영은 파트너가 책임지는 형태로 운영하고 있다. 이는 매우 바람직한 것으로 평가할 수 있다.

AAT선천적성검사 결과

- **직업유형** : 직장형의 리더기능
- **직업코스** : 戊土일간 → 金식상 無 / 水재성 有 → 木관성의 재생관
- **성공직업** : 법관, 교육자, 정치인, 펀드매니저, 경영전략전문가, 부동산분석가
- **강점지능** : 자아를 중심으로 에너지 유입되는 코스의 자존지능

(4) 공무원(남)

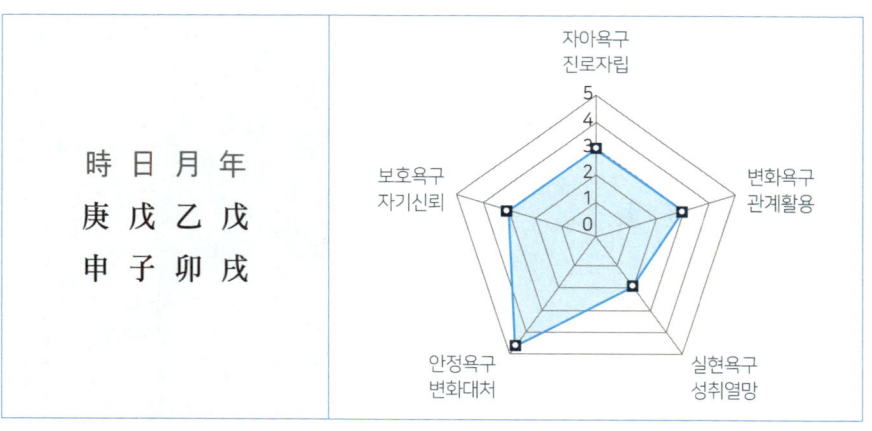

위 사주는 戊土일간이 卯月생으로 乙木이 투간한 정관격이다. 사주 내 인수가 없

어 관인상생격은 성립되지 않는다. 그러나 천간 乙木정관과 庚金식신의 乙庚합은 식신이 관을 보호하는 공무원의 업무에 적합한 구조다.

시주 庚申식상과 일지 子水재성으로 재생관구조가 된다. 재생관구조 역시 재가 관을 지원하므로 재에 대한 욕심을 버린다면 직장생활을 순탄하게 할 수 있다. 단 인정받기위해 성과를 보이는 노력을 해야 한다.

AAT선천적성검사 결과

- **직업유형** : 사업형의 리더기능
- **직업코스** : 戊土일간 → 金식상 → 水재성 → 木관성의 재생관
- **성공직업** : 일반직공무원, 법관, 교육자, 사회복지사, 학예사, 일반사무원
- **강점지능** : 정교하고 세심한 업무의 도덕지능

직업선택 위험감수수준 검사결과

직업선택 위험감수수준 검사 결과			
위험감수수준	낮음	보통	높음

- 안정과 평화를 지향하며 질서와 규범을 준수하는 업무에 적합하고 원칙과 규칙을 지키려는 성향이 강하다. 위험한 모험에는 도전의식이 약하므로 직업 역시 안정적인 업무형태를 원한다.

PART **9**

재능찾기
프로젝트

1. 단계별 프로젝트 세우기
2. 지능별 진로의 다양성
3. 지능별 재능 찾기 프로젝트

1. 단계별 프로젝트 세우기

    진로라는 단어는 항상 나이별 발전단계와 함께 변화한다. 진로목표를 세울 때는 그 목표를 달성하기 위한 계획을 수립하고 방법을 모색하는 것이 기본이다. 태어나는 순간부터 인간은 분명히 개인차를 보여주며, 성장에 따라 조금씩 달라진다. 이러한 인간본질에 대한 연구를 통해 개인별 성장단계에 따른 프로젝트를 세우고 진로방향을 설정, 실행에 옮기는 순서를 밟게 되는 것이다. 그러나 이러한 프로젝트의 결과를 누구나 현실에서 만끽하는 것이 아니며, 각 개인의 선택과 의지가 필요하고 노력에 따라 달라진다.

    청소년들에게 인생 목표를 묻는 설문지조사가 있었다. 그에 답한 결과[116]를 살펴보면 재능 찾기 프로젝트의 필요성이 더 절실해진다. 13~18세 청소년 중 인생에 분명한 목표가 있다고 응답한 비율은 63.6%로 이 결과가 의미하는 것은 우리의 청소년 중 일부가 스스로 분명한 인생목표를 세우지 못하거나 아예 없는, 그래서 우리 청소년 사회가 겉으로 보는 것보다 더 심각하다는 것이다.

    '꿈'이 있어야 한다. '꿈'을 가지고 그 꿈에 맞게 인생 목표를 설정하고 노력하는 과정에서 희열을 느끼며, 미래를 향해서 그리고 자신의 꿈을 이루기 위해 달려가야

---

116) 통계청(2018), 여성가족부.

한다. 그럼에도 불구하고 아이들에게 제공된 환경은 인생 목표를 가지기보다 경쟁사회에 살아남기 위해 꿈을 접고 편안하고 안정된 미래만을 찾도록 하는 사회적 분위기다. 결국 어른들은 의도하지 않았다 해도 자신들이 어렵게 살아온 삶의 형태를 배제하고 최고가 되기 위해서는 꿈도 포기하도록 청소년들에게 강요한 것이다.

이제는 자신이 원하는 꿈에 대한 확신이나 결정을 하지 못한 그들에게 타고난 적성에 맞는 꿈을 찾는 프로젝트를 경험하게 하고 찾아갈 수 있도록 해야 한다. 그러기 위해 현명하고 합리적인 방법을 찾아야 하며, 혼자 하는 것보다 정보를 공유하고 활용하는 것이 보다 효율적이기에 적성검사를 통해 올바른 정보를 수집해야 한다. 지금 이 순간이 바로 타고난 재능 찾기 프로젝트를 위해 노력하고 실천해야 하는 시기임에는 의심의 여지가 없다.

프로젝트를 실행하기 위해 각 성장단계에 맞는 정보가 적절히 제공되어야 한다.

단계별 프로젝트 세우기

줄탁동시(啐啄同時)
줄(啐)과 탁(啄)이 동시에 이루어진다. 병아리가 알에서 나오기 위해서는 새끼와 어미 닭이 안팎에서 서로 쪼아야 한다는 뜻으로, 가장 이상적인 사제지간을 비유하거나, 서로 합심하여 일이 잘 이루어지는 것을 비유하는 말이다.

1) 성장단계

영·유아기는 신체적으로 발육 속도는 늦지만 활동은 매우 왕성해진다. 뇌신경의 발육도 현저해지고 정서적 발달은 흥분과 진정 상태가 구별될 정도이지만 욕구의 충족에 따라서 설레임, 두려움, 기쁨과 슬픔, 분노 등의 감정이 분산된다. 이처럼 3세 경에는 사회적 행동은 약하나 친구들과의 교감이 가능해지고 유치원 같은 집단생활에도 적응할 수 있는 여러 가지 사회적 행동이 가능하다.

이와 같이 완전한 성장을 이루지 못함에도 불구하고 명리진로상담이 가능한지 의구심도 들 것이다. 우리 명언 속에 '될 성 싶은 나무는 떡잎부터 알아본다.', '세살 버릇 여든까지 간다.' 라는 속담이 있듯이 성인의 시각에서 바라보는 이 시기의 아이는 정말 아무것도 받아들이지 못하고 이해하지 못할 거라고 여기지만 그것은 우리 어른들의 착각이다. 아이들은 세상에 태어나는 그 순간부터 세상에 있는 모든 것을 수용할 준비를 갖추고 태어난다.

앞서 이미 인간의 뇌에 대해 짚어보았기에 한 개인에게 있어 각 성장 시기가 얼마나 중요한 의미를 부여해주는지 알고 있다. 보고 느끼고 모방하면서 하루가 다르게 성장하는 시기가 영·유아기이며, 이때 주어지는 모든 환경은 이 시기뿐만 아니라 전 생애를 거쳐 중요한 의미를 갖는다.

놀이공원에서 말 기구를 탄 경험이 성장 후에도 말을 친숙하게 여기게 하고 승마선수로 국가대표가 될 수 있게 한다. 부모님이 미술관에 데리고 감으로 인해 화가가 된 이도 있다. 흙의 촉감을 경험해보면서 유명한 도자기 명장이 된 이도 있다. 오빠가 배우는 스케이트장에 따라갔다가 자신의 재능을 발견한 이도 있다.

어떤 형태로 공간이나 시간이 스파크를 일으켜 아이들에게 일생일대의 의미를 부여하는지 완벽하게 알 수는 없다. 그러나 무심코 자녀와 다닌 소소한 일상의 나들이가, 큰 의미를 부여하지 않은 유치원에서 친구들과 함께 했던 현장학습 시간이 우리 자녀의 미래를 바꿀 수도 있는 것이다.

현명한 부모는 당신의 자녀에게 어떤 환경을 제공해주어야 할지 고민하고 조언을 구한다. 이럴 때 선천적성검사가 매우 유용하다. 부모님이 자녀와 함께 가면 도움이 될 현장학습 관련 팁과 권장도서들, 양육코칭과 학습코칭까지 전반적으로 조언이 가능하기 때문이다.

인수가 약한 아이들에게는 특히 책 읽는 습관을 어릴 때부터 길러줘야 하고, 인수가 강하면 생각할 시간을 충분히 주면서 기다려 줄 것과 함께 결정을 빨리 할 수 있는 습관을 길러줘야 하는 이유를 부모님들께 설명드린다. 결정이 느리고 행동이 느리다고 답답해하거나 자녀를 재촉만 할 것이 아니라 자녀의 성향에 대해 먼저 이해하고 잘못된 것이 아니라 다름을 먼저 받아들이도록 조언을 하는 것이다.

상관이 강한 아이는 자기표현이 능숙하므로 부모로부터 사랑받는 법을 자연스럽게 터득하여 귀여움을 받지만, 우직한 식신이나 식상관이 약하거나 없는 아이들은 자기표현이 약해 쉽게 말문을 열지 못하거나 내향적 성향이 강해진다. 이러한 특징을 알고 더 많은 관심과 애정 표현을 해줌으로써 자기 생각을 밖으로 표현할 수 있도록 배려해줄 것을 꼭 알려주곤 한다. 그렇다고 상관이 강한 자녀가 매번 자신을 노출시키는 데에만 급급하지는 않는다. 오히려 분위기 파악이 너무 빨라 앞서 행동하고 앞서 말하는 것으로 인해 상처가 클 수도 있다. 그래서 자녀를 키운다는 것은 밥을 주고 옷을 입혀주는 단순한 행위가 아닌 것이다. 온 정성과 마음을 쏟아야 하고 진정 혼신의 힘을 다 해도 결코 쉽지 않아 고민하고 절망하는 부모님들도 있는 것처럼 어려운 일이다.

이러한 부모님들은 영·유아기를 거쳐 청소년기의 성장단계에서 사춘기를 겪는 자녀들로 인해 또 한 번 자녀 양육의 어려움을 알게 되고 새로운 고민을 안게 된다.

영·유아기에는 어서 자라서 자신들과 대화가 되고 부모의 마음을 알아주길 기다렸지만 청소년기에는 사춘기로 인해 자녀와 부모 간에 벽이 생기고 담이 생기니 답답함을 느끼는 것이 어쩜 당연한 인생코스인 것 같기도 하다.

(1) 영·유아기의 성장단계

영·유아기에는 인지능력이 완벽하게 발달되기 전이지만 많은 것을 인지하고 수용할 수 있다. 문자로 인지하기 이전 단계이기 때문에 손으로 만지면서 촉감으로 느끼고 눈으로 직접 보면서 많은 것들을 접하는 현장 체험이 매우 중요한 역할을 한다. 특히 선천적성검사에서는 인간이 완성되기 위해서는 절대적으로 영향을 미치는 요인이 있으며, 그것은 다음과 같은 4가지이다.

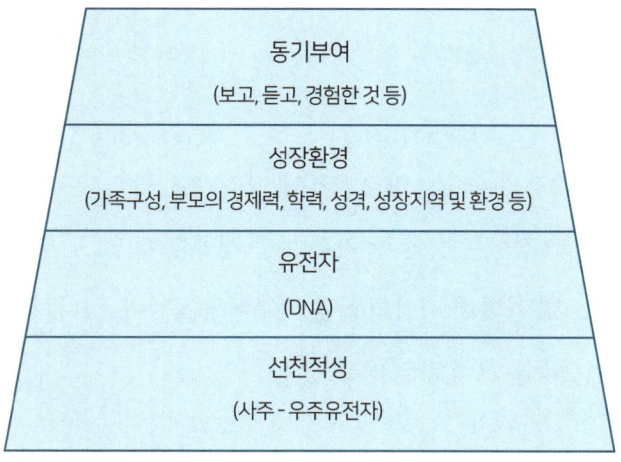

이 4가지 요인들은 각기 25%의 영향력을 가지고 시작하지만 개인에 따라 주어

지는 환경요인에 따라 달라질 수 있다. 단 25%의 선천적성과 이를 보좌하는 나머지 75%의 조화는 한 사람의 삶을 바꿀 수 있는 만큼 중요하다. 그러므로 태어날 때 가지고 나온 선천적성을 파악하고 강한 점은 부각시키고, 부족한 부분은 채워주는 노력이 필요해진 것이며 가장 기초적이면서 근본적으로 변화를 줄 수 있는 것 중 하나가 '현장체험학습'으로 각 지능에 따라 추천장소[117] 정보를 제공한다.

자존지능 보완은 등산, 아이스링크, 운동, 템플스테이, 키자니아 등의 스스로 자기존엄을 깨닫거나 품위를 지켜나가고 자긍심을 추구하므로 내면세계에 심취할 수 있는 곳과 자기에너지가 많으므로 신체활동을 하는 곳도 좋다.

연구지능 보완은 식물원, 동물원, 생태계교육원, 어린이 박물관, 수목원 등의 순수하고 활동적이며 어떤 일이나 사물에 대하여 조사하고 진리를 탐구해나가는 외향성의 내향을 함께 소유하고 있으므로 진지한 개별 활동을 할 수 있는 곳이 좋다.

행동지능 보완은 국회견학, 조각공원, 자연농원, 교회, 사찰, 전쟁기념관, 역사관 등이 좋은 영향을 미칠 수 있다. 현대 심리학의 연구대상인 인간생활의 육체적·정신적·사회적 영역에서 명시적 또는 잠재적 활동능력에 대한 스피디한 판단력과 결정력을 키울 수 있는 장소가 좋다.

위의 예시처럼 10개의 각 지능마다 특징에 따라 추천 장소가 다르다. 어린 시절 부모와 함께 한 기억과 경험은 강한 '동기부여'를 제공할 수 있고, 새로운 동기부여의 인식과정을 거침으로 인해 한 사람의 삶을 바꾸어 놓을 수도 있다. 특히 유아 및 어린이처럼 나이가 어릴수록 그 효과는 더욱 크다.

---

117) 김기승(2015), 『재능분석상담사 매뉴얼』, 한국선천적성평가원, pp. 102-104.

가족과 함께 간 스케이트장에서 처음 피겨를 접하게 된 것이 오늘날의 김연아 선수를 만들었다. 또 '빙속 여제' 이상화 선수는 스케이트를 먼저 시작한 오빠를 따라 시작했고, 쇼트트랙으로 7살 때 입문하여 세계적인 금메달 선수가 되었다.

10살쯤 아버지가 보여준 밤하늘의 유성비는 어린 스티븐 스필버그를 우주공간에 대한 두려움과 상상의 세계로 이끌었다. 〈미지와의 조우〉를 시작으로 〈E.T.〉, 〈백 투 더 퓨처〉, 〈쥬라기 공원〉까지 이어졌고[118] 그 상상력은 마르지 않는 호수가 되었다.

이처럼 사회적으로 성공한 사람들 중에는 우연히 이루어졌던 경험에서 자신의 재능을 발견한 경우를 볼 수 있다. 사소한 듯 중요하지 않은듯해도 한 개인에게는 엄청난 변화를 줄 수 있음을 간과해서는 안 된다.

(2) 청소년기의 성장단계

모든 사람들이 조기에 자신의 재능을 발견하는 것은 아니다. 앞에 소개된 인물들처럼 누구에게나 일찍부터 자신의 진로를 결정하고 노력해 성공하는 행운을 갖는 기회가 주어지지는 않는다. 사춘기를 거쳐 뒤늦게 적성을 찾아내기도 하고 성인이 된 후에도 딱히 자신의 적성을 몰라 고민하고 방황하는 이들도 있는 것이다.

이 시기는 스스로 필요에 의해 동기를 유발시키고 결정하려는 의지가 강해진다. 영·유아기를 거쳐 청소년기에 접어들면 앞서처럼 가족과의 현장 체험이나 유치원의 체험 학습으로 동기부여를 하는 것과는 사뭇 달라진다. 놀이동산이다 동물원이다 하면서 함께 할 시간적 여유가 영·유아기에는 있었지만, 청소년기에는 코앞에 닥친 입시로 인해 하루에 한 번 자녀 얼굴 보기도 힘들 만큼 우리들의 아이들은 학원에 파묻

---

118) 김기승(2018), 『더 기프트』, 다산글방. P. 242.

혀 살게 되고, 부모는 자녀의 적성이나 마음을 헤아리기보다는 성적에 더 연연해 하는 안타까운 시기를 맞이하여 부모와 자녀는 동시에 진로에 더 큰 어려움을 느낀다.

지금은 영화배우로 성공했지만 정우성은 집이 너무 가난하던 어린 시절 주말의 명화를 보며 배우의 꿈을 가졌고, 인도주의 정신으로 일평생 사람들에게 헌신한 테레사 수녀는 열여덟 살 때 자신의 소명을 실천하기 위해 선교사업을 펼치던 아일랜드 수녀 공동체에 들어가 수녀생활을 시작한다. 막연하게 체육대학에 진학해야겠다고 생각하다 남들보다 한참 늦은 고등학생일 때 스켈레톤을 접하고 시작했던 윤성빈은 뒤늦게 자신의 적성에 맞는 종목에서 금메달을 따낸다.

이 외에도 진로에 대한 결정을 못하고 시행착오를 겪다 남들보다 조금 늦게 시작한 만큼 더 열정적으로 몰입, 결국 자신의 꿈을 실현시키는 이들은 세상에 많고도 많다.

남들보다 빠른 진로결정이 행운인 것처럼 늦은 진로선택은 그 절실함이 배가 된다. 본인이 진정 원하는 것이 무언지 알고 전진하는 진로에는 분명 좋은 결과를 가지게 될 것이다. 좋은 결과가 아니라하더라도 후회는 없을 것이다.

2) 진로단계

앞서 각 나이별 성장단계에 대한 중요성을 살펴보았다. 이제 거기에 맞는 진로단계를 알아보면 보다 프로젝트 세우기가 수월해질 것이다.

영·유아기의 진로단계는 부모님과 함께 하는 '나들이'를 들 수 있다. 현장체험은 'see' 보다는 'do'를 통한 입체적인 지능계발이 가능하고 다양한 프로그램을 경험하는 과정에서 지능이 발달하고 좋아하는 것을 발견할 수 있게 됨을 『재능분석 상담사 매뉴얼』 교재에서도 밝히고 있다.[119]

십성에서 겁재는 경쟁지능으로 탐구심과 호기심, 이기고자 하는 승부욕이 강하므로 이러한 성향을 더 성장시켜줄 학습현장이 필요하며 신체 활용에 도움이 될 수 있다. 그래서 초등학교나 유치원 부근 어린이전용 놀이체험학습장이 인기를 끌고 있으며, 신체활동이 활발한 영·유아기에 적합하다.

식상을 가장 활발히 사용하는 청소년기에는 자신의 의지를 실현하고자 하며 본인이 하고 싶은 것만 하길 원한다. 그러나 주어진 환경은 책상 앞이다. 결국 인수를 활용할 수밖에 없다. 이처럼 나이에 따른 십성활용이 다르고 진로단계 역시 각 나이별 맞춤으로 준비되어야 한다.

한창 꿈을 먹고 자라야 할 청소년이나 꿈을 실현하는 과정에 있는 대학생들이 현실에서는 진로 결정에 있어 여전히 적성보다는 성적을 최우선시하는 상황은 각 개인에게 맞는 진로를 설정해야 하는 시점에 놓인 이들에게는 큰 고민일 수밖에 없다.

여성 가족부 청소년 정책과에서 발표한 청소년 통계[120]에 따르면 청소년 인구는 지속적으로 감소하고 있으며, 우려하고 있던 인구절벽현상이 이미 심각할 정도로 진행되고 있다. 학력인구 역시 줄어드는 것은 대학진학과도 연결, 이 대학진학률도 감소 추세이다. 대학진학률의 감소는 어쩌면 바른 길로 가는 것인지도 모른다. 누구나 가는 대학이 아니라 학문 연구에 진정성을 가진 이들이 가야 하는 것이 당연하며, 학문보다는 그 외의 재능에 능력 발휘를 할 수 있는 이들은 대학이 아닌 다른 선택을 하는 것이 사회의 올바른 균형을 위해서도 바람직한 모습이 될 것이기 때문이다.

---

119) 김기승(2015), 『재능분석상담사 매뉴얼』, 한국선천적성평가원 발행. p. 108.
120) 통계청, 2018.4.26. 청소년 인구(9~24세)는 899만 명으로 1982년(1,420만9천명)에 정점을 찍은 후 지속적으로 감소

학력인구가 줄어드는 현상에 대해 걱정도 해야겠지만 개인별 필요조건을 보다 세심히 살펴 올바른 인재로 길러야 한다. 청소년들이 직업에 대한 중요성을 인식하면서도 어떤 식으로 진로 계획을 세워야 할지 고민하고 자신에게 맞는 진로 프로젝트 세우기에 어려워할 때 도움의 손길을 내밀어주어야 할 필요가 있다.

2. 지능별 진로의 다양성

 과거 자존·경쟁지능은 딱히 직업으로 분류하기 어려웠고 직업을 주지도 못했다. 부모님께 순종해야 했던 시대가 있었다. 그때만 해도 인수는 학문으로 교육자나 학자를 상징하는 십성이며 관성은 국가의 녹을 먹는 공직자가 대표 직업군이다. 식상은 먹거리, 재성은 부를 축적하는 직업을 상징했지만 비견과 겁재는 직업의 상징이 되지 못했다. 그 당시에는 직업의 종류가 지금처럼 다양하지도 못했고 사회제도에서 신분에 따라 할 수 있는 일과 없는 일을 구별하는 시대였기 때문이다. 계급제도가 시행되던 시기였고, 계급의 최상위층에 있는 양반은 국가를 운영하는 관리가 되고 중상위층은 일반 백성으로 생활필수품은 자급자족하며 신분제도를 유지하는 중추 역할을 했다. 마지막 최하위층의 천민은 그 신분 자체가 낮아 집도 없이 떠돌거나 방물장수나 소나 돼지를 잡는 백정 등 비천하고 험한 일을 해야 했던 것이다.
 이처럼 상상도 못했던, 절대 무너질 것 같지 않던 신분제도가 사라지면서 개인의 소질과 적성에 따라 자유롭게 일생동안 몸담을 직업을 선택할 수 있는 시대가 열렸다. 사회 환경이 바뀌고 과학이 발달되면서 새로운 직업들이 계속해서 생성되는 것이다. 이러한 직업의 다양화와 세분화에 따라 우리가 가진 적성 역시 세분화되고 전문화의 형태를 갖추어 갔다. 각 개인이 가진 진정한 적성을 파악하기 위한 노력이 있어왔고 명리학에서도 과학적인 데이터와 연구실적을 바탕으로 10가지 십성을 지능으로 분류하여 보다 현실적인 진로 방향을 제시할 수 있게 된 것이다.

이에 각 지능의 진로 특징[121]을 살펴보고 나아갈 방향성에 대해서도 알아보고자 한다.

1) 자존 · 경쟁지능의 진로 특징과 방향

자존지능과 경쟁지능은 자기 에너지의 중심이자 추진력과 몰입에너지가 장점이다. 자신감과 배짱은 스스로 능력을 발휘할 수 있게끔 원동력이 되어주고 자신을 믿고 신뢰하도록 만든다. 자신에 대한 강한 믿음은 세상으로부터 스스로를 보호하는 힘이 되어주고 자신이 하는 모든 행동은 자신을 위한 것으로 자존감을 지키는 것이 목적이 되기도 한다. 그래서 때때로 자존감을 지키기 위해 고집을 부리기도 하고 손해를 감수하기도 하는 것이다.

'운동가 스타일'의 자존지능은 직접 에너지를 활용하는 분야에서 자기몰입 에너지를 발휘할 수 있는 직무가 유리하며 사람들과 함께 같은 방향을 보며 나아간다.

'모험가 스타일'의 경쟁지능은 자존지능과 매우 유사하면서도 개성이 강해 몰입하는 순간에도 긴장의 끈을 놓치지 않는다. 같은 방향으로 함께 가는 것 같아도 결승점에 도달할 쯤에는 함께 한 사람들과 마주보는 선상에 서 있는 것이 경쟁지능이다. 그래서 최종적으로는 상대방을 제압하고 자신이 우월한 곳에 서려고 하기 때문에 어찌 보면 경쟁지능의 경쟁자는 바로 자기 자신이기도 하다.

직업군은 타고난 신체능력을 활용하며 연예인, 모델, 스턴트맨으로 성공한 이들

---

121) 김기승(2010), 『타고난 선천지능』, 창해, pp.130-193.

도 많고 화가나 음악가 같은 예술문화계열이나 의료계열, 정치계, 법조계 등 사실상 자존·경쟁지능은 다른 8개의 지능들의 직업군보다 더 다양하게 분포된다. 그 원인은 바로 현대사회의 발전으로 이루어진 직업의 세분화로 확대된 직업 수에 기인한다.

김연아 같은 피겨스케이트 선수나 리오넬 메시, 크리스티아누 호날두 같은 축구 선수, 양치승 같은 인기 트레이너도 대세이다. 이처럼 경쟁지능과 자존지능은 직업 군이 부여되지 않아도 모든 분야에서 활동하며 진로 선택을 스스로 하며 최선을 다 한다.

2) 연구·표현지능의 진로 특징과 방향

타인에 대한 배려심의 아이콘인 연구지능은 먼저 타인을 헤아려주고 보듬어주려 고 하는 마음이 강해 같은 또래의 친구 사이에서도 카운슬러(counselor) 역할을 한다. 배려하는 마음이 커 하나를 가르치더라도 성심성의껏 상대방이 이해할 때까지 반복 설명해주고 기다려주는 교직계열이나 한 가지 목표를 세우고 그 목표를 달성할 때까 지 시간과 노력을 아끼지 않는 '연구가 스타일'이다.

직업군은 이름 그대로 국가기관이나 연구기관에서 자신의 지식과 노하우로 연구 원이 되거나 직장인이라 하더라도 프로젝트를 기획, 성공시키기 위해 연구하거나 학 생들에게 꾸준히 자신의 지식을 전달하는 교직계통에 종사하는 것도 좋다. 특히 요 즘 인기 있는 직업 중에는 요리에 집중하여 새로운 요리를 만들어 내기 위해 쉴 새 없 이 연구하는 셰프도 있다.

표현지능의 친화력은 10개의 지능특징에서 단연 최고이다. 대상에 대한 예리한 관찰력과 비판력은 스캔하듯이 상대방의 의도나 생각을 정확하게 읽어낸다. 늘 새롭고 특이하며 다른 사람들이 생각지 못한 것을 원하는 표현지능은 기존에 있던 물건이나 인식을 변화시키는 데 탁월한 능력을 보여 '발명가 스타일'이라 칭한다.

센스 있는 유머 감각은 분위기를 바꾸고 예리한 비판능력은 사물을 정확하게 투시, 변호사나 기자, 해설, 칼럼니스트, 디자인, 성형외과나 정형외과처럼 정교하고 세심하면서 미적 표현 기술이 요구되는 직업군에서 성공 가능성 역시 높다.

이처럼 현대 사회는 연구지능과 평가지능에게 직업의 문이 활짝 열려있다고 해도 과언이 아니다. 일간 자신의 의지나 주장을 밖으로 유출시키는 통로인 연구와 표현은 에너지 활용 면에서는 같아도 표출하는 방법은 매우 달라 잘 살펴야 한다.

스스로 PR(Public Relations)하는 것이 오히려 솔직하다고 느끼는 사회분위기에 따라 연구·표현지능의 직업 폭은 더욱더 다양해질 것이다.

3) 평가 · 설계지능의 진로 특징과 방향

명리 십성에서 편재는 평가지능으로, 정재는 설계지능으로 지능의 명칭을 부여하였다. 무엇을 하든 결과가 중요한 재성은 성격이나 심리, 세부적인 특성을 알아보기 위해서는 평가지능과 설계지능으로 다시 세분화 시켜 분석해야 하기 때문이다.

평가지능은 자신이 성취해야 할 목표가 너무 크고 원대해서 끊임없이 확장시키기 위해 노력을 한다. 자신을 둘러싼 모든 것들의 가치를 환산하고 자신의 주변 사람들까지도 자신의 기준대로 판단, 사람이 자산이요 사람을 이용하는 사업에 능하다. 아무리 힘들어도 가치 있는 일이라는 판단이 서면 최선을 다한다. 돈 버는 일에도 관심이 많아 '사업가 스타일'이며 지금 당장 얼마를 버는 지가 중요한 것이 아니라 어떻게 벌어서 어떤 방식으로 사용할 것인지에 더 관심이 많다.

재성의 또 다른 줄기인 설계지능은 감정적이고 기분에 좌우되는 평가지능과 달리 늘 침착하고 치밀하며 감정보다는 현실적으로 가치 있고 중요한 것에 대해 의미를 더 부여하는 스타일로 작은 것 하나라도 놓치지 않으려고 한다. 특히 경제개념이 확실해서 작은 돈이라 할지라도 절대 함부로 낭비하지 않으려고 한다. 자신이 노력한 만큼 평가를 받고자 하기에 늘 계획을 세우고 행동하는 설계지능은 경제를 주로 다루는 '설계가 스타일'이다.

경제학자, 회계사, 금융계통, 설계사, 수학자 등등 작은 실수 하나 용납되지 않는 꼼꼼하고 세밀한 직무와 자신에게 주어진 업무를 충실하게 이행하고자 노력하는 성실형이다. 사회가 움직이는 데는 많은 요인이 있어야 하지만 경제는 그중 가장 큰 부분을 차지하며, 경제가 원활히 돌아가야 사회구조를 물 흐르듯 경영할 수 있다. 그런 면에서 평가와 설계지능이 발달된 이들의 역할이 크다 하겠다.

4) 행동 · 도덕지능의 진로 특징과 방향

결정력과 실행력은 행동지능의 특징으로 주어진 상황에 빠른 결정을 내린다. 상황판단을 빨리 할 수 있는 것은 그만큼 자신의 결정에 대한 확신이 있다는 의미이며 그 확신은 자신에 대한 무한한 믿음에서 나온다. 무엇을 해도 자신이 책임지고 앞장서려는 성향이 강해 지시를 받기보다는 명령을 내리고자 한다. 지시하고 상황을 통제하고 전체를 위해 관리하는 일에 적응하는 것이 그 누구보다 빠르다. 철저한 책임의식은 목숨을 걸 만큼 강한 것이 행동지능으로 말만 내세우는 사람들을 가장 싫어하며 의리를 중요시 한다.

행동지능은 '정치가 스타일'이다. 조직을 개편하고 혁신하며 사람들을 리드할 수 있는 직무를 맡아야 타고난 자신의 능력을 제대로 발휘할 수 있다. 빠른 판단과 결정으로 조직생활에서 역할을 제대로 해내므로 군, 경찰, 검찰 등 새로운 분야에 도전하고 모험을 즐길 수 있는 분야나 이론보다는 행동으로 보여주고 사람을 리드할 수 있는 분야, 그리고 순간적 결정력과 스피드를 요하는 분야에서 그 능력이 빛을 발할 것이다.

도덕지능은 수용적이며 수동적인 성향으로 원칙과 규범을 지키는 것에 안정감을 느끼며 여기서 벗어나면 불안하다. 규칙이 있고 원칙이 있는 곳에서 자신이 해야 할 명분이 뚜렷해야만 행동에 옮긴다. 자신이 올바르게 법을 준수하고 규범을 지키는 것처럼 타인 역시 자신과 같이 행동해주고 그들을 원리와 원칙으로 조용히 이끌어가고자 한다. 따라서 도덕지능이 강한 사람은 공적인 활동을 하거나 행정적인 분야의 업무가 편안하며 안정된 조직으로의 진로가 좋다.

5) 인식 · 사고지능의 진로 특징과 방향

자기만의 독특한 세계관을 가진 인식지능은 일간에게 유입되는 에너지를 선택해서 받아들일 수 있는 융통성이 있기에 자유자재로 자신의 독특한 생각을 바탕으로 예술적인 본능을 마음껏 발휘 한다. '4차원 세계'라 할 만큼 정신세계가 매우 독특하다. '문학가 스타일'로 정서적 공감대 형성이나 언어능력 중에서 특히 글쓰기 능력이 우수해 이러한 특징을 살린다면 소설가나 문학계통에서 단연 그 재능을 발휘할 수 있다. 인식지능은 사고지능과 달리 동시에 여러 가지 일이 가능하다. 순발력과 창의력을 필요로 하는 업무 분야나 비현실적, 공상, 예술과 종교적 성향이 강한 분야로 진로를 선택하는 것이 바람직하다.

융통성이나 순발력은 살짝 부족하지만 사고지능은 모든 일에 실수를 하지 않기 위해 많은 생각을 하며 한 가지 일을 하더라도 안정성을 추구, 충분히 생각한 후 답을 찾아내곤 한다. 계획을 세우고 순서에 맞춰 행동에 옮기므로 외부에서는 느리고 답답해한다. 생각을 기록하고 정리하는 능력이 뛰어나며 수용적인 태도가 원만한 대인관계를 형성하며 조직 속에서 맡은 바 책임 완수를 해냄으로써 인정을 받을 수 있다. 한결같은 마음과 자세로 전통을 계승하고 보전하고 보수적인 성향이 강한 직업으로 진출해야 하며 자신의 생각을 글로써 표현하고 기록하는 업무분야의 진로는 만족도와 함께 지속적인 직업 활동을 부여해줄 수 있다.

3. 지능별 재능 찾기 프로젝트

1) 자존지능을 활용하라!

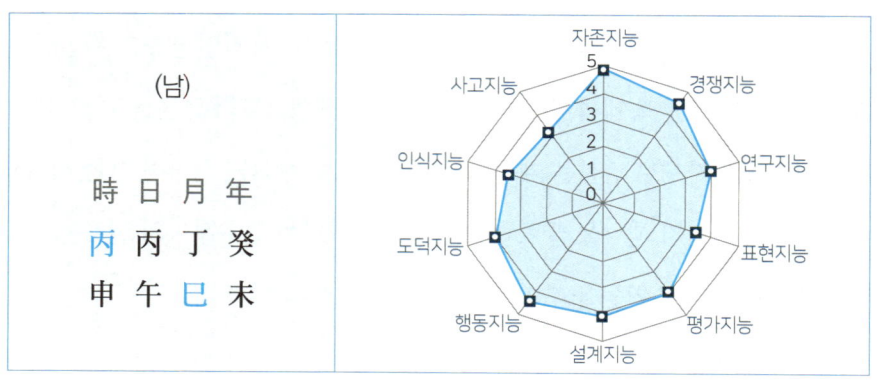

위 사주는 丙火일간이 巳月에 丙火비견이 시상으로 투출하였다. 비견은 자존지능으로 자신의 신체 에너지를 활용하는 운동가스타일이다. 한 번 시작한 일은 끝을 보려고 한다. 자존감을 중시하고 적극적인 성향으로 학습이나 놀이 등 옆에서 간섭하고 지시하는 것은 도움이 되지 않는다. 개별직무적합도 역시 신체적인 에너지 소모가 많은 역동적인 업무에 자신의 재능이 있는 것처럼 운동을 하거나 집중해서 무언가 완성할 수 있는 활동이 좋다

AAT선천적성검사 결과

- **직업유형** : 사업형의 리더기능
- **강점지능** : 자존지능의 운동가스타일
- **사회적 욕구** : 자아욕구
- **진로탄력성** : 진로자립

선천지능분포도

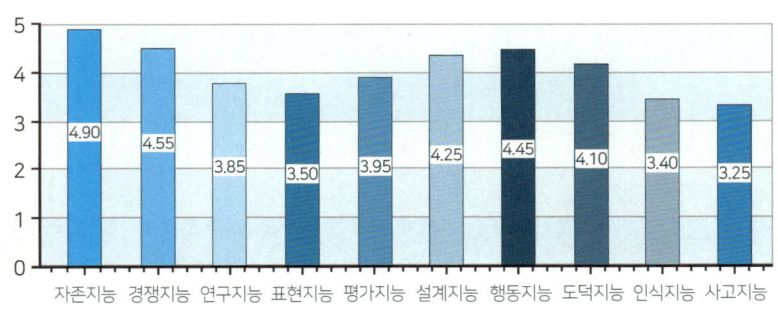

지능활용

- 등산, 운동, 수목원, 동물원, 놀이동산, 실내놀이터 등 에너지 소모가 많은 활동적인 장소를 선택하면서 직접 느끼고 체험할 수 있도록 해야 효과적이다.

- 추리력, 사물지각력, 기계능력 활용, 집중력 보강을 위해 이와 관련된 도서나 운동 등을 하면 효과적이다. 특히 친구들과 함께 하는 놀이식의 학습과 활동은 공동체의식을 강화 시키고 협동심을 길러준다.

- 강점지능이 비견의 자존지능으로 자기 내부에 집중하므로 멘토처럼 지시하고 재촉하는 것은 오히려 역효과가 나타날 수 있다. 롤모델이 있으면 더 집중한다. 자존감을 살려주는 칭찬과 격려를 해주는 이가 있다면 최선을 다해 좋은 모습을 보이려고 한다. 이러한 성향을 활용해야 효과적이다.

2) 경쟁지능을 활용하라!

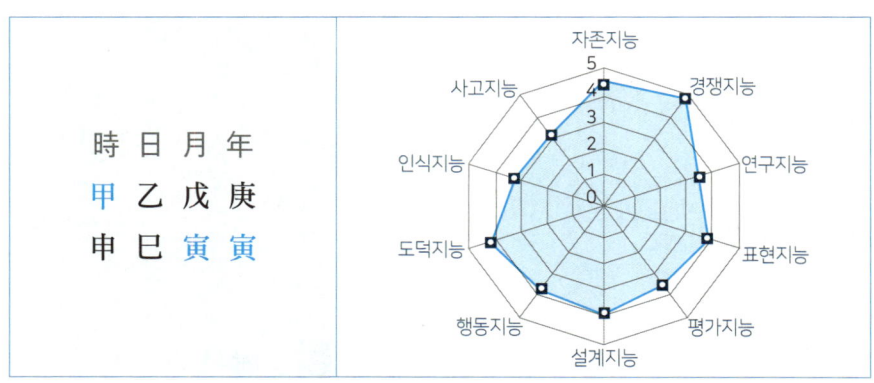

위 사주는 乙木일간이 寅月에 甲木 겁재가 시간으로 투출하였다. 겁재는 경쟁지능으로 모험가 스타일이다. 경쟁지능은 자기의식이 강해 모든 관점이 외부로 향한다. 즉 타인을 향해 나아간다. 타인을 통해 자기 자신을 투영하고 장점과 단점을 파악하고 보완한다. 경쟁지능은 경쟁 속에서 더 큰 발전을 이룬다. 지고는 못 사는 성격이라 칠전팔기(七顚八起)처럼 도전하고 또 도전을 해 결국 목적 달성을 하고야 만다.

AAT선천적성검사 결과
- **직업유형** : 사업형의 전문기능
- **강점지능** : 경쟁지능의 모험가스타일
- **사회적 욕구** : 자아욕구
- **진로탄력성** : 진로자립

선천지능분포도

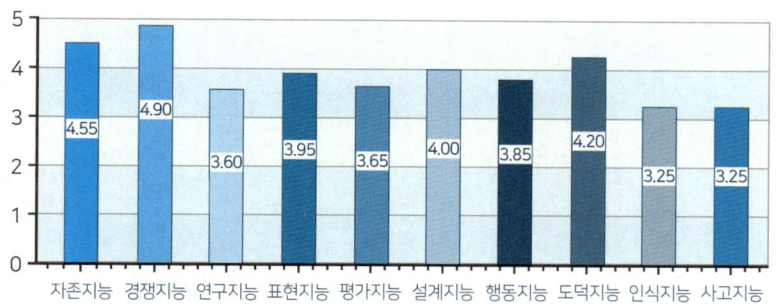

지능활용

- 강한 추진력을 적극 활용, 자율적으로 기획하고 끝까지 포기하지 않고 실행에 옮기도록 한다.

- 스포츠경기장, 산악등반, 축구, 번지점프, 수영 등 둘 이상의 관계에서 이기기 위해 서로 겨루게 될 때 강력한 목표의식을 갖게 되므로 경쟁욕구를 불러일으킬 수 있는 장소의 현장학습이 도움이 된다.

- 사물에 대한 지각력, 추리력, 상황 판단력, 협응 능력 등을 상승시킬 수 있는 내용의 도서나 활동 환경을 조성해준다.

- 경쟁지능은 자기 자신과도 경쟁을 하는 아주 특별한 지능이다. 그래서 포기하고 싶다가도 자신과의 싸움에서 지기 싫어 한 번 정한 것은 끝까지 해내기도 한다. 안 되면 될 때까지가 인생슬로건이 되는 것처럼 자신이 정한 목표라서 하기 싫어도 해내고야 만다. 이러한 경쟁심리를 효과적으로 활용한 프로젝트가 주어져야 한다.

3) 연구지능을 활용하라!

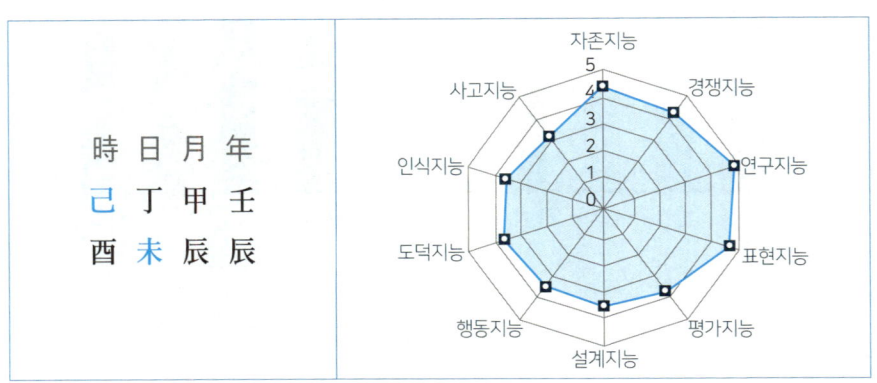

위 사주는 丁火일간에 辰月에 己土 식신이 시간으로 투출하였다. 己土는 연월일 3지지에 통근하여 식신의 세력이 왕성하다. 식신은 연구지능으로 연구가 스타일이라 칭한다. 무언가 직접 해야 직성이 풀리므로 늘 분주하게 만지고 움직인다. 집중해 한 가지를 파고들어 관찰하면서 스스로 배우고 노하우를 쌓아간다.

AAT선천적성검사 결과

- **직업유형** : 사업형의 전문기능
- **강점지능** : 연구지능의 연구가스타일
- **사회적 욕구** : 변화욕구
- **진로탄력성** : 관계활용

선천지능분포도

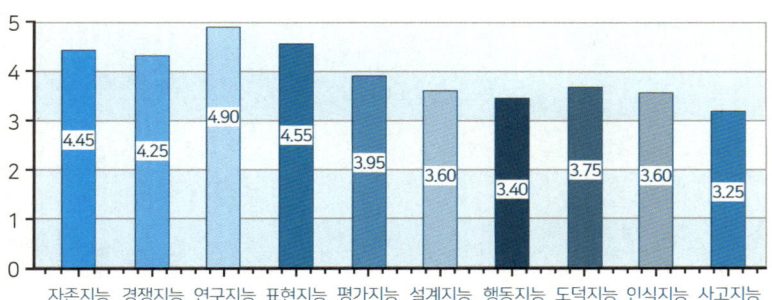

지능활용

- 식물원, 동물원, 생태계교육관, 어린이박물관, 수목원, 낙농체험학습 등의 학습을 통해 깊이 있게 조사하고 생각한다. 진리를 탐구해 나가는 성향을 활용해야 한다. 진지한 개별 활동을 충분히 할 수 있도록 배려해주어야 한다.

- 언어능력, 추리력, 사물지각력, 선택적 집중력, 상황 판단력을 향상시킬 수 있도록 하며 각종 장난감 조립이나 요리 일기 쓰기 등의 활동도 함께 하면 효과적이다.

- 연구지능이 강한 경우에는 타인에 대한 배려와 주어진 과제 해결을 위해 노력하는 연구능력과 창의적인 사고와 생산능력을 추구하는 성향을 활용할 수 있도록 배려해야 한다.

4) 표현지능을 활용하라!

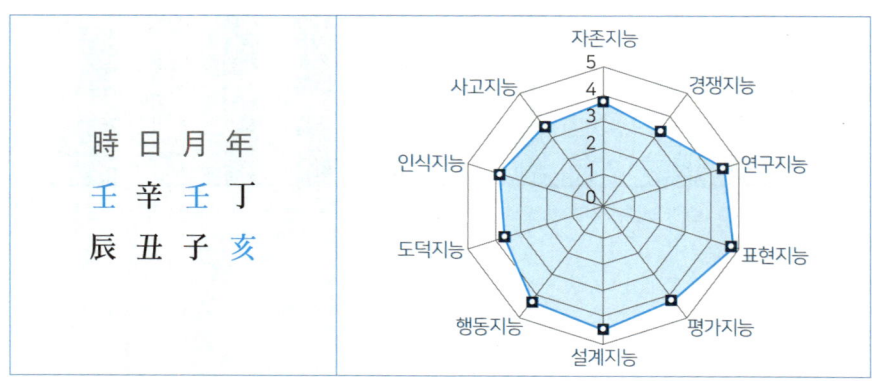

위 사주는 辛金일간이 子月에 壬水상관이 월간과 시간으로 투출하였다. 상관은 표현지능으로 발명가 스타일이다. 또한 창의력과 비판의 언어표현지능으로 대변된다. 창의력이란 흥미진진한 호기심에서 발현되며, 이 호기심은 욕구의 분출이자 변화다. 재능 찾기 역시 탁월한 창의력을 발휘하도록 여건을 만들어줄 필요가 있다.

AAT선천적성검사 결과

- **직업유형** : 사업형의 전문기능
- **강점지능** : 표현지능의 발명가스타일
- **사회적 욕구** : 친화욕구
- **진로탄력성** : 관계활용

선천지능분포도

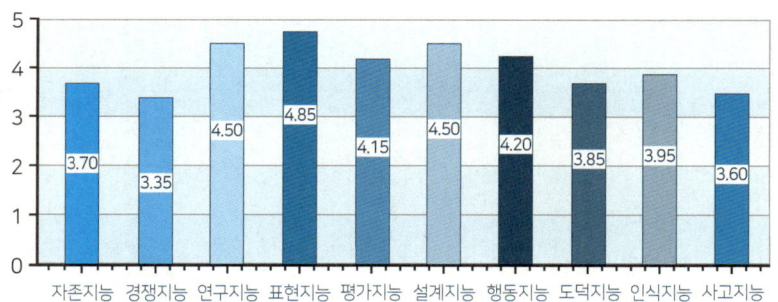

지능활용

- 호기심을 자극할 수 있는 영화제작소, 연극관람, 불꽃놀이, 콘서트, 발레, 만화박물관 등을 현장학습으로 추천한다. 생각이나 느낌 등을 언어나 몸짓의 형상으로 나타내거나 시각적으로 보이는 사물의 모양이나 형태에 관심이 많다. 이러한 창의성을 발휘할 수 있고 능동적인 활동이 보장되는 장소가 도움이 된다.

- 행동 조정력, 언어능력, 추리력, 사물지각력, 색채지각력, 협상력 등을 향상시킬 단어 말하기나 인터뷰 놀이게임이나 시낭송 등의 활동이 좋다.

- 표현지능은 까다로운 면과 단순한 면이 함께 있어 늘 변화무쌍하다. 자신을 말로 표현하거나 글, 그림, 춤 등 표현 자체가 매우 다양하므로 자신을 표현하는 데 주저할 필요가 없는 환경조성이 필요하다.

5) 평가지능을 활용하라!

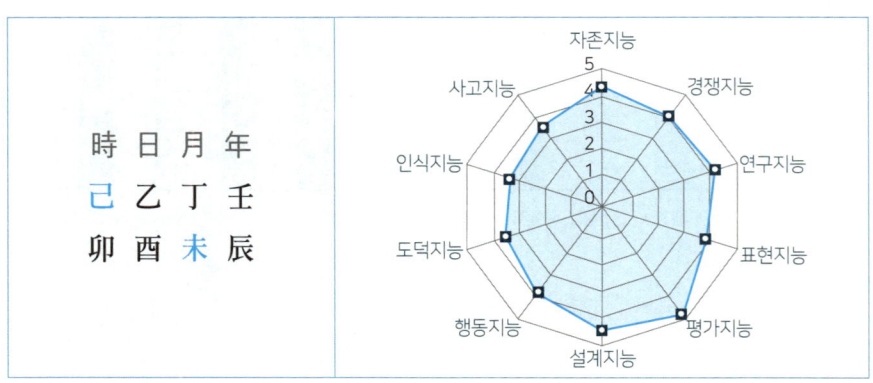

위 사주는 乙木일간이 未月에 己土 편재가 시상으로 투출하였다. 편재는 평가지능으로 사업가 스타일이다. 평가지능의 특징은 가치평가로 무엇을 해야 사회에서 인정받는지 확실하게 알고 순간순간 가치 환산이 매우 빠르다는 것이다. 순간포착이 빨라 주변 상황을 빨리 인식한다. 공간지각능력이 다른 지능보다 탁월하다.

AAT선천적성검사 결과

- **직업유형** : 사업형의 리더기능
- **강점지능** : 평가지능의 사업가스타일
- **사회적 욕구** : 실현욕구
- **진로탄력성** : 성취열망

선천지능분포도

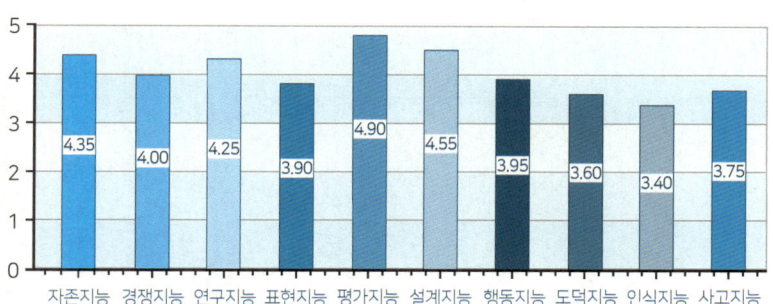

지능활용

- 창업 전시장, 공룡박물관, 자동차 전시장, 우주박물관, 로봇 전시장, 국립과천과학관, 한국은행 등을 현장학습으로 추천한다. 사물의 가치나 수준 정도를 잘 판단하고 사람의 능력이나 재능 등에 대한 가치판단이 빨라 경제활동과 관련된 장소가 재능 찾기에 도움이 된다.

- 수리능력, 범주화하기, 추리력, 사물지각력, 상황판단력 등을 상승시킬 수 있는 미로찾기나 물건 분류하기, 퍼즐 같은 활동이 좋다.

- 평가지능은 아무리 힘들어도 인정해주고 응원해주면 움직인다. 자신이 한 일의 결과를 보여줄 수 있어야 한다. 어떤 일을 해도 본인이 한 일에 대한 대가가 주어져야 한다. 항상 경영자의 마인드로 모든 것을 바라보므로 재능 찾기 프로젝트 역시 본인이 주관이 되어 성과를 내도록 해줘야 한다.

6) 설계지능을 활용하라!

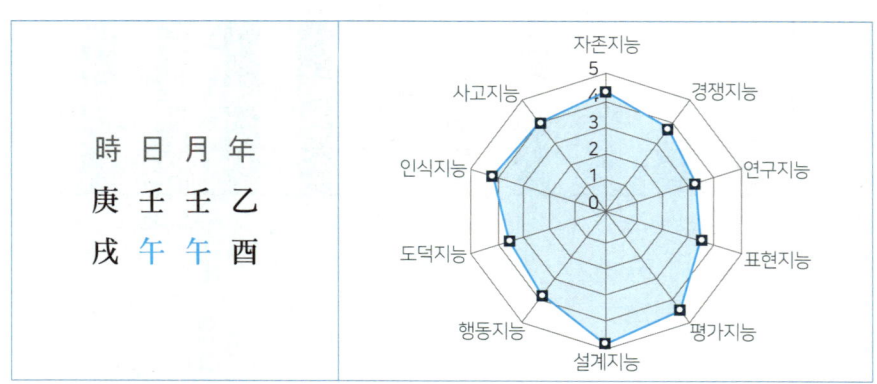

위 사주는 壬水일간이 午月에 일지 午火가 나란히 있어 정재가 왕하다. 정재는 설계지능으로 설계가 스타일이다. 설계지능은 치밀하고 세심해서 아주 사소한 것, 작은 것에 집착해 소심한 사람으로 비치기도 한다. 중요한 것과 가치 있는 것에 의미를 두고 현실적으로 결과를 얻고자 확실한 것을 좋아하며 현재에 철저하게 충실하다.

AAT선천적성검사 결과

- **직업유형** : 사업형의 리더기능
- **강점지능** : 설계지능의 설계가스타일
- **사회적 욕구** : 실현욕구
- **진로탄력성** : 성취열망

선천지능분포도

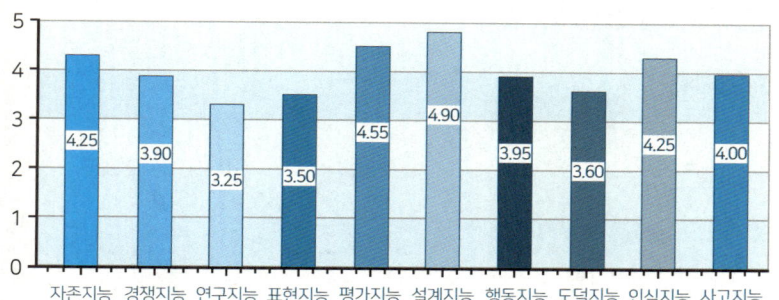

지능활용

- 한국은행, 건축박람회, 그래픽전시장, 수원화성, 화폐금융박물관 등 현장학습을 통해 실제적이고 현실적으로 잘 명시된 목적을 세우고 목적 달성을 위해 할 일의 절차나 방법 규모 등을 세우는 능력을 향상시킬 수 있다.

- 수리능력, 추리력, 사물지각력, 상황판단력, 집중력 향상을 위해 바둑이나 암산, 퍼즐 등의 놀이가 유익하다.

- 설계지능은 항상 행동하기 전에 계획을 수립한다. 실수를 하지 않으려 하며 꼼꼼하고 세밀하게 작성한 계획에 따라 움직이길 원한다. 재능을 찾는 것 역시 계획을 먼저 세워야 한다. 자신이 원하는 것이 무엇인지 알고 현실적인 실천을 해나간다.

7) 행동지능을 활용하라!

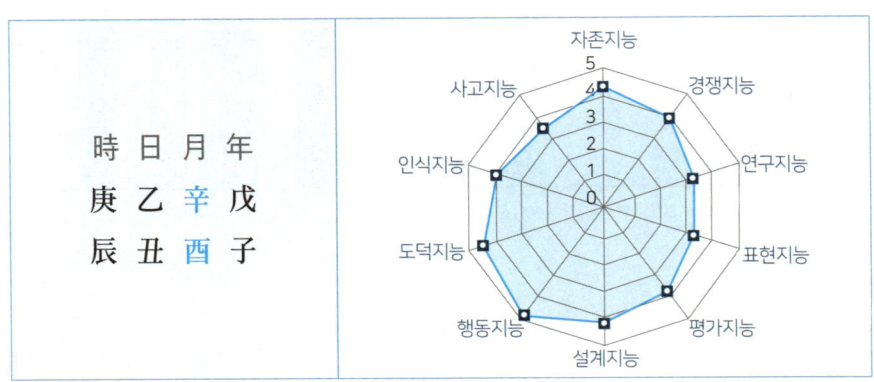

위 사주는 乙木일간이 酉月에 辛金 편관이 투출하였다. 편관은 행동지능으로 정치가 스타일이다. 빠르고 과감한 결정력이 장점인 행동지능은 행동력까지 갖춘 지능이다. 항상 생각과 함께 행동하므로 말만 내세우고 행동하지 않는 이들을 매우 싫어한다. 한 번 마음을 주면 끝까지 믿어주고 책임지고자 한다.

AAT선천적성검사 결과

- **직업유형** : 직장형의 리더기능
- **강점지능** : 행동지능의 정치가스타일
- **사회적 욕구** : 안정욕구
- **진로탄력성** : 변화대처

선천지능분포도

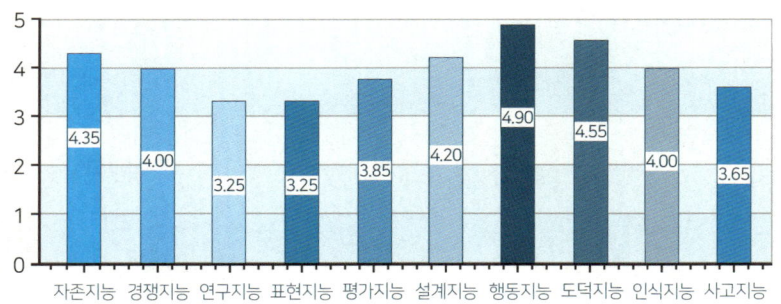

지능활용

- 청와대 견학이나 국회견학, 조각공원, 자연농원, 교회, 사찰, 전쟁기념관, 역사관 등의 현장학습을 통해 인간 생활의 육체적, 정신적, 사회적 영역에서의 스피디한 판단력과 결정력을 키울 수 있다.

- 형태지각, 추리력, 사물지각력, 기계조작능력, 통제력에 도움이 되는 보드게임, 암호풀기, 봉사활동 등을 권한다.

- 행동지능은 개인보다 전체를 생각하고 전체를 위해 정해진 규칙과 틀은 유지해야 한다고 생각하며 사람들을 이끌어주고 관리를 잘한다. 충성심도 높기 때문에 자신에게 맞는 일이 주어지면 최선을 다한다. 자신의 재능을 찾아낸다면 강하게 추진할 수 있다.

8) 도덕지능을 활용하라!

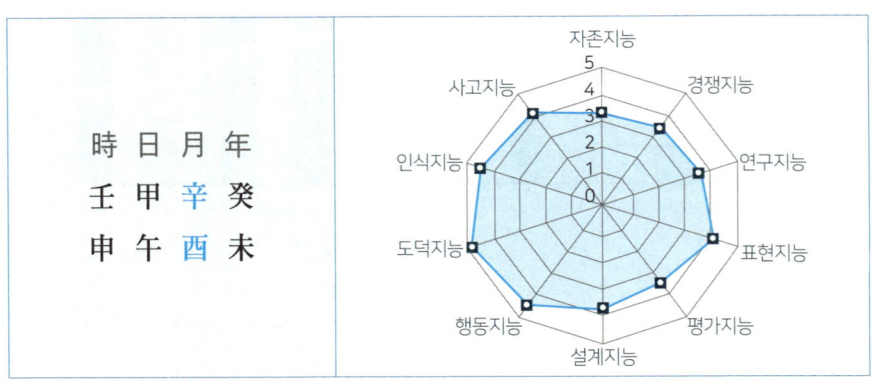

위 사주는 甲木일간이 酉月에 辛金 정관이 투출하였다. 정관은 도덕지능으로 공직자 스타일이다. 도덕지능이 발달하면 늘 단정한 자세로 행동하고 예의도 정확하게 지키는 모범생이다. 모범적인 사람으로 보이기 위해서 타인을 의식하게 되어 애늙은이 같은 성향이 보인다. 도덕지능도 행동지능처럼 권위와 체면을 중요시 하며 조용한 리더가 되길 원한다.

AAT선천적성검사 결과

- **직업유형** : 직장형의 참모기능
- **강점지능** : 도덕지능의 공직자스타일
- **사회적 욕구** : 안정욕구
- **진로탄력성** : 변화대처

선천지능분포도

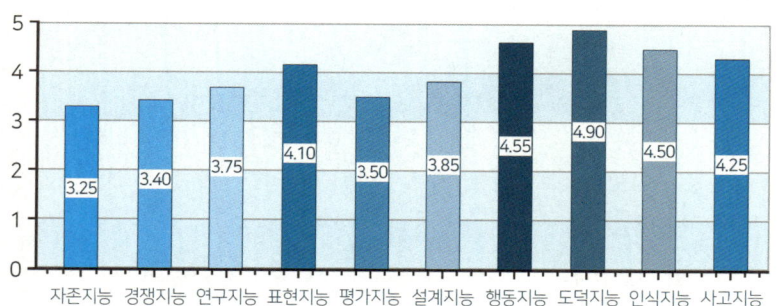

지능활용

- 중앙청사, 기차박물관, 헌법재판소, 법원, 사관학교, 수목원, 템플스테이 등이 현장학습으로 좋다. 관습이나 관행에 의해 육성된 개인의 도덕의식, 심정, 태도, 성격 또는 도덕성을 의미하므로 사회적으로 공인된 가치를 습득할 수 있는 장소가 좋다.

- 논리적 분석력, 형태지각, 사물지각력, 기계능력, 집중력을 위해 규칙외우기, 물건 정리, 명상 등이 좋다.

- 도덕지능을 갖춘 사람들을 움직이게 만드는 것은 명분이며 확실한 명분에 따라 행동한다. 선천적으로 원칙과 판단기준을 가지고 있으며 원칙이 스스로 그 점을 인정하면 반드시 지키려고 한다. 이러한 도덕지능은 원리원칙을 준수하게 하면서 자신을 스스로 채찍질하며 타의 모범이 된다.

9) 인식지능을 활용하라!

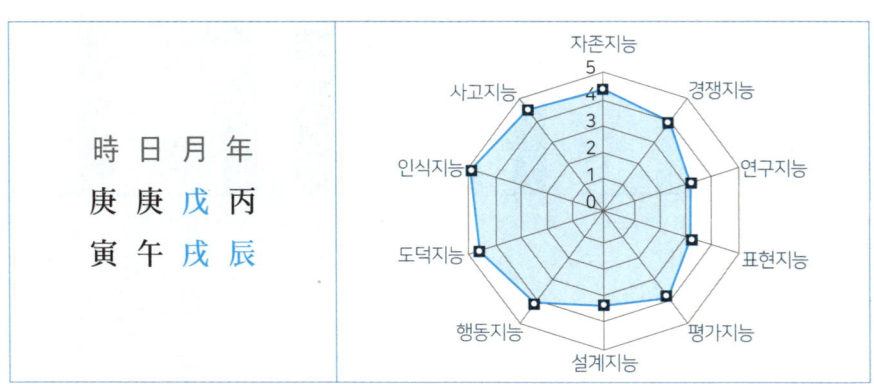

위 사주는 庚일간이 戌月에 戊土 편인이 투출하였다. 편인은 인식지능으로 문학가 스타일이다. 언어 능력 중 글쓰기 능력이 탁월하기 때문이다. 사고지능과 달리 인식지능은 사고의 전환을 이루어 상황대처능력이나 융통성이 높은 편이다. 주관적이긴 하나 독특한 생각으로 창조적인 작업이 가능하다.

AAT선천적성검사 결과

- **직업유형** : 직장형의 참모기능
- **강점지능** : 인식지능의 문학가스타일
- **사회적 욕구** : 보호욕구
- **진로탄력성** : 자기신뢰

선천지능분포도

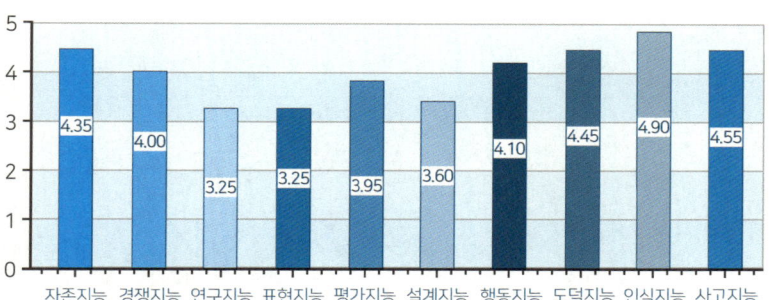

지능활용

- 국립예술관, 문학관, 문학가의 생가, 영화촬영세트장, 미술관, 박물관 등의 현장학습을 통해 인간 지식의 총체나 일정 범위의 대상에 대해 관심이 많다. 철학을 경험할 수 있는 장소나 자신만의 사고 구조를 키울 수 있는 경험이 될 수 있는 활동이 좋다.

- 언어추리력, 사물지각력, 집중력, 읽고 분석하는 능력을 위해 감상활동이나 글쓰기, 독서가 좋은 영향을 준다.

- 인식지능은 자기 세계에 심취를 잘하므로 생각이 특이하고 같은 얘기를 들어도 자기만의 색깔을 입혀 전혀 다른 시각으로 접근하기도 한다. 남들이 모두 파란 것을 좋다고 하더라도 빨간 것을 선택하기도 하며, 특이한 작업을 만들어내는 상상과 공상력, 재치로 인해 자기 분야에서는 전문가로서 그 능력을 발휘할 수 있다.

10) 사고지능을 활용하라!

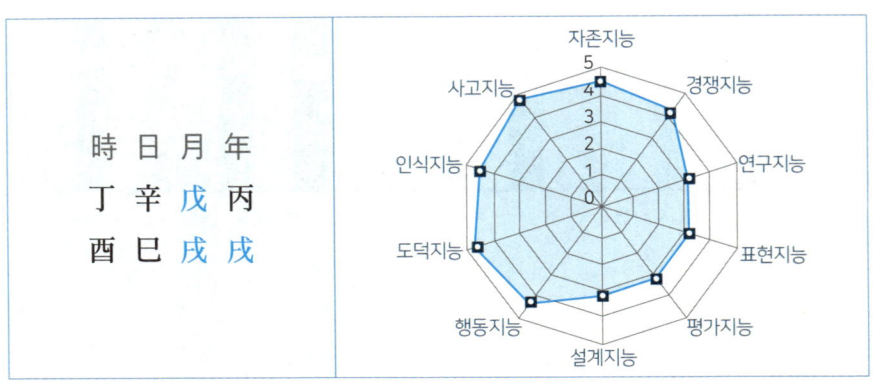

위 사주는 辛金일간이 戌月에 戊土 정인이 투출하였다. 정인은 사고지능으로 교육자 스타일이다. 사고지능은 누구와도 다투는 것을 싫어하며 모든 걸 수용하고자 하는 순수한 마음을 가지고 있다. 항상 주변을 정리하고 순서대로 하며 지나간 추억도 소중하게 생각하고 오래된 전통을 고수한다. 자존심이 강해 존경 받는 행동을 하려고 한다.

AAT선천적성검사 결과

- **직업유형** : 직장형의 참모기능
- **강점지능** : 사고지능의 교육가스타일
- **사회적 욕구** : 보호욕구
- **진로탄력성** : 자기신뢰

선천지능분포도

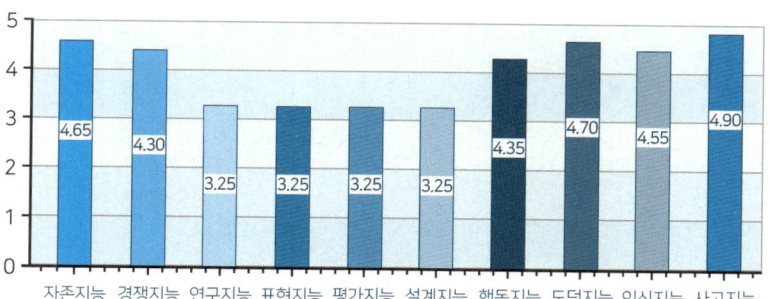

지능활용

- 국립예술관, 문학관, 만화박물관, 미술관, 독서체험, 국립중앙박물관, 테마 여행 등의 학습을 통해 자신의 목표, 계획에 대해 생각할 기회를 가지려고 한다. 수용적이고 보수적 성향이 강하므로 차분하고 지식의 수용이 잘 이루어질 수 있는 조용한 공간으로 학습활동이 좋다.

- 언어능력, 상황 판단력, 사고 유창력, 읽고 이해하기 등 글쓰기와 독서, 역사공부 등이 필요하다.

- 사고지능은 글쓰기도 잘하고 정리도 잘하고 암기력도 좋다. 있는 그대로 기록하고 정리하고 외운다. 객관적인 입장을 유지하려는 성향이 강하고 사회에서 통용되고 인정되는 내용을 그대로 전달하는 것을 잘하므로 이러한 강점지능을 활용해야 한다.

PART 10

명리학습
코칭

1. 지능별 학습 코칭과 똑똑한 학습전략

2. 십성별 양육방법

1. 지능별 학습 코칭과 똑똑한 학습전략

　지금까지 한 개인에게 있어 타고난 적성이 얼마나 중요한지를 알아보았다. 학문은 연구하는 것에서 그치지 않고 실제 생활에서 효과적으로 쓰일 수 있어야 진정한 학문의 책임을 다했다 할 수 있다. 교육 역시 많은 시간과 노력을 필요로 하는 만큼 각 개인에게 효과적인 방법을 찾아줄 수 있다면 이 이상 좋은 것은 없다.
　명리학의 십성이론을 바탕으로 열 가지 지능별 특징을 응용하면 명리학습코칭이 이루어질 수 있다. 그 효과를 기대 이상으로 보여줄 수 있다는 확신을 갖고 사주 구조의 구성유형별 학습심리가 가능함을 본 파트에서 설명할 것이다.
　또한, 학습적인 면에도 효과적인 지도가 이루어질 수 있도록 사주 구조의 구성유형별 학습심리를 다각도로 분석하며, 교육적 요소들에 대한 개별적인 활동을 학습심리로 분석한다. 장점과 단점에 대한 강화책과 보완책을 제시해주는 것에 의미를 둔다.
　자신의 성격과 기질에 따른 효과적인 학습이 이루어진다면 분명 성적은 향상될 것이다. 즉 노력대비 효율적인 결과로 인해 자신감이 상승되면 공부에 흥미를 갖게 될 것은 자명하다. 따라서 십성의 강약에 따른 양육방법, 인간관계, 학습전략 등 강한 십성과 약한 십성은 반드시 심리적 성격적 특성으로 드러난다. 양육하는 부모는 이러한 점을 인지하고 주의해서 지도해야 한다.[122] 그러기 위해서는 먼저 각 지능별 학습코칭과 학습전략을 세워야 하며 십성과 학습유형에 대해 알아야 하고 그에 따른 학습유형의 활용을 아는 것이 중요하다.

---

122) 김기승(2009), 『명리직업상담론』, 창해, pp. 219-247.

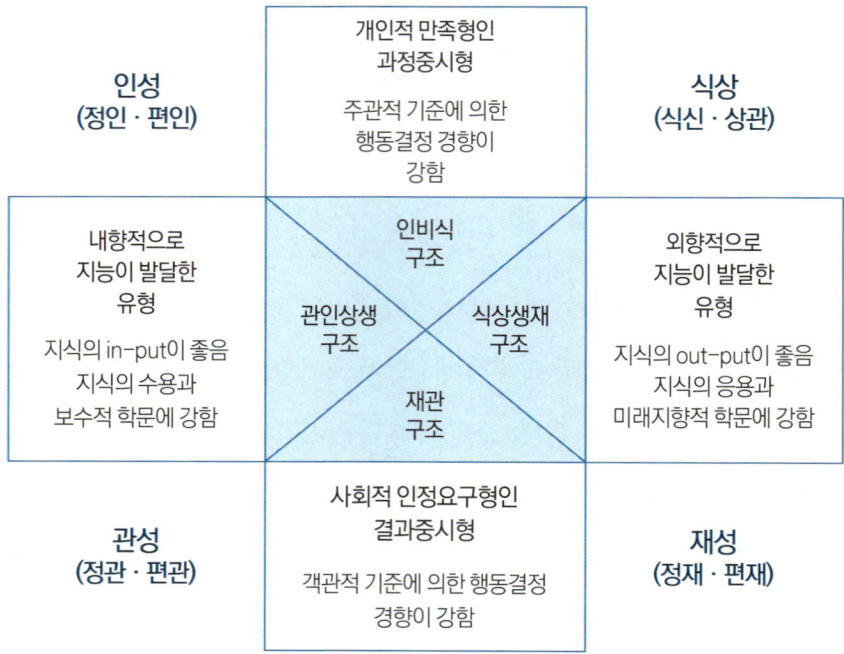

*출처 : 김기승(2010), 「명리이론을 활용한 선천적성검사 도구개발에 관한 연구」, 국제문화대학원대학교 박사학위논문, p. 101.

위 그림은 십성이 일간을 중심으로 직접 또는 간접적으로 상생상극을 하는 십성의 역할이 개인의 학습심리에 미치는 영향을 체계화시킨 것이다. 일간과 비겁을 중심으로 인성, 식상, 재성, 관성의 파트별 순환 고리를 만들어 보여주고 있다.

이 점을 참고하여 각 지능별 학습 코칭과 학습 전략에 대해 다음과 같이 정리한다.

10가지 지능에 따른 학습유형	
자존지능 – 모델제시형	설계지능 – 계획관리형
경쟁지능 – 성취만족형	행동지능 – 책임감당형
연구지능 – 흥미지속형	도덕지능 – 자아존중형
표현지능 – 흥미유발형	인식지능 – 자기만족형
평가지능 – 결과지향형	사고지능 – 지식수용형

1) 자존지능의 학습 코칭과 똑똑한 학습전략

자존지능이 강한 아이에게 자존심을 상하게 하는 말이나 지적 등은 삼가야 한다. 경쟁을 앞세우다 보면 본연의 장점을 잊고 성적만 좇게 되어 결국은 공부에 대한 흥미까지도 상실할 수 있다. 자신을 이해하고 알아주면 더 열심히 하는 것은 인지상정이지만 비견이 강한 경우에는 더욱더 이 점을 활용하여 적극적으로 믿음을 보여줘야 한다. 여기에 본인이 원하는 바를 위해 최선을 다할 수 있도록 환경을 조성해주어야 한다.

자존지능의 최대 장점은 스스로 자기 일을 해내려는 강한 독립심에 있다. 고집이 세다고만 치부할 것이 아니라 자존지능에게 맞는 맞춤 학습 코칭과 학습전략을 세워야 한다.

* 자존지능이 강점인 사주분석 (여)

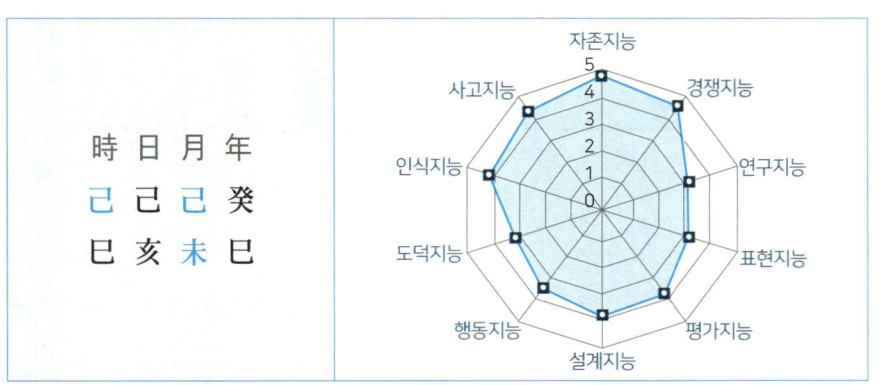

위 사주는 己土일간이 未土월에 己土 비견이 월간과 시간으로 투출하였다. 십성에서 비견은 자존지능으로 언제나 자신감이 넘치고 자신에 대한 확고한 믿음을 가지고

일을 추진하려고 한다.

학습유형 - 모델제시형
- 모델제시형은 동질성과 멘토 역할이 되는 사람에 의한 영향이 크다.
- 자신과 타인에 대해 관심이 많으므로 가장 좋아하고 닮고 싶어하는 모델을 제시하면 매우 효과적인 학습이 가능하다.
- 자존지능은 모방욕구가 강해 모델로 제시된 대상에 대해 일체감을 느껴 학습태도가 긍정적으로 변화할 수 있으며 긍정적인 영향은 스스로 채찍질을 하게 한다.

선천지능분포도

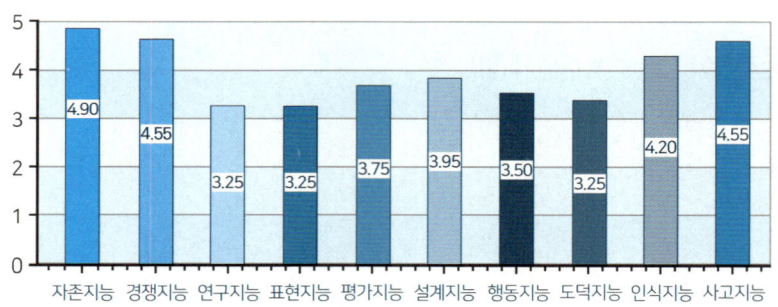

학습코칭
- 자존심이 강하고 공부를 해도 누군가와 스스로 비교하면서 공부하면 성취욕구가 더 강해지지만 주위에서 자신과 누군가를 비교하는 것은 참기 어렵다.
- 경쟁보다는 학습에 대한 이해력을 키우고 학습에 대한 의욕을 불태울 수 있는 교육환경을 제시해주는 것이 더 좋다.
- 주관적인 성향이 강하므로 지시하는 학습 코칭이 주어지면 오히려 학습에 흥미를 떨어뜨리므로 스스로 학습 목표나 계획을 수립하도록 하면서 학습에 대해

자발적으로 임하도록 분위기를 조성해주어야 한다.

학습전략

이 사주는 자존지능이 강점으로 한 번 목표를 설정하면 끝까지 포기하지 않으려고 하는 특성을 이용한 학습 전략을 세워야 한다. 자율적으로 하는 일에 만족도가 높다는 점을 활용, 학습 전략 역시 자신에게 필요한 학습내용을 바탕으로 스스로 세우도록 지도해 주는 것이 매우 중요하다. 주체적인 활동을 할 수 있는 점에 흥미를 가지는 유형이므로 자신의 삶을 설계하고 꿈꿀 수 있도록 믿어주고 칭찬해주며 지원해주는 전략이 필요하다.

2) 경쟁지능의 학습 코칭과 똑똑한 학습전략

경쟁심으로 똘똘 뭉친 아이는 어떤 일을 하더라도 자신이 만족할 때까지 죽어라고 덤빈다. 모든 일에 상대가 있으면 그 효과는 배로 나타나고 자신이 목표한 점을 성취했다는 것만으로 만족감이 매우 높게 나타나므로 이러한 강한 승부근성과 경쟁심을 유도, 학습에 활용하면 그 시너지 효과는 분명 나타난다.

부모들은 자신도 모르게 비교를 잘 한다. 옆집 아들과, 옆집 딸과, 동창생 자녀와 비교하고 또 비교하면서 자존심 상해하고 기분나빠하며 자녀들을 자극한다. 경쟁심이 강하다는 것은 자존심 역시 매우 강함을 의미한다는 것을 잘 알아야 한다. 잘하는 점을 칭찬하고 적극 지원하면 경쟁지능을 가진 아이들은 그 믿음에 부응하기 위해 더 열심히 하게 된다.

무리한 목표보다는 성공할 수 있는 목표를 현실적으로 세우고 그 목표를 달성했을 때 주위의 칭찬은 경쟁지능의 자녀가 또 다른 한걸음을 나아가게 하는 원동력이 될 수 있다.

다른 아이들과의 비교가 칭찬이 될 수도 있지만 자존지능과 마찬가지로 경쟁지능이 강한 자녀에게 독이 될 수 있음을 반드시 인식하고 자녀의 성향에 맞는 칭찬무기를 활용해야 한다.

* 경쟁지능이 강점인 사주분석 (여)

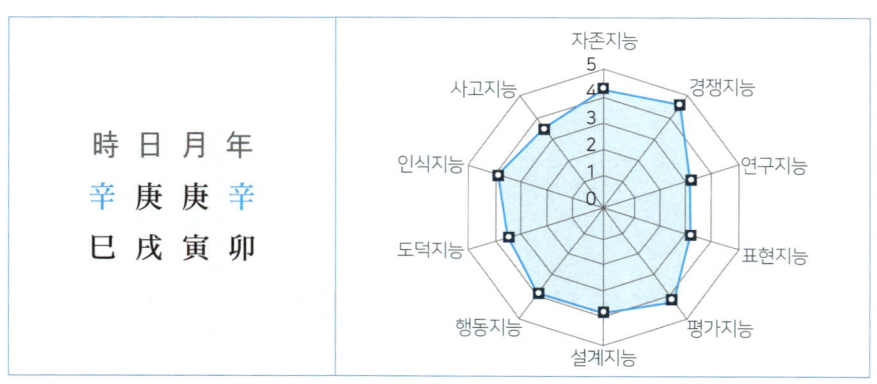

위 사주는 庚金일간이 寅月생으로 편재가 寅卯 木方局을 이루었다. 천간으로 나란히 위치하여 일간을 돕는 辛金 겁재가 강점지능이다. 겁재 경쟁지능은 자신의 현실적 이득을 위해 독립적이고 전문적인 기술력과 독창성을 발휘한다. 열정적으로 될 때까지 하다가 안 되면 포기도 깔끔하게 한다.

학습유형 – 성취만족형
- 성취만족형은 자신이 스스로 노력해서 성취하는 것에 의미를 둔다.
- 모든 일에 강한 경쟁심을 보이므로 성취 그 자체에 대한 만족감이 가장 중요하다.

자신의 목표달성에서 느끼는 희열감에 만족한다.
- 달성하기 좋은 적절한 목표를 제시해주어야 한다. 강한 승부욕과 경쟁심은 학습에 있어 책임감도 주므로 반드시 완수하고자 노력하게 된다.

선천지능분포도

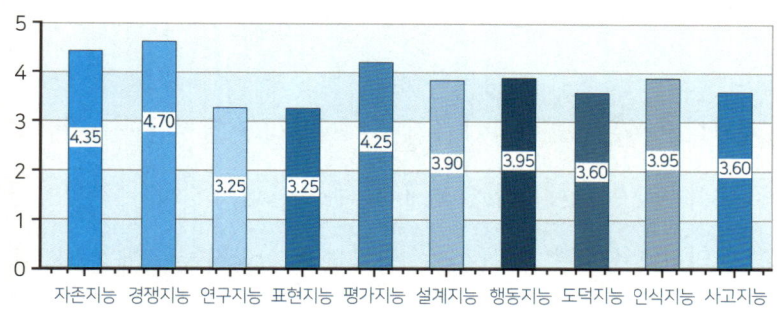

학습코칭

- 천간이 모두 비겁인 庚金일간은 강한 경쟁지능으로 인해 자기만족이 우선이라 지나친 경쟁의식에 빠질 수 있다.
- 학습결과도 중요하지만 과정의 중요성과 함께 올바르게 경쟁할 수 있도록 정서적인 면도 신경 써야 한다.
- 자신의 생각을 분명하게 표현하되 타인의 반발을 불러오지 않도록 적절한 표현법을 사용한 발표가 되도록 하며, 응용력이 다소 부족할 수 있으므로 복습하는 습관을 길러주어야 한다.

학습전략

위 사주는 경쟁지능이 강점으로 자신의 의견을 피력하기 위해 노력하지만 성격이 급하고 표현력이 약해 의사전달이 제대로 이루어지지 않는 경우가 종종 발생한다. 충분한 노력과 준비로 표현력과 발표력을 길러야 하며 학습목표를 성취하는 것도 중요하지만 스스로 학습과정 자체를 즐기며 할 수 있는 마음의 여유를 갖도록 해야 한다. 학습계획을 세우면 반드시 실천하도록 습관을 길러야 한다.

3) 연구지능의 학습 코칭과 똑똑한 학습전략

한 번 하겠다고 마음먹고 행동에 옮긴 것은 아무리 많은 시간과 노력이 들더라도 꼭 이루고자 하는 점이 최대 장점인 연구지능은 자율성이 강하다. 본인이 좋아하고 관심 있는 분야라면 시간과 노력을 아끼지 않는다. 사고지능과 매우 유사한 성향으로 외적인 자극보다는 자신의 내부에서 우러나는 결정을 바탕으로 행동하므로 주입되는 교육보다 스스로 좋아하고 관심 있어 하는 분야에 몰입해서 자율적으로 학습이 진행될 때 그 학습효과가 높아질 수 있다.

특히 이해력이 좋은 연구지능의 경우에는 자신만의 독특한 노하우를 가지게 되고 배운 학습 내용을 충분히 이해하는 학습과정을 거쳐야 한다.

* **연구지능이 강점인 사주분석 (남)**

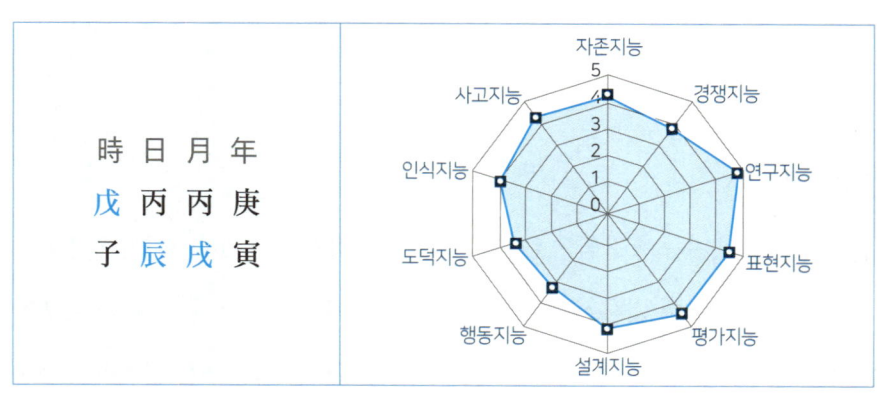

위 사주는 丙火일간이 戌月에 戊土 식신이 투출하였다. 식신은 연구지능으로 집중하는 연구력과 창의력, 기술력을 축적하는 능력으로 자신만의 노하우를 쌓아 적극 활용하려는 성향이다.

학습유형 - 흥미지속형

- 흥미지속형은 지속적이고 자발적인 흥미에 기초한 활동에 몰입한다.
- 관심이 가는 분야에 몰입하여 스스로 만족하는 것이 가장 효과적인 유형으로 연구심과 기술습득 능력이 우수하다.
- 모든 행동 변화가 외적인 자극보다 자기 스스로의 결정에 바탕을 두고 이루어지므로 지속적이다.

선천지능분포도

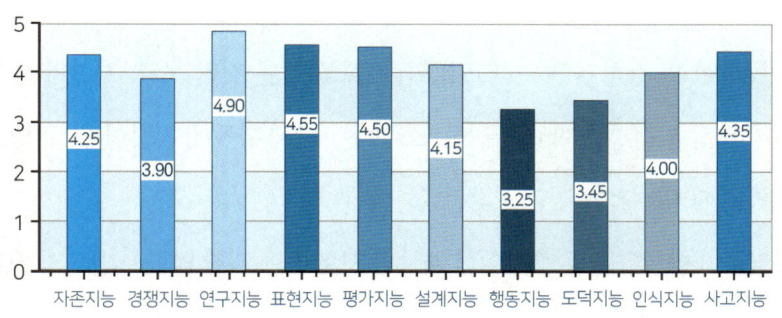

학습코칭

- 연구력과 기술습득 능력이 우수한 지능이므로 관심이 가는 한 분야를 선택하고 몰입하여 스스로 만족하므로 이점을 활용해야 한다.
- 규칙적인 학습 활동을 하도록 이끌어주고 타고난 적성과 흥미에 진로와 관련, 개발할 수 있도록 해야 효과적인 코칭이 이루어진다.

학습전략

위 사주는 연구지능이 강점이며 전체적으로 인비식 구조를 이룬 전문가형이다. 인수가 함께 있는 연구지능은 지식에 대해 수용적인 태도를 가지므로 학문이나 연구 분야를 선호한다. 도달하고 싶은 학습 목표를 선정, 적절한 학습 방법을 도입함으로써 활용할 수 있는 융통성도 길러주고 암기력과 함께 학습 내용에 대한 이해력을 키워줄 수 있는 전략이 필요하다.

4) 표현지능의 학습 코칭과 똑똑한 학습전략

표현지능이 발달된 경우는 세상 모든 일에 호기심과 관심으로 직접 만지고 경험해야만 직성이 풀린다. 누가 옆에서 말려도 소용없으며, 그럴 경우 오히려 청개구리 기질이 발동하여 더 강하게 확인하고자 한다. 보고 싶은 것만 보고, 자기가 하고 싶은 것만 하려는 강한 성향은 학교나 직장, 소속되는 단체 활동에 지장이 될 수 있으며 규칙과 원칙을 지키는 점에 부담을 갖는다.

표현지능이 발달된 경우에는 어릴 때부터 서로 간에 정한 약속은 반드시 지켜야 하고 본인이 원하지 않아도 규칙은 서로간의 약속임을 인식시켜 주는 훈련이 필요하다.

* 표현지능이 강점인 사주분석 (여)

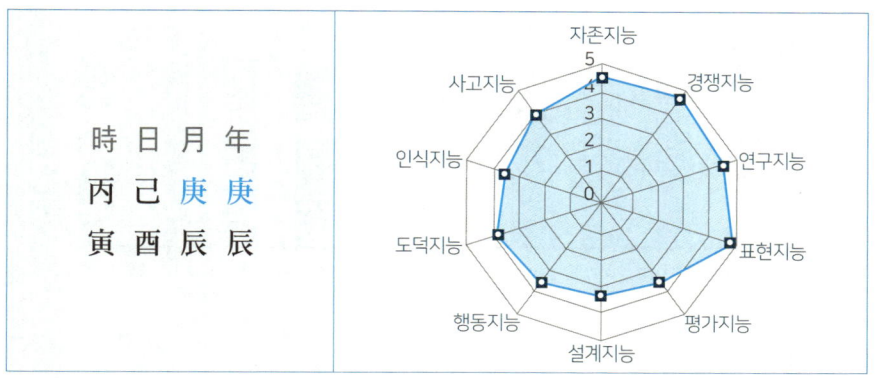

위 사주는 己土일간이 연월지의 辰土와 일지 酉金에 통근한 연월간의 庚金 상관으로 세가 집중되었다. 상관은 표현지능으로 발상의 전환을 통해 모방과 창조를 발휘한다. 비평과 설득의 언어 표현지능이 우수하다.

학습유형 – 흥미유발형

- 흥미유발형은 흥미를 유발시키는 요인에 의한 영향이 크다.
- 학습에 있어 호기심이 우선이 되며 다양한 분야에서 직접 경험이든 간접 경험이든 흥미를 유발시켜주는 것이 가장 중요한 유형이다.
- 부모나 선생님 혹 다른 누군가의 간섭이나 강요에 의한 학습에는 오히려 강한 반발을 보이지만 믿고 맡기면 더 열심히 하려고 하며 스스로 결정한 일에 더 적극적으로 행동하므로 이 점을 활용해야 한다.

선천지능분포도

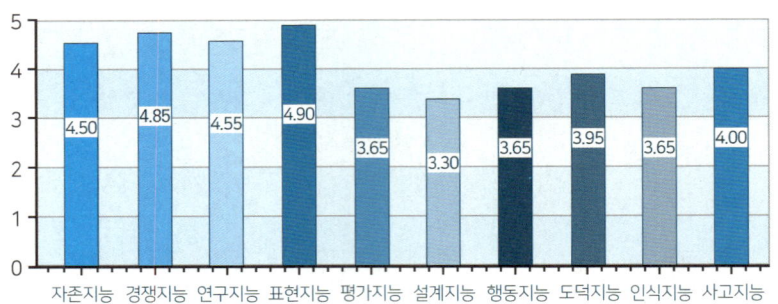

학습코칭

- 비겁이 강한 己土일간의 기를 적절히 설기해가는 庚金 상관은 타고난 적성과 흥미를 살려주어야 하며 흥미가 지속되는 시간이 다른 지능보다 짧다는 점을 이해하고 집중력을 키워 줄 수 있도록 지도해야 한다.
- 자기표현 욕구가 강하므로 직접적인 체험을 할 수 있도록 해주고 자연스럽게 인내심이 길러지도록 지속적으로 학습동기를 부여해주어야 효과가 있다.

학습전략

위 사주는 표현지능이 강점으로 지속적으로 한 가지 일에 몰두하기 어려워하게 된다. 흥미를 유지하기 위해서는 효과적이면서도 시간과 노력의 효율성을 길러주기 위한 학습 전략이 필요하다. 좋아하는 과목은 열심히 파고들지만 한 과목을 오랜 시간 공부하는 것은 비효율적이다.

표현지능이 강한 경우에는 학습에 대한 호기심이 강하므로 스스로 학습계획을 세우고 여러 과목에 대해 시간 안배를 잘 조절해서 실행한다면 학습효과가 매우 높게 나타날 수 있다. 여기에 논리력과 계산력을 향상시키기 위한 연습과 노력을 꾸준히 해주어야 한다.

5) 평가지능의 학습 코칭과 똑똑한 학습전략

* 평가지능이 강점인 사주분석 (남)

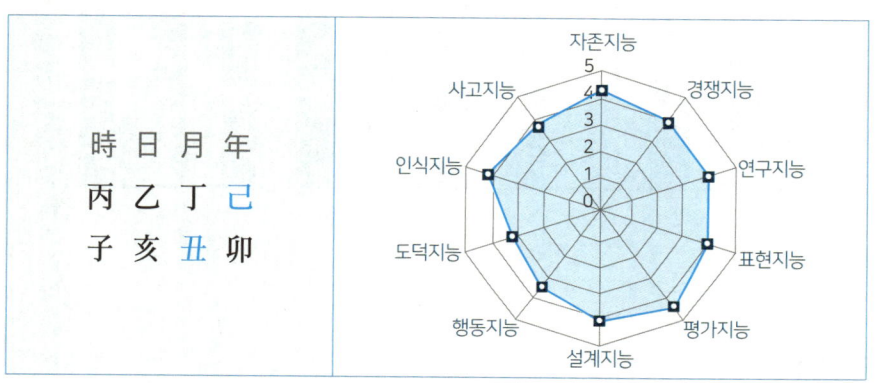

위 사주는 乙木일간이 丑月에 己土 편재가 투출하였다. 편재는 평가지능으로 뛰어난 수리계산력과 빠른 가치판단력을 활용하여 현실상황의 손익계산을 판단하는 지능이 발달되어 있다.

학습유형 - 결과지향형

- 평가지능이 강해 확실한 결과가 있어야 학습에 보다 집중하고 효율성을 높이는 유형이다.
- 단순히 좋은 결과뿐만 아니라 자신이 돋보이는 일에도 관심이 많아 자신에게 관심이 집중되면 기분이 상승되어 기분파적 행동을 보여 성적에도 그 영향이 미칠 수 있다.
- 선천적으로 수리계산능력을 타고났으며, 신속한 가치 판단력은 필요한 학습내

용을 잘 선택한다. 따라서 학업의 진행 속도가 빠른 편이다.

선천지능분포도

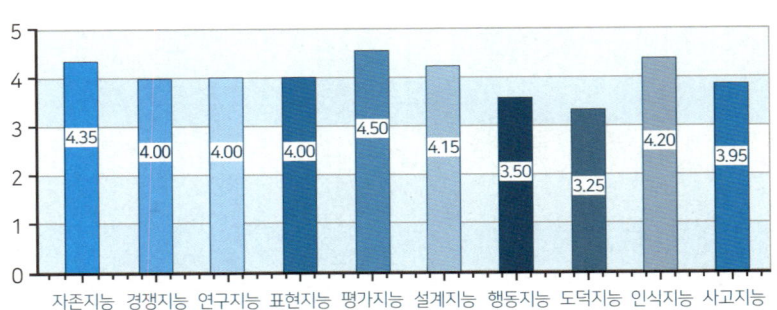

학습코칭

- 수리에 특히 뛰어난 능력을 소유한 평가지능이 강점이다. 학습동기만 잘 부여해주면 그 결과에 집착하므로 좋은 결과를 유도할 수 있지만 과정 역시 결과 이상으로 중요하다는 인식을 심어줄 필요가 있다.
- 평가지능의 성향은 매우 즉흥적이고 감정적으로 결정하고 행동하는 경향이 심하므로 이 점을 보완하여 학습에 집중할 수 있도록 지도해야 한다. 주관적인 성격을 참고해서 학습의 목표나 동기 유발에 있어 좀 더 자율성을 보장해주고 인내심을 길러준다면 학습효과가 높아질 것이다.
- 창의력도 좋기 때문에 자신의 가치를 판단하고 꿈을 가질 수 있는 현장학습이나 환경조성을 해주면서 시간관리를 철저하게 할 수 있도록 습관화시켜야 한다.

학습전략

위 사주는 평가지능이 강점으로 학습 목표를 스스로 정하게 하면 책임감을 가지고 끝까지 도전할 수 있다. 확실한 결과가 있어야 학습에 더 열심히 할 수 있으므로 학습에 대한 목표의식을 가질 수 있도록 습관을 길러주어야 한다. 학습 결과는 자신의 노력의 결과인 만큼 만족감을 얻을 수 있도록 목표 달성이 가능한 현실적인 계획을 세울 수 있도록 조언한다.

6) 설계지능의 학습 코칭과 똑똑한 학습전략

* 설계지능이 강점인 사주분석 (여)

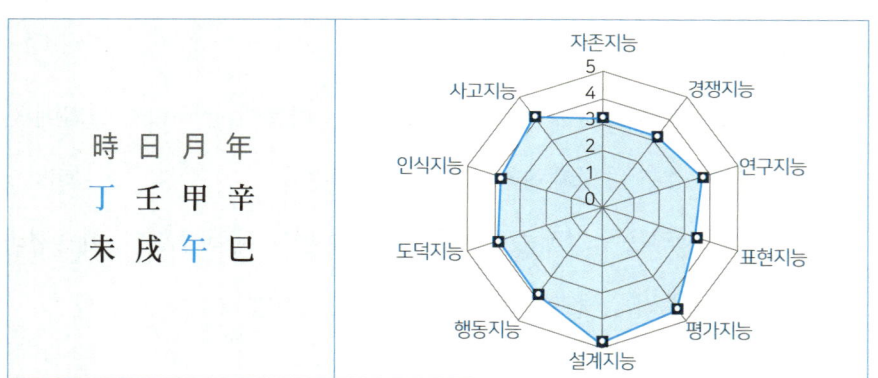

학습유형 – 계획관리형

- 계획관리형은 현실적인 유익에 대하여 면밀하고 계획적으로 접근한다.
- 돌다리도 두들겨본 뒤에 건너가듯 이 사주는 모든 일을 하기 전에 계획하고 실행해야 안정감을 느낀다. 이처럼 구체적이면서 실용적인 계획을 세워 움직이므로 현실적인 실천력이 강한 유형이다.
- 수리에 뛰어나고 학습 내용도 꼼꼼하게 살펴보는 것이 큰 장점이라 계획적인

학습을 해야 한다.

선천지능분포도

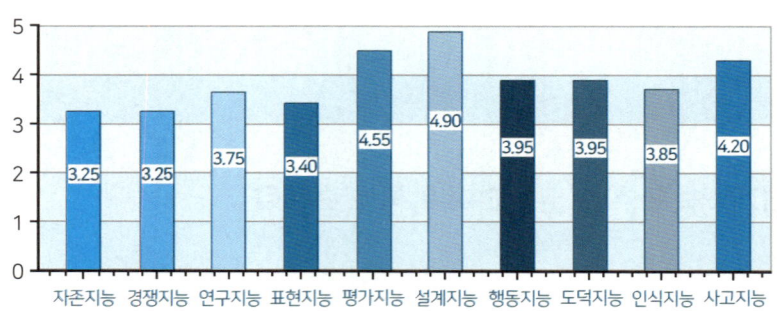

학습코칭

- 학습계획을 매우 세세하게 세우고 자신을 믿는 마음이 강해 학습 결과에 대한 기대가 커지므로 지나치게 집착하지 않도록 해준다.
- 수리에 밝은 장점을 인정해줌으로써 자신감을 갖게 해줘야 한다. 학습결과에 만족도를 높여주기 위해 칭찬을 해주면 더 효과적이다.

학습전략

위 사주는 설계지능이 강점으로 천간으로 인비식 구조를 갖추고 있어 학습효과는 좋을 것이나 좀 더 적극성을 갖출 필요가 있다. 신체활동도 부족하므로 체력관리도 꾸준히 하면서 자신이 원하는 목적은 반드시 이루고 말겠다는 근성과 자존감을 키워 학습에 임하도록 한다. 학습전략을 달성한 성취감을 맛본다면 더 효과가 있다. 따라서 이런 기회가 많아질 수 있도록 노력해야 한다.

7) 행동지능의 학습 코칭과 똑똑한 학습전략

* 행동지능이 강점인 사주분석 (남)

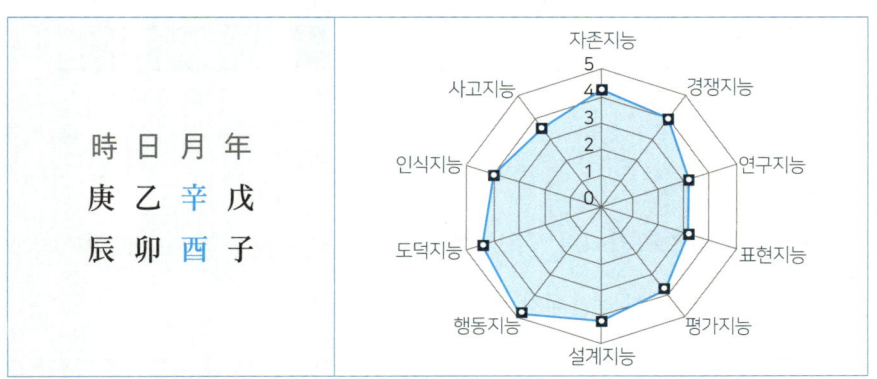

위 사주는 乙木일간이 酉月에 辛金 편관이 투출하였다. 편관은 행동지능으로 신속하고 과감한 판단력을 스피드하게 행동으로 옮겨 실행하고자 한다. 추진력과 실천력이 탁월해 리더십을 발휘하는 역할이 우수하다.

학습유형 – 책임감당형
- 책임감당형은 스스로의 결정에 대한 책임을 담백하게 감당한다.
- 학습의 진도에 있어서도 책임 완수를 하는 유형으로 암기력도 우수하고 실천력과 결정력이 탁월하기에 성취도가 매우 높게 나온다.
- 적극적인 성취감을 만족하기 위해 목표를 잘 설정해야 한다.

선천지능분포도

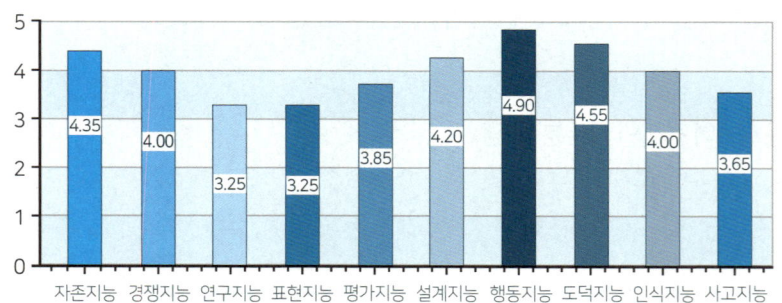

학습코칭

- 행동지능은 학습공간이나 분위기에 따라 학습태도가 달라지므로 심리적 안정감이 있는 공간과 분위기에서 학습을 해야 효과적이다.
- 응용력이 약하므로 복습을 통한 해결 능력을 키워줘야 하고 자신의 생각을 분명하게 표현하도록 발표력도 키워줘야 한다. 그리고 피해의식을 느끼지 않도록 반드시 칭찬을 해주어야 한다.
- 행동지능은 급한 성격에 경쟁심도 있으므로 결과도 중요하지만 선의의 경쟁을 하도록 유도해야 한다.

학습전략

위 사주는 행동지능이 강점으로 학습 목표에 대한 성취도는 좋지만 식상이 없어 언어 표현력이 약하고 발표에 특히 취약하므로 이 점을 보강해주어야 한다. 또한 다양한 과제해결 능력을 키우고 이해력을 높여주는 전략이 필요하다. 어떤 과목을 얼마만큼 할지 규칙을 정해 꾸준히 실천에 옮겨야 하므로 실행 가능한 목표를 세우고 성취감을 맛보면 학습에 접근하는 마인드가 달라질 것이다.

8) 도덕지능의 학습 코칭과 똑똑한 학습전략

* 도덕지능이 강점인 사주분석 (남)

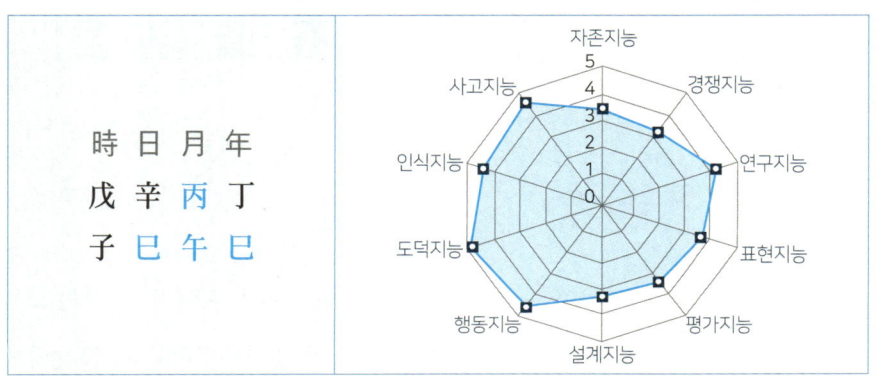

위 사주는 辛金일간이 午月에 丙火 정관이 투출하였다. 정관은 도덕지능으로 원칙적이고 보수적인 마인드가 강해 규정을 준수하는 일에 안정감을 갖는다. 정해진 규칙을 수용하면서 본인이 원하는 방향으로 발산하는 능력이 우수하다.

학습유형 - 자아존중형
- 자아존중형은 명예 지향적이고 남들 앞에 자신이 존중받기를 바란다.
- 책임감이 강해 스스로 노력하는 경향으로 자율적인 학습이 가능하다.
- 자긍심을 향한 욕구와 타인에게 보여지는 자신의 모습이 초라하지 않게 하기 위해 신경을 많이 쓰는 타입으로 학습 역시 타인을 의식, 공부 잘한다는 소리를 듣기 원한다. 그래서 목표가 정해지면 규칙적인 시간과 모범적인 태도로 학습에 집중하는 유형이다.

선천지능분포도

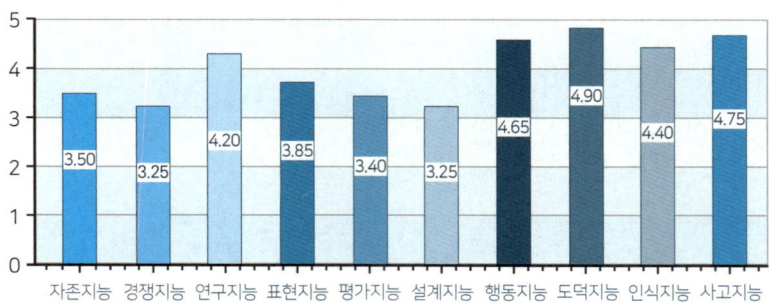

학습코칭

- 모범적인 성향으로 규범이나 규칙이 주어지는 것이 오히려 마음 편한 도덕지능은 학습공간이 조용하고 안정적이어야 능률이 올라가므로 주위 환경에서 자극적인 것은 미리 차단해주어야 좋다.
- 원리원칙주의자라 학습 역시 정확한 원칙을 따르는데 학습 과정에 있어서는 융통성을 가질 필요가 있다.
- 피해의식을 갖기 쉬우므로 학습 성과에 대해서는 칭찬을 많이 해주어야 한다.
- 노력한 결과가 본인의 생각과 달라 만족스럽지 않아도 결과에 승복, 인정하도록 해야 한다.
- 동기부여와 기분전환 등 독서실이나 그룹지도가 효과적인 경우도 있다.

학습전략

위 사주는 도덕지능이 강점으로 책임감과 스스로 정한 학습 목표를 달성하겠다는 의지력을 키워야 하며, 존중받는 사회인이 되기 위해 노력하는 정의적인 면도 함께 길러야 한다. 사소한 것일지라도 구체적인 사항까지 검토하고 확인하는 습관을 길러 줘야 한다.

치밀한 계획을 세우고 실천할 수 있는 능력과 실질적인 성취도를 검토하는 치밀함이 병행되어야 하고 논리력과 계산력이 부족하므로 이 점을 보완, 향상시키기 위해 꾸준한 연습과 노력을 해야 한다.

9) 인식지능의 학습 코칭과 똑똑한 학습전략

* 인식지능이 강점인 사주분석 (남)

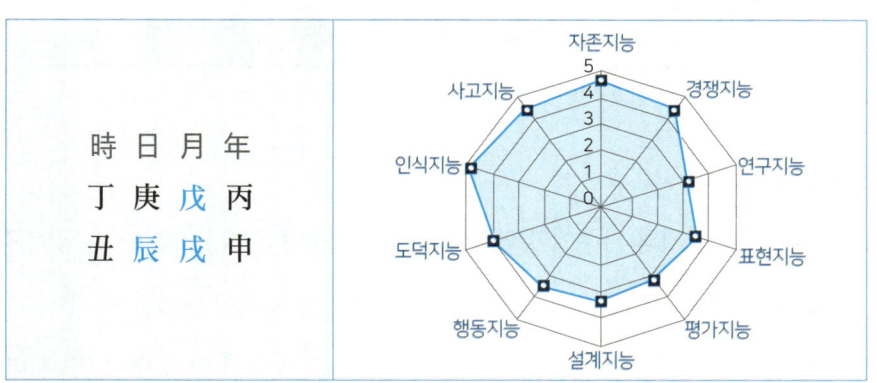

위 사주는 庚金일간이 戌月에 편인 戊土가 투출하였다. 편인은 인식지능으로 직관력과 추리력이 탁월하다. 철학적 가치관과 기회포착능력이 탁월하여 자신만의 독특한 전문성을 발휘하는 능력이 우수하다.

학습유형 – 자기만족형

- 자기만족형은 스스로의 욕구에 대한 자기만족을 최선으로 생각한다.

- 가장 효용성 있는 방법으로 얻은 결과에 대해 자기 만족감이 중요한 유형이다.
- 직관력과 추리력이 우수하고 순발력 있는 문제 해결책을 갖추고 있다.
- 현실적인 분야에 관심이 높으며 한 분야에 몰입해 전문적 실력을 갖추는 형이다.

선천지능분포도

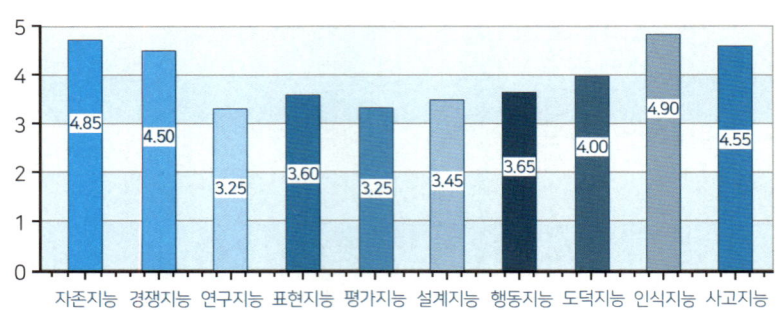

자존지능	경쟁지능	연구지능	표현지능	평가지능	설계지능	행동지능	도덕지능	인식지능	사고지능
4.85	4.50	3.25	3.60	3.25	3.45	3.65	4.00	4.90	4.55

학습코칭

- 癸水일간이 일지와 시주에 강한 편인의 인식지능을 가지고 있어 자존심이 강하므로 부진한 과목이 있어도 칭찬을 아끼지 않아야 능률이 올라갈 수 있다.
- 계획성은 좋지만 즉흥적인 인식지능의 영향으로 실수가 따를 수 있어 좀 더 신중해야 하며 단순한 이론 주입보다 현실적이고 구체적인 결과를 만들기 위해 노력하도록 해야 한다.
- 자신의 생각을 분명하게 발표하도록 발표력을 키워주면 자신감이 더 상승된다.

학습전략

위 사주는 인식지능이 강점으로 언어에 대한 표현력이 약하고 발표에 취약하므로 이를 보충할 수 있는 학습의 노력과 연습이 필요하다. 약한 응용력을 키우려면 철저한 이해와 다양한 과제해결 능력을 키워줄 수 있는 전략을 세워야 한다. 학습에 대한 목표를 달성함에 있어 과정도 중요하다는 인식을 심어주면 더 효과적인 결과를 가져올 것이다.

10) 사고지능의 학습 코칭과 똑똑한 학습전략

*사고지능이 강점인 사주분석 (여)

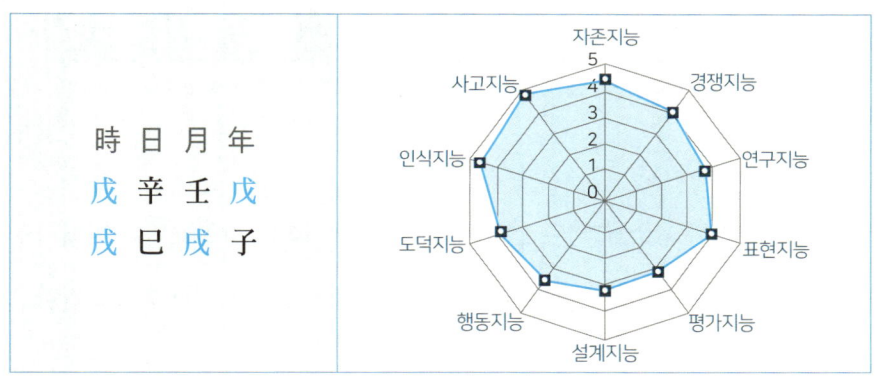

위 사주는 辛金 일간이 戌月에 戊土 정인이 연간과 시간으로 투출하였다. 정인은 사고지능으로 보수적이면서 학문을 수용하는 능력이 남다르다. 정확한 지식을 습득해야만 타인에게 전달할 수 있다는 마인드로 교육자 기질이 우수하다.

학습유형 – 지식수용형
- 지식수용형은 모든 지식과 정보에 대하여 순수하게 수용한다.
- 지식 습득 자체에 관심이 많아서 학문을 순수하게 수용하고 계획성 있게 학습

하는 유형이다.
- 자신의 가치를 학문적으로 인정받고 싶은 욕구가 강하여 꾸준하고 적극적인 노력을 한다. 글쓰기와 기록 정리를 잘 한다.

선천지능분포도

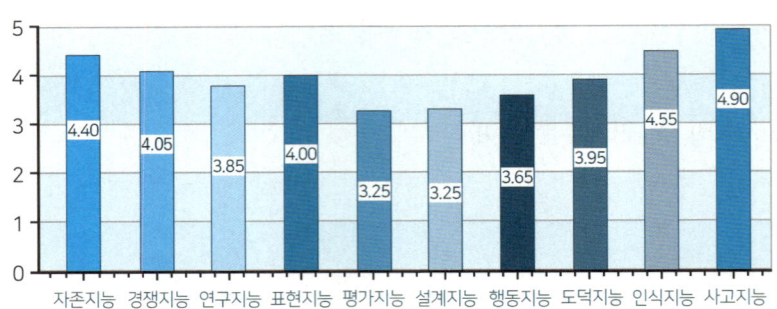

학습코칭

- 자존심이 강한 辛金일간은 고지식해서 노력한 결과가 만족스럽지 않더라도 스스로 인정하고 부진한 과목에 대해 꾸준히 노력하도록 격려해주어야 한다.
- 이론적으로 익힌 내용의 응용력을 길러주어야 한다.
- 수준별 학습이 이 경우에는 매우 효과적이라 동기부여에 신경 쓰면서 그룹지도 등을 통한 진단평가가 수시로 이루어져야 한다.

학습전략

위 사주는 사고지능이 강점으로 꾸준히 성실하게 학습에 임하지만 논리력과 계산력 등이 부족하므로 이를 향상시키기 위한 학습지도와 연습이 필요하다. 사소한 듯해도 구체적인 사항까지 꼼꼼하게 짚어주고 체크하는 습관을 길러야 한다. 치밀한 계획과 그 계획에 따른 실천 노력을 하도록 전략을 잘 세워야 한다.

2. 십성별 양육방법

『타고난 재능이 최고의 스펙이다』속에 소개된 "잘못된 육아법은 짝사랑"[123]이라는 소주제만으로도 많은 의미를 함축하고 있다. 특히, 무조건 정성으로 사랑으로 키우면 된다는 생각만 가지고는 제대로 양육한다고 볼 수 없다. 자녀를 직접 키우는 엄마의 성격이나 기질이 자녀에게 미치는 영향이 지대하므로 잘못된 육아법의 위험성을 살펴보고 엄마의 발달지능과 자녀의 지능에 따른 맞춤 육아법을 알아야 한다.

부모라는 입장은 참으로 할 일이 많다. 화목한 가정의 울타리를 만들 책임이 있고 태어난 자녀를 안전하고 건강하게 그리고 자기 몫을 할 수 있는 사회인으로 키워내야 하는 막중한 책임이 있다. 건강하게 키워낸다는 것은 신체적인 건강뿐만 아니라 정신적 건강이 함께 내포된 것으로 단순하게 보이는 '건강하게' 라는 단어 속에는 이처럼 큰 무게감이 들어있다.

그 무게감을 가중시키는 현대사회는 너무나 복잡해 정신적으로 받는 압박감과 스트레스는 상상을 초월한다. 특히 입시자녀를 둔 부모의 상황은 살얼음판과 같아서 이 고비를 넘기는 것이 부모로서 가장 어려운 시기일 것이다. 그래서 슬기롭고 현명한 부모가 되기 위해서 그리고 올바른 양육을 하기 위해서 부모 자신에 대한 적성과

---

123) 김기승(013), 『타고난 재능이 최고의 스펙이다』, 다산글방. pp. 180-217.

발달지능을 알고자 하는 노력이 필요하다. 자녀교육에 대한 수많은 정보는 수집하고 연구까지하면서 정작 본인들에게 필요한 것이 무엇인지 모른다면 이건 반드시 문제를 야기할 수 있다.

『좋은 엄마로 생각 리셋』[124]에서는 좋은 부모가 무엇인지 아는 것이 자녀교육의 시작이 되고 간섭과 사랑을 착각하지 않아야 좋은 부모라고 했다. 부모는 사랑이라고 생각하는 반면, 아이들은 간섭이라고 생각한다면 그것은 간섭이 확실한 것이다. 과한 엄마의 간섭은 아이로 하여금 엄마에 대한 반항으로 몰고 갈 수 있으며, 자식을 올바르게 이끌려고 한 사랑의 표현이 간섭으로 변질되어 결국 자식을 망치는 원인이 되기 쉽다는 점을 기억해야 한다. 아이들은 부모가 사랑으로 하는 간섭을 자신을 믿어주지 않는 것으로 인식하기 쉽다. 지나친 간섭은 자녀의 미래를 어둡게 하는 해로운 요소일 뿐 절대 잘되게 만드는 사랑이 아님을 알아야 한다.

거듭 강조해도 부모의 자리는 참으로 어렵다. 사랑이라고 외치는 부모에게 그 정도 여하에 따라 간섭으로 여기거나, 간섭이라 염려하는 부모에게 사랑으로 받아들이는 자녀가 있을 수 있다. 여기서 정도 여하란 것이 불분명하다. 그 선을 시원하게 데이터로 보여주지도 않고 막연한 의미를 부여한 단어일 뿐이다. 그래서 현명한 부모가 되기가 더욱 어렵고 자녀의 진로에 해를 끼치지 않는 부모가 되기 위한 노력이 요구되고 있는 것이다.

---

124) 이정숙(2012), 『좋은 엄마로 생각 리셋』, 이진아컨텐츠컬렉션.

1) 외국 자녀교육법에 대한 인식차이

(1) 대화를 통한 자녀교육

우리나라와 서양의 자녀교육법은 많은 부분에서 차이가 있겠지만 특히 의식적인 사고에 있어서 아이를 바라보는 부모의 시선에 많은 차이가 있다. 서양에서는 자녀를 하나의 인격체로 완전 분리해서 받아들이는 반면, 우리는 부모가 아이를 자신이 책임져야 할 자신의 소유물로 여기는 경향이 있어 자녀들에게 자신의 희망을 투영시키기도 한다.

"엄마는 네가 훌륭한 판사가 되었으면 좋겠다."
"아빠는 예전에 의사가 꿈이었는데 너도 의사가 되면 좋겠다."
"네가 말하는 꿈은 성공하기 힘들고 돈도 벌기 힘드니 선생이 더 좋을 것 같다."
"부모가 뼈 빠지게 일하는 건 다 너희들 위한 거다."

등등 대한민국의 평범한 가정에서 부모와 자녀들에게 흔히 나누는 대화이다. 서로 자신의 생각을 주고받는 대화(對話)가 아니라 일방통행의 대화가 이루어지고 있다. 이와 달리 서양의 많은 나라들의 교육법을 살펴보면 아이를 소유물이 아닌 하나의 인격체로 존중해준다는 점이다. 그중 프랑스의 자녀교육법이 호평을 받는다. 자신의 생각을 누르고 일방적으로 부모의견을 따르는 것이 아니라 자기가 원하는 바를 솔직하게 말하고 자신의 의견을 표현하는 대화방식을 사용하기 때문이다.

(2) 가정의 중심체

또 다른 차이점은 가정의 중심이다. 우리의 가정이 과거에는 부모 위주였다면 현재는 확연하게 아이가 왕이다. 부모뿐만 아니라 할아버지와 할머니, 친척들 모두 아이를 위해 존재하는 것처럼 떠받들어주다 보니 결국은 버릇은 없어지고 공동체 사회에서 지켜야 할 최소한의 예의범절도 모르는 아이로 키우게 된다. 가정의 중심을 온통 아이에게 맞춘 결과는 부모가, 어른들이 아이를 이기적인 사람으로 성장하게끔 환경을 조성하고 말았다. 최소한 울고 떼쓰면 모든 것이 통한다는 개념을 자녀들에게 심어주는 부모는 되지 말아야 한다.

(3) 비교하지 않는 자녀교육

그리고 중요한 차이점은 '비교하지 않기'이다. 전 세계적으로 유명한 유태인식 자녀교육법은 자신들의 자녀와 다른 아이를 비교하지 않는다. '아버지'라는 단어 속에 '교사'라는 의미를 담고 있다. 아버지가 솔선수범으로 자녀들에게 롤 모델로서 모범적인 인간상을 보여주는 것이다. 나아가 '틀림' 과 '다름'에 대해 확실히 구분한다. 수학을 잘하는 아이와 미술을 잘하는 아이, 운동을 잘하는 아이, 영어를 잘 하는 아이 등등 비교보다는 개성을 존중하고 자기 자녀만의 탁월한 재능을 찾아서 발전할 수 있도록 아낌없는 지원을 해 준다는 것이다.

(4) 후츠파 교육법

이스라엘 속담 중에 "물고기를 주기보다는 낚는 방법을 가르쳐라"는 말처럼 학문을 배우고 자기 것으로 만드는 방법, 그 자체를 가르치는 것이 교육이라는 의식이 강하다. 후츠파 정신[125]의 교육법은 이스라엘 특유의 도전정신으로 그 의미가 뻔뻔함, 담대함, 저돌성, 무례함 등을 말하며 현대에 와서는 형식을 타파하고 질문의 권리, 섞이고 얽힘, 위험감수, 목표지향성, 끈질김, 실패로부터 교훈 얻기 등 7가지 요소로 활용되고 있다.

(5) 저널(journal) 교육법

세계적으로 유명한 교육의 나라 중 캐나다를 빼놓을 수 없다. 우리의 교육방식이 주입식, 암기식의 학습법 위주라면 캐나다에서는 저학년부터 '저널(journal)'이라는 숙제를 많이 내준다. 저널은 일기와 비슷한 것으로 어떤 일에 대해 자신의 느낌을 써내는 것이다. 영어뿐 아니라 수학, 지리, 역사, 과학, 체육, 음악 등 쓰는 것과 관련 없어 보이는 과목에서도 자신의 생각을 글로 표현하게 만든다.

예를 들어 프레젠테이션을 한 뒤 무엇을 잘했는지, 왜 그렇게 생각하는지, 어떤 점이 부족했고 앞으로 그것을 어떻게 보완할 수 있을지 등등 자신을 되돌아보게 만든다. 그룹 워크를 한 뒤에는 자신이 그룹에 얼마나 기여했는지, 모두가 공평하게 일을 분배했다고 생각하는지 등 자기 자신에 대한 평가(self-evaluation)뿐 아니라 친구들에

---

[125] '후츠파(Chutzpah)'정신 : 꿈꾸는 것들을 현실로 이루기 위해, 자유와 도전을 허용하며 적극적인 창업국가로 발돋움 하기 위한 교육 이념이다.

대한 평가(peer evaluation)도 한다.

이런 교육에 익숙한 캐나다 학생들은 자연스럽게 수업 시간에 배운 내용을 실생활에 적용하며 자신의 생각이나 감정을 표현할 수 있게 되고, 스스로 어떤 사람이며 장점과 단점이 무엇인지 정확히 파악할 수 있게 된다.

< 캐나다 자녀교육법 중 햄버거 문단 >

일명 '햄버거 문단'126)이라 불리는 논리적 글쓰기 교육은 그 효과 면에서도 유명하다.

* Topic Sentence(주제문)
* Supporting Sentence(보조문장)
* Conclusion(결론)

으로 구성된 햄버거 문단은 우리가 접해온 서론, 본론, 결론의 형태와 같이 자신들의 생각을 논리적으로 전개하는 방법으로 서론과 결론을 햄버거를 덮고 있는 빵에

---

126) 여성동아 2012년 3월호에 실린 '끊임없이 생각하고 쓰게 만드는 캐나다 교육법' 기사 일부.

비유하면서 정말 중요한 것은 고기와 채소가 주 메인이 되는 것과 같이 본론이라는 것이다. 일방적으로 선생님께서 알려주는 내용을 듣는 수업으로 암기나 주입식 교육이 아니라 끊임없이 생각하고, 그것을 글로 표현하는 교육인데 우리나라의 논술로 보면 되겠다.

자신의 의견을 타인에게 조리 있게 표현할 수 있는 것은 사회생활의 시작이면서 가장 어려운 일이기도 하다. 대부분 18세 전후로 독립, 학비도 용돈도 스스로 벌며 자신의 능력에 대해 탐색하는 외국의 아이들을 보며 자신의 자녀들과 비교하기 이전에 내가 하고 있는 지금의 부모 역할의 문제점이 무엇인지 고민해야 한다. 자녀의 앞날을 어둡게 하는 것이 부모의 역할이 잘못되어서인지 총체적으로 근본적인 요인을 따져보고 독립적이면서 자율적인, 그러면서도 자신의 일은 똑 부러지게 하는 자녀로 성장시키기 위해 심혈을 기울여야 한다. 올바른 부모 역할이 무엇인지 알아보고 실천함으로써 우리 자녀의 미래가 밝아진다는 생각을 한다면 그 수고로움이 전혀 힘들지 않을 것이다.

좋은 부모가 해야 할 역할이 있다면 그 시작이 바로 적성검사라고 본다. 적성검사의 결과를 통해 십성에 따른 부모님들의 현명한 양육 코칭과 방법에 대한 정보를 받아 자신과 자녀를 이해하고 모두에게 도움이 되는 방향으로 반드시 활용해야 한다.

2) 십성별 강점지능에 따른 부모 코칭

부모와 자녀 사이라 해서 성격도 생활습관도 좋아하는 것들도 같을 수는 없다. 각기 자신들의 사주 구조에 따라 다르게 나타나고, 제각기 다른 강점지능으로 인해 표출되는 성격이나 행동, 심리 등이 모두 다를 수 있다.

부모는 성격이 급하고 자녀가 생각이 많은 경향으로 행동이 느리다면 둘의 관계에는 분명 불협화음이 존재한다. 이러한 불협화음을 줄이고 서로를 소통시키기 위해서는 부모와 자녀 간에 소통이 필요하다.

그래서 부모의 강점지능과 자녀의 강점지능을 반드시 살펴야 한다. 특히 현대사회는 부모의 한쪽이 더 많은 비중을 가지고 자녀를 양육하는 시대가 아니라 부모 모두 적극적으로 양육에 참여하는 분위기임도 고려해야 한다. 양육은 한 쪽의 노력으로만 이루어지는 것이 아니기 때문이다.

이에 각 지능별로 강한 부모의 핵심을 정리한 것을 살펴보면서 부모와 자녀 각 사주사례를 들어 좀 더 세밀한 접근을 하고자 한다.

(1) 자존·경쟁지능이 강점인 부모의 현명한 양육 코칭

자존·경쟁지능이 발달한 부모일 경우 특히 '자아'가 강한 경우로 자기 생각이나 주장이 너무나 강하고 확고해서 자녀에게도 자기의 뜻을 관철시키고자 하기에 자녀의 시각으로 보면 매우 강하고 엄한 부모로 비칠 수 있다. 급한 성격에 자녀의 생각이나 말을 끝까지 들어주기보다는 중간에 자르거나 자기가 생각한 것이 옳고 아직 자녀의 생각은 미숙하다고 인식, 자기의 생각을 더 강요하거나 윽박지르기도 한다. 뭘 해도 신속하게 처리하고 불도저처럼 밀어 붙이는 부모와 인식·사고지능이 강해 신중하게 생각하고 행동하는 자녀라면 분명히 부딪치는 일이 많아진다.

① 자존지능이 강점인 부모와 자존지능이 강한 자녀

	(모)	
時 日 月 年
己 己 乙 丙
巳 卯 未 辰

	(딸)	
時 日 月 年
癸 辛 辛 辛
巳 卯 丑 卯

자녀의 학습유형 : 모델제시형의 특징

√ 자신과 타인에 대하여 관심이 많으므로 가장 닮고 싶어 하는 모델 제시.

√ 모방욕구를 불러일으키는 대상으로 학습태도가 긍정적으로 변화하는 성향.

√ 긍정적인 영향을 주는 진단에 속할 수 있도록 배려하는 것이 중요한 유형.

부모의 성향

위 부모 사주는 己土일간이 未月에 己土 비견이 투출하였다. 비견은 자존감을 대표하는 지능이다. 이에 자아가 강한 부모는 자신의 생각과 교육방침이 옳다는 확신으로 자녀를 자기 기준의 방향으로 이끌고자 한다. 최선은 다해도 자녀 입장보다 자기 잣대로 모든 것을 판단하기 쉽다. 자녀의 의견을 함께 수용하고 서로를 인정하는 마인드가 필요하다. 인내심을 발휘해야 한다. 급한 성격이 자녀와 부모 모두 비슷하므로 좀 더 배려하고 기다려주는 부모가 되어야 한다.

양육 코칭과 전략

• 부모와 자녀 모두 자존지능으로 자아가 강하므로 서로 부딪칠 가능성이 매우 높다.

- 자녀를 이길 대상보다 한 개인으로 인정하고 대화를 하면 유사한 성격으로 잘 통한다.
- 자존감이 강한 자녀는 타인과의 비교보다 믿고 기다려 주는 양육 자세가 필요하다.
- 자녀에게 경쟁보다 포용력을 기를 수 있는 교육환경을 제공하고 자녀의 특기를 살려주는 학습 전략을 세워야 한다.

자녀의 약한 지능 보완

표현지능과 행동지능이 취약해 결정력과 추진력이 다소 약하지만 강한 자존지능은 또 다른 행동력을 일간에게 준다. 자존심 지키느라 고민하고 망설이다 타이밍을 놓칠 수 있으므로 계획 수립 후 행동에 옮기는 시간을 정하는 등 타이밍을 놓치지 않도록 습관을 길러주도록 해야 한다.

② 경쟁지능이 강점인 부모와 평가지능이 강한 자녀

(모)				(딸)			
時	日	月	年	時	日	月	年
乙	丁	丙	丁	戊	癸	甲	辛
巳	巳	午	巳	午	亥	午	卯

자녀의 학습유형 : 결과지향형의 특징

√ 확실한 결과가 있어야 학습에 보다 효율적인 유형이며 기분파 성향.

√ 단순히 좋은 결과만이 아니라 어느 정도 자신이 돋보일 수준에도 관심이 많음.

√ 뛰어나게 밝은 수리와 신속한 가치판단능력을 바탕으로 학업 진행속도가 빠름.

부모의 성향

위 부모 사주는 丁火일간이 午月에 丙火 겁재가 천간으로 투출하였다. 그리고 사주 전체가 비겁으로 형성되어 종격을 이루었다. 겁재는 경쟁지능으로 타인과의 경쟁 속에서 발전하는 스타일이다. 전형적으로 '빨리빨리'의 생각이 관념화되기 쉬우며 경쟁욕구가 강하고 자립심도 강한 부모는 목표를 설정하면 생각을 깊이 하지 않고 바로 실행에 옮기려다 실수를 한다. 타인을 배려하기보다 내가 먼저라는 생각이 강하게 작용하고 능동적이면서 적극성이 강해 극성맞은 부모가 되기 쉽다. 자녀의 의사와 상관없는 일방통행식의 자기주장은 자녀의 주체성과 의사결정을 현저하게 낮추게 된다. 자녀의 성공이 곧 자신의 성공인 양 모든 일에 주체가 되려고 한다. 결과적으로 자녀의 자립심은 물론이요 자존감마저 상실하게 할 수 있다.

양육 코칭과 전략

- 스스로 계획성이 부족한 자녀의 성향을 파악하고 작은 것부터 계획을 세우는 습관을 길러준다.
- 평가지능이 강해 결과에 집착하므로 결과도 중요하지만 과정 역시 소중함을 알도록 한다.
- 시작한 것은 작은 것이라도 결과를 이루도록 끝까지 최선을 다하도록 지도한다.
- 커다란 성취감을 원하는 성향을 활용, 최선을 다할 수 있도록 당근과 채찍의 원리를 잘 활용한다면 그 효과가 크다.
- 스스로 자존감을 잃지 않고 성실하게 노력할 수 있도록 환경을 조성해주어야 한다.

자녀의 약한 지능 보완

위 자녀 사주는 평가지능의 수리계산력은 좋지만 인식·사고지능이 가장 취약하다. 따라서 암기부분이 약하므로 이 점 역시 보완해주어야 한다. 평소 책읽기 등 꾸준한 독서습관을 길러주고 행동하기 전에 한 번 더 생각함으로써 실수를 줄여야 한다. 체력을 위해 운동 역시 하게끔 해주는 것이 좋다. 가장 중요한 것은 타인과 비교하지 말고 칭찬을 많이 해주는 것으로 이 점은 경쟁지능의 부모가 반드시 해주어야 한다. 자녀에게 결정권을 주어 스스로 모든 것을 선택하고 행동하도록 조건을 만들어주어야 한다. 경쟁도 중요하지만 올바른 과정을 소중히 여기는 부모의 모습을 보여주기 위해 노력해야 한다.

(2) 연구·표현지능이 강점인 부모의 현명한 양육 코칭과 방법

연구·표현지능이 발달된 부모는 자기가 하고 싶은 일에 몰두하는 성향이 비슷하다. 자신의 호기심을 연구에 바치며 목표를 설정하면 그 목표 달성을 위해 주위에서 일어나는 일에 관심을 두지 않고 오로지 연구에만 몰두할 만큼 깊이 파고드는 스타일이다. 자신의 성향에 따라 자녀 역시 모든 일에 최선을 다해 마무리하길 원한다.

표현지능이 강점인 부모는 자신이 하고 싶을 때 자신의 기분에 따라 양육의 코드에 변화가 생긴다. 어제는 자녀의 행동이 마음에 들어 칭찬을 하지만 오늘은 마음에 들지 않아 오히려 지적하고 비난할 수 있는, 그래서 일관성이 부족한 부모의 양육에 자식이 혼란스러워 할 수도 있다. 내가 하기 싫은 것은 나의 자녀도 하기 싫을지도 모른다는 배려와 일정한 원칙을 고수하고자 하는 노력이 필요하다. 자녀의 마음이나 생각을 잘 파악해서 그 장점을 살려줄 수 있는 능력이 있으므로 이 점을 활용해야 한다.

① 연구지능이 강점인 부모와 도덕지능이 강한 자녀

```
      (부)                    (딸)
   時 日 月 年              時 日 月 年
   戊 辛 庚 丙              戊 癸 甲 壬
   子 酉 子 辰              午 丑 辰 辰
```

자녀의 학습유형 : 자아존중형의 특징

√ 자긍심을 향한 욕구와 타인에게 보여지는 자신의 모습을 위해 학습성취도가 높다.

√ 책임감과 함께 스스로 노력하는 경향도 강하므로 자율적인 학습이 가능한 유형.

√ 본인이 원하는 방향으로 목표를 제시해주면 모범적 태도로 학습 진행.

부모의 성향

위 부모 사주는 辛金일간이 子月생으로 시지의 子水까지 더하여 식신이 왕성하다. 식신은 연구지능으로 다양한 지식의 습득과 활용에 관심이 많고 사람들과의 커뮤니케이션과 친화적 이미지를 통해 안정감을 추구하는 스타일이다. 천간으로 겁재 庚金과 인수, 관성으로 사회적 활동이 좋으며 지지로는 식신 子水로 子辰 슴을 형성하여 연구지능이 강하다. 참을성과 인내를 가지고 자녀에 대해 최대한의 배려와 희생정신을 보여준다. 사람의 마음을 잘 헤아리고 냉정한 실리성과 신의를 바탕으로 깔끔하고 보수적이면서 창조적이며 이지적인 총명함까지 가지고 있어 자녀를 양육함에 있어 최적의 성향을 보여준다.

양육 코칭과 전략

- 癸水일간의 자녀는 겁재를 투간, 경쟁욕구와 책임감이 강한 점을 활용해야 한다.
- 자발적인 동기유발로 본인이 원하는 방향으로 목표를 제시해 준다.
- 안정적인 학습공간을 제공해주면 인정받고 칭찬받기 위해 최선을 다한다.
- 정확한 원칙 고수로 학습과정에서 융통성이 부족하고 요령이 없으므로 이 점 역시 살펴 보완해주어야 한다.
- 사람의 마음을 헤아리고 존중하는 마음의 중요성을 알려주어야 한다.
- 겸손하게 자신을 낮추는 것 역시 자신을 돋보이게 함을 이해시켜야 한다.

자녀의 약한 지능 보완

위 자녀 사주는 인식사고지능이 다른 지능에 비해 매우 취약하다. 두 가지 지능은 일간에게 유입되는 에너지로 생각이나 가치관, 사고방식 등 그 영향력이 미치지 못하므로 부모의 사랑도 덜하다고 느낄 수 있다. 칭찬과 애정표현을 듬뿍 해주고 타인을 배려, 존중하는 마음을 갖도록 하며 시간관리를 철저히 하는 습관을 길러주어야 한다.

② 표현지능이 강점인 부모와 인식지능이 강한 자녀

(모)					(아들)			
時	日	月	年		時	日	月	年
戊	丁	庚	壬		丁	丁	乙	庚
申	卯	戌	戌		未	卯	酉	寅

자녀의 학습유형 : 자기만족형의 특징

✓ 현실적인 분야에 관심도가 높고 한 분야에 몰입, 전문적 실력을 갖추는 유형.
✓ 가장 효용성 있는 능력 개발을 통해 얻어내는 자기만족감이 중요한 유형.
✓ 직관력과 추리력이 우수하고 순발력 있는 문제 해결책을 갖추고 흥미롭게 심취.

부모의 성향

위 부모 사주는 丁火일간이 戌月에 戊土 상관이 투출하였다. 상관은 표현지능으로 내향다변형이다. 명예와 의무, 전통을 주시하는 보수적인 성향과 규정과 원칙을 사회적으로 활용한다. 꼼꼼하고 세밀한 정재와 정관을 천간으로 투간시키고 있으면서 강한 표현지능을 갖고 있다. 자신의 장점인 현실적인 가치판단력과 표현력을 발휘하고자 한다. 아이의 독특한 세계를 인정하고 이해하며 자녀를 사랑하고 있음을 말과 행동으로 표현함으로써 자녀가 자신이 사랑받고 인정받는 것을 알고 더 많은 노력을 하도록 유도하는 등 자녀의 재능을 잘 파악할 수 있다.

양육 코칭과 전략

- 현실적인 분야에 대한 계획성은 좋아 열심히 계획은 세우지만 다소 즉흥적인 면이 강해 끝까지 성취하지 못하는 단점이 있다.
- 단순한 이론 암기보다 학습 내용에 대한 이해력을 키워줘야 한다.
- 감정변화가 심하고 실수도 가끔 잘하고 엉뚱한 행동을 하지만 문제를 일으키면 직접적인 대화로서 해결하려고 해야 한다.
- 이론적인 주입보다 현실적이고 구체적인 결과에 대해 칭찬을 아끼지 않아야 한다.
- 학습계획을 구체적으로 세울 수 있도록 도와주고 학습순서에 있어 우선순위나 과목별 우선순위를 정하도록 한다.
- 늘 메모하는 습관으로 중요한 내용은 암기하고 기록하는 습관을 길러주어야 한다.

자녀의 약한 지능 보완

위 자녀 사주는 인식지능이다. 사주 구조에서 오행의 중화가 잘 이루어진 편이라 매우 취약한 지능은 없는 편이다. 다만 표현지능이 약해 자신의 감정을 밖으로 내보여주는 것이 다소 어려우므로 혼자 음악 듣고 혼자 생각하는 시간을 많이 가지려고 한다.

음악을 틀고 공부를 한다고 혼낼 것이 아니라 음악이 자녀의 정서를 안정시키고 집중력을 더 높여주고 도덕지능과 천간의 설계지능으로 자녀 나름의 세심하고 섬세한 정서와 기준이 있음을 이해해야 한다. 천천히 자신의 감정을 표현하도록 표현지능이 강한 부모가 먼저 다가가고 애정표현을 해주도록 하면 좋아진다.

(3) 평가·설계지능이 강점인 부모의 현명한 양육 코칭과 방법

지능 중에서도 평가·설계지능은 이해타산적이면서 현실에 집착하는 성향이라 자녀를 배려하는 습관이 필요하다. 결과지향적이라 자녀의 마음이나 심리를 들여다 보는 것보다 자녀가 가져오는 성적표나 결과물에 더 집착하여 자녀의 적성을 놓치는 경우도 있다. 자녀는 부모의 결과물이 아니라 하나의 독립된 인격체라는 마인드로 과정이 어떠했는지를 평가하고 칭찬하고 격려를 아끼지 않아야 한다.

모든 자녀들이 부모의 욕심대로 성장해 주는 것은 아니다. 인생에 있어 목적이 물질적인 것이 아니라 정신적인 데 있는 경우도 있음을 이해하고 받아들여야 한다. 자녀를 평가함에 있어 타고난 적성을 우선시해준다면 더 좋은 결과를 얻어낼 수 있다.

사업적 기질이 우수한 평가지능과 세심하고 꼼꼼한 설계지능은 자신들의 장점을 활용, 자녀의 적성을 찾아내기에 더할 나위 없이 좋은 조건을 가지고 있는 것이다.

① 평가지능이 강점인 부모와 표현지능이 강한 자녀

	(부)					(아들)		
時	日	月	年		時	日	月	年
丙	壬	戊	丁		壬	己	庚	乙
午	寅	申	巳		申	丑	辰	酉

자녀의 학습유형 : 흥미유발형의 특징

✓ 학습의 근원을 호기심에 두므로 다양한 분야에서의 흥미 유발이 중요한 유형.

✓ 외적인 강요에 강한 반발을 보이므로 본인의 결정에 맡기는 것이 중요.

✓ 언어 표현력이 매우 뛰어나고 응용력과 창의력을 활용한 분야에 우수.

부모의 성향

위 부모 사주는 壬水일간이 申月에 득령하였다. 그리고 시간의 丙火 편재가 연일시 3지지에 통근하여 세가 집중되었다. 편재는 평가지능으로 가치판단력이 탁월해 자녀 역시 자꾸만 판단하려고 한다. 이 점은 늘 평가의 대상이 되는 자녀에게는 스트레스로 작용할 수 있으므로 유의해야 한다. 평가지능은 남보다 앞서야 하고 남보다 더 많이 갖고자 하는 현실적 욕구가 강해 자칫하면 과정은 무시하고 결과에만 집착할 수 있다. 사물에 대한 가치는 물론, 사람에 대한 판단력이 탁월하므로 이 점을 활용하여 작은 것의 소중함을 알고 자녀의 가치를 올바르게 판단하여 단점은 보완해주고 장점은 극대화시킬 수 있는 현명한 마음자세가 필요하다.

양육 코칭과 전략

- 부모와 자녀 모두 호기심이 많고 부모의 결과지향적 기질로 자녀를 평가하려는 점만 조심하면 좋은 관계로 유지가 가능하다.
- 자녀의 학습결과나 행동에 있어 좋은 점은 충분한 칭찬을 해주어야 한다.
- 부모의 칭찬에 민감하게 반응하고 인정받기 위해 최선을 다하게 된다.
- 자신의 생각을 감추기 어렵기 때문에 표현 욕구를 억제시키지 말아야 한다.
- 자신의 생각을 조리 있으면서 분명하게 표현하는 학습을 통해 표현지능의 많은 능력을 장점화 시켜주는 현명한 양육 전략이 필요하다.

자녀의 약한 지능 보완

위 자녀 사주는 강한 표현지능에 비해 인식사고지능이 사주 내에 없어 감정노출이 많고 규칙을 어기는 등 사회규범에 벗어나는 행동을 하기 쉽다. 주변을 의식하지 않는 행동은 타인으로 하여금 불쾌감을 갖게 한다. 행동을 하기 전에 신중하게 생각하도록 양육해야 한다. 사고력이 부족해 행동하고 후회하므로 이 점을 보완하기 위해서는 철저한 자기관리와 자신에게 맞는 목표설정, 노력, 꾸준한 독서를 통해 사고력을 길러줘야 한다.

② 설계지능이 강점인 부모와 사고지능이 강한 자녀

(모)				(아들)			
時	日	月	年	時	日	月	年
丙	癸	丙	甲	戊	辛	壬	戊
辰	巳	寅	子	戌	巳	戌	子

자녀의 학습유형 : 지식수용형의 특징

√ 지식습득 자체에 관심이 많아 학문을 순수하게 수용하고 계획성 있는 학습.

√ 자신의 가치를 학문적으로 인정받고 싶은 욕구가 강하여 꾸준히 노력.

√ 고지식하나 심오한 학문적 매력을 존중, 일반적 글쓰기와 정돈된 기록을 잘함.

부모의 성향

위 부모 사주는 癸水일간이 寅月에 丙火 정재가 월간과 시간으로 투출하였다. 정재는 설계지능으로 계획하고 순서대로 일을 진행하는 성향이 강하다. 자기관리 및 시간관념도 정확한 부모는 인간관계도 과정보다 결과를 우선시할 수 있다. 자녀 양육 역시 철저한 계획을 수립, 자신의 계획된 양육코드에 맞추어 움직이려고 할 수 있다. 그러나 세상은 자신이 기획한 대로 모든 것이 이루어지지 않는다는 점을 인식하고 자녀 양육에서도 이 점만 유의한다면 현명한 부모가 될 수 있다.

양육 코칭과 전략

- 서로 모범적 성향이 비슷하여 잘 맞으나 부모는 지극히 현실적이고 자녀는 교육적 성향이 더 강하므로 이러한 약간의 차이만 잘 생각해두면 크게 문제는 없다.
- 사고지능이 강한 자녀는 오히려 나이보다 성숙한 자아의식을 갖고 있으므로 부모가 지시하지 않아도 스스로 부모님의 뜻을 거역하지 않는다.
- 성인이 되기 전까지는 이러한 모범적이고 순종적인 태도로 인해 양육에 큰 어려움이 없을 수 있지만 지나치면 자기 의사를 제대로 표현하지 못하고 부모님이나 주위 사람들에게 의사결정을 맡기게 되기도 한다.
- 자신이 맡은 바는 소신 있게 할 수 있도록 어릴 때부터 자립심과 함께 의사표현과 의사결정을 하도록 습관화시켜줘야 한다.

자녀의 약한 지능 보완

위 자녀 사주는 사주 내에 재성 木오행이 부족하니 생각과 계획은 많으나 늘 결과가 없어 현실적 감각이 부족하고 논리성이 떨어진다. 꼼꼼하지 못해 실수가 잦고 작은 것 하나 챙기지 못할 수 있다. 이 점을 보완하여 중요한 부분은 세세한 것까지 메모하는 습관을 길러야 한다. 수리계산 능력이 가장 취약하므로 수학 학습에 비중을 더 두어야 한다.

(4) 행동·도덕지능이 강점인 부모의 현명한 양육 코칭과 방법

행동·도덕지능이 강점인 부모는 자신에게도 엄격하게 원칙과 규칙을 지킬 것을 강요한다. 사회적인 틀에 맞추어 엄격하고도 예의바르게 양육하고자 한다. 그러나 너무 지나쳐 자신은 물론 자녀와 그 외 가족들에게조차 자신의 기준을 적용하려고 하면 안 된다. 두 가지 지능이 모두 책임감이 강하고 본인이 원하는 방향으로 학습 목표가 수립되면 목표달성까지 모범적인 태도를 유지하므로 자율적인 학습이 가능하다.

① 행동지능이 강점인 부모와 행동지능이 강한 자녀

(모)	(딸)
時 日 月 年 壬 甲 庚 戊 申 子 申 午	時 日 月 年 己 壬 戊 丙 酉 申 戌 戌

자녀의 학습유형 : **책임감당형**의 특징

√ 책임감이 강해 학습에 있어서도 책임 있게 완수해 나가는 유형.

√ 암기력이 우수하고 탁월한 실천력과 결정력으로 놀라운 성취도를 보임.

√ 사회에서 인정받고 남들의 이목이 집중되는 방향으로 목표설정이 성취도를 높임.

부모의 성향

위 부모 사주는 甲木일간이 申月에 庚金 편관이 투출하였다. 편관은 행동지능으로 명예욕이 강하다. 자녀가 1등을 하거나 학교에서 대표라도 되면 공동체 속에서 인정받는 것이라 생각하고 자랑스러워한다. 자신의 생각에 따라 행동하고 공부하기를 원해 자녀들에게 강요할 수도 있다. 빠른 결정력과 강한 주장으로 인해 성격이 급해 나도 모르게 '빨리빨리'를 자녀에게 요구할 수도 있다. 다행스러운 것은 자녀 역시 행동지능이 강해 이 점에서는 오히려 호흡이 잘 맞아 마치 군대처럼 대부분의 일들이 신속하게 이루어진다.

양육 코칭과 전략

- 서로 행동으로 말하고 신속히 결정하는 성향이 같아서 기질적으로도 잘 맞으므로 이 점을 최대한 활용한다.
- 결과도 좋지만 과정도 중요하고 삶의 여유도 중요함을 인식시켜야 한다.
- 학습은 오랜 시간과 노력을 요하는 작업이므로 부모가 원하는 성적만큼은 아니어도 항상 결과에 대해 칭찬과 성과를 더 낼 수 있도록 용기를 주도록 해야 한다.

자녀의 약한 지능 보완

위 자녀 사주는 자신감이 부족하고 표현력이 약하므로 자신의 의지를 표현하고자 하다가도 망설인다. 늘 올바르게 행동하고자 하는 마음과 새로운 환경에 대해 두려움이 있으므로 먼저 자존감을 키워줘야 한다. 작은 것부터 성취함으로서 스스로 적응해 나가도록 해야 한다.

② 도덕지능이 강점인 부모와 연구지능이 강한 자녀

```
        (모)                    (아들)
   時 日 月 年              時 日 月 年
   丙 己 丙 甲              戊 丙 戊 甲
   寅 卯 寅 子              戌 辰 辰 午
```

자녀의 학습유형 : 흥미지속형의 특징
√ 자율적이고 능동적인 학습 유형을 선호하며 연구심과 기술습득 능력이 우수.
√ 모든 행동 변화가 외적인 자극보다 자기 스스로의 결정에 바탕을 두고 이룸.
√ 관심 있는 한 분야에 몰입, 스스로 만족하며 진행하는 학습이 가장 효과적.

부모의 성향
위 부모 사주는 己土일간이 寅月에 甲木 정관이 월간과 시간으로 투출하였다. 정관은 도덕지능으로 자신에게도 엄격한 규칙과 원칙을 요구하는 성향이 강하다. 규범이나 모범적인 행동에 너무 치우친다면 융통성이 부족해지고 상대방에게도 원칙을 지켜줄 것을 바라게 되니 서로가 피곤하고 힘들다. 평소 차분한 성향에 원칙을 준수하고 보수적이라 자녀에게도 규칙을 지킬 것을 은연중에 요구하게 된다.

엄격하고 고지식한 부모입장에서 자녀의 학습이나 지능발달 정도가 다른 아이들과 비교, 처지는 것을 용납하기 어렵다.

양육 코칭과 전략

- 부모와 자녀의 지능은 유사한 듯 달라서 서로를 인정해야 한다.
- 부모의 명분 지향적 사고방식을 자녀에게 강요하지 말고 자녀의 생각을 존중해 주어야 한다.
- 연구지능이 강한 자녀는 통제력도 강하고 늘 침착하며 안정적인 성향을 보여준다.
- 자율적인 학습 태도를 가지고 있으므로 부모의 근엄한 태도에 커다란 반감은 생기지 않는다.
- 학습동기가 충분히 주어진다면 성실하게 규칙적인 학습 활동을 할 수 있으므로 이 점을 고려한 전략이 필요하다.

자녀의 약한 지능 보완

위 자녀 사주는 연구지능이 탁월하다. 식신 연구지능은 한 가지에 몰입하여 끝까지 파헤치고 마는 정인의 모습을 내포하고 있는 것이 특징이다. 느린 듯 보여도 학습에 있어 흥미를 지속시키는 장점이 있다. 성실하고 이해력이 좋아서 시간만 투자하면 충분히 향상될 수 있다. 기초부터 천천히 세밀하게 다져준다면 분명 부모가 바라는 정도의 성적을 보여줄 수 있다.

(5) 인식·사고지능이 강점인 부모의 현명한 양육 코칭과 방법

현실적인 성향이 강한 지능으로 어떤 일을 하더라도 전문가적 위치까지 갈 만큼 학구열이 높은 지능이다. 올바르게 학습 계획을 세우고 우선순위를 정한 다음 실천에 옮기는 스타일로 이해가 되지 않으면 될 때까지 파고드는 경향을 보이기도 한다. 이처럼 작은 것 하나에 얽매이지 않고 효과적으로 과제 해결을 하도록 자녀를 매우 세심하게 양육하는 부모형이다.

① 인식지능이 강점인 부모와 경쟁지능이 강한 자녀

(모)					(아들)			
時	日	月	年		時	日	月	年
戊	癸	辛	辛		丙	丁	辛	庚
午	巳	丑	酉		午	巳	巳	寅

자녀의 학습유형 : 성취만족형의 특징
√ 모든 일에 있어 강한 경쟁심과 함께 성취 자체에 대한 만족감이 중요한 유형.
√ 성취에 대한 희열감에 더 만족하므로 적절한 목표를 제시해 주는 것이 중요.
√ 강한 승부욕과 경쟁심을 가지고 학습에 임하며 책임감 있게 학습량 완수.

부모의 성향
위 부모 사주는 癸水일간이 丑月에 辛金 편인이 투출하였고, 지지로 巳酉丑 삼합 편인이 국을 이루었다. 편인은 인식지능으로 직관력과 추리력이 우수해 가장 효용성 있는 양육이 가능하다. 사고나 생활방식이 일반적 기준을 벗어나 독특하고 개성적인 모습을 갖고 있다. 감정표현 등 표현지능의 부재로 한쪽으로 치우치거나 고집이 세거나 자신의 의견을 바꾸기 힘든 외골수이기도 하다. 인간 심리에 관심이 많으며 이러한 인간 탐구에 대해 남들과 달리 파고드는 경향이 있다. 자녀의 심리 상태를 잘 파악해 양육에 있어 활용하기 좋은 성향이다.

양육 코칭과 전략

- 자존지능과 비슷하나 자녀의 급한 성격을 부모가 얼마나 타이밍 맞춰 잘 받아 줄 수 있느냐가 관건이다.
- 생각을 깊이 하지 않고 말이 앞서거나 무분별함이 있다.
- 침착하지 못하고 서두르는 결함으로 인해 손해도 많이 볼 수 있다.
- 예의바르고 자신이 인정한 경우에는 헌신적 봉사와 희생을 한다.
- 자신을 인정해주면 그에 보답하고자 열정을 쏟는 성향이라 부모가 칭찬을 아끼지 않고 믿고 기다려준다면 결과는 보여준다.
- 끝까지 포기하지 않고 목적을 달성하도록 지원해주어야 한다.
- 독서나 명상으로 평정심을 유지하는 훈련이 필요하다.

자녀의 약한 지능 보완

위 자녀 사주는 결단력과 분별력의 행동·도덕지능이 이 구조에서는 가장 취약하다. 하고 싶은 일은 많고 성격은 불같아 늘 분주하고 추진력은 좋으나 급한 성정으로 생각을 깊이 하지 않고 서두르다 실수를 하고 손해를 보게 된다. 시험에서도 분별력이 약하고 논리성이 다소 낮아 이 점이 불리하다. 평소 독서나 명상을 통해 마인드컨트롤을 하면 좋다.

② 사고지능이 강점인 부모와 설계지능이 강한 자녀

	(모)		
時	日	月	年
甲	丁	丙	甲
辰	酉	寅	寅

	(아들)		
時	日	月	年
癸	辛	甲	戊
巳	丑	寅	子

자녀의 학습유형 : 계획관리형의 특징

√ 매사 스스로 계획하고 실행해 나가는 타입으로 논리에 강하고 계산력이 우수.

√ 구체적이고 실용적인 계획과 실행을 잘 해나가며, 현실적인 실천력이 강함.

√ 수리에 뛰어나고 꼼꼼한 내용의 학습에도 큰 장점을 보이며 계획적으로 학습.

부모의 성향

위 부모 사주는 丁火일간이 寅月에 甲木 정인이 연간과 시간으로 투출하였다. 정인은 사고지능으로 받아들이고 인정하고 배려해주는 모성애적인 면은 강하고 역사와 전통을 소중히 여기듯 사소한 점 하나까지도 버리지 못하는 성향이다. 늘 정리하고 기록하듯 자기 주변이 정리되면 안정감을 느끼므로 항상 정리가 이루어진 환경을 바꾸는 것이 어렵다. 모든 일이 생각에 머물러 있을 때가 많고 실천이 잘 되지 않는 것이 단점이다.

양육 코칭과 전략

- 모두 안정적인 기질이 비슷해도 아이는 미리 준비해야 더 안정감을 느낀다.
- 아이를 위해 미리 챙겨주고 준비해주는 부모님의 배려가 중요하다.

- 자녀의 규칙적인 성격을 파악, 학습이나 학원 등을 기획하고 학습전략을 세운다.
- 늘 준비가 철저한 자녀의 성향을 활용하여 체계적인 학습을 하는 것이 좋다.
- 현실적인 성과에 만족하므로 결과물에는 반드시 대가를 주어야 효과적이다.

자녀의 약한 지능 보완

위 자녀 사주는 전반적으로 골고루 발달되어 있어 특별히 보완해야 할 부분은 많지 않은데 그중에서 정재, 정관, 식신이라 융통성이 부족하고 응용력이 조금 떨어지므로 충분히 이해한 것은 반복적인 문제풀이를 해야 한다. 따라서 끝까지 성실하게 마무리 짓는 습관을 계속 유지하도록 해야 한다.

발달할 만큼 발달되고 복잡해질 만큼 복잡해진 이 사회에서 좋은 부모라는 모델이 있을까? 모델링 할 수 있는 현명한 부모상이 있다면 좀 더 자녀교육이 쉽지 않을까 생각해보았다. 수학 공식처럼 정확하게 무엇을 언제 어떤 방식으로 자녀들에게 전달해야 하는지 정보를 받아 실제 현실에서 사용할 수 있다면 자녀문제에 있어 고민을 한 방에 날려 보낼 수 있을 텐데 현실이 그리 녹녹치 않다.

그러나 앞서 알아본 사례와 같이 부모 본인의 성향에 대한 결과와 자녀의 학습 성향이나 지능을 선천적성검사(AAT)를 통해 알고 활용한다면 이러한 고민에서 조금이나마 벗어날 수 있을 것이다.

PART 11

진학진로상담 집중분석

1. 대상별 집중상담
2. 대학생의 진로결정
3. 개별상담
4. 집단상담(group therapy)

1. 대상별 집중상담

1) 미취학 아동의 진로상담

(1) 영·유아 여

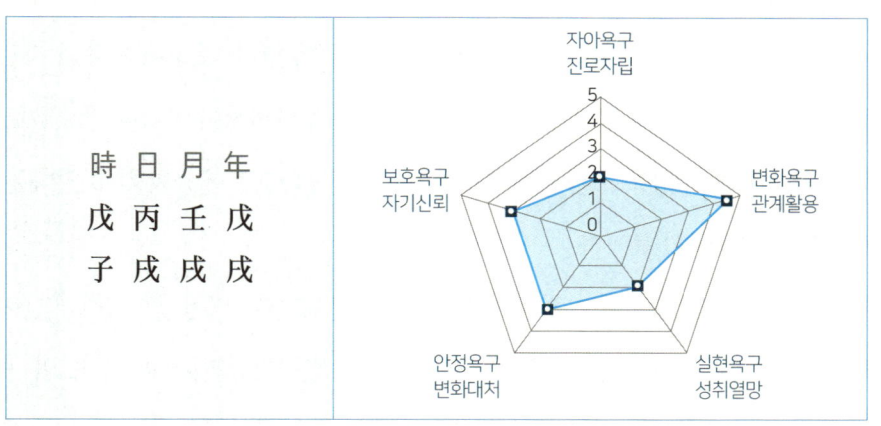

위 사주는 丙火일간이 戌月에 戊土식신이 연간과 시간으로 투출하였다. 식신격을 이루었으나 일간을 돕는 오행이 없으니 식신의 고유한 기능과 식신의 극을 받게 되는 관성의 고유기능이 변질 될 가능성이 크다.

즉 丙火일간이 사주 내 식신과 관성만 있으므로 이런 경우 약한 십성을 용신하게 된다. 무엇보다 식관이 투쟁하는 구조로써 특징적으로 나타나는 현상은 비범하고 변화에 능통하며 설득력이 탁월하다.

AAT선천적성검사 결과
- **직업유형** : 사업형으로 전문기능
- **추천학과** : 영상예술과, 뷰티아트과, 실내디자인학과, 건강관리학과
- **성공직업** : 법관, 공안직공무원, 직업군인, 교육자, 일반직공무원, 연구원
- **사회적 욕구** : 변화욕구
- **진로탄력성** : 관계활용

상담일지
출생과 동시에 아직 이름도 짓지 않은 채 적성검사부터 먼저 한다고 너무 이른 것은 아닌지, 아이가 안다면 얼마나? 하는 생각을 버려야 한다. 오히려 자녀의 적성을 알고 양육한다면 더 좋은 환경을 제공해 줄 수 있으며 일회성이 아니라 앞으로도 꾸준히 상담을 하면서 양육 코칭은 물론 이후 학습 코칭까지도 제공받을 수 있다는 점에 부모님의 만족도가 높았다.

위 사주는 재성이 없어 평가지능이나 설계지능이 약하다. 비현실적이며 계산력이 약하고 마지막 결과을 취하기 어렵다. 인수가 없어 인식지능과 사고지능도 약하다. 이로 인해 인내심이 약하고 생각 없는 행동 등 무모함을 드러낸다. 이처럼 부족한 지능이 있음을 알고 보완해주는 전략이 필요하다. 보완이라 하여 거창하게 학원을 가거나 전문가의 지도를 받는 것이 아니라 어떤 일을 시작하든 결과까지 최선을 다하도록 지도하고 말하기 전에 한 번 더 생각하고 행동하도록 작은 것부터 습관을 길러줘야 한다. 학습 면에서 변별력은 좋아도 수학이나 암기과목은 다소 어려움이 생길 수 있으므로 어릴 때부터 기초를 튼튼히 다져주도록 해야 한다.

약한 지능만 보완하는 것이 아니라 강점지능은 더 강화시켜 주는 것도 잊지 말아

야 한다. 식관 대립의 장점은 설득력과 비범성이므로 이점을 활용할 수 있는 방향으로 진로를 선택해야 한다. 이처럼 부모가 자녀의 적성을 빨리 파악하고 양육 및 교육에 정성을 기울인다면 1차 추천 성공 직업군으로 무난히 진입할 수 있다.

(2) 유치원생 여

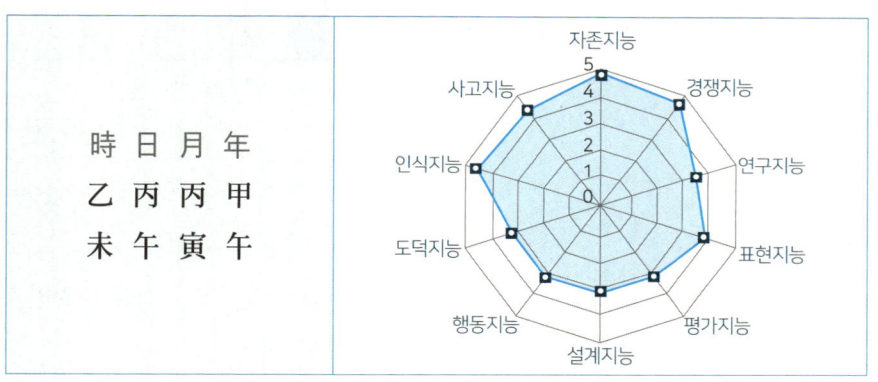

위 사주는 丙火일간이 寅月에 甲木 편인이 투출하였다. 지지에서 寅午合, 午未合으로 火국을 이루어 종왕격이 될 수 있다. 즉 사주에서 강한 火기운으로 인해 종왕격이 되면 인수, 비겁, 식상을 용신으로 사용할 수 있다.

AAT선천적성검사 결과

- **직업유형** : 자유형의 전문기능
- **추천학과** : 사회체육학과, 사진학과, 연극영화과, 의상학과, 건강관리학과
- **성공직업** : 일반직공무원, 법관, 한의사, 외교관, 연구원, 통역사, 신문기자
- **사회적 욕구** : 자아욕구

- 진로탄력성 : 진로자립

선천지능분포도

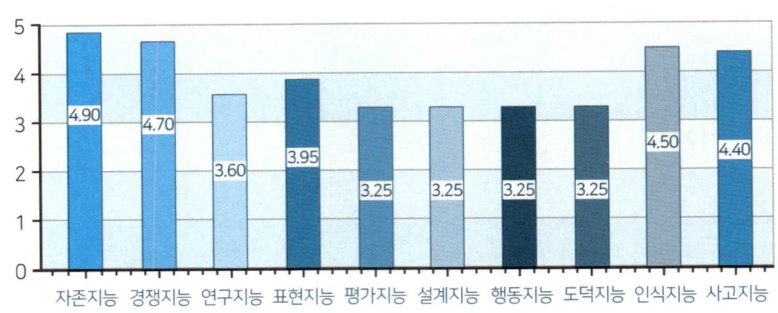

상담일지

위 사주는 여자아이임에도 자기주장이 강하고 한 번 하겠다고 고집을 부리면 부모님이 들어줄 때까지 고집을 부려 양육에 어려움을 겪고 있다.

자존과 경쟁지능이 강한 아이는 모든 일에 적극성을 부여받는다. 경쟁력도 강하고 목표의식도 뚜렷한데 인식지능으로 자기만족형이라 스스로 만족할 때까지 강한 몰입력으로 집요하고 끈질기게 파고든다. 이러한 성향이 양육하는 부모에게는 자녀를 둘 키우는 것처럼 힘들 수는 있다. 그러나 장기적으로는 넘치는 에너지를 활용하여 공부를 시킨다면 최고의 교육자가 될 수 있다.

2) 초·중·고등학생의 진로상담

(1) 초등학생 남

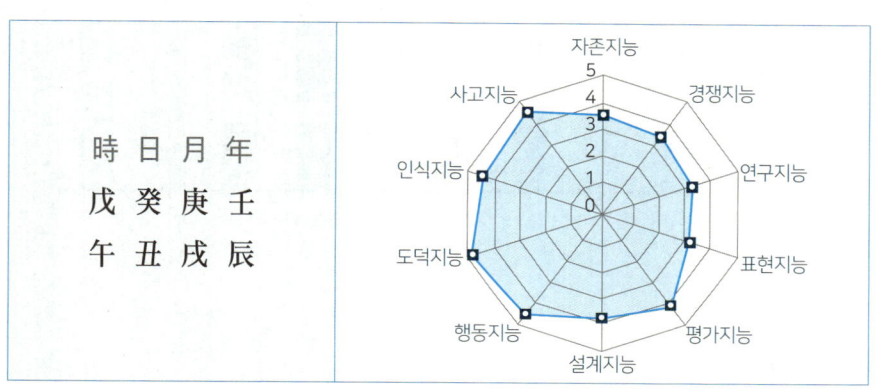

위 사주는 癸水일간이 戌月에 戊土 정관이 투출 하였다. 庚金인수를 용신삼아 관인 상생 해야 한다. 관인상생은 조직에 소속되어야 능력발휘를 하며 정해진 틀에서 행동하는 게 심리적인 안정감을 주므로 변화를 두려워한다. 천간으로 투간한 관인은 일간을 통제하여 올바르게 행동하고 모범생이 되게끔 만든다. 이러한 관이 태과하면 일간을 힘들게 하고 위축되게 한다.

AAT선천적성검사 결과

- **직업유형** : 직장형의 참모기능으로 공직자스타일
- **추천학과** : 행정학과, 법학과, 교육계학과, 경찰대학, 언론정보학과, 사회복지학과
- **성공직업** : 일반직공무원, 법관, 한의사, 교육자, 연구원, 통역사
- **사회적 욕구** : 안정욕구

- 진로탄력성 : 변화대처

선천지능분포도

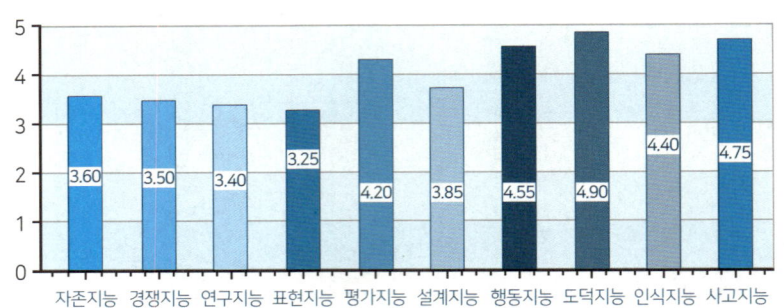

자존지능 3.60, 경쟁지능 3.50, 연구지능 3.40, 표현지능 3.25, 평가지능 4.20, 설계지능 3.85, 행동지능 4.55, 도덕지능 4.90, 인식지능 4.40, 사고지능 4.75

상담일지

위 사주는 또래 남자아이들보다 너무 조용하고 혼자 있기를 좋아해 혹시나 학교에서 친구들과 문제가 생길까 염려하고 있다. 부모님이나 선생님이 시키는 일은 곧잘 하는데 너무 소극적이라 부모님께서 걱정이 많았다. 친구들과의 관계나 사회성에 큰 문제는 없다. 오히려 말썽을 피우라고 해도 원칙을 지킬 것이므로 선생님이나 주위 어른들의 사랑을 받는 모범생이며 성숙된 마인드로 친구들의 고민을 해결해주는 카운슬러 역할도 할 것이다.

단점이라면 자신의 속내를 표현하지 않는 것과 원칙 우선으로 인간적인 측면이 약해지고 냉정하다. 아이는 아이답게 자라야 하지만 타고난 성격을 동전 뒤집듯 한 번에 바꿀 수는 없다. 천천히 자기 의사를 발표하도록 유도하고 친구들과 함께 할 수 있는 단체 운동, 축구나 야구 등의 운동도 병행한다면 더 효과적이다.

(2) 중학생 남

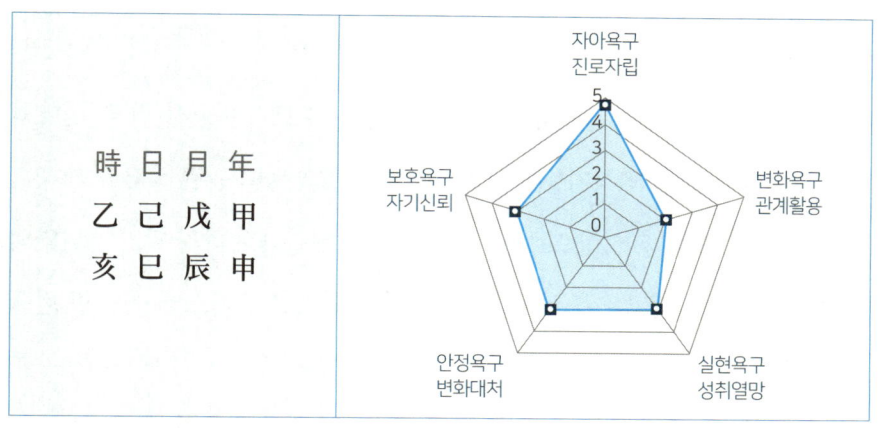

위 사주는 己土일간이 辰月에 戊土 겁재가 투출하였다. 전체적으로 비겁으로 신강하다. 비겁을 제화시킬 수 있는 관성이 甲乙 木이 투간하였다. 참고로 비겁강의 사주에 甲乙 정편관이 용신이므로 혼잡을 논할 필요는 없다.

내담자 환경

- 최초 상담이 11세, 현재 중학생
- 부모의 이혼으로 상처가 있음
- 가정, 학교 모두 소극적

AAT선천적성검사 결과

- **직업유형** : 직장형의 리더기능과 참모기능의 혼용
- **추천학과** : 소프트웨어개발과, 실용음악과, 레저스포츠학과, 생활체육과, 의상학과
- **성공직업** : 경제부기자, 법관, 외교관, 투자상담사, 국제회의기획자, 일반직공무원

- 사회적 욕구 : 자아욕구
- 진로탄력성 : 진로자립

상담일지

위 사주는 11세에 첫 상담신청을 했는데 그 당시 부모가 이혼을 한 후 엄마와 단둘이 살고 있었다. 일단 인식지능이 강한 엄마의 성향과 양육 관련 상담을 한 후 조급하고 치우친 사고방식의 성향으로 한 번에 모두 다 해결하려 하지 말고 자녀와의 충분한 대화와 시간을 갖고 학습위주의 분위기에서 먼저 스트레스 해소도 할 겸 운동을 권유했다.

자녀의 사주 구조를 볼 때 경쟁지능이 강점이라 이 점을 활용하기를 권했다. 특히 야구를 좋아한다는 남학생이라 승부욕을 가진 경쟁지능도 활용할 수 있는 스포츠를 통해 마음껏 자신을 발산할 기회를 준다면 오히려 학습이나 기타 여러 가지에 대한 관심과 자신감이 상승하고 분명 달라질 것이라고 적극 추천했다.

상담결과와 재상담

위 사주는 첫 상담 후 이루어진 2번째 상담에서 야구부 주장으로 활동하면서 자신감도 강해져 성격도 활발해졌고 3번째 상담에서는 새로운 꿈이 생겼다고 자신있게 말했다. 운동선수도 되고 싶고 변호사도 하고 싶다고 했다. 행동지능이 발달되어 있으므로 법을 준수하는 일도 잘하지만 사고지능은 학문을, 표현지능은 변론을 잘 하게끔 해줄 수 있는 구조로 진로를 제대로 잘 찾아가고 있는 모습에 참 보기 좋았다. 자신이 잘하는 것과 좋아하는 것을 구별하고 자신이 원하는 꿈을 성취하기 위해 진로계획을 세우고 차근차근 준비해 나가도록 했다. 곧 고등학생이 되겠지만 몰입력이 강한 경쟁지능을 활용하면서 지금 같은 페이스를 유지한다면 입시 역시 효율적으로 대처, 좋은 결과를 이루게 될 것이다.

위 사례는 1년에 한 번 이상은 재상담을 하면서 친숙해지자 부모에게는 말하지 못하는 자신의 고민도 털어놓게 되었다.

3) 연예인 지망생 진로상담

가끔씩 TV에서 오디션 프로그램을 보면서 감탄할 때가 있다. 노래를 너무 잘해서, 춤을 너무 잘 춰서, 연기를 너무 잘해서 재능을 타고 났구나 생각한다. 운동선수에게 반드시 갖추어야 할 재능이 있듯이 아이돌 역시 타고난 적성이 있다. 십성으로 보면 상관과 편인이 재능을 표현하기 좋으며 여기에 자신의 에너지인 비겁이 있어야 자신의 타고난 재능을 마음껏 발산할 수 있다.

(1) 아이돌 가수 지망생 기획사에 1차 합격 (여)

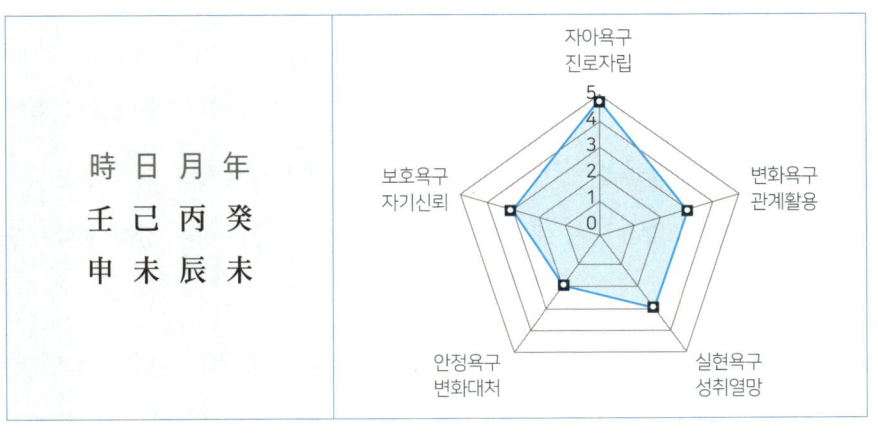

위 사주는 己土일간이 辰月에 연지 未土와 일지 未土의 비견에 통근하니 己土일간은 비겁이 왕한 신강구조다. 壬申 시주로 상관생재가 되어 비겁의 에너지를 유출시킨다. 이런 구조는 자기만의 신체 활동에 우수한 능력을 보일 수 있는 재능을 개발하는 사주유형이다.

내담자 환경
- 초등학생 때부터 '아이돌' 오디션에 도전
- 오디션 준비하면서 학교수업을 빠지게 되어 결국 대안학교로 전학

AAT선천적성검사 결과
- **직업유형** : 식상생재의 사업형으로 리더기능
- **추천학과** : 방송연예과, 레저스포츠학과, 매니지먼트학과, 의학과, 한의학과
- **성공직업** : 일반직공무원, 법관, 한의사, 교육자, 연구원, 통역사
- **사회적 욕구** : 자아욕구
- **진로탄력성** : 진로자립

상담일지
위 사주 주인공은 어릴 때부터 공부에는 흥미를 보이지 않았으나 남달리 춤에 재능을 보였다. 아이돌그룹을 따라 춤과 노래를 하는 데만 집중했고 학교에는 결석하기가 일쑤였다. 결국 부모님도 포기하고 대안학교로 전학을 시킨 상황에서 상담이 이루어졌다.

선천적성검사결과로는 충분히 춤과 댄스의 재능을 가졌다고 볼 수 있으며 한 번 도전을 해볼 수 있다는 조언이 이루어졌다. 이후 결과는 오디션 1차 통과다. 부모님도 기대치가 상승되어 있었다. 그러나 오디션에 2차 3차 모두 합격한다고 해도 끝이

아니다. 혹독한 연습생 시절을 거쳐야 하기 때문이다.

현재 대형기획사 오디션에서 1차 합격을 한 상태로 다음 도전을 위해 준비하고 있다.

(2) 아이돌 가수 준비생 (남)

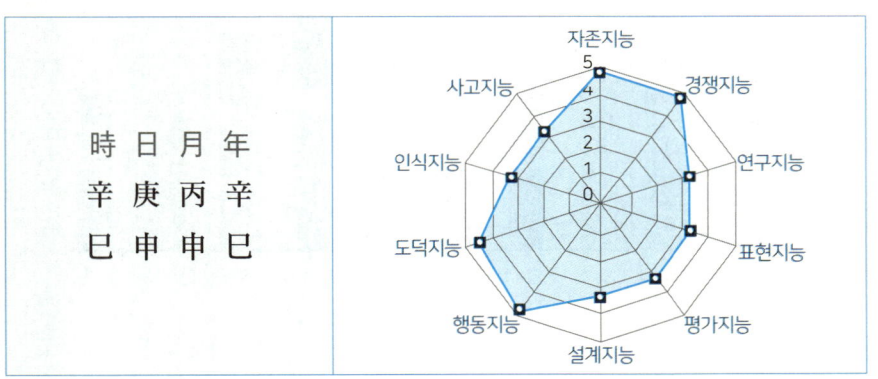

위 사주는 庚金일간이 申月생으로 비견격이다. 전체적으로 비겁으로 신강하다. 강한 일간을 통제하는 관이 용신이다. 사주 내에 인수와 식상과 재성이 없고 관과 비겁으로 대치된 사주이다. 천간에서 丙辛合水, 지지에서 巳申合으로 전체 기(氣)의 흐름이 水로 흘러간다.

내담자 환경

- 희망직업 : 아이돌 기획자로 대형기획사 오디션 준비 중

AAT선천적성검사 결과

- **직업유형** : 직장형의 리더기능과 참모기능의 혼합 구조

- 추천학과 : 이벤트기획자, 경기지도과, 이벤트진행자, 연예인매니저 등
- 성공직업 : 일반직공무원, 법관, 한의사, 교육자, 연구원, 통역사
- 사회적 욕구 : 안정욕구
- 진로탄력성 : 변화대처

선천지능분포도

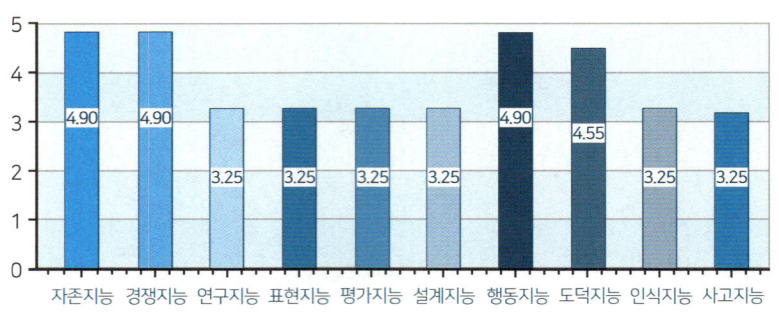

상담일지

위 사주는 예전 다른 곳에서 상담한 결과 악기는커녕 절대 연예인이 못 된다는 말을 듣고 실망한 적이 있다고 한다. 이 사주는 관과 비겁의 대치로 金과 火 두 가지밖에 없는 사주이다. 강한 관을 강한 비겁이 대항하니 신왕관왕하다. 아이돌은 20대 중반까지만 하고, 그 이후에는 아이돌 기획자가 되는 것이 인생플랜으로 아주 똑소리 나는 학생이었다. 사실 구조를 본다면 관성과 나의 싸움이니 행정학과나 법학과, 사관학교 등 법을 활용하는 직업유형이 좋은데 그렇다고 모두가 공무원이 되고 법관이 되는 것은 아니다.

1차 직업군에는 그랬으나 2차 3차 추천 성공직업군에는 타악기 연주가, 연예인매니저가 추천으로 나와 있었고 이 결과를 본 학생과 부모님은 너무나 기뻐했다. 자신이 선택한 것이 타인의 시각에서는 최선이 아니었지만 당사자인 본인에게는 최고

의 선택이요 최고의 적성인 것이다.

행복한 직업은 본인의 선택에서 비롯되어 본인의 만족도인 것이다.

(3) 데뷔에 성공한 아이돌(여)

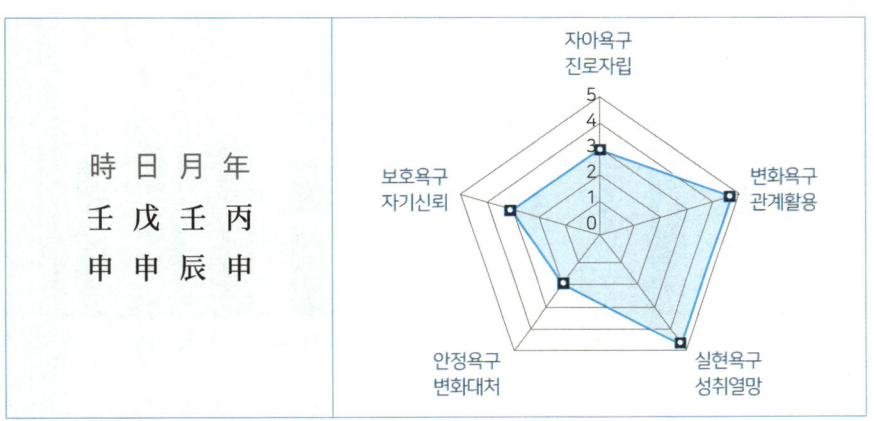

위 사주는 戊土일간이 辰月생으로 통근하였다. 그러나 壬水가 월간과 시간으로 투출하여 4지지에 통근하니 세가 편재 壬水로 집중되었다. 월지 비견의 성격을 갖고 있으나 사회적으로 편재의 성향을 보여준다. 식상생재구조는 자신의 타고난 재능을 발현시켜 한다. 관성이 없어 틀에 매이지 않고 타고난 재능을 발산한다.

내담자 환경

- 2017년 성공적인 데뷔, 현재 걸그룹으로 활동

AAT선천적성검사 결과

- **직업유형** : 사업형의 리더기능과 전문기능의 복합 구조

- 추천학과 : 인터넷비지니스과, 정보통신공학과, 영상연출학과, 이벤트학과
- 성공직업 : 신문기자, 프로듀서, 행위예술가, 패션디자이너, 통역사
- 사회적 욕구 : 실현욕구
- 진로탄력성 : 성취열망

선천지능분포도

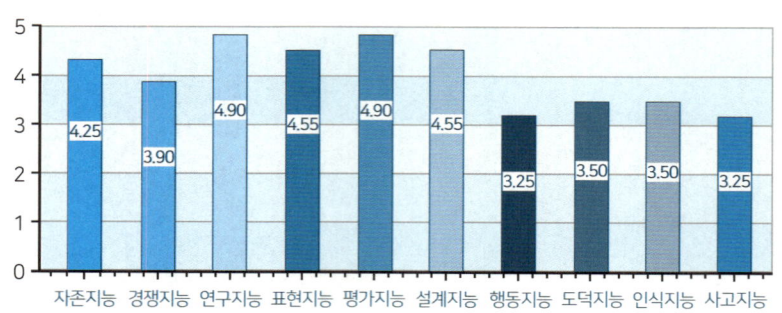

상담일지

아이돌 그룹으로 데뷔하기 위해서는 대형 기획사의 오디션에 뽑혀 혹독한 훈련과정을 거치는 것이 일반화되어 있다. 면접과 오디션의 몇 단계를 거쳐 조금의 가능성이라도 검증받아 세상으로 데뷔하기 위해 중간 단계인 에이전시를 이용, 자신들의 꿈을 펼치고자 한다. 위 사주의 주인공은 일반고에 진학하면서 에이전시가 아닌 댄스학원 취미반에서 실력을 갈고 다듬었다. 열심히 노력하는 자신의 재능을 알아본 선생님의 추천으로 오디션반으로 이동, 재능을 일찌감치 알아본 선생님의 혜안으로 재능의 싹을 활짝 피운 성공한 아이돌이다.

4) 입시생 진로상담

(1) 결손가정의 남학생

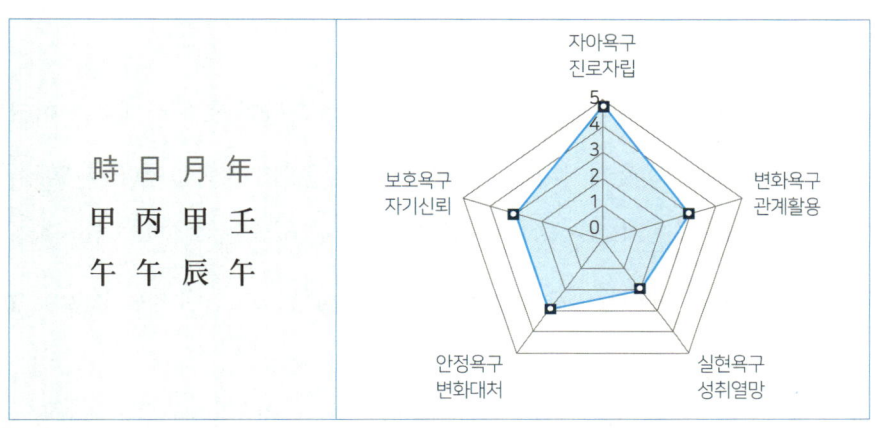

위 사주는 丙火일간이 辰月에 실령하였다. 그러나 丙火일간은 연일시 3지의 午火 겁재에 통근하여 신강하다. 辰月에 통근한 연간의 壬水 편관으로 왕한 비겁을 제화시켜야 하지만 근간이 약하다. 겁재 태과로 아버지와의 인연이 약하고 할머니의 보살핌을 받고 성장하게 되었다.

내담자 환경

- 유아기 때 부모이혼. 아빠 재혼.
- 할머니 손에서 성장, 부모에 대한 애정결핍으로 매우 소극적 성향을 보인다.

AAT선천적성검사 결과

- 직업유형 : 자유형의 전문기능으로 모험가스타일

- **추천학과** : 영상예술과, 운동처방과, 건강관리학과, 실내디자인과 등
- **성공직업** : 일반직공무원, 법관, 한의사, 교육자, 연구원, 통역사
- **사회적 욕구** : 자아욕구
- **진로탄력성** : 진로자립

상담일지

위 사주는 신강사주임에도 조용하고 주변 시선을 피하며 고개를 계속 숙이고 있었다. 질문에 대답도 머뭇거리며 모든 질문에 모르겠다가 대답이었다. 7세에 부모의 이혼으로 할머니 손에 성장했고 얼마 전에는 아빠가 재혼, 동생이 태어났다. 아빠와는 거의 대화가 단절상태로 있었기에 자신의 성격을 드러내지 않고 말이 없다고 한다.

현재 고 1이면 꿈이 있어야 하고 진로에 대한 고민이 많아야 하는데 무엇을 좋아하는지, 자기가 무엇을 잘하는지 전혀 파악이 되지 않고 있었고 아버지 역시 자녀에 대해 아는 것이 별로 없었다. 그야말로 방목, 방치를 하고 있었고 나이 드신 할머니는 그저 먹이고 입히고 재우는 옛날 방식의 양육만 유지하고 있었다.

고 1인 남학생보다 더 심각한 것은 부모의 태도였다. 낳기만 했다고 부모가 되는 것이 아니라 자식 곁에서 성장하는 모습을 지켜보며 보호하고 사랑하며 관심을 가져주는 것이 부모요 자식과 함께 걸어가는 것이 부모다.

가장 먼저 남학생은 자존감 상승이 필요하고 부모님은 자녀에 대한 관심과 대화를 해야 한다. 이미 고 1이면 입시에 대비를 해야 한다. 부모로서 최소한의 도리는 해줄 것을 부탁드렸다. 내신이 많이 낮은 편이라 대학포기가 아니라면 대입준비에 전략이 필요함을 강조하며 입시전문학원을 연결, 상담시간을 예약해주었다.

(2) 특목고 여학생

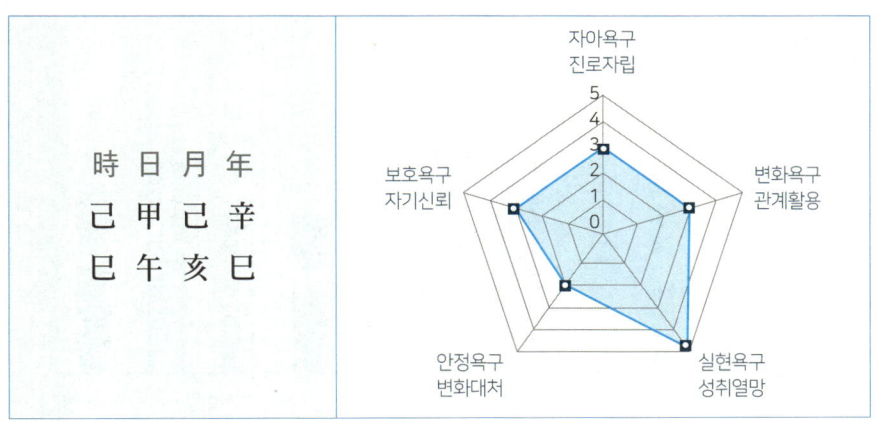

위 사주는 甲木일간이 亥月생으로 득령하였다. 편인격이나 식재관이 강해 신약하므로 인수를 용신해야 한다. 인비식과 재생관의 구조를 동시에 소유하여 머리가 비상하다. 재관인은 사회적으로 식상생재는 개인용도로 쓰임이 좋다.

내담자 환경
- 최초 상담 - 17세
- 법을 집행하는 여경찰을 동경, 경찰학과를 희망

AAT선천적성검사 결과
- **직업유형** : 사업형의 전문기능을 가진 설계가스타일
- **추천학과** : 의학과, 회계학과, 건축학과, 의료공학과, 법학과, 도시행정학과 등
- **성공직업** : 법관, 의사, 일반직공무원, 교육자, 에코컨설턴트, IT 공학자

- 사회적 욕구 : 실현욕구
- 진로탄력성 : 성취열망

선천지능분포도

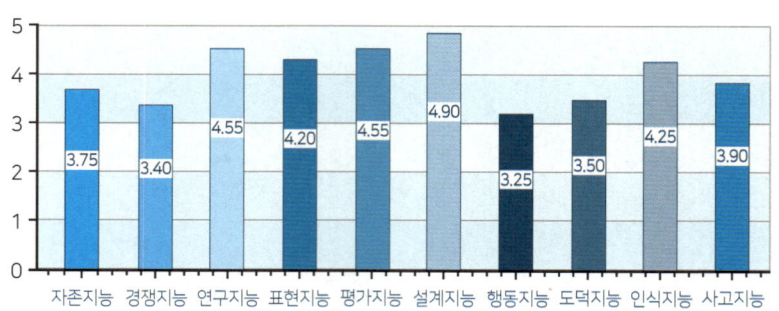

1차 상담일지

위 사주는 甲木일간이 표현지능과 설계지능을 활용하여 치밀하게 계획을 수립한다. 세밀하고 반복적인 관리감독 업무에 적합하므로 몸으로 범인을 쫓는 경찰보다는 행정직이 적성에 부합된다. 범인을 쫓으려면 체력이 좋아야 하는데 사주 구조는 설기가 많이 되므로 신체에너지가 강하지 못해 아쉽다. 아직 입시까지는 시간이 있으므로 성적관리에 더욱 노력하면서 운동도 틈틈이 하여 체력보강을 하기로 했다.

2차 상담일지

위 사주는 1년 만에 재상담을 했다. 첫 상담 때와 달리 이미 입시가 9월이므로 1년도 채 남지 않은 상태라 조금 불안해했다. 상담 후 학업과 운동을 병행하며 열심히 하기는 했으나 금방 체력이 바닥이 나 스트레스가 있는 상태였다. 학업성적은 1차 상담 후 재상담까지 약속을 잘 지켜 상위등급을 잘 유지하고 있었다. 그래서 욕심을 조금 더 내기로 했다. 1차 상담 때 설명해준 것처럼 법·행정 쪽이 더 적성과 부합되므로 남은 기간 수학등급만 1단계 올려서 법학과로 진학목표를 변경했다.

(3) 미대입학에 성공한 여학생

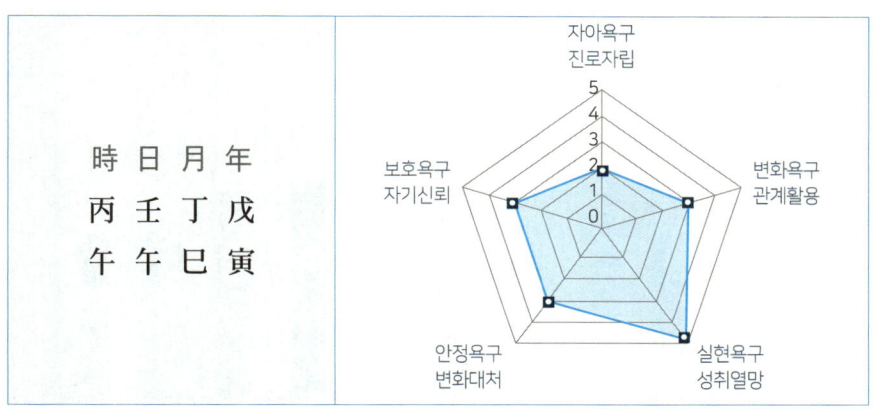

위 사주는 壬水일간이 巳月에 丙丁火가 투출하여 재격이다. 사주 전체가 강한 火기운으로 편중되어 종재격을 이루었다. 강점지능은 재성의 수리능력, 평가능력과 함께 공간지능과 구성능력이 우수하다.

내담자 환경

- 고1에 미술시작. 미대 준비기간이 짧음
- 디자인 전공 고려
- 입시학원에서 재능이 있다고 서울 소재 대학을 목표로 하고 있음

AAT선천적성검사 결과

- **직업유형** : 사업형의 리더기능

- 추천학과 : 의학과, 기계공학과, 정보통신공학과, 나노공학과, 재활학과
- 성공직업 : 회계사, 감정평가사, IT전문가, 의사, 손해사정사, 자산관리전문가
- 사회적 욕구 : 실현욕구
- 진로탄력성 : 성취열망

선천지능분포도

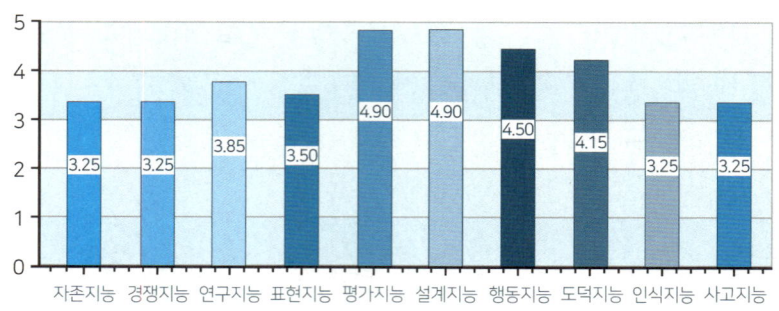

상담일지

위 사주 주인공은 중학교까지는 진로를 결정하지 못하다가 고1이 되면서 미대진학을 결정하며 자신의 진로를 상담했었다. 천간으로 투간한 丁火 정재는 치밀함과 섬세함, 수리계산력으로 작은 수치까지 활용하는 지능으로 디자인을 전공하기에 가능하다. 특히 재성이 왕하여 공간지능이 발달 하였으므로 디자인 전공은 전공선택으로 좋은 편임을 조언하였다.

결과는 진학에 성공하여 현재 서울 소재의 대학교 미대 디자인과에 다니고 있으며 자신의 전공에 흥미를 느끼고 있는 학생이다.

(4) 1년 재수 후, 다음해에 서울 ○○대학 합격한 남학생

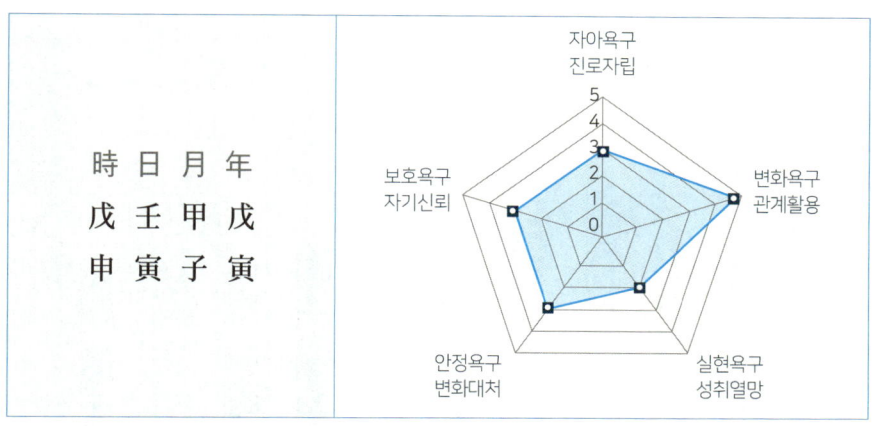

위 사주는 壬水일간이 子月생으로 득령하였고 시지의 申金 편인으로 신강하다. 戊土 편관으로 겁재의 기운을 제화시키고 甲木 식신으로 설기하며 편관을 조절하니 양수 겹장이라 할 수 있다. 방어능력이 좋은 인비식 구조로 머리가 비상하다.

내담자 환경

- 2016년 丙申세운 : 고3으로 수능을 얼마 남기지 않고 상담. 재수는 절대불가하다는 입장의 부모
- 수학등급이 3~5등급으로 일정하지 않음
- 그 외 성적은 우수

AAT선천적성검사 결과

- **직업유형** : 자유형의 전문기능으로 연구가스타일
- **추천학과** : 실용음악학과, 매니지먼트학과, 문예창작과, 레저스포츠학과

- 성공직업 : 기계공학기술자, 신문기자, 한의사, 교육자, 연구원, 통역사, 작가
- 사회적 욕구 : 변화욕구
- 진로탄력성 : 관계활용

선천지능분포도

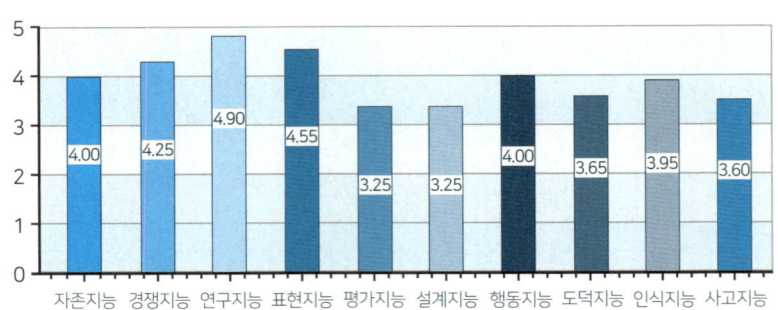

상담일지

자녀에 대한 기대를 갖고 있는 부모님께 죄송하지만 한 해 더 공부를 시키면 어떨지 제안을 했다. 지방대라도 재수는 시키고 싶지 않다던 부모는 결국 재수를 선택한 자녀의 고집을 꺾지 못했다. 무조건 사주만 보고 재수를 권하는 것이 아니다. 영어와 국어는 1등급이라 충분히 재도전을 해볼 만했다. 재수를 선택, 1년이라는 시간을 통해 수학문제풀이에 집중, 등급상승에 목표를 둘 것으로 학습 코칭을 했다.

위 사주 주인공은 수학을 제외한 과목은 1등급이지만 유독 수학은 3등급 받는 것도 힘들어했다. 그런데 1등급이 나왔다. 물론 열심히 했으니까 그럴 수도 있겠지만 본인도 놀라워했다. 운이 좋았다는 말과 함께 서울에 소재한 명문대학에 입학을 하였다.

365일 1년을 다시 입시지옥에 있어야 했다. 이 선택을 하기까지 참으로 고민이 많

앉을 것이다. 또한 재수를 권할 때는 상담사로서의 책임감 역시 무거웠다.

    1년은 이 학생의 전 생애에 걸쳐 미미한 시간이다. 그러나 공부를 하기에는 긴 시간이었으며, 이를 악물고 마지막 기회라는 절박함이 마음가짐을 다르게 만들었다. 재수를 반대하시던 부모는 합격소식을 알려왔고 상담사로서 마음의 짐을 벗어 홀가분했다.

2. 대학생의 진로결정

1) 전공변경상담

(1) 안경학과에서 한약학과로 변경 (남)

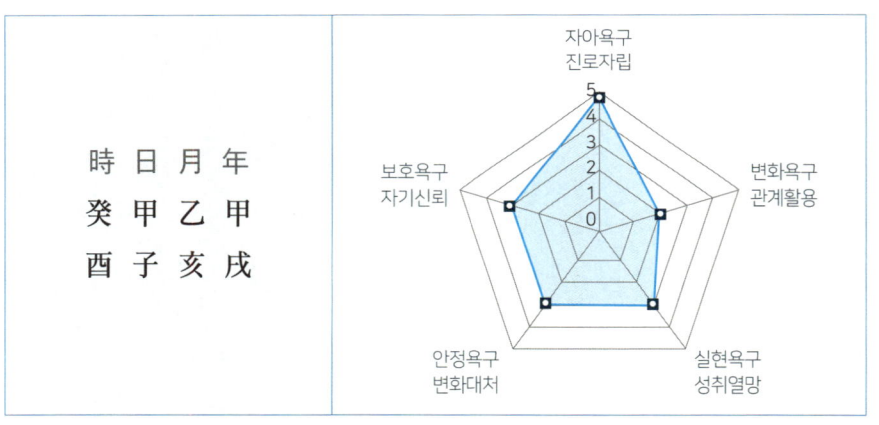

위 사주는 월지 亥水에 癸水 정인이 투출하였다. 시지의 酉金과 인수로 관인상생을 이룬다. 관인상생은 조직, 시스템 속에서 능력발휘를 한다. 사주에 관인으로 구성되면 관계의식을 많이 하는 데 식상이 없어 카타르시스가 되지 않는다. 강점지능이 인수로 학습적, 보수적, 수용성이 강하다.

AAT선천적성검사 결과
- **직업유형** : 직장형의 참모기능
- **추천학과** : 법학과, 외국어학과, 언론정보학과, 문헌정보학과, 항공운항과
- **성공직업** : 의사, 사회복지사, 한약재판매업, 언어치료사, 교육자, 바이오연구원
- **사회적 욕구** : 자아욕구
- **진로탄력성** : 진로자립

상담일지

위 사주는 조용한 성격으로 평소에 자신의 진로나 적성에 대해 깊이 생각해보지는 않았다고 한다. 그래서 수능성적에 맞추어 안경학과로 진학하였다. 취업에 유리하다는 추천으로 진학했지만 학업에 취미를 붙이지 못하고 겉돌기만 하였다. 그러다 입대를 해서 진지하게 고민한 결과 다시 입시공부를 시작했다. 현재 한약학과로 진로를 변경했는데 본인 스스로 만족하며 자격증 취득을 하기 위해 열심히 노력하고 있다.

(2) 교대로 진로변경

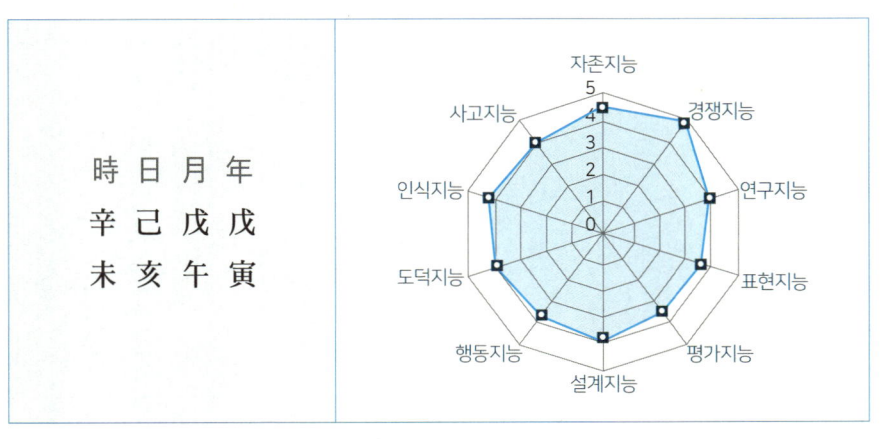

위 사주는 己土일간이 午月생으로 寅午 인수국을 이루었다. 또한 연지 寅木과 일시지에 亥未 合木으로 관의 성분도 왕하다. 인수격이 시간의 辛金 식신과 인비식 구조를 갖추고 있어 전문가 형이다.

AAT선천적성검사 결과

- **직업유형** : 자유형의 전문기능
- **추천학과** : 의료공학과, 의학과, 건축학과, 교육학과, 환경공학과, 의학과
- **성공직업** : 연구원, 교육자, 의사, 건축사, 자산관리전문가, 회계사
- **사회적 욕구** : 자아욕구
- **진로탄력성** : 진로자립

상담일지

머리도 좋아 학업성적이 나쁘지 않았으나 뚜렷하게 하고 싶은 적성을 찾지 못하다 성적에 맞추어 명문대 식품영양학과에 진학했다. 그러나 전공에 흥미가 없어 적성검사를 신청한 경우이다.

적성검사 결과에서 교육자로 나오자 도전의식이 생겼다고 한다. 평소 친구들이 질문하면 친절하게 설명해 주는 게 좋았다고 한다. 바로 수능준비를 시작했으며 현재는 교대입학에 성공해 선생님의 길을 착실히 준비하고 있다.

(3) 화학과에서 약학과 편입준비 (남)

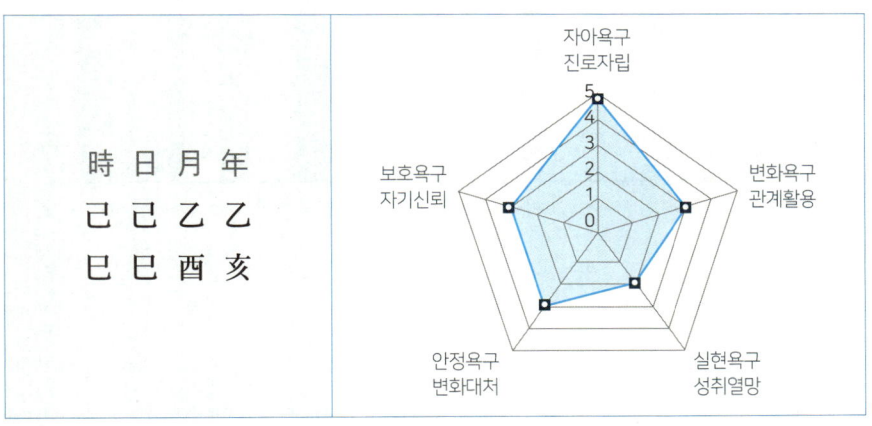

위 사주는 己土일간이 酉月생으로 식신격이다. 또한 巳酉合金으로 식신국을 이루는 중 연지의 亥水로 이어지는 식신생재가 이루어졌다. 己土 일간은 일시지의 두 巳火 정인의 생조를 받고 시간에 己土 비견이 투출하여 인비식의 전문가 코스를 이룬다.

AAT선천적성검사 결과

- **직업유형** : 직장형의 참모기능
- **추천학과** : 회계학과, 경제학과, 행정학과, 경영학과, 세무정보과, 외국어학과
- **성공직업** : 치과의사, 약사, 첨단의료기전문가, 바이오전문가, 치과기공사
- **사회적 욕구** : 자아욕구
- **진로탄력성** : 진로자립

선천지능분포도

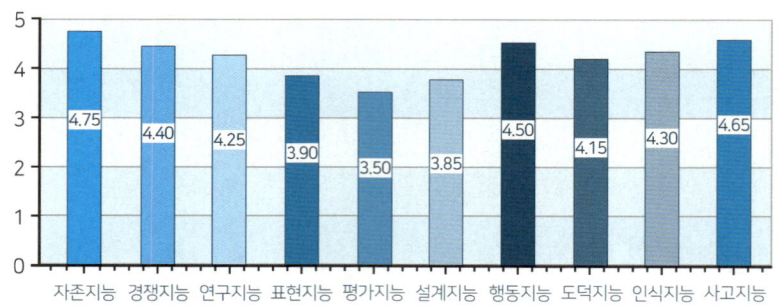

상담일지

위 사주는 약학대로 편입하기 위해 화학과에 진학한다. 대학생활 내내 편입시험에 도전했으나 실패한다. 약은 병이라는 독성을 치료하는 것으로 상관격이나 사주에 상관이 있는 경우 적성과 부합된다. 위 사주에는 상관부재이나 월지가 식신이므로 21세기 생명과학 분야의 약대로 진학하는 것은 타고난 적성과 크게 차이나지 않는다. 단 약대 편입이 그리 쉽지 않다는 것이다. 4번의 도전에 실패했지만 포기하지 않고 약사의 꿈을 이루기 위해 노력 중에 있다.

2) 취업진로상담

(1) 부모님 사업과 취업 고민

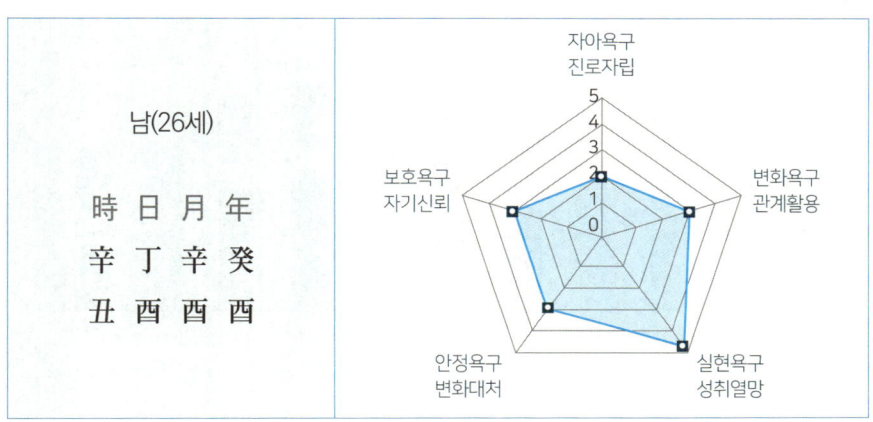

위 사주는 丁火일간이 酉月에 辛金 편재가 투출하였다. 사주 오행의 대부분이 재성 金으로 이루어져 종재격이 되었다. 재성이나 종재격은 수리능력이 우수하며 계산에 집착하는 성향이다. 또한 공간지능이 우수하고 가치평가에 능하여 결과가 목적인 사업수완이 좋은 편이다.

내담자 환경
- 기업취업과 부모님 사업체로 취업 중 선택(부모님 볼링장 운영)
- 부모님의 사업을 물려받고 싶지만 간섭이 많을 것 같아 고민 중

AAT선천적성검사 결과
- 직업유형 : 사업형의 리더기능

- **성공직업** : 유통업경영자, 서비스업경영자, 여행레저업경영자, 투자상담사
- **사회적 욕구** : 실현욕구
- **진로탄력성** : 성취열망

선천지능분포도

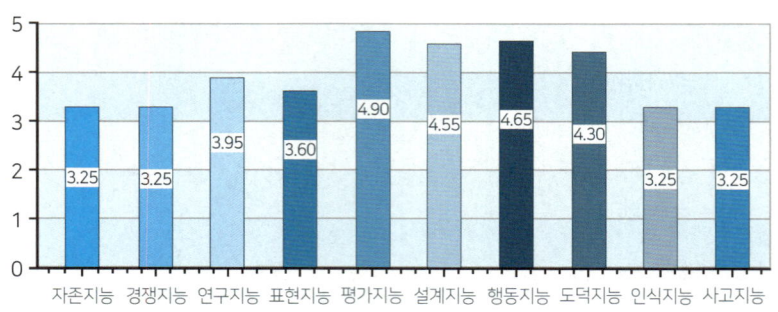

직업선택 위험감수수준 검사 결과			
위험 감수 수준	낮음	보통	높음

상담일지

위 사주는 평가지능이 강점지능이면서 식신생재를 이룬 만큼 사업적 수완이 좋다. 경영도 잘하고 융통성이나 행동지능의 추진력도 겸비하고 있다. 평가지능의 특징은 확장성이다. 따라서 직업 선택 시 위험감수수준이 AAT 결과처럼 매우 높다.

부모님의 사업을 물려받으면 자기 나름대로 더 키우겠지만 노하우가 부족하다. 사업은 마음처럼 쉽지도 않다. 평가지능이 사업가 스타일이라 해도 직업선택 위험감

수수준이 굉장히 높다는 점을 인식해야 한다. 장난처럼 덤비기보다는 시간을 갖고 기본부터 배워야 한다. 타 운영업체의 경영방법도 연구하면서 자신만의 경험을 쌓고 부모님의 노하우까지 물려받는 기회를 가져야 한다.

(2) 전공을 살린 취업과 적성 고민 (남)

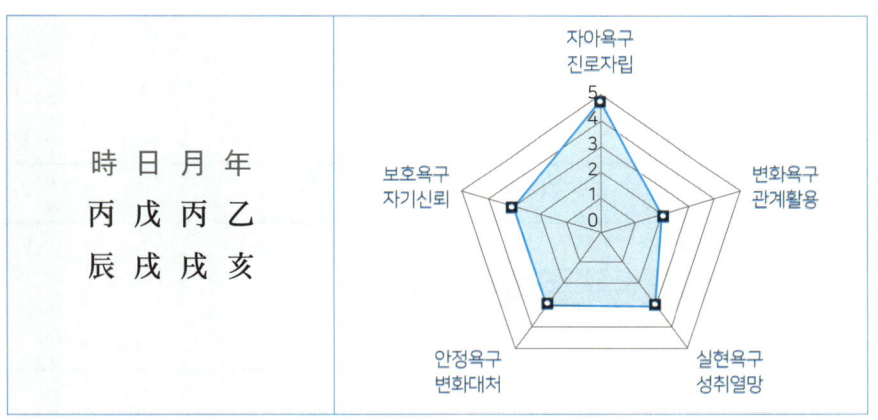

위 사주는 戊土일간이 戌月에 득령하여 신강하다. 천간의 丙火 편인이 연간의 정관 乙木과 관인상생을 이루고 있다. 정관 乙木은 亥水 편재의 生扶를 받고 있어 좋으나 비겁 土가 왕한 사주에 식상 金이 없으니 亥水 편재가 취약하게 된 것이 아쉽다. 역설적으로 본다면 丙火 편인이 왕하기에 金이 투출하지 않은 것은 도식작용이 없게 되어 다행이기도 하다.

내담자 환경

- 대학입학부터 편입을 고민했으나 마음뿐 행동에 옮기지 못함
- 졸업을 미루고 공무원시험에 도전했으나 실패

- 진짜 하고 싶은 일은 영화 쪽이나 연예인 기획 쪽인데 호텔경영과 전공

AAT선천적성검사 결과
- **직업유형** : 직장형의 참모기능
- **성공직업** : 공무원, 교육자, 신문기자, 헬스트레이너, 이벤트진행자, 연예인매니저
- **사회적 욕구** : 자아욕구
- **진로탄력성** : 진로자립

직업선택 위험감수수준 검사 결과		
위험감수수준 낮음	보통	높음

상담일지
위 사주는 자존지능이 가장 발달하여 자기주장이 강하다. 그러나 관인상생의 코스로 주변의 관계의식이 강해 자신의 의사표현을 제대로 하지 못한다. 이 점은 도전의식을 약화시키고 안정감을 추구하도록 하므로 직업선택의 위험수준이 보통으로 안정적이다. 천간은 관인의 구조, 지지는 비겁이 모두 차지했으나 천간으로 투간하지 못한 점과 자존지능의 자존심이 너무 강해 스스로 생각하고 결론까지 내리다 결국 상처를 입는다.

대학졸업을 앞두고 자신의 진로에 대한 확신이 없어 상담을 신청한 사례이다. 자존지능은 진로자립이다. 자신을 믿고 좋아하는 것을 선택해야 후회가 없을 것이다. 전공을 했다고 반드시 직업선택을 전공으로 할 필요는 없다. 아직 도전의 기회는 충

분히 있으므로 희망직종에 대한 사전 자료와 정보를 먼저 취합한 후 가능성을 타진하고 도전하기를 권한다.

100세 인생에서 2~3년 돌아가는 것이 결코 시간 허비는 아니다. 본인이 좋아하고 스스로 행복하다고 느끼는 주체적인 삶을 위해 도전을 두려워하지 않길 바란다.

3. 개별상담

1) 일반인들의 진로직업상담

(1) 한복디자이너에서 무역회사로 취업을 희망 (여)

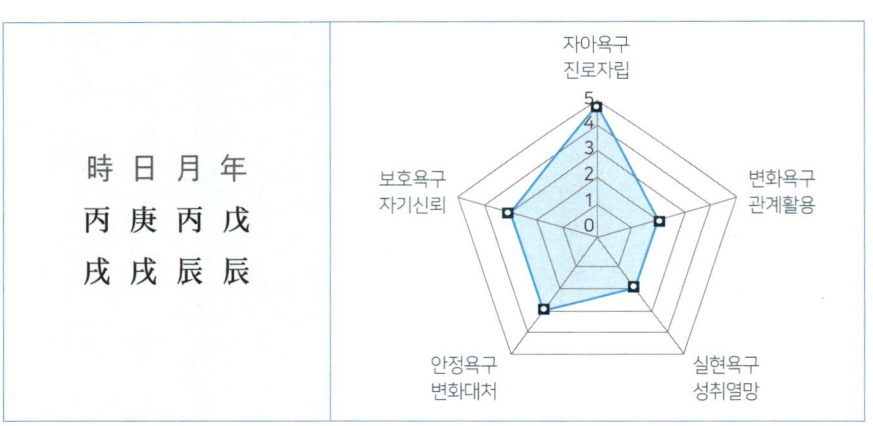

위 사주는 庚金일간이 辰月에 戊土 편인이 투출하였다. 신강한 일간을 丙火 편관으로 중화시킨다고 해도 편중되어 있는 편인의 제화가 요구되고 있다. 편인의 제화가 안되면 흉운에 도식을 면키 어렵기 때문이다. 그러나 운의 길흉과는 상반되게 왕한 편인은 사주의 주인공에게 재능이 될 수 있음을 간과하지 않아야 한다.

내담자 환경

- 디자인과 전공. 한복디자인 근무
- 한복디자인 직업은 주말근무와 야근이 많아 전업을 고민

AAT선천적성검사 결과

- **직업유형** : 직장형의 참모기능
- **성공직업** : 교육자, 공무원, 작가, 외국어강사, 관광가이드, 장신구디자이너
- **사회적 욕구** : 자아욕구
- **진로탄력성** : 진로자립

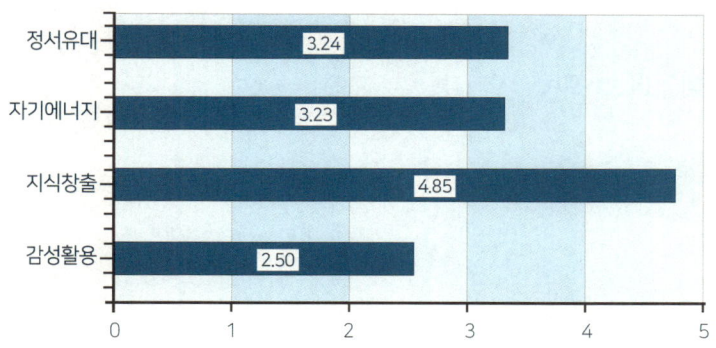

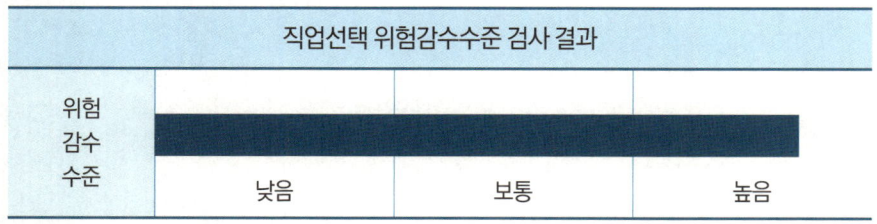

상담일지

위 사주 주인공은 직업전환에 대한 상담을 신청했는데 외국어를 좋아해 통역사로

직업모색을 해도 되겠냐는 질문을 하였다. 편인의 장점은 외국어에도 능통하므로 좋다고 했다. 이미 중국어와 일어 등 다양한 언어 스펙을 갖고 있었기에 이왕이면 본격적으로 공부를 해서 자격증을 갖춘 전문 강사가 되길 권했다. 물론 직업 선택 시 위험수준도 매우 높아 사업은 어려울 수 있으나 외국어학원운영은 교육사업이라 나쁠 것이 없다. 대운이 癸丑 상관과 정인의 운으로 직업변화와 함께 공부를 하면 좋은 결과를 가질 수 있다.

직업 분야는 탁월한 관리능력을 활용, 해외유학을 희망하는 학생들을 위한 학원도 좋다. 물론 학원 강사로 시작해 경험을 쌓고 해야 하기에 인생플랜을 단기와 장기 목표로 나누어 다시 한 번 세우고 2차 상담에 임하기로 했다.

(2) 도예가에서 공방운영 (여)

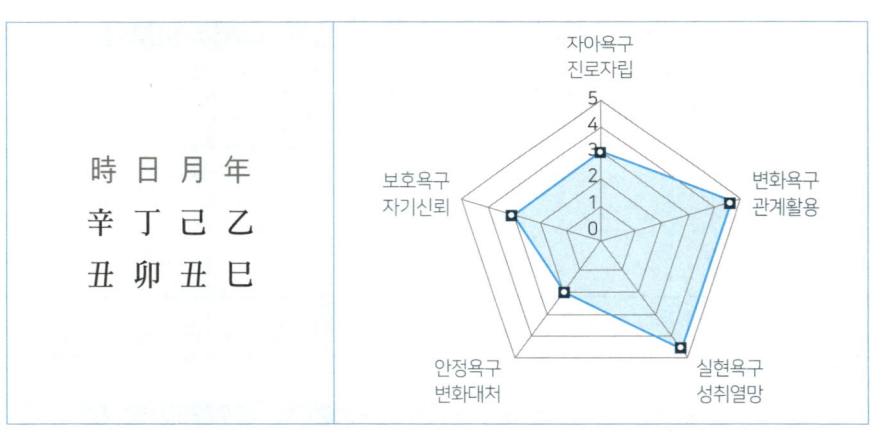

위 사주는 丁火일간이 丑月에 辛金 편재와 己土 식신이 동시에 투출하였다. 兼格으로 식신생재격이 성립된다. 일간이 튼튼해야 식상생재가 잘 되고 공개경쟁에 능력을 보이게 된다. 식신의 목적은 재를 생하는 것으로 식신의 용도가 변경되지 않아 삶이 편하다.

己土식신과 辛金편재는 기술과 공간능력으로 도자기를 만들기 좋다. 일지 卯木편인은 내면의 상관으로 또 다른 독특한 심미와 예술성으로 표현지능을 대체해주는 역할을 한다. 하지만 독특한 공상세계로 감상정신이 깃들어 골동품이나 이미테이션 등에도 취미가 있다.

내담자 환경
- 도예가로 작품 활동
- 공방 오픈으로 경제활동까지 희망

AAT선천적성검사 결과
- 직업유형 : 사업형의 전문기능
- 성공직업 : 연구원, 만화가, 웹디자이너, 표현예술가, 플로리스트
- 사회적 욕구 : 변화욕구/ 실현욕구
- 진로탄력성 : 관계활용/ 성취열망

상담일지
사주 구조에서 예술성을 담당하는 것이 있다면 당연히 표현지능과 인식지능이라 할 수 있다. 甲午대운에 戊戌세운, 정인의 사고지능과 상관운으로 인해 그동안의 사고방식이나 정신적인 면에 변화가 발생, 새로운 도전 의식이 강해진다. 식신으로 형성된 구조에 상관운이 개입함으로써 일간의 설기가 강해져 변화를 원하게 된다.

지금까지는 작품 활동만 해왔는데 도예가의 길을 잠시 접고 공방을 열어 경제적인 혜택을 희망한다. 사주에 인수와 식상이 잘 갖추어진 인비식 구조로 고급기술, 고급

강의가 가능하다. 이에 창작활동을 접는 것이 아니라 오히려 공방을 꾸며 수강생을 받아 가르치면서 꾸준히 작업을 하도록 조언했다.

(3) 미술학원운영 → 필름납품영업 → 카페 운영자로 전환 (남)

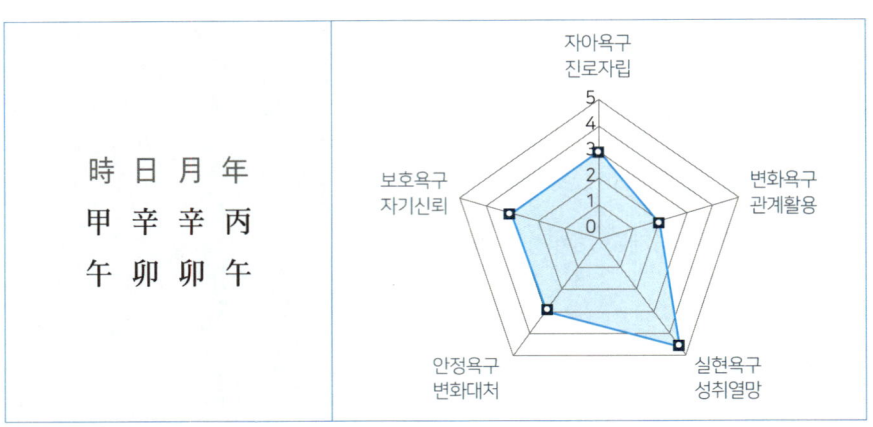

위 사주는 辛金일간이 卯月에 甲木 정재가 투출하였다. 월지가 卯月이라 개인적으로는 편재를 사용하고 사회적으로는 정재를 활용한다. 신약사주이다. 편재가 왕하나 식상이 없어 일, 부하 직원 등이 원활하지 않아 직원을 관리하기에 어려움이 따른다. 즉 재생관의 직업체질이므로 편재를 활용하여 사업을 한다면 그 자체가 힘들고 스트레스가 많다. 직장생활은 나쁘지 않아도 영업 업무가 어렵다.

내담자 환경
- 필름 납품 영업사원
- 미술학원운영자에서 영업직 업무로 현재 지친 상태

AAT선천적성검사 결과

- **직업유형** : 사업형의 리더기능
- **성공직업** : 경영전략전문가, 프렌차이즈경영자, 투자상담사, 물류관리사, 수의사
- **사회적 욕구** : 실현욕구
- **진로탄력성** : 성취열망

선천지능분포도

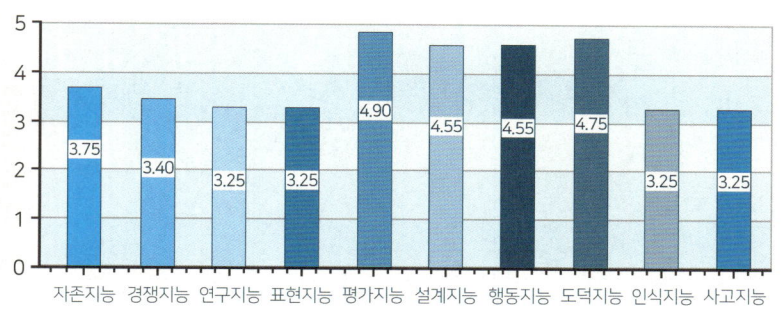

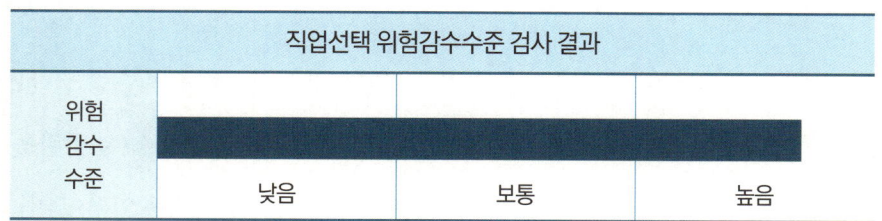

상담일지

위 사주 주인공은 학원을 운영하였으나 경영난으로 학원을 정리하고 현재 필름납품 회사에 다니고 있다. 백화점에 납품하는 영업으로 이직을 고려 중에 있다. 카페 창업을 희망하고 있었다. 카페 창업에 대한 관심이 많았으나 창업을 위해서는 준비할 시간이 필요했다. 일단은 바리스타 자격증을 가진 아들과 함께 개업을 하라고 했다. 서빙이나 외부영업은 아들이, 자신은 빠른 시일 내 바리스타 자격증 취득과 재무관

리를 하는 것으로 결정했다. 철저한 분업을 통해 능률도 올리고 제 2의 직업에 효율적으로 적응준비를 하기로 했다.

(4) 은행원에서 상담사로 직업전환 (여)

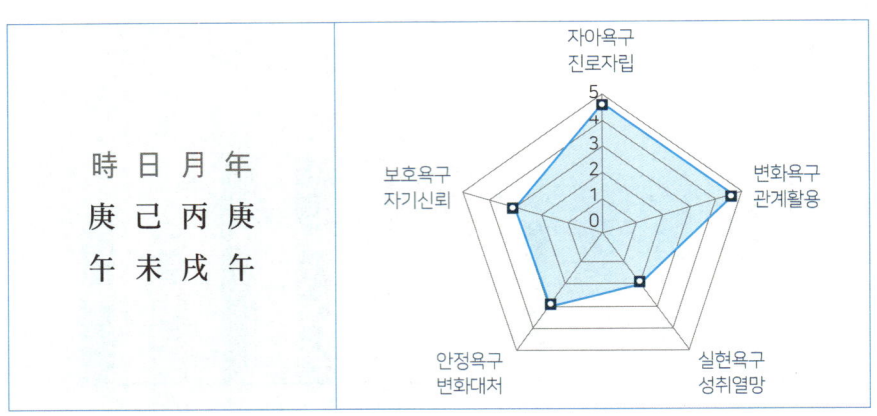

위 사주는 己土일간이 戌月에 득령하였다. 연월지의 午戌火局을 이룬 중 월간으로 丙火 정인이 투출하였다. 인수가 태왕한 신강사주로 연간과 시간의 庚金 상관을 용신으로 일간을 설기해야한다. 결과적으로 상관을 쓰는 인비식 구조를 이루어 머리가 좋고 비범한 구조다.

내담자 환경

- 은행원으로 직장인
- 늘 똑같은 은행 업무에 지쳐 직업전환 희망

AAT선천적성검사 결과

- **직업유형** : 자유형의 전문스타일
- **성공직업** : 교육자, 아나운서, 작가, 임상심리사, 통역사, 방송기자, 종교인
- **사회적 욕구** : 자아욕구/변화욕구
- **진로탄력성** : 진로자립/관계활용

선천지능분포도

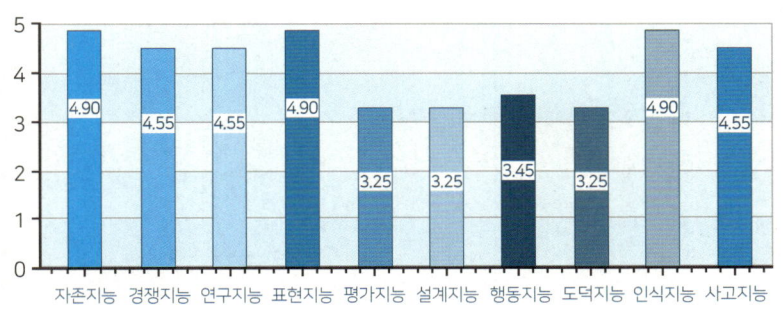

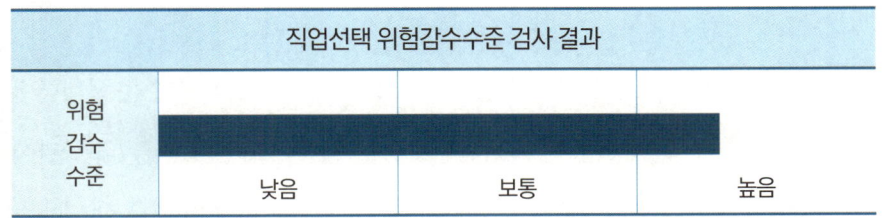

상담일지

위 사주 주인공은 은행원으로서 힘든 업무를 진행할 때마다 적성에 맞지 않는다는 생각으로 직업전환을 꿈꾸었고 새로운 직업을 검색하다 상담사로서의 업무와 자유로운 근무 등에 마음이 끌려 명리공부와 함께 상담사 공부를 시작하게 되었다.

처음 은행원으로서의 안정된 삶을 포기하는 것에 대해 고민을 했지만 2년 동안의 직장생활이 행복하지 않았고 적성에 맞지 않다는 결론에 도달했기에 결정이 가능했

다. 상담사 자격증을 취득하면서 욕심이 생겨났고 목표는 대학원에 진학해서 진로상담전문가로 성공적인 직업전환을 하는 것이다.

(5) fc영업사원에서 창업 (여)

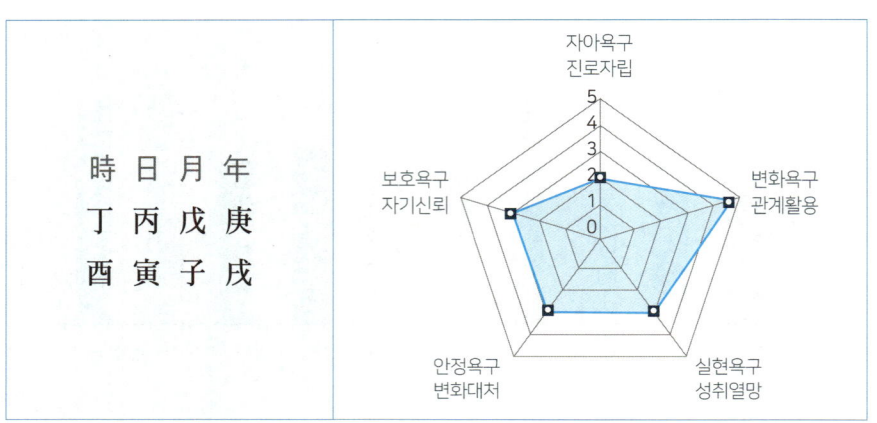

위 사주는 丙火일간이 子月생으로 정관격이다. 정관격은 먼저 인수를 선택해 관인상생을 하고자 한다. 일지 寅木 편인과 관인상생을 형성하고 있다. 사주 내 상관이 없고 식신이 있어 관이 보호되어 구조가 좋다. in-put 과 out-put 이 매우 잘 되는 인비식구조로 프리랜서 강사나 교육 등의 활동을 선호한다. 식재가 잘 이루어지면 관성 역시 좋아 브랜드가치가 높고 경쟁력도 높다.

내담자 환경
- fc로 보험영업직원
- 보험회사설립, 보험영업직원상대로 한 강사 및 CEO

AAT선천적성검사 결과

- **직업유형** : 사업형의 리더기능
- **성공직업** : 공무원, 교육자, 연구원, 사회복지사, 하이브리드전문가, U-city전문가
- **사회적 욕구** : 변화욕구
- **진로탄력성** : 관계활용

상담일지

위 사주 주인공을 처음 상담했을 때는 일반보험영업사원이었다. 늘 영업업무에 만족하지 못하다가 본인의 적성검사 이후 스스로를 더 잘 컨트롤하게 된 사례자이다.

정관격에 인비식 구조라 전문지식을 갖추고 강의하는 업무에 적합하다. 다행히도 영업 분야가 아닌 기업이나 보험사 직원 대상의 강의섭외가 많아 영업보다 강의에 더 많은 시간을 보내고 있다. 적성에 맞으니 지방이라도 멀다 하지 않고 열심히 다니고 있다. 현재, 설립한 회사는 자리를 잡아 안정적이며 전국 보험회사 직원을 대상으로 강의를 다니느라 매우 분주하다.

2) 은퇴자들의 진로직업상담

(1) 유치원교사에서 간호조무사로 전환 (여)

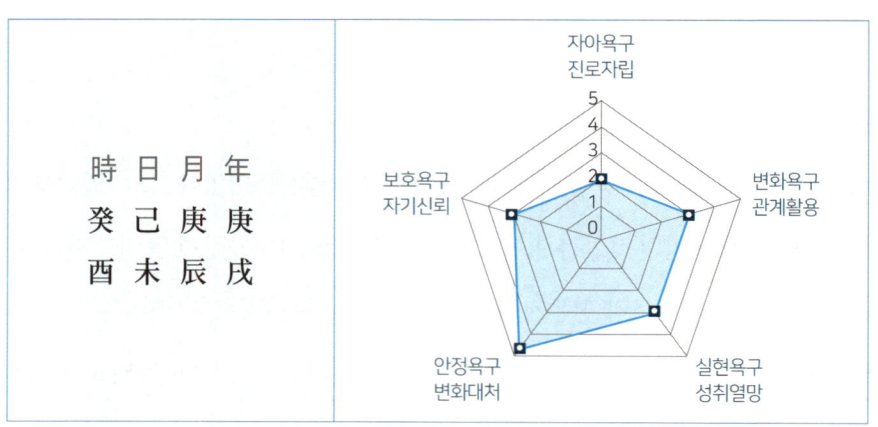

위 사주는 己土일간이 辰月에 득령하였다. 또한 연지 戌土, 일지 未土에 통근하여 비겁의 세력이 왕하다. 그러나 연월간의 庚金 상관이 비겁의 기를 유출하여 시간의 癸水 편재를 생하게 되어 상관생재를 이루었다. 비겁이 강한 경우는 싫던 좋던 식상을 생해 일간의 뜻을 펼치기 유리하다. 사회적 욕망도 강하고 자기 주체성도 강하지만 관과 인수가 없어 안정된 직장에 대한 콤플렉스가 있다.

AAT선천적성검사 결과

- **직업유형** : 직장형의 리더기능
- **성공직업** : 공무원, 법관, 교육자, 직업상담사, 연구원, 은행원, 동물사육사 등
- **사회적 욕구** : 안정욕구
- **진로탄력성** : 변화대처

상담일지

위 사주 주인공은 전직이 유치원 교사로 근무했었다. 아이들을 예뻐하므로 근무에는 별 문제가 없었으나 유난히 다치는 아이들이 많아 힘들었다. 또한 근무연수가 늘어나면서 임금문제와 유치원 교사로 근무하기엔 나이가 문제가 되었다.

정년까지는 기간이 한참 있었지만 앞으로 경제활동을 더 해야 하므로 명퇴를 하고 직업 전환을 시도했다. 병원 근무는 아이들 교육처럼 젊은 교사들만 채용하는 시스템이 아니라 계약직이라 해도 장기근무가 가능하다는 판단을 하고 도전했던 것이다. 착실하게 간호조무사 자격시험을 준비하였고 자격증 취득과 함께 병원에 취업이 되었다.

(2) 은행원에서 약초건조상으로 전환 (남)

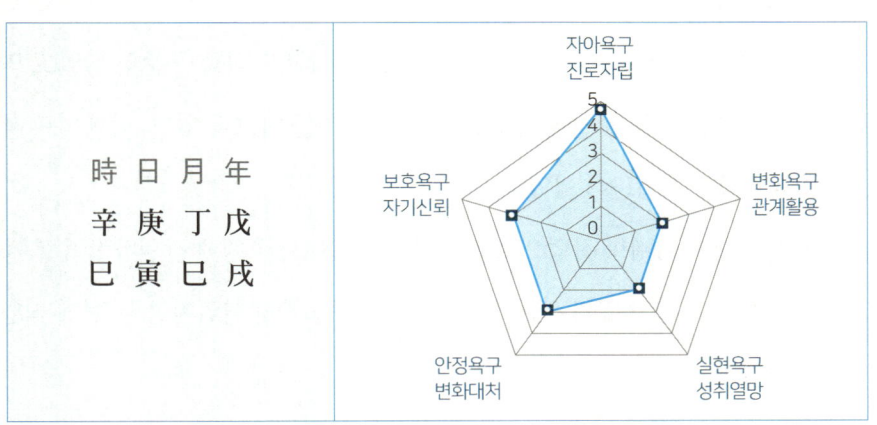

위 사주는 庚金일간이 巳月에 丁火 정관이 투출하였다. 戊土 편인과 관인상생을 이룬다. 관인상생은 직장형으로 조직에 소속되거나 시스템을 활용하는 직업이나 직무에서 능력을 찾아갈 수 있다.

그러나 사업을 희망한다면 일지의 寅木 편재 성향과 무식상의 콤플렉스라는 측면과 또한 계속되는 재성운의 영향으로 볼 수 있다. 이럴 경우 직업관과 진로의 부조화를 겪는다.

AAT선천적성검사 결과
- 직업유형 : 직장형의 참모기능
- 성공직업 : 의사, 연구원, 경영전략전문가, 무역전문가, 투자상담사, 향기치료사 등
- 사회적 욕구 : 자아욕구
- 진로탄력성 : 진로자립

상담일지

일반적으로 은행원이면 안정적이고 노후도 보장이 될 수 있는데 위 사주 주인공은 평소에 개인사업에 대한 욕심이 있어 제 2직업을 늘 생각했고 자격증을 준비하고 있었다. 취미가 등산이라 평소에 등산하면서 약초에 대한 지식을 꾸준히 쌓았고 약초상이나 한약재료를 다루는 일에 관심을 가지고 공부를 하고 있었다. 다행히도 추천 성공직업에 유사한 직업군이 있었다.

사회적 분위기가 기계화 작업으로 전환되는 시점에서 은행에 감원바람이 불어 얼마전 조기 명퇴를 권고 받았다. 생각보다 빨리 퇴사를 하게 되었지만 두 번째 직업으로 전환할 마음의 준비는 이미 되어 있다.

(3) 고급기술자에서 편의점운영자로 전환 (남)

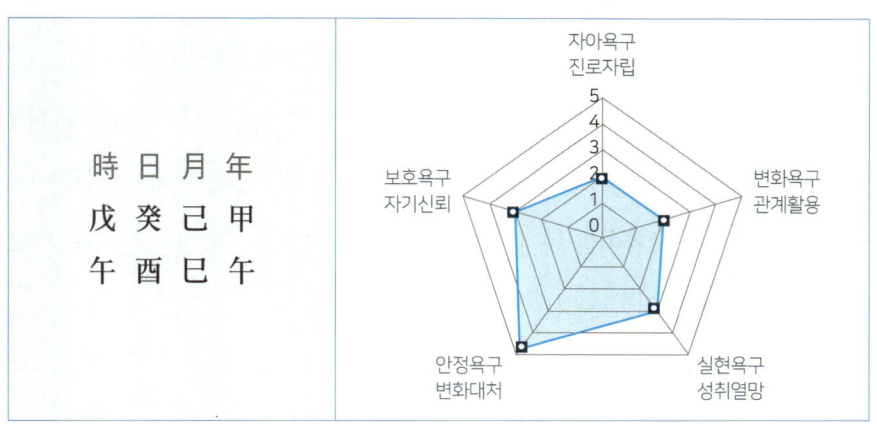

위 사주는 癸水일간이 巳月에 戊土 정관이 투출 하였다. 일지 酉金 인수를 용신하여야 한다. 편인을 좌하에 둔 癸水 일간은 甲木 상관이 己土 편관을 合去 하니 戊土 정관을 사용하는 관인상생의 구조를 얻게 되었다. 다만 왕한 火재성은 관을 생할 수 있으나 인수 金을 압박하므로 癸水일간은 火재성을 다스릴 비겁이 없다는 것이 안타깝다.

AAT선천적성검사 결과

- **직업유형** : 직장형의 리더기능
- **추천직업** : 공무원, 연구원, 관세사, 마케팅전문가, 기계공학자, 토목공학자
- **사회적 욕구** : 안정욕구
- **진로탄력성** : 변화대처

상담일지

위 사주 주인공은 직장생활에 큰 무리가 없었으나 정년을 3년 남긴 상황에서 지방

으로 근무지가 변경되었다. 고민을 하다 명퇴를 하고 퇴직금 일부로 편의점을 오픈한 상태였다.

공기업 전문기술자로 근무할 때는 일은 힘들어도 경제적 부담은 없었으나 편의점은 몸이 고달프고 수입이 일정치 않아 다시 전업을 할지 고민중이었다.

정관격은 사업형이 아니지만 정찰제 사업에는 큰 무리가 없다. 편의점도 과부하 상태라 운영에 어려움이 없는 것은 아니다. 그러나 직업전환을 이미 한 상황이고 편의점도 기반을 잡은 상황이라 큰 욕심만 부리지 않는다면 생활에는 큰 무리가 없는 상황임을 감안하여 편의점 운영을 지속하기로 했다.

4. 집단상담(group therapy)

1) 집단 진로상담의 필요성

사회가 발달되고 복잡해질수록 사회 구성원인 인간은 치열한 경쟁 속으로 던져지고 정신적으로 많은 스트레스를 받는다. 어떤 형태로든 전문가를 통해 스트레스를 해결하고자 하는 행위를 하게 된다. 이러한 절실함이 여러 종류와 다양한 형태의 상담을 양산하고 있다.

개인상담이나 집단상담은 외국영화에는 흔히 등장하는 모습을 볼 수 있다. 상담을 통해 정신적인 문제이든 환경적인 어려움이든 함께 해결하려고 하는 모습을 보여준다. 그중 진로와 관련된 경우는 주로 교육학이나 심리학 분야에서 '진로 탐색', '발표력 향상을 위한 집단', '생애진로 디자인' 등등 다양한 주제를 바탕으로 상담이 이루어지고 있다. 전 세계의 국가들이 청소년 진로는 물론이요 나아가 성인들의 인생 플랜에 대해 많은 노력을 기울이고 있는 실정이며 우리나라도 예외는 아니어서 초·중·고에서 진로상담에 많은 비중을 두기 시작했다.

이처럼 명리학이 아닌 분야에서는 각종 설문지나 다양한 도구를 통해 집단상담을 하며 발전해왔으나 명리학에서는 개인 위주의 상담이 이루어질 뿐 집단 상담을 제대로 활용하는 바가 거의 없다시피 하였는데 그 원인부터 살펴보자.

일단 과거에 명리학은 음지의 학문이었다. 혼자서 조용히 다른 이들의 눈에 띄지 않게 상담을 하면서도 대외적으로는 명리학을 무시하고 경시하는 태도를 취하는 것이 좀 더 그럴싸하게 보이고 자신을 치켜세우는 마냥 행동했다. 물론 이것은 그들만의 잘못이라 할 수 없다. 그렇게 사회적인 풍토로 만든 원인제공자는 명리학에 종사하는 이들이기 때문이다. 합리성이 배제되고 규칙과 원칙, 과학적이지 못하다는 인식요인이 가장 큰 원인으로 그렇게 오랫동안 음지의 학문이라는 오명 속에서 숨죽여 지내온 것이다.

이제는 달라져야 한다. 그리고 달라지고 있다. 음지의 학문이 아니라 대학교와 대학원에서 많은 석·박사들이 연구를 하고 논문을 발표하며 명리학의 체질개선을 시도하고 있다. 개인 위주의 상담만이 가능하고 은밀하게 진행되었던 상담에서 초·중·고등학교의 진로캠프나 대학교, 기업, 공공기관에서의 명리진로의 집단 상담이 가능해질 수 있는 프로그램이 개발되었고 현장에서 운영되고 있다.

그 현장을 소개하면서 앞으로 명리학의 진로상담 프로그램의 활용과 가능성을 전하고자 한다.

2) 초등부 명리 진로캠프

초등학교에서 전교생 대상, 선천적성검사 AAT 프로그램을 활용한 진로캠프가 진행되었다. 3일 동안 이루어진 진로캠프의 목적은 학생들 개개인이 자신의 타고난 재능이 무엇인지, 그 재능들이 사회에 진출했을 때 갖는 직업군과 역할을 이해하도록 하면서 동시에 자신의 적성을 살리면서 앞으로 노력할 부분 등 진로정보를 전달, 활용하도록 하는 것이다.

진로캠프 대상이 초등학생인 점을 감안하여 흥미를 지속시킬 수 있는 주제와 프로그램으로 구성하였고 그 효과를 이끌어 내는 데 주안을 두었다. 자기 소개코너를 통해 꿈에 대한 발표의 기회를 부여하였고 동영상을 통한 시각적 교육과 다양한 게임으로 학생들의 눈높이에 맞춘 커리큘럼을 구성하였다.

또한 사전에 담당교사로부터 학생들의 생년월일시 자료를 받아 AAT 프로그램을 사용하여 개인별 검사자료를 준비하였다. 이와 같이 선천지능을 활용하는 프로그램으로 기획, 타고난 적성에 대한 정보제공이 진로캠프에 참여한 모든 학생들에게 온전히 전해질 수 있도록 준비과정을 거쳤다. 물론 캠프가 진행되는 동안에는 프로그램에 참여하는 학생들을 관찰, 개인별 적성 분석에 있어 정확도를 높이기 위해 최선을 다했다.

<각 지능별 그룹의 활동>

앞서 밝힌 바와 같이 진로캠프가 진행되는 동안 참가자 전원을 자존·경쟁지능, 연구·표현지능, 평가·설계지능, 행동·도덕지능, 인식·사고지능의 5개의 지능그룹으로 분류, 준비된 진로활동프로그램을 실시하였다.

10가지 타고난 선천지능을 활용하는 프로그램진행에서 지능이 발휘되는 모습을 관찰하였으며 그 결과는 각 학생들의 타고난 선천지능은 심리에 영향을 미치고 행동으로 표출됨으로서 서로 연관이 있다는 것이다.

좀 더 자세히 살펴보면 다음과 같다.

<기억력 Recal 게임을 통한 상관성 검증>

구분	상관계수	F-검증	P-Value	표준오차
인식사고 지능대비 선천지능비교	0.5003	0.0001	0.0045*	1.2482

* P < 0.01

인식·사고 지능과의 상관성을 살펴본 바, 기록하고 저장하며 역사를 만들어가는 발판이 되어주고, 단어, 숫자, 그림 등으로 기록하고 전통을 이어가는 인식·사고지능은 순간 암기와 기억력이 매우 탁월한 지능임을 입증해 주었다. 또한 기억한 내용을 빠른 시간 내에 순서대로 정렬시킬 수 있는 재성의 역할과 다른 학생들보다 결과를 빨리 발표하고자 신속한 행동을 보여주는 경쟁지능의 장점도 확인할 수 있었다.

<게임을 통한 자존감 테스트>

구분	승	패	무승부	합계
자존 경쟁그룹	7	2	3	12
연구 표현그룹	4	2	1	7
평가 설계그룹	6	7		13
행동 도덕그룹	4	7		11
인식 사고그룹	5	4	1	10

자존·경쟁지능이 강한 학생들은 적극적으로 게임에 참여, 이기기 위해 최선을 다해 경기를 하였다. 자존감 테스트에서는 도전적이며 호전적인 경쟁지능보다 자존지능 학생들이 쉽게 포기하지 않는 의외의 결과가 나왔다. 경기에 진다는 것은 자존감을 떨어뜨리는 결과를 가져와 이런 결과를 가져온 것이며 결국 다른 지능 학생들보다 무승부의 결과가 높게 나타났다. 상대적으로 도덕지능과 인식, 사고지능이 강점인 학생은 도전 그 자체를 망설이거나 맨 마지막 순서에 겨우 도전, 매우 소극적인 모습을 보였다. 프로그램 참여도 역시 이와 유사한 모습을 보여주었다.

이처럼 각 지능들은 그 특징이 남달랐으며 성격이나 심리, 행동, 정서면에서도 많은 영향을 미치고 있음을 확인할 수 있었다.

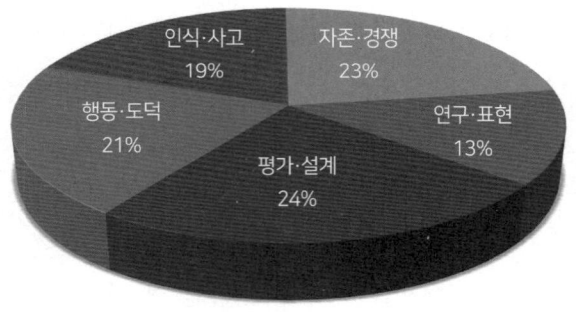

< 참여 학생들의 인구학적 통계 >

진로활동프로그램에서 보여주는 행동특성, 기질과 사회성, 활동만족도 등과 비교, 분석한 결과, 선천지능은 진로캠프의 효과에 영향을 미치고 있으며, 초등학생들의 진로캠프활동을 통해 정보를 제공하는 것이 매우 유용하다는 점을 도출하였다.

초등학생들의 진로활동 특성 중 표면으로 드러나는 활동수행행위는 강한 십성에 따라 자존·경쟁지능 그룹, 행동·도덕지능 그룹, 평가·설계지능 그룹의 순으로 빠른 스피드와 협동심을 보여주었다. 자존·경쟁지능 그룹은 경쟁심도 강하지만 협동하고 함께 하는 즐거움을 아는 지능으로 목표를 설정하고 문제를 해결하는 면에서는 단연 돋보였다. 진로직업선택 역시 독립적인 특성을 나타내면서 미래 직업으로 사업가나 기자, 의사 등의 직업카드 선호도가 높았으며 선천지능이 진로캠프에 영향을 미침이 확인되었다.

선천지능의 기질과 특성상 틀에 메이지 않는 자유로운 성정의 연구·표현지능은 자신이 흥미를 느끼는 것에 심취하며, 보고자 하는 것만 보고 갖고자 하는 것을 쟁취하려는 행동을 표출하였다. 단체 활동보다 개인적 성향이 강해 프로그램진행에서도 독자적 행동을 보이는 등 지능과 행동심리의 상관관계에 영향을 미침을 확인할 수 있었다.

행동·도덕지능의 학생들은 압도적으로 직업군선호도에서 경찰 희망이 높았으며. 이 그룹은 특히 강한 서열본능 특성을 보여주었다. 학생들이 자발적으로 그룹을 이끌 대표를 한 명 선출하고 그의 지시에 따라 일사분란하게 행동, 프로그램을 진행하는 등 지능의 본능에 매우 충실한 행동과 역할수행력을 보여주었다.

진로캠프실시 결과 명리진로캠프의 가능성을 확인할 수 있어 그 의미가 남달랐다.

올바른 진로지도는 나이가 어린 초등학생들에게 성공가능직업을 알려주고 진로정보만 전달하는 것은 아니다. 진로캠프를 통하여 진로적성뿐만 아니라 자기주도적인 진로결정을 할 수 있도록 효능감도 상승시켜 자신이 가진 역량을 충분히 발휘하도록 한다. 차후 사회에 진출, 올바른 직업 활동을 통하여 성공하는 사회인으로 성장할 수 있도록 밑거름이 되어줘야 하는 책임을 함께 가지고 적극적인 활동이 이어져야 한다. 명리진로상담을 활용한 집단캠프가 일회성에 그치지 않고 분기별, 회기별 그 차수도 증가되어야 하고 각 대상자에 적합한 프로그램도 더 많이 개발함으로써 다양성도 갖추어 나가야 하는 과제를 남겨주었다.

3) 대학생 직업심리검사

< 가천대학교 AAT상담 >

초·중·고와 달리 이미 '대학진학'이라는 관문을 통과하여 대학에 입성한 학생들을 대상으로 한 집단 상담은 우리의 교육현장의 문제점을 그대로 드러내고 있었다. 전공이나 학과와 상관없이 무작위로 진로와 관련된 상담이 이루어졌는데 과를 불문하고 자신이 선택한 전공에 대한 만족도가 매우 낮음은 생각보다 심각했다. 그중에는 기성세대들이 그처럼 보내고 싶어 하던 법대에 입학하고도 도저히 흥미를 느끼지 못해 전과한 학생, 성적과 상관없는 진학으로 인해 이미 대학생활에 대한 환상이 깨어지고 방황하고 있는 학생, 전공과 상관없는 교양과목에서 자신의 적성을 발견, 편입을 준비하고 있는 등등 정말 다양한 형태를 보여주었다.

'입시지옥'이라는 힘든 시기를 보내고 진입한 찬란한 대학생활은 만족스럽지도 행복하지도 않아 또다시 자신들의 귀한 시간과 노력을 쏟아 자신만의 적성을 찾고자 상담에 임하는 대학생들은 절실함이 있었다.

적성과 일치한 전공에 진학한 학생들은 안도하며 돌아갔지만 타고난 적성과 선택한 학과가 다르다는 상담결과에는 이미 그럴 줄 알았다는 반응이었다. 자신들이 선택한 전공이 타고난 적성과 무관하다는 것을 알고 있었고 그래서 놀랍지도 않다는 반응은 상담 내내 불편한 감정을 갖게 하였다.

< 경기대학교 취업지원 AAT상담 >

현재 대학생들이 진로실패를 겪고 있음을 인식하고 이제는 이러한 진로의 병폐를 줄여나가는 노력이 있어야 한다. 제대로 된 적성상담을 통해 가장 원하면서 잘할 수 있는 전공 선택의 기회가 주어졌으면 한다.

* 상담 당시 '전과희망' 상담 참여사례자

時 日 月 年 癸 辛 甲 癸 巳 未 子 酉	時 日 月 年 辛 丁 辛 癸 丑 酉 酉 酉	時 日 月 年 癸 癸 甲 庚 亥 酉 申 午	時 日 月 年 庚 辛 丁 甲 寅 丑 丑 戌
남-3학년 재학 중 전공 : 기계공학 전과희망:인테리어	남-재수로 입학 전공 : 법학 전과희망 : 공무원	남-군복무후 복학 전공 : 경영학 전과희망 : 한의사	여-성적으로 결정 전공 : 디자인 전과희망 : 교직

4) 경력단절여성 명리 집단상담

위 사진은 2016년 수원 '팔달새일찾기' 집단상담 현장 사진이다. 경력단절 여성들의 호응도가 생각보다 높아 지원자가 예상 인원의 배 이상 되었고, 결국 조기접수 마감을 하고 상담을 시작했다. 이런 결과를 초래한 것은 기획자의 예상이 빗나간 것도 있겠지만 그만큼 경력단절 여성들이 많고 일자리가 절실함을 보여주는 것이다.

경력단절이란 대부분의 여성들이 결혼과 출산문제로 인해 자의반 타의반 발생하는 일이다. 우리나라의 현실에서 여성들이 완전한 사회적 활동을 하기엔 아직은 환경조성이 열악하다는 점을 가시적으로 보여주는 점이기도 하다. 결혼 후 자녀 출산은 부부의 공동 문제임에도 여성들에게 책임이 전가되는 경우가 많고 여성들조차 자신들이 육아를 당연시하기에 발생한 일이다. 결혼 전 사회적 활동이 왕성했다 하더라도 자녀출산은 그녀들의 발목을 잡고 놓아주지 않는다. 결론적으로 결혼과 출산은 사회단절을 초래하였고, 사회재입성은 그동안의 공백기가 여성들에게 자신감저하와 현실적 괴리감을 안겨주기에 이에 대한 준비와 시간이 필요하다.

먼저 자신의 현 상황을 받아들이면서 자신이 할 수 있는 일이 무엇인가 알아보는 것이다. 어떤 직업유형과 체질, 업무 수행능력 등이 자신에게 내재되어 있는지 확인한 후 접근할 때 실수나 실패를 줄일 수 있으며 안전한 방법이다.

현장에서 사전정보동의서를 작성, 자신들의 생년월일시를 공개한 이들은 자신들이 처한 상황과 함께 희망직종이나 일을 적었다. 이를 토대로 AAT선천적성검사를 통한 결과지를 바탕으로 상담을 실시, 적합한 직종과 업무정보를 제공해주었다.

53세 時 日 月 年 甲 甲 己 丙 戌 申 亥 午	집단상담 시 51세 전직 : 어린이집 보육교사로 근무 경력단절 기간 : 4년 인비식구조 - 사업형 　　　교육계 경험활용, 학습지교사, 서점, 　　　아이돌보미, 산모돌보미 희망
53세 時 日 月 年 庚 甲 丙 丙 午 辰 申 午	집단상담 시 51세 전직 : 식당운영10년 　　　정수기 영업사원으로 8개월 근무 경력단절 기간 : 1년 식신제살격 - 사업형 　　　정수기 영업을 경험삼아 대리점운영희망
52세 時 日 月 年 己 戊 丁 丁 未 寅 未 未	집단상담 시 50세 전직 : 유아용품매장에서 근무 경력단절 기간 : 7년 관인상생 - 직장형 　　　방문간호조무사, 요양보호사, 가사돌보미 　　　청소년지도사, 설문조사원등 희망

안타깝게도 상담에 임한 여성들 대부분이 자존감 저하와 사회재진입에 대한 두려움으로 '가사도우미'나 '아이돌보미' 같은 그 동안의 육아경험을 활용하는 직업으로 한정되는 듯한 모습을 보여 이 점은 안타깝고 개선해주어야 할 필요성을 주는 상담이었다.

5) 경력단절여성 사후상담

'여성 새로 일하기 센터'는 현재 경력단절여성들의 인력개발 및 취업지원 업무를 원활하게 수행하기 위해 여성가족부와 고용노동부주관으로 추진되는 과정에 있다. 여기에 선천적성검사 프로그램을 활용한 강의와 집단상담이 이루어졌다.

집단상담의 특성상 참여자의 수를 제한할 수밖에 없었고 조금이나마 개인에게 할애되는 상담시간을 확보하기 위해 철저하게 사전 신청을 받아 진행하기로 하였다.

AAT적성검사 중 집단상담용 검사지를 사전에 준비하고 적성검사의 중요성과 자신들의 직업유형, 직업체질 등의 이해를 돕는 강의가 먼저 진행되었다.

　누구나 한 가지 정도는 잘하는 것이 있고 그 잘하는 것을 좋아하고 즐길 수 있다면 가장 좋은 적성이 된다. 늦었다고 시작도 하기 전에 포기하거나 시작하고서도 끝까지 갈 자신이 없다 생각할 필요는 없다. 이미 자신들에게는 새로운 일이 필요하다는 절실함이 있으며 미룰 이유가 없다.

　집단상담에 참여한 여성들은 자신들의 직업유형과 직업체질이 어디에 속하는지, 어떠한 업무를 할 때 능력발휘를 잘하는지, 앞으로 직업 선택에 있어 참고해야 할 추천 성공 직업군까지 정보를 제공받았다.

강의 후 개별상담

강의를 마친 후 개인상담으로 들어갔다. 참여자를 나누어 최대한 짧은 시간에 효과적인 상담을 진행했는데 이들은 이미 직업전환으로 인해 불안하고 오랜 경력단절로 자존감이 많이 낮아져 있었다. 이들에게는 직업추천도 중요하지만 자존감회복이 더 우선되어야 했다.

대상 : 일자리 찾기 여성지원자 / 집단상담 참여자 신청 : 35명

42세	56세	29세	43세
時 日 月 年 乙 戊 戊 丁 卯 申 申 巳	時 日 月 年 乙 甲 甲 癸 丑 午 子 卯	時 日 月 年 癸 癸 甲 庚 亥 酉 申 午	時 日 月 年 己 庚 辛 丙 卯 辰 卯 辰
유치원교사 ↓ 교사자격증활용 임용고시준비 학교근무희망	건설현장 식당운영 ↓ 요양보호사나 산후도우미자격증 중 선택 고민	사무직 ↓ 컴퓨터관련 등 자격증 없음	생산직(전자제품) ↓ 간호조무사 시험 준비 시작
경력단절기간 12년	경력단절기간 4년	경력단절기간 3년	경력단절기간 3년

6) AAT적성검사 현장

< 미래직업박람회 AAT상담 현장 >

< 경기도 장학관 학생대상 >

< 독서아카데미 캠프에서의 AAT 특강 >

< 한국산업안전보건공단 은퇴설계 상담 >

< 경기대학교 서울교사 AAT상담 >

< 서울오류초등학교 학부모대상 >   < 부산교육청주최 초·중·고 학부모대상 >

 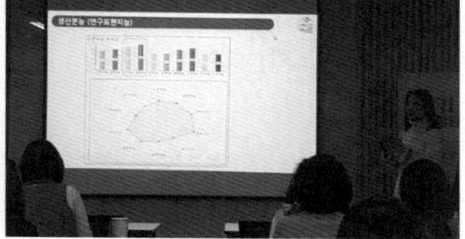

< 고용노동부 직원대상 AAT 특강 >

 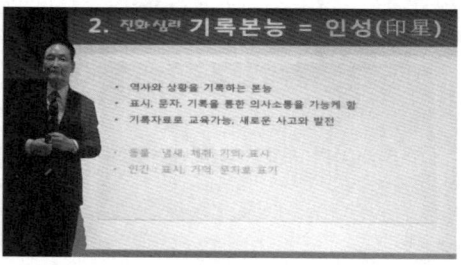

< NH한국 토지주택공사 '명리와 타고난재능' 특강 >   < 원광디지털대학교 '명리의 본능적성' 특강 >

이와 같이 사주명리로 개발된 AAT선천적성검사는 개인이 타고나는 고유의 선천적 코드를 찾는다는 의미에서 매우 고무적으로 활용되어가고 있다. 특히 성격적성검사가 설문지검사에 의존하는 현실에서 인지능력이 취약한 대상일수록 선천적성검

사는 장점이 많으므로 영유아 및 초등학생에게는 많은 도움이 될 수 있다. 이러한 선천적성검사는 현재 초등학교부터 대학생은 물론 갈등을 겪는 직장인, 은퇴자의 진로 문제까지 개인상담에서 집단상담까지 실시되고 있으며 점점 증가추세인 것은 고정관념을 탈피하고 새로운 대안을 찾는 좋은 사례로서 바람직한 현상이다.

또한 타고난 선천적성의 발견이라는 알고리즘에 기인한 다양한 특강을 실시하여 아이를 키우는 학부모나 일반인들의 인식전환으로 편협한 진로과정의 변화를 확대할 수 있다. 이는 개인의 행복한 진로는 물론 국가의 실업률에도 영향을 미칠 것으로 기대한다.

그리고 교육현장에 종사하는 교사들 스스로 AAT선천적성검사의 활용도에 대하여 인정하고 있으며 콜라보레이션을 통한 효율적인 교육현장의 활용 방법을 강구하고 있기도 하다.

미래사회는 폭넓은 직업군이 형성되어 개인의 재능이 매우 중요한 시대다. 개인의 재능을 찾아가는 과정에서 이와 같이 사주명리학은 매우 중요한 역할을 할 수 있다.

PART **12**

명리진로
사례탐구

1. 명리진로사례 비교탐구

2. 개인진로사례탐구

1. 명리진로사례 비교탐구

1) 사업가의 진로 사례

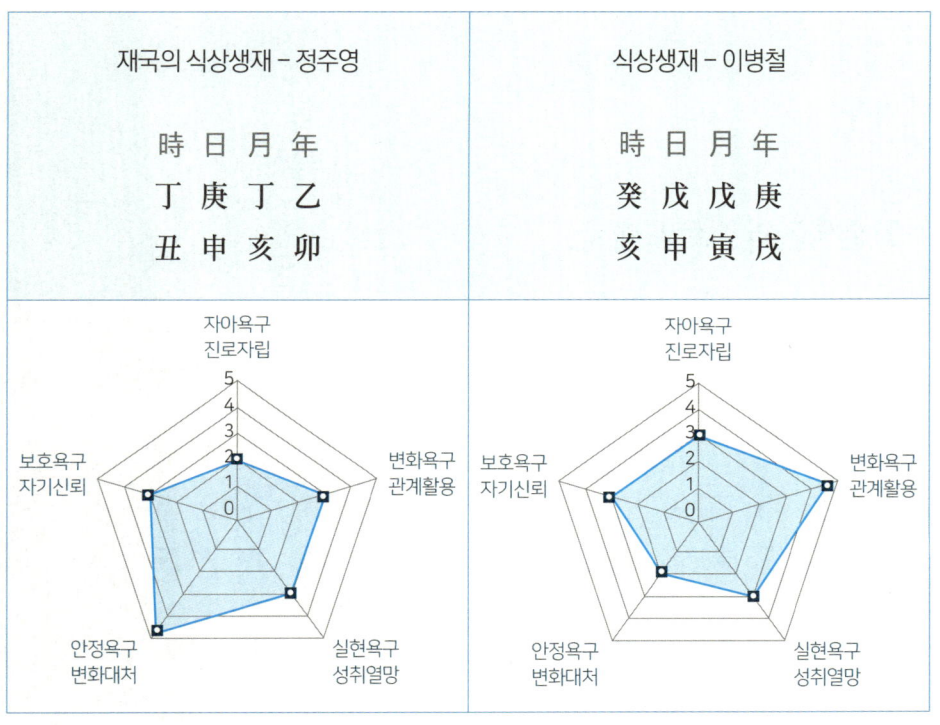

◆ 정주영 : 亥卯未로 재국(財局)을 형성한 식신생재코스를 이루었다. 월지 식신격은 관계활용으로 친화성, 개방성, 외향성이 우수해 타인과의 관계가 좋다. 이를 리더십으로 활용하는 특징이 있다. 천간의 관성이 재생관으로 뚜렷해 변별력, 판단력, 신속정확한 결정력을 보여준다.

◆ 이병철 : 월지 편관이다. 그러나 일지 식신, 시주 재성을 둔 식신생재를 이루었다. 식신-재성-관성이 주도를 이루고 있으므로 out-put이 잘 되며 아랫사람을 잘 다룬다. 寅申 식관 극의 작용으로 설득력과 변화에 능통한 면을 보였다. 편관의 카리스마와 추진력은 기업체를 이끄는 리더로서의 역할에서 빛을 발한다.

- out-put이 원활하므로 공개경쟁과 관계활용 우수
- 식신생재구조로 재를 키우는 탁월한 확장성으로 富 축적
- 재생관으로 수많은 고용창출과 부하직원을 거느린 역할

2) 발명가의 진로 사례

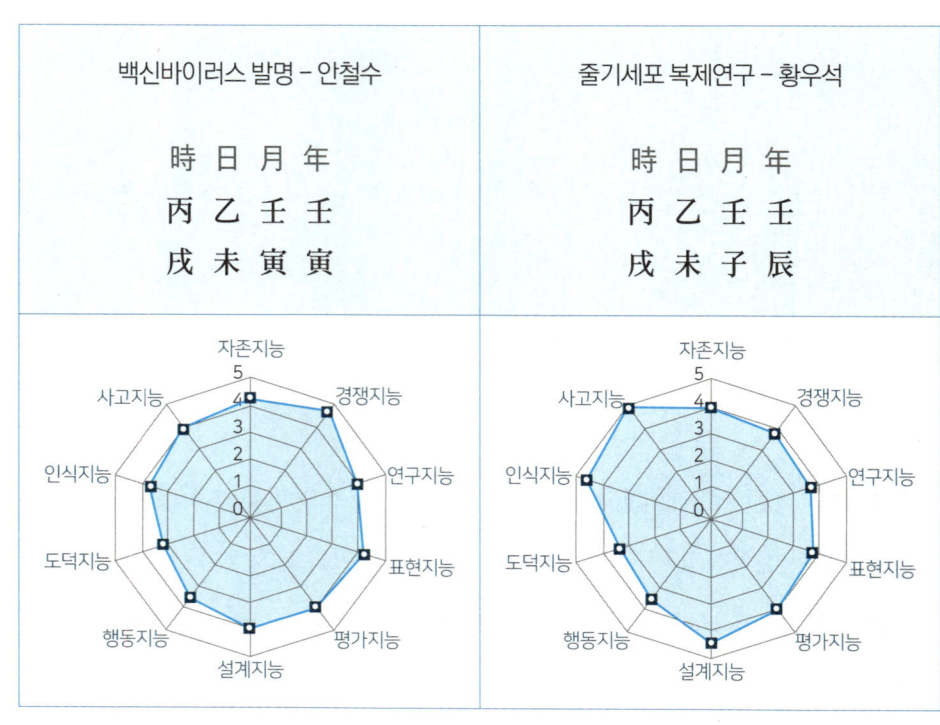

◆ 안철수 : 丙火와 壬水 상관패인으로 인비식코스의 전문가 형이다. 상관의 창조본능과 재성의 개발본능이 강해 컴퓨터 백신 바이러스를 발명한다. 국회의원이 되지만 관성이 없으며, 재생관이 이루어지지 않았다. 서열본능이 취약해 정치는 생리적으로 맞지 않는다.

◆ 황우석 : 丙火와 壬水 상관패인으로 인비식코스의 전문가형이다. 상관의 창조본능으로 수의사이자 과학자로 배아 줄기세포배양을 통한 복제연구로 세계적인 주목을 받았다. 재생관이 이루어지지 않은 상관생재의 구조라 자신의 타고난 재능으로 인정받기 위해 노력해야 한다.

- 상관패인으로 생산과 창조본능과 비범성을 갖췄다.
- 상관생재가 잘되어 재성의 개발본능이 뛰어나게 발현되었다.
- 무관 사주로 서열본능에 취약, 결정 장애의 문제가 나타날 수 있음.
- 없는 십성은 그 해당 직무능력에 결함이 있을 수 있다.

3) 빙상여제의 진로 사례

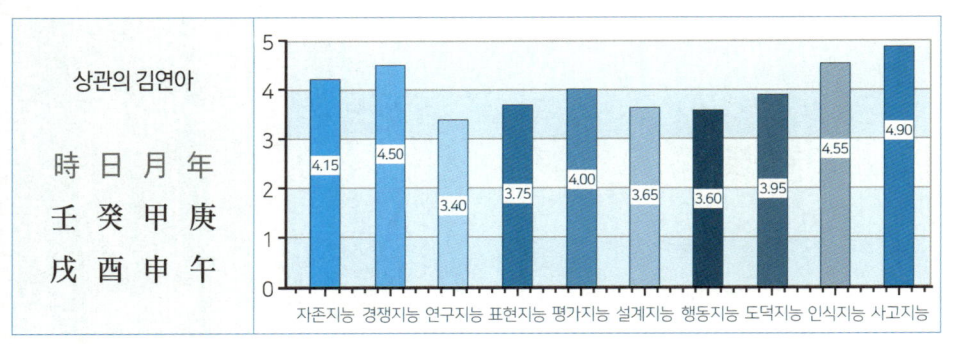

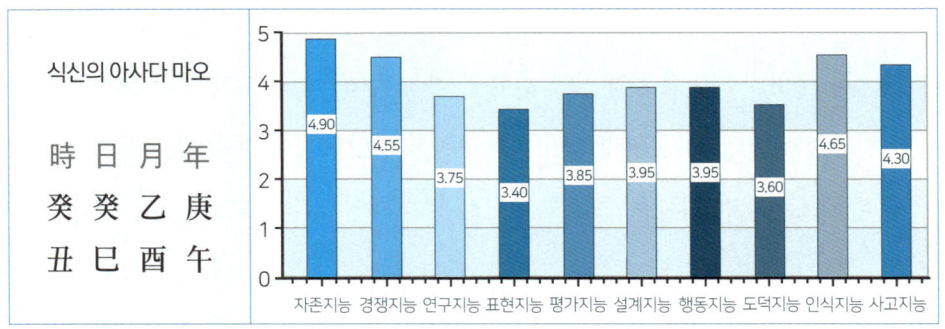

◆ 김연아 : 정인격으로 관인상생을 이룬다. 겁재가 투간, 승부에 대한 집착과 몰입력이 강하다. 甲木상관의 예술성과 미적 표현력이 탁월해 표현점수를 많이 받았다. 편인을 일지에 갖고 있어 어문학에도 능통하고 인수가 강해 교육자 자질도 강하다.

◆ 아사다 마오 : 비견이 투간한 정인격으로 승부욕과 자존감이 강해 쉽게 포기하지 않는다. 월지 편인은 내면의 상관이라 순발력과 예술성이 우수하다. 식신이 투간해 피겨연기에 대한 이해력, 기술력이 좋고 끈기와 성실로 많은 이들의 사랑을 오랫동안 받았다.

- 申酉戌, 巳酉丑으로 인수국을 형성, 신강사주로 에너지가 강하다.
- 관인상생으로 조직 속에 소속되어 자신의 재능을 발휘한다.
- 식상의 美적 감각과 감정표현, 인수의 인내심과 심미성이 탁월하다.

4) 정치인의 진로 사례 1

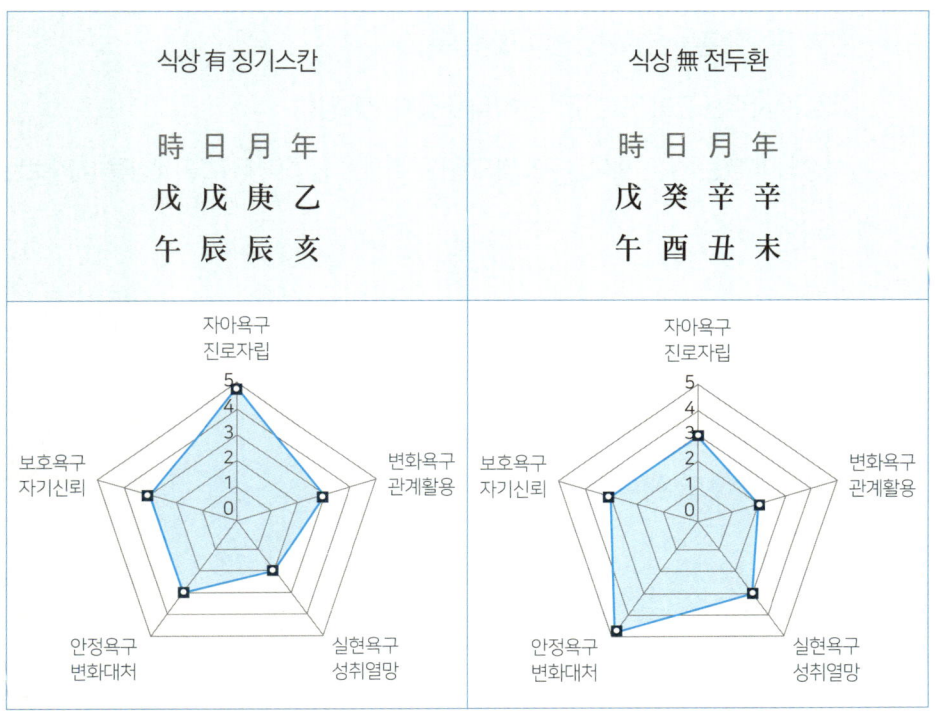

◆ **징기스칸** : 아이덴티티가 강한 신왕사주로 정관격의 관인상생에 식신이 함께 있어 식신생재가 이루어진다. 식신은 재를 생하고 재는 관을 생, 재생관을 이루므로 결국 세상을 향한 out-put으로 목적이 관에 있다. 상관과 달리 식신은 관을 끌어다 사용하기에 재성의 개발본능을 잘 활용한다. 봉건제도의 법을 제정하고 조직 체계화, 배려와 이타심의 관계활용을 통해 몽골통일이라는 업적을 남긴다.

◆ **전두환** : 일지 편인의 목적 역시 관(官)이다. 관인상생의 재생관 구조이다. 식신이 없어 세상을 규휼히 여기지 않고 관계활용이 제대로 이루어지지 않는다. 측은지심이 부족하고 이기적이며 배려가 부족하다. 戊午양인을 가져 관계의식을 많이

하고 서열본능이 강하다. 식상생재코스가 없는 재생관으로 많은 부하를 거느리지만 강한 권위의식으로 조직을 통제하는 정치를 한다.

- 격과 용신이 튼튼한 관인상생의 재생관구조.
- 재생관 사주는 관이 목적이라 관에 대한 집착과 욕망이 크다.
- 식상의 有無는 같은 재생관구조라도 관을 취하는 방법이 다르고 세상을 바라보는 시각이 다르다.

5) 정치인의 진로 사례 2

식관투쟁의 노무현

時	日	月	年
丙	戊	丙	丙
辰	寅	申	戌

비겁강의 안희정

時	日	月	年
己	甲	乙	甲
巳	申	亥	辰

◈ **노무현** : 인비식 구조를 가진 식관투쟁사주이다. 식관투쟁은 위험감수수준이 높다. 변화에 능동적이고 설득력이 뛰어나다. 그러므로 비범하지만 인생은 격정적인 변화에 직면하는 경우가 많다. 즉 기관이나 시스템에 소속이 되더라도 적응하기 어려워 장기간 근무하지 못하는 경우가 많다. 또한 사고가 치우치므로 극단적인 선택을 하는 경우가 있다.

◈ **안희정** : 월지 편인에 천간으로 甲乙 비겁이 투출하여 진로자립정신이 강하다. 이는 주관적이고 개척정신이 강인함을 의미하기도 한다. 일지에 申金 편관이 비겁의 만용을 제화시키니 명예욕을 통한 정치적 활동이 가능하다. 단 천간의 비겁들이 재를 극하니 재생관이 안되므로 자신의 관을 세워주는 지지자들이나 부하직원 등에 컴플레인이 있을 수 있다.

　-비겁이 강하며 일지 편관을 두었다.
　-편인의 명성한 두뇌와 강한 사상을 추구한다.
　-식관 투쟁, 식관 합으로, 식신으로 관을 취하는 면이 있다.

6) 천하장사의 진로 사례

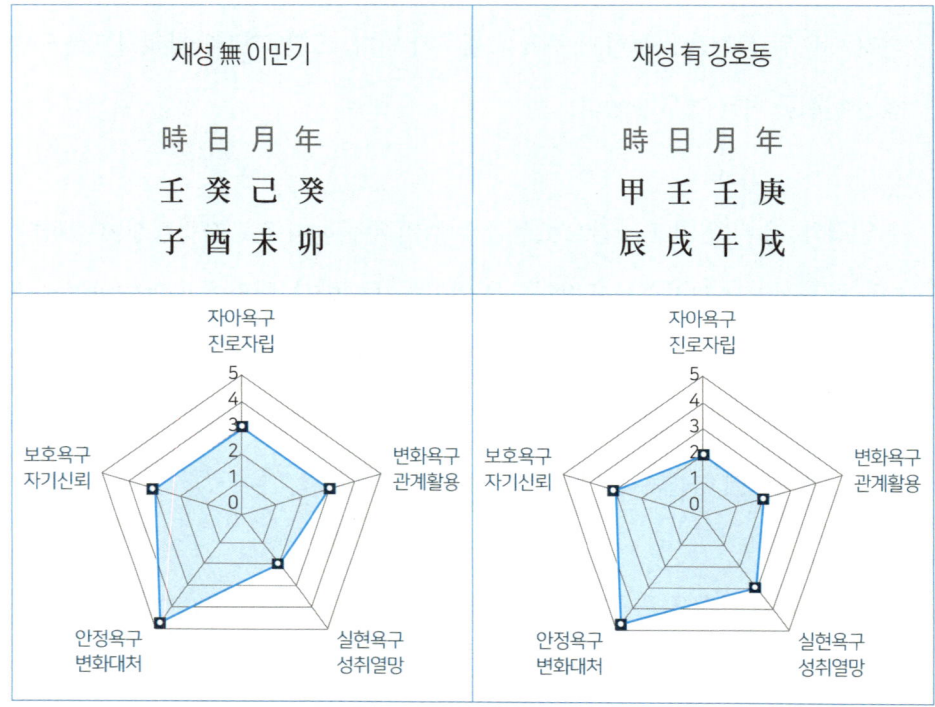

◆ 이만기 : 편관격이다. 비겁이 강하여 편관으로 비겁을 제화시킨다. 재성火운에서 재생관을 받아 씨름선수로서 성공한다. 그 후 乙卯 식신 대운이 오자 대학에서 체육학과 학생들을 가르치게 되었다. 비겁 강으로 체력이 좋고 편관은 결정력과 스피드를 주관한다. 그의 씨름선수 시절은 빠른 결정력과 승부욕으로 많은 인기를 얻었다.

◆ 강호동 : 午戌火局의 財局을 이루었다. 壬水 비견이 일간을 돕고, 庚金인수가 지지의 왕한 관살을 化殺 시킨다. 또한 시상의 甲木 신신으로 제살시키고 있으니 살인상생과 식신제살의 두 작용이 모두 가능하게 되었다. 이는 신약사주이나 능력

이 있음을 말한다. 金生水→水生木의 순환으로 상생이 좋아 甲申, 乙酉 용신대운에 천하장사가 되었다. 그러나 재격을 이루었으니 조기에 운동선수를 접고 방송인으로 성공하게 되었다.

- 비겁 투출과 편관의 스피드와 결정력은 승부사 기질
- 이만기 : 관인상생의 구조 기관에 소속되어 활동
- 강호동 : 인비식과 재국을 이루어 공개적인 활동

7) 화가의 진로 사례

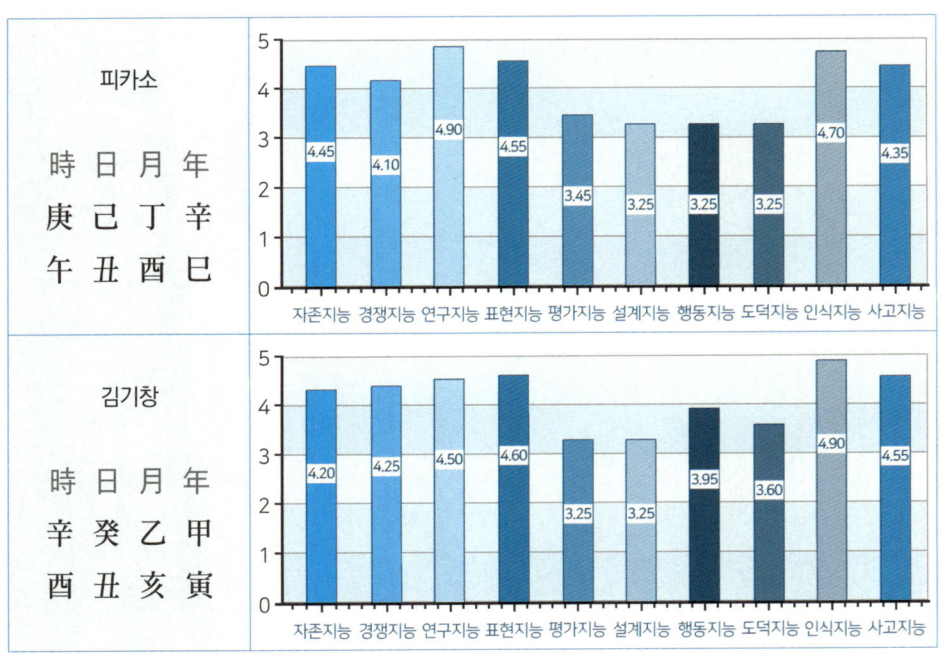

◆ 피카소 : 巳酉丑삼합의 식신국을 이루면서 천간으로 투출한 상관으로 파격, 변

신, 기행의 파격적인 행보를 보인다. 이런 파격성은 입체파(큐비즘)127)를 탄생시키는데 한몫을 한다. 사주에 관성이 없어 오히려 틀에 얽매이지 않는 비구상적인 창작정신을 발휘할 수 있었다. 재성이 없는 것도 비현실적인 시각으로 예술세계를 폭넓게 만들어주었다.

◆ 김기창 : 월령 겁재와 酉丑 金局의 편인국으로 신강한 중에 甲乙 상관이 투출하였다. 水木상관은 문필과 예능방면으로 탁월하다. 천간으로 투간한 식상은 틀에 구속되지 않는 실험정신과 창조본능이 뛰어나다. 구상과 비구상을 자유자재로 사용하여 자신만의 독특한 예술세계를 표현한다.

- 상관으로 비구상적인 창조본능을 발휘하여 파격적인 예술성을 창조
- 無 관성으로 틀에 얽매이지 않는 자유로운 영혼의 소유자
- 인비식구조로 아이디어와 카타르시스가 잘 되는 성향

---

127) Daum백과사전 편찬위원회 – 1907~14년 프랑스 파리에서 파블로 피카소와 조르쥬 브라크에 의해 탄생된 미술학파. 전통적인 미술기법을 거부하면서 2차원적 평면성을 강조.

8) 천주교 성자의 진로 사례

김수환 추기경	테레사 수녀
時 日 月 年 壬 辛 丙 壬 辰 未 午 戌	時 日 月 年 丙 甲 甲 庚 寅 子 申 戌

◆ 김수환 : 정관격이다. 지지에 인수가 왕하여 관인상생을 이루었다. 또한 천간으로는 상관이 투출하여 상관견관을 이루었다. 결국 상관 패인으로 사주의 전체적인 균형이 이루어 졌다. 여기서 관인상생은 조직에서 활동할 수 있는 구조이다. 그리고 상관견관은 국가시스템에 부적합하다. 그러므로 천주교 지도자의 길은 숙명이 될 것이다. 또한 상관견관은 대중을 설득하는 능력이 대단함을 알게 해준다. 여기서 비혼(非婚)의 신부가 된 원인에는 재성이 없어 비현실적인 사고력의 영향도 있을 것이다.

◆ 테레사 : 편관격이다. 지지로 申子辰 水局을 형성 인수국을 이루었고, 丙火 식신

이 투출하여 제살하고 있다. 편관격은 세상을 구하고자하는 구도 정신이 강하기에 종교인이 되는 경우가 있다. 관인상생의 시스템 속에서 식신생재를 발휘한다. 희생과 봉사정신, 박애정신이 강하다. 식신제살로 구제구난의 삶을 선택, 소외된 자들을 위해 봉사하는 삶을 살았다.

- 월지 편관을 이루었다. 구제구난의 직업정신이 강하다.
- 관인상생으로 천주교의 시스템에서 성공하게 되었다.
- 상관견관 및 식신제살구조의 동일점으로 설교하는 삶이다.

9) 가수왕의 진로 사례

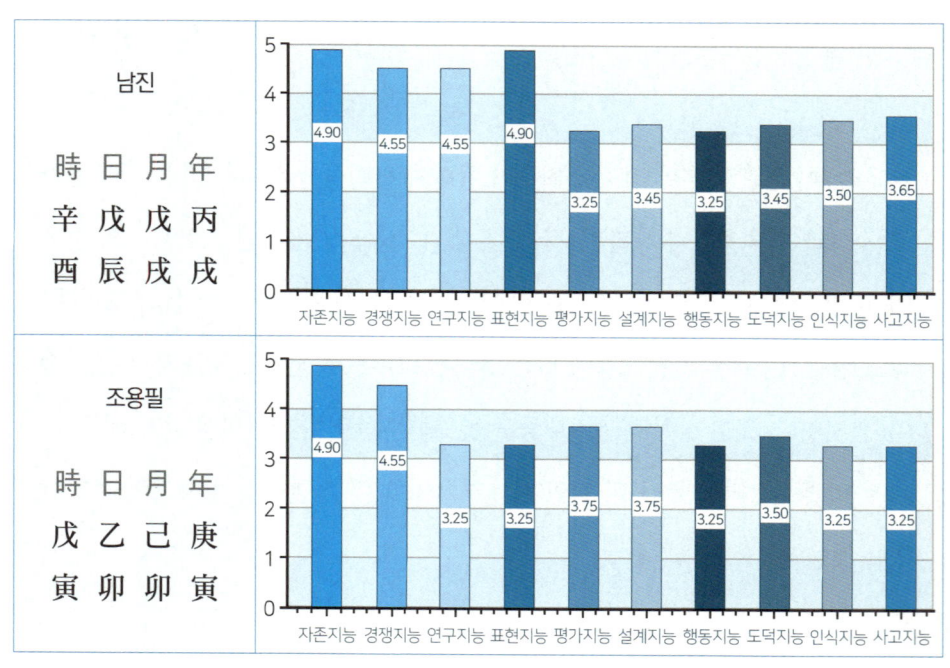

◆ 남진 : 戊土일주로 비견으로 신강하다. 辛金 상관으로 설기하는 용신이다. 에너지가 넘치고 활동력이 강하여 자신의 재능을 개발하고 활용해야 한다. 상관은 호기심이 강하고 변화에 능숙해 늘 새로운 창조가 요구되는 가수의 직업은 최상이다. 관계활용이 우수하고 상관의 표현력으로 무대매너가 좋다. 전체적으로 인비식 구조가 이루어져 매사 자연스러운 흐름이 좋다.

◆ 조용필 : 강한 비겁으로 몰입력과 에너지가 강하다. 비겁강은 역시 자신의 신체와 체력을 바탕으로 하는 기술이나 재능을 개발하여 특기를 가져야 한다. 천간으로 뿌리가 없는 재성과 관성이 재생관을 이루어 상은 좋으나 지지가 받쳐주지 못하니 개인의 행복은 많지 않게 된다. 이혼과 상처, 자식이 없는 등 가정이 불우하다. 사주에 식상이 없어 일간의 생각, 감정 등의 표현에 부자연스럽고 어색한 면을 보였으나 비겁이 강하고 재관이 투출하여 작곡과 노래에 자신의 열정과 에너지를 방출한다.

- 비겁이 강한 사주로 몰입력과 승부욕, 자기 에너지 발산이 강하다.
- 식상이 없는 조용필은 노력의 왕이다. 토크쇼 등을 하지 않는다.
- 상관의 남진은 말주변이 좋고 친화력이 대단하고 관계활용이 뛰어남

10) 교육자 진로 사례

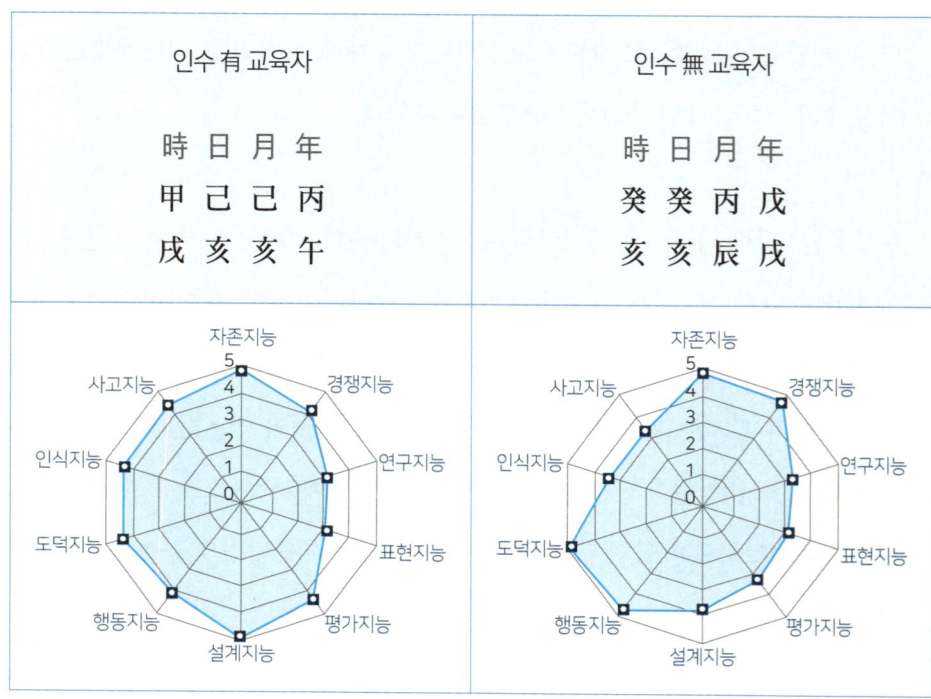

◆ 인수 有 교육자 : 정재격에서 투간한 甲木으로 정관격이다. 시상으로 정인, 정관이 투간한 사주는 서열본능이 잘 이루어져 아랫사람에게 한결같은 마음으로 교육이 이루어질 수 있다. 지지로 재성이 강해 재극인으로 초년엔 공부할 환경이 주어지지 않았으나 인수운이 오자 공부를 하였고 박사학위까지 취득한다.

◆ 인수 無 교육자 : 인수와 식상이 없는 구조로 오히려 부족한 부분을 채워 안정을 도모하고자 하는 심리가 강하다. 공부는 잘했어도 기승전결이나 정리정돈에 어려움을 겪는다. 인수가 없는 만큼 공부에 대한 콤플렉스가 작용한다. 인성을 갖추고자 많은 노력을 기울여 어렵게 공부한 교육학박사이다.

- 정관이 투출하여 국가관과 시스템에서 능력을 보인다.
- 서열본능은 아랫사람을 아끼고 잘 대하므로 교육에 매우 적합하다.
- 인수가 없을 때 공부는 잘하더라도 개인적은 단점이 있다.

11) 연기자의 진로 사례

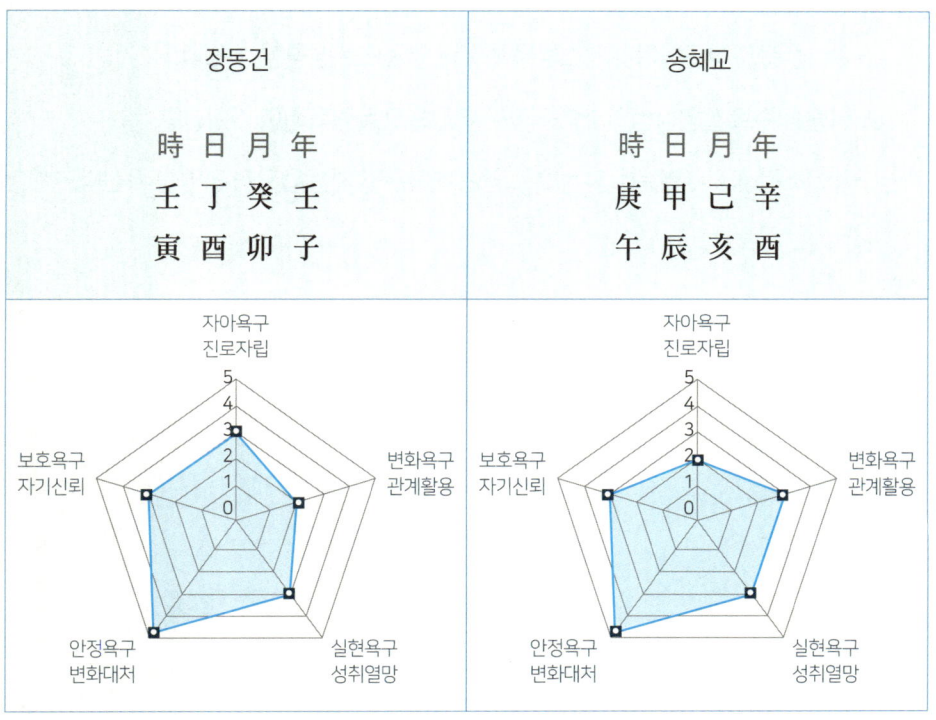

◆ 장동건 : 편인격으로 득령했으나 관살혼잡에 관살태과로 신약사주이다. 관살 水를 인수 木으로 화살(化殺)시켜야 한다. 관살혼잡 사주는 정규직이나 전통적인 시스템을 벗어나 활동하는 예가 많다. 배우가 된 것은 관살혼잡도 영향을 주었겠으나 부모에게 받은 잘생긴 외모의 영향이 더 크다. 초년운부터 木火용신대운으로

관살을 설기, 혼잡을 걸어 사주가 맑아지므로 배우로 성공한다.

◆ **송혜교** : 위 장동건 사주와 같이 편인격으로 득령했으나 관살혼잡에 관살태과의 구조다. 관인상생과 재생관이 이루어지므로 관살혼잡의 리스크를 낮춘다. 단 午火상관이 관을 제살해야만 한다는 조건이 주어진다. 木대운으로 午火를 생하니 식상이 살아나 사주가 맑아진다. 역시 미모를 타고난 것은 사주로 설명할 수 없는 장점이다.

- 관살혼잡은 정규직이나 시스템을 벗어난 활동으로 성공할 수 있다.
- 월령 인수로 살인상생의 化殺이 이루어졌으므로 기득권이 주어진다.
- 제살조건을 갖추면 관살혼잡으로 인한 뼈아픈 상처는 없으며 명예를 가진다.[128]

---

128) 김기승(2013), 『격국용신정해』, 다산글방, p. 182.

2. 개인진로사례탐구

1) 인비식의 직장형 (여)

```
時 日 月 年
壬 庚 甲 己
午 午 戌 未
```

庚金일간이 戌月생으로 득령했다. 지지에서 午戌 火局을 이루어 관인상생 구조를 이루었다. 연주에 己未 정인이 투출하여 인수성향이 매우 강하다. 정리정돈을 잘하며 전통성을 중시하고 상하 관계를 의식하는 서열본능이 발달하였다. 단 火局이 강하여 조후용신으로는 金水가 필요하다.

인비식 코스가 잘 이루어졌으므로 머리가 비상한 전문가형이다. 그리고 관인상생의 수직구조 직업체질에 식신 壬水(연구, 교육, 생명과학 등)를 활용한다.

재성이 뿌리를 잃고 甲己합 되어 개발업무는 적합하지 않다.

비겁이 약하고, 식재도 약하므로 공개경쟁력이 취약하다. 개인사업은 맞지 않는다.

2) 양인격의 경찰공무원 (남)

時	日	月	年
丙	甲	癸	丁
寅	申	卯	酉

甲木일간이 월지 卯月의 양인격이다. 비겁이 강한 신강사주이나 寅申沖, 卯酉沖로 제화시킴으로서 양인격의 사주가 중화를 이루게 되었다. 사주 내 오행들이 상호간에 상생과 상극으로 견제하고 있으며, 또한 천간으로는 인비식으로 상생이 잘 되어 현철한 면이 돋보인다.

양인격과 편관이 조화를 이루는 중 인수가 투출하여 관인상생을 이루었다. 수직구조로 경찰공무원의 적성은 매우 적합하다.

사주에 재성이 없으니 다소 비현실적이나 콤플렉스를 잘 조절하여 경찰직 공무원으로 정년까지 하였다.

3) 편인격의 학원강사(남)

```
時 日 月 年
戊 乙 庚 丙
寅 卯 子 申
```

　乙木일간이 子月생으로 편인격이다. 申子水局으로 편인이 강한 중에 戊土정재가 투출하여 편인을 제화시키고, 丙火 상관이 투출하여 신왕한 乙木을 수기(秀氣)하니 오행이 조화롭게 되었다. 관인상생, 인비식을 이루었다.

　다만 천간으로 庚丙이 상관견관을 이루어 비범한 두뇌를 소유하였으나 이는 수직적인 틀을 거부하니 상명하달의 공직자 스타일은 아니다.

　편인과 상관을 활용하는 필설(筆舌)직으로 진출하는 것이 적합하다. 수완이 좋아 인기학원 강사를 역임하였고 현재는 학원을 운영하고 있다.

4) 재격의 약사 (여)

```
時 日 月 年
甲 甲 壬 戊
子 戌 戌 午
```

甲木일간이 戌月에 戊土가 투출하여 편재격이다. 지지로 午戌 火局을 이루어 식신생재격의 코스를 이루었다. 이는 이과성향으로 공개 경쟁력과 연구개발능력이 뛰어난 직업체질의 구조다.

시지 子水에서 투출한 월간의 壬水편인과 시간의 甲木비견이 왕한 火土기운을 제화시키는 용신이다. 전체적으로 인비식 구조를 형성하고 있으므로 머리가 좋고 전문가 형이다.

특히 인수와 식신을 활용하지만 재성이 주체를 이루어 학원사업이나 지식사업이 적합하게 되었다. 현재 개인약국을 운영하고 있다.

5) 상관견관의 부동산중개인 (남)

```
時 日 月 年
癸 辛 己 癸
巳 亥 未 丑
```

辛金 일간이 未月에 己土가 투출하여 편인격이다. 癸水 식신으로 설기하니 인비식 코스를 이루었다.

土편인이 용신으로 자격증을 구비하고 水식상을 활용해야 한다. 巳火관성과 亥水의 상관견관이 지지로 이루어져 설득력이 뛰어나니 부동산영업에서 계약 성사율이 매우 높아 부동산 중개소를 활발히 운영하고 있다.

위 사주와 같이 상관견관, 재극인, 식신제살 등의 구조를 가진 사주의 공통점은 개인의 재능을 활용하는 직업체질이다. 특히 변화를 주도하거나 설득력으로 부동산중개나 강사, 작가, 상담직, 소개업 등에서 능력을 발휘한다.

6) 관인상생의 공무원 (남)

```
時 日 月 年
辛 辛 己 己
卯 巳 巳 未
```

辛金일간이 巳月생으로 정관이며 己土가 투출하여 관인상생을 이루었다. 관인상생은 국가관이 투철하고 수직구조의 시스템에서 주어진 능력을 발휘하게 된다.

이 사주는 식상이 없으므로 자기 주관적인 생각을 조직에 반영하여 분란을 자초하는 일은 없게 된다.

인수로 공부하고 자격을 갖추면 국가기관에 종사할 수 있는 기회가 부여되는 기득권을 가지고 있다. 서열본능이 잘 발달하여 조직의 상하관계에서 적응을 잘하는 리더십을 보이게 된다.

아쉽게도 조후가 안 되어 사주의 퀄리티는 높다 할 수 없다. 컴퓨터관련 자격증 취득으로 기술직 공무원에 취업, 안정적인 직장생활을 하게 된다.

7) 재생관의 부사관 (남)

```
時 日 月 年
辛 辛 辛 乙
卯 未 巳 丑
```

辛金일간이 巳月 생으로 정관이나 지지로 巳丑을 金局을 이루고 비겁 辛金이 투출하여 비겁강의 신강사주다. 巳 중의 丙火 정관이 용신이 된다. 비겁강의 관인상생 구조다. 또 한편 卯未 木局을 이루어 관성 火를 생하니 관성의 힘이 강해진다.

관인상생을 이룬 재생관 구조는 직장형이다. 따라서 수직구조, 시스템이 있는 곳으로 가야 한다. 식상이 없으니 창조적이고 유연성이 요구되는 직무는 적합하지 않다.

군대라는 수직구조의 조직사회에서 커다란 공을 세우거나 이름을 날리지 못한다 해도 자신에게 주어진 일을 묵묵히 잘 해내며 안정적인 직장생활을 하고 있다.

8) 살인상생의 간호사

```
時 日 月 年
戊 壬 戊 戊
申 辰 午 寅
```

壬水일간이 午月생으로 정재격이며, 寅午 火局으로 재국을 이루고 있다. 천간으로 戊土편관이 나란히 투출하여 재생살을 이루고 있다.

시지 申金으로 화살(化殺)시켜야 한다. 즉 살인상생을 시켜 일간을 구제하는 구조의 사주이다. 이러한 칠살이 강한 사주는 구제구난의 직업이 적합하다.

일간의 창의력과 자율성을 자유롭게 펼치는 공개 경쟁력을 활용할 수 없고, 상하 및 주변의 관계를 의식하고 분주히 임무를 수행하는 직업체일이다.

즉 편인은 부단히 자기 계발이 필요하고, 편관은 구제 구난의 직무를 수행할 때의 역할이 적합하므로 직무 만족도가 높게 나타난다. 이 사주의 주인공도 간호학과에 진학하여 간호사가 될 준비를 하고 있다.

■ 참고문헌

【단행본】

고봉익, 김승, 홍기운, 임정빈 저(2016), 『이것이 진로다』, 미디어숲.
김기승(2003), 『명리학정론』, 서울 : 창해.
____(2004), 『명리대경』, 서울 : 명운당.
____(2008), 『사주심리치료학』, 서울 : 창해.
____(2009), 『명리직업상담론』, 서울 : 창해.
____(2010), 『놀라운 선천지능』, 서울 : 창해.
____(2013), 『타고난 적성이 최고의 스펙이다』, 서울 : 다산글방
____(2015), 『재능분석상담사매뉴얼』, 한국선천적성평가원.
____(2016), 『과학명리』, 서울 : 다산글방.
____(2018), 『더기프트』, 서울 : 다산글방.
김기승, 함혜수(2018), 『십성의 기질과 사회성』, 서울 : 다산글방.
김배성(2006), 『사주심리와 인간경영』, 서울 : 창해.
김주환(2011), 『회복탄력성』, 위즈덤하우스.
노안영, 강영신(2013), 『성격심리학(인간이해 및 성장을 위한)』, 서울 : 학지사.
비어트리스체스넛 저, 김세화 역(2018), 『에니어그램 27가지 하위유형』, 한국애니어그램협회.
앨빈토플러 저, 원창영 역(2006), 『제3의 물결』, 홍신문화사.
코린마이에르 저, 권지현 역(2014), 『프로이트』, 거북이북스.
하건충, 『팔자심리추명학(八字心理推命學)』의 제1편 수화집(水花集).
한국가이던스(2012), 『홀랜드직업적성백과사전』, 넥서스.

【논문류】

김기승(2009), 「대학생의 명리직업선천성에 따른 진로자기효능감과 위험감수수준의 관계 분석」, 경기대학교대학원 석사학위논문.
김기승(2010), 「명리이론을 활용한 선천적성검사 도구개발에 관한 연구」, 국제문화대학원대학교 박사학위논문.
김기승(2014), 「대학생의 명리직업선천성과 진로탄력성, 진로결정수준의 구조적 관계」, 경기대학교대학원 박사학위논문.
김도림(2015), 「독일의 교육체계와 직업교육 지원법제에 관한 연구」, 교육법학연구, 제 27권 제2호.
김미숙(2010), 「슈타이너의 홀리스틱적 신체교육」, 성신여자대학교대학원 체육학과 박사학위논문.
김병삼(2016), 「중학생의 사주와 부모애착 및 진로성숙도의 관계 연구」, 국제뇌교육종합대학원대학교 박사학위논문.

맹영임, 임경희(2008), 「진로교육에 대한 교사인식조사」, 경제인문사회연구총서 08-21-02.

박계림(2003), 「사주와 직업과의 관계 연구」, 경산대학교대학원 석사학위논문.

박천수,정윤경,이지은(2016), 「미래의 직업세계와 청년의 진로」, 한국직업능력개발원.

박현진,백성혜(2015), 「자유학기제를 활용한 진로체험활동이 학생들의 진로인식 변화에 미치는 영향」, 청람과학교육연구논총, 제21권, 제1호.

박희인,구자경(2011), 「전공적성 불일치로 인해 전공만족도가 낮은 대학생들의 진로문제에 대한 합의적 질적 연구」, 진로교육연구.

손연숙(2007), 「사주의 오행분포가 성격형성에 미치는 영향」, 국제문화대학원대학교 석사학위논문.

손진희(2014), 「청소년기와 청년기의 희망직업 결정과 첫 직업」, 진로교육연구, 제27권 제3호.

이명희(2015), 「어린이집 교사의 상상력이 갖는 의미 탐구」, 숙명여자대학교대학원 아동복지학과 석사학위논문.

이문정(2014), 「초등학생 성공지능 개발을 위한 성격강점과 선천지능의 관계 연구」, 국제뇌교육종합대학원대학교 박사학위논문.

이성우(2008), 「사주에서 나타나는 선천적성과 종사 직업과의 상관관계 연구」, 경기대학교국제문화대학원 석사학위논문.

이원태(2005), 「사주이론과 전문직종의 연구: 식신·상관의 특성을 중심으로」, 경기대학교국제문화대학원 석사학위논문.

임유나(2015), 「아일랜드 Senior Cycle LCVP 교육과정 분석을 통한 일반 고등학교 직업교육의 개선 방향 탐색」, 교육과정연구. 제33권, 제1호.

채창균(2016), 「대졸 청년의 전공일치 취업 실태 분석」, 한국직업능력개발원, 제91호.

최영선(2004), 「사주에서 나타나는 선천적성과 종사 직업과의 상관관계 연구」, 경기대학교대학원 박사학위논문.

함혜수(2007), 「사주의 격이 개인의 직업목표에 미치는 영향」, 국제문화대학원대학교 석사학위논문.

함혜수(2015), 「감정노동 종사자의 직무적합성 평가를 위한 사주명리학적 연구」, 국제뇌교육종합대학원대학교, 박사학위논문.

OECD 연구결과보고서(2013년 10월), '국제 성인 역량 조사 결과(PIAAC, Programme for the International Assessment of Adult Competencies)'

한겨레 신문기사, 2017. 4. 5. 중앙선거여론조사.

파이낸셜뉴스, 2017년 10월 27일 연재기사 중에서 [OECD의 충고] ① OECD, 한국에 '옐로 카드' 내밀다.

통계청(2017.4.보도자료), '2017년 3월 고용동향'.

통계청(2018), 여성가족부 [2018 청소년 통계].

한국고용정보원(http://www.work.go.kr) 2017년 '한국직업사전으로 본 우리나라 직업 수의 변화자료'

한국고용정보원(2017.7.12.) '청년층 노동시장의 미스매치(부조화)와 직장이동' 연구 보고서

행복한 인생을 위한 진로성공작전 3·6·9
명리진로학습코칭

초판 1쇄 발행 2019년 2월 28일

지은이 김기승 · 노선희
펴낸이 방성열
펴낸곳 다산글방

출판등록 제313-2003-00328호
주소 서울특별시 마포구 동교로 36
전화 02) 338-3630 **팩스** 02) 338-3690
이메일 94youl@hanmail.net
홈페이지 www.iebook.co.kr

ⓒ 김기승&노선희, 2019, Printed in Korea

ISBN 979-11-6078-106-9 03150

이 도서의 국립중앙도서관 출판예정도서목록(CIP)은 서지정보유통지원시스템 홈페이지(http://seoji.nl.go.kr)와 국가자료종합목록시스템(http://www.nl.go.kr/kolisnet)에서 이용하실 수 있습니다.
(CIP제어번호 : CIP2019006406)

* 이 책은 저작권법에 의해 보호받는 저작물이며, 저자와 출판사의 서면 허락 없이 내용의 전부 또는 일부를 인용하거나 발췌하는 것을 금합니다.
* 제본, 인쇄가 잘못되거나 파손된 책은 구입하신 곳에서 교환해드립니다.
* 책값은 뒤표지에 있습니다.